西部文化系列

雪 漠 心 学 大 系

慧心

智慧人生……上

雪漠著

中国大百科全书出版社

图书在版编目（CIP）数据

慧心 / 雪漠著. —北京：中国大百科全书出版社，2017.6

ISBN 978-7-5202-0088-2

Ⅰ. ①慧… Ⅱ. ①雪… Ⅲ. ①心学-研究
Ⅳ. ①B244.8

中国版本图书馆CIP数据核字（2017）第110050号

出 版 人　刘国辉
责任编辑　李默耘　程　园
责任印制　魏　婷
封面设计　一千遍工作室
版式设计　U-BOOK
出版发行　中国大百科全书出版社
地　　址　北京阜成门北大街 17 号
邮　　编　100037
网　　址　http://www.ecph.com.cn
电　　话　010-88390603
印　　刷　天津顾彩印刷有限公司
开　　本　880 毫米 ×1230 毫米　1/32
字　　数　393 千字
印　　张　22.375
版　　次　2017 年 6 月第 1 版
版　　次　2021 年 1 月第 3 次印刷
定　　价　72.00 元

总序　我为什么研究心学？

雪漠

1

中国大百科全书出版社想出版我的心学书系，这成了我谈心学的一个缘起。

这世界，有两样东西，令人目眩神迷参详不透，却又止不住探寻追问，一个是浩瀚的宇宙，一个是深邃的人心。尤其在中国传统文化中，关于人心的学说与研究是千古以来的核心议题。作为中国文化的三条重要之根，儒释道对中华民族国民性格的形成起着重要的影响，它们相互影响，你中有我，我中有你，彼此吸收，彼此促进，让中国文化呈现出了“三足鼎立”之气象。虽然，在不同的历史时期，各自所占据的话语权，所展现的形态，所起到的作用不同，但对整个人类文明的发展和促进，都注入了不可低估的力量。儒家文化注重人格的训练，注重积极入世，注重对社会的改造，故，中国历史上几次大的变革和动荡，儒家思想对于安抚人心，平定秩序，维持和谐，起到了重大作用。而道家文化，相对儒家而言，注重“避世”，强调“无为”，注重个人的修养和升华。佛家，在两者的基础上，在看破、放下的同时，追求终极的解脱和超越。这三种传统文化无论其表象差异如何迥然，根本宗旨都在于教人如何完善人格，实现真正的快乐和自由。且三种文化都认可同一个着眼点，即一切答案就在自己的生命本体中，跨越和超越，不在外界，不在彼岸，而在人心。故而，心性的修养成为中国传统文化的共同核心和基本契合点。中国文化，虽然名相不同，体系不同，究其根本，都是在叩问自心，在自己的心中找一切的答案，寻觅生命的真谛。

谈心性，有朋友会想到“心学”。我们知道，“心学”一词，由明代大儒王阳明首度提出，他将中国的儒家文化提升到了一个新的学术高度。他所倡导的“良知”“知行合一”等理念影响了很多人，由此，“心学”成为了世界性的一门学科。但关于心性的学说并非儒家所独有，儒学、佛学和道家思想在心性论上，皆有深造，对于心性的定义、心性二者之间的关系等问题都有独特见解。

儒学的心性论在先秦时期就出现了性之善恶的争辩，孟子认为人之性善，荀子认为人之性恶，杨朱认为人之性善恶混。尤以孟子的心性学说为典型，孟子提出了“四心”之说，认为人天生具有的四心决定了人性本善，心性不二，强调“尽心知性”，仁、义、礼、智是人心中本有的东西，将其充分发挥出来即可。

在早期儒学经典中，处处可见正心诚意的主张，非常重视人格完善。汉代董仲舒提出“性三品论”，把人性分为圣人之性、中民之性和斗筲之性，东汉荀悦也持类似观点。因汉代经学大兴，儒风发生变化，偏离了心性学说，直至魏晋时期，玄学盛行以及佛学渐兴，儒学的宗主地位更加不稳，仁义道德学说和心性学说处于失落状态。唐代韩愈、李翱立足儒学本位立场，反对佛老，重兴心性之学。韩愈在《原道》中大声疾呼重振仁义伦理道德，为儒学道统正本清源，重视正心诚意，其在《原性》中排开孟子性善论、荀子性恶论和杨朱性善恶混论，而是续上了董仲舒和荀悦，更加明确阐发了“性三品”学说，且肯定仁义礼智信道德是人与生俱来的，只是在三品人性中分配比例不同，上品之性是善性，下品之性是恶性不可改，中品可善可恶，可以导而上下。宋明时期，儒学的心性学说有了新的体系——宋明理学。此时，儒释道三种哲学在长期的交锋与共存中，早已互相渗透，互相交融，宋明理学虽以儒学为正宗，其实已不可避免地沾染了佛学和道家的气息，尤其是受佛学心性论很大影响。朱熹虽然将心分为“道心”和“人心”，但还是说心只有一个，人欲和天理的比重决定了心是“人心”还是“道心”，至于心之体——性，则无不善，有善有不善的是心之用——情。而从陆九渊“万物森然于方寸之间，满心而发，充塞宇宙，无非此理”以及“宇宙便是吾心，吾心便是宇宙”的振聋发聩之语，再到王阳明“心外无物”“知行合一”“致良知”，创立了心学，儒家的心性论终于上升到了前所未有的高度。

佛学中的心性论，准确地说应称为佛性论，佛学典籍中有很多关于“心性”的阐述，但在佛学传入中国且本土化过程的早期，佛学惹人关注的首要兴奋点并不是心性论，而是因果报应论和般若空论等内容，并因为形神关系导致了儒学和佛学之间的大争论。自东汉佛家传入中国起，排佛者与信佛者就开始了持续争论，争论核心是形神关系和神灭神不灭，排佛者否定轮回与因果报应论。至南北朝时期，终于引发了一场高规格的大争论，无神论方以范缜为代表，作有《神灭论》《答曹舍人》，理论水平空前绝后。争论的结果虽无输赢，却促使佛学将关注点渐渐转向了心性论。佛学心性论完成于禅宗，禅宗的根本要义是“明心见性，即心即佛”，此心是无分别无执之心，此性是本来清净之佛性，心性不可分割，且人人皆有佛性。所以，禅宗六祖惠能提出“众生即佛”，其依据便是佛性作为人人皆有的先天因素，存在于每个人的心中，只要能识得此心，见得此性，便可成佛。

如果说佛学的心性论是佛性论，那么道家的心性论则可称为道性论。表面看来，道家的心学没有形成明晰的知识体系，没有形成一门显学，其影响力也不如儒家文化，因为道家心性论并不是直接谈人的心性，而是以道为引，再延伸到人的心性。所谓道法自然，实际上是道性自然（自生自化自成），这种自然之道落实于人，即为人之自然心性。从老子的本然自然到庄子的本真自由，道家心性论的特征，其实非常鲜明，着重于自然之性和真常之性，元初而完整，无法使其增益，也无法令其减损。人的自然之性必定显于人的心，由人心也可看出人之性，因此，道家所推崇的心性境界正是老子反复强调的自然无为，及庄子心心向往的逍遥游。另外，道家关于心学的精华，其实都融汇于道家的训练之中了。全真教之后的明清道教，对心性谈得较多，但多着眼于训练。在心性的修养上，道家注重明道、修道、得道，注重本体智慧的开发和妙用，以“无为”为核心，以虚静和齐物为方法，弃绝机心，追求达到致虚守静的自然境界。当一个人真正得“道”之后，他自然就明白了宇宙的整个运行规律，就洞悉了真理的奥秘，也就真正会入世做事了，这就是老子所说的“无为而无不为”。

不难看出，儒释道三者都注重心性的训练，虽然表现形式各异，但都是以心为本，以学为养，让人慢慢成为君子、贤人、真人、圣人。因此，对于“什么是心学”的问题，从广义层面讲，关于心性的学说，即为心学，包括阳明心学，也包括近当代的一些心学，我倡导的大手印心学也属此列。每一种心学存在必有其理由，能否发扬光大，对人类社会和人的心灵起好作用，既需要乘时顺运，更需要靠实力和内涵说话。

以阳明心学为例，阳明心学从宋明理学中分化而来，理论基础不可谓不厚实。宋明理学从周敦颐开始，经张载，到二程（程颢、程颐），在二程这里发生了分歧，程颢认为心即是理，修行路线是由内而外，程颐认为理是本源，在人心之外，修行路线是由外而内，格物致知。继而朱熹继承了程颐，成为理学之集大成者；而沿着程颢的心学路线，经过谢上蔡、张子韶等人不断发展，最终由陆九渊开启了心学门径。王阳明集心学之大成，继承改造了孟子心性学说和陆九渊心学思想，并吸收了佛学禅宗和道家的精华，创建了一种独具特色的新儒学——阳明心学。阳明心学包含三个重要论题："心即理""知行合一"和"致良知"，分别解答了"心是什么""如何修心"和"修心的最终目标"这三个问题，是一套相当完备的哲学体系。阳明心学在明代中后期时影响已经很大，甚至远播海外，日本和韩国都有阳明心学的继承发扬者。尤其在日本，心学在明治维新时爆发了力量，为日本近代化之路贡献了大力，正如梁启超所言："日本维新之治，心学之为用也。"但在中国，明清之际阳明心学渐渐衰落，整个近代时期也处于沉寂状态，直到近些年，阳明心学才有点"春风吹又生"的势头。

在阳明心学之后，民国时期的贺麟先生又提出了"新心学"。他是黑格尔的研究专家，深受西方哲学的影响，在中西方文化的基础上，贺麟先生将"心学"研究加入了世界元素，他提出"心物合一""心理合一"，是现代新儒家倡导者之一。遗憾的是贺麟新心学并未完成体系建设，也未能继续展开和深入，作为"唯心主义"思想派别，很快就在唯物辩证哲学前失去了自己的声音，无人继承，研究也甚少。在当代中国台湾，也有一支新心学，名为"盘古心学"。这一心学最典型的特征在于，它脱胎于阳明心学，依然立足于儒学本位，但大大扩大了思想学说的吸纳范围，吸收人类各种宗教与哲学，为其所用。包容了儒释道三种哲学思想、分析心理学、海德格尔存在哲学等，试图消弭阳明心学的一些弊端。此外，还有各家各言对于阳明心学的解读和阐发，有力图重兴阳明心学者，也有借阳明心学抒发自我者，在这个传统文化复兴大潮即将兴起的时代，人们对于心灵学问的兴趣和重视，是令人欣喜的。

2

笔者心学书系中提倡的大手印，是对中国传统文化心性学说的一种探讨和补充。

儒释道的心性训练，都有顿渐两种方法。如果说朱熹的理学是渐法，那么王阳明的心学则是顿法；道家的丹道若是渐法，那黄元吉的心法则是顿法；佛家亦然，一般的止观双运，若是渐法，大手印和禅宗则是顿法。而无论顿法渐法，佛家训练的实质，都离不开心性。心外无佛，心外无法，所以，诸多宗派，名相虽异，心髓为一，抓住实质，便能提纲而挈领了。

大手印是佛家心性之学的精髓，梵文mahamudra，字面义为“大印鉴”或“大符号”。它强调直观自心，而不是经由善巧法门认知自心。佛家法门如海，有八万四千之称，猛一看，纷繁复杂，色彩纷呈，令人眼花缭乱，但其本质，不过“心性”

二字。而所有的佛教礼仪，或神秘莫测，或质朴无华，或繁如乱丝，或简朴如掌，究其本质，也不离心性的修养和训练。心性训练，贯穿了所有佛教礼仪的始终。所以，佛学某种意义上也可以称之为心学，而强调直指心性——直接呈现人类心性训练所能达到的最高境界——的大手印学说，无疑是佛家心性之学金字塔的塔尖。

大手印的理论基础是佛家的般若部经典，如《大般若经》《金刚经》《心经》等等。如《心经》中的“照见五蕴皆空”“色不异空，空不异色。受想行识，亦复如是”，便是典型的大手印智慧；《金刚经》中的“一切有为法，如梦幻泡影。如露亦如电，应作如是观”，是大手印的最好注脚；而“过去心不可得，现在心不可得，未来心不可得”“应无所住，而生其心”，更是大手印教授和妙用。

据实践方法的不同，大手印可分为三种：

一是实相大手印。若是实践者或研习经论得悟，或得到师授明心，明白真如之理，进而契入，即可与实相相应而证得实相大手印，如大乘佛家所说的圆顿止观、一行三昧等等。天台宗以“一念三千”“三谛圆融”的性具说为诸法实相；三论宗以“无依无得”的空理为诸法实相；华严宗以随缘之真如为诸法实相；法相宗以“圆成实性”为诸法实相；小乘以“我空”之涅槃为实相；大乘则以“我空”“法空”之涅槃为实相。禅宗由参话头、坐禅、观心、棒喝等方便法门入手，而明心见性，也属于实相大手印。

二是和合大手印，是属于生命科学，以训练气脉明点为基础，系无上瑜伽部之密法，经灌顶后，得师传授，由生圆二次第入手，观想本尊，持诵真言，或修宝瓶气，或修拙火幻身，或经双运，达到身语意三寂，了悟心性，而证得自性光明。

三是光明大手印，它属于大手印顿入法。若是具德上师得遇上根弟子，上师观机缘成熟，直接让弟子明白心性。它有点像两个电脑之间的数据传递，也有点像老祖宗说的“与君一席话，胜读十年书”。

笔者是传统大手印文化的传承者和实践者，曾用二十多年时间学习和实践。对于这一文化瑰宝的博大精深，我总是叹为观止。在过去的几十年里，笔者一直对儒释道文化情有独钟，深深沉淫，并着力思考。三家经典都是我的案头书，对其中的许多智慧，我进行过认真学习，也有过扎实的实践。跟一般学者不一样的是，我是学者兼实践者。对各家的心性学说，我进行过长达二十多年的学习和实践。而在三家里，笔者对佛家心性之学着力最多的原因，是因为在训练自己的心性、对治自己的毛病、战胜自己的欲望方面更直接、更有力量。

在人类心性之学的智慧大海中，大手印是最质朴的浪花之一，是离我们的心灵最为接近的一种文化。作为哲学，它超越名相，无论是宗教的教派名相，还是诸多的二元对立，都是它要扫除的东西；作为实践，它注重心性修养，是现代人的安心之法、铸心之术，也是东方心性学说在今天时代的生命实践和生活妙用。然而，对于它，时下的人们还有些陌生。

因为全球化浪潮的冲击，一些优秀的传统文化，今天都已濒临被湮没的边缘，像凉州贤孝，像大手印学说，像那些已如风中残烛般的民间善文化。一方面，许多当代人陷于热恼和焦虑，不能自拔，他们非常需要心灵的滋养；另一方面，那些有益的文化滋养却早已尘封，无人问津了。在心灵滋养的供应和需求之间，出现了明显的断裂。

时下，为心灵问题困扰者日众，我们老是听到一些大学博士跳楼自杀之类的新闻。我发现，今天人们的身心已产生了可怕的两极分化，物质的十分富有和精神的极端贫乏形成了鲜明的反差。我认为，在科学高度发展的同时，人类应该从古老的东方文化，尤其是佛家文化和中国传统心学文化中汲取能有益于心灵的养分。

我曾在《羊城晚报》上发表的《大善铸心》一文中，谈到了我的这一观点：

> 多年来，我研究了世上十多个有名的宗教，包括基督教、伊斯兰教、印度教、耆那教以及佛教的几乎各种流派。我深入到了它们的支流和深层。我不仅仅是在研究，更是在实践印证。我想从宗教中汲取一种能滋养人类灵魂的养分。宗教被制度化之

后，已成为一种远离真理的教条化存在。不少宗教在被制度化后都失去了其本有的精神，成为另一种意义上的枷锁和镣铐。宗教的真正精神是追求绝对自由，即任何外现都干预不了的一种独立的主体性，也即佛家所说的“心气自在”。这里的“心”代表意识和精神，“气”代表物质和肉体。任何非主体性的外现和存在都干预不了那主体的自在，这才是精神意义上的解脱。所有宗教的终极目标都是自由。基督教的灵修和伊斯兰教的近主训练都是这样。当然，宗教被制度化后，就会远离这种精神。繁冗的教条使宗教变成了心灵枷锁，而世俗的欲求又使宗教成为另一种“买卖”。数以亿计的信仰者，其目的，仅仅是想用那点可怜的信仰铜板，换来金山般的福报。所以，我说：“真正的信仰是无条件的。它仅仅是对某种精神的敬畏和向往。信仰甚至不是谋求福报的手段。信仰本身就是目的。”……在哲学的教条化、宗教的制度化、文学的功利化之后，我一直在寻找一种新的东西，它能汲取宗教、哲学、文学、艺术的营养，但又能超越母体；它抛弃宗教之制度化，抛弃哲学之繁琐化，文学之虚浮化，成为一种能直指人心的东西；它简单、澄明、干净、质朴，超越名相，能春雨润物般为灵魂提供一种滋养。

这，便是笔者研究心性学说的缘由之一。

笔者在心学书系中所讲的诸多内容，便是对传统心性学说的集中展示。笔者依托传统大手印的传承与实践，打破教派局限，汲取了儒释道文化中关于心性训练的滋养，并结合自己的实践体验，进行了系统地研究、扬弃、消化和实证，重新整合，独成体系。

跟一般的经典或是学术著作不一样的是，本书系侧重于两个方面：一是关于心性的修养与训练。因此，本书拒绝所有长篇大论的理论，拒绝了生僻深奥的词汇，同样拒绝了训诂考据。它试图直指人心，既具备世界观和普世性意义，又具备实践论和方法论的意义。二是系统地介绍了鲜为人知的大手印心性学说，使本书具有了人类学和文化学的意义。

笔者将对心性学说的研究分为六个部分："明心性品""悟心性品""观心性品""修心性品""印心性品""契心性品"。同时，因为方法论和妙用的不同，笔者的心学书系又分为《初心》《明心》《归心》《文心》《用心》《慧心》《炼心》《印心》等，它不是简单地采摘拼装，而是对传统文化取其精华，剔其糟粕，有世界观，有方法论，有机融合，有扬有弃，有体有用，有教有证，或能对和谐社会起到有益的作用。

3

除了解决自己的心灵问题外，笔者对心学的研究，还源于一个作家的责任感。

多年来，有个追问的声音一直萦绕于耳：为什么人类历史中那么多的哲学家、思想家、政治家、教育家都在谈“心学”，而直到今天，为啥人类心灵上空仍充满物欲？为啥因心灵问题导致的仇恨和灾难仍层出不穷？为啥我们的世界仍被贪嗔痴笼罩？

表面看来，人类有着诸多优秀文化，包括过去的心学，但是为什么一直在解决人类的心灵问题上力不从心？物欲为啥总是横流？人心的下滑为啥不可遏制？问题究竟出在哪里？

这类问题，在小说《西夏咒》中，我也进行过追问。

我说过，一种学说、文化和思想的诞生与传播，会直接影响整个时代的思潮和风气，会左右人类对人生观、价值观、世界观的选择和判断。它会世世代代传承下去，它会对人类的心灵、命运、行为的改变，有着潜移默化的作用。

所以，我总想站在更高的境界、更广的视野中，来重新审视我们的文化。我们更需要一种与时俱进的眼光，来擦去蒙在文化上的历史尘埃，让它焕发出新的光明。

我发现，我们的心学，如果缺少一种超越智慧的观照，如果缺少老子提倡的无为之心，而盲目积极而功利地去进取，反而会违背自然，违背大道，成为执著和物欲的助缘，也会让人类的历史血流成河，布满血泪。

我常常追问，信奉阳明心学的日本人，他们的良知，为啥没有拯救被他们屠杀的三十多万南京人民？他们的良知，为啥让数以千万计的中国人血流成河？

为什么一群有良知的日本人，却要屠杀另一群同样有良知的中国人？

那些杀人屠夫的良知，跟作家雪漠的良知，是不是同一个良知？哪一个良知，更接近阳明心学的良知？

这是一个作家的追问，也是一个学者的追问，更是一个有良知的中国人的追问。

我们的这类追问，可以针对中国历史，也可以针对世界历史。人类的历史上，为什么充满了一群有良知的人却屠杀同样有良知的同种同族兄弟的事？

想到奥斯维辛集中营时，我也会问：希特勒的良知何在？解决这类罪恶的文化何时出现？传统的心学能不能解决这类因欲望导致的罪恶问题？

在很长时间里，面对这类追问，我常常会从梦中哭醒。《西夏咒》便是长歌当哭的产物，书中说：“为了润湿他喑哑的嗓门，他在人迹罕至的西夏岩窟里痛哭了许久。”

以一个作家的良知，我不能不做这样的追问，不能不进行这样的反思。

于是，我走进了心学，并开始反思心学。

我常想，人类所有的问题，既是文化的问题，更是欲望和心灵的问题。虽然人类的优秀文化中都注重心性训练，但它能否发扬光大，能否对人类社会和人心起到好的作用？

当今世界中人们的心灵状态，用《道德经》中的一段话形容非常贴切："五色令人目盲，五音令人耳聋，五味令人口爽，驰骋田猎令人心发狂，难得之货令人行妨。"物质生活丰足，社会现象喧嚣熙攘，人心或麻木或浮躁，世人越发感到，无休止地追逐外物并不能带给他们渴望的宁静和幸福。在这样的情况下，寻求一种真正的安心之法显得越来越迫切，也正因为此，传统心学的价值引起了世人的重新关注和再发掘。

今天，我们需要拨开历史迷雾，穿透时空隧道，来反思和评判一些东西。我们要拥有一双慧眼，来汲取老祖宗留下的精华，而摒弃那些糟粕，要与时俱进，为我们时代需要的心学添砖加瓦。

于是，我停下手中写小说的笔，来关注人心。于是，才有了那一本本跟心灵有关的书。

需要说明的是，我的心学书系不是结果，而是一个正在成长的生命体。现在展示出的，仅仅是其中的一部分。未来，我们会不断扩充其范围，做到"百川入海"。无数的江河湖泊汇入大海，都会成为大海之水。而大海的力量之源，仍是中国的传统文化。

社会的浮躁和混乱引起了世人的关注，传统文化的价值也重新引起了世人的关注和发掘。我对心学的重新体悟和研究，就出于这样的一种时代的需要。

真正的与时俱进不是全盘否定，不是全然地拒绝，而是结合时代发展，在欣赏的基础上进行一种超越。超越什么？超越文化的局限，超越智慧的局限，超越所有让文化和智慧僵死的东西。

文化如此，人类命运同样如此。对个体的人而言，要超越自己的贪婪和仇恨，超越自己的愚痴和傲慢——简言之，就是“战胜自己”，也是老子所说的“虚其心，实其腹，弱其志，强其骨”。做到这一点，生命的本体智慧才能发光，人类的智慧才能打破一切局限，人才不会像瞎子那样，在黑夜里东奔西跑，相互折腾，找不到方向。所以，我们需要从自心做起，首先进行心性的训练，破除自己的执著，扫除自己的欲望，明白真理，证悟真理，融入真理。

在笔者的心学书系中，对传统文化取其精华，剔其糟粕，有世界观，有方法论，有体有用，有教有证。但愿我的努力，能为传统文化的传播提供一种新的可能。

4

有学者问我，雪漠，你心学书系中说的真心，跟阳明心学的良知有什么区别？我说，虽然儒释道三家都提倡道德与智慧并重，但阳明心学的良知侧重于道德，我的心学书系中的真心侧重于智慧。良知若有超越智慧观照，便是无缘大慈同体大悲；而良知，仍然没有脱离儒家的伦理纲常的局限。圣人之良知，固然能智慧与道德并重，而一般人自认的良知，若是没有超越智慧的观照，就容易认假为真，认恶为善，盲人摸象，自行其是，它便难以解决罪恶、烦恼和自由问题。比如，希特勒的良知会认为，杀光犹太人定然有益于德国；再比如，建立“大东亚共荣圈”的日本人眼中的良知，跟王阳明眼中的良知定然有差异，同时，以王阳明的良知，也不会随喜同样信奉阳明心学的日本人的南京大屠杀。所以，若无超越智慧，所谓良知，就容易随其境界高下，各有其解，各呈其用，各行其是，成为欲望的心学化表述。在中外历史上，对阳明心学的异化扭曲者，比比皆是，这一切，当然不是阳明心学的问题，而是这世上总会有一些念错经的歪嘴和尚。

我在心学书系中倡导的真心，是人类本有智慧的主体性呈现，它是实现破执超越后的产物，是人本有的智慧主体，是自然智，是“天赋人权”。这真心，非凡俗之真心，而是破执后的无为之心，是人的主体性智慧。

笔者说的真心，有五个特点:

一是明变化。它知道这个世界由变化构成，它了解各种条件的聚合，有条件则有事物，无条件则无事物，条件聚则现象生，条件散则现象灭。此外，世上无永恒不变的本体。

二是能洞见。真心有洞察力，有正见，能洞悉事物精微，见人所不能见，能发现别人发现不了的东西，有极强的感知力。

三是明选择。它能洞悉纷繁客体，善能取舍，明白什么该取，什么该舍，善于选择，故能成其事，做好人生中最重要的事。

四是如明镜。它能朗照主体客体，能照破世上诸相，而其智慧本体，却不动摇，有超强的主体性。

五是远分别。它能超越二元对立，有洞悉真相后的大包容大平等大胸怀大境界。

概而言之，笔者说的真心，有五种力：智慧力明变化、洞察力知本质、选择力懂取舍、观照力察万象、包容力大平等。真心是智慧，它必须慈悲双运，才能更有力地作用于人类，所以，在心学书系中，我才倡导要以人类为参照系，超越种族，超越国界，智悲双运，不可偏废。当然，它只是我对中国传统文化的个人化体悟，无主义，非宗教，一瓢清水成体用，不使热恼入吾心。

5

一位朋友要我以几句话概括我的心学书系的特点，我回答如下：

真心融诸法，离相重精神。
文化为载体，贯通古与今。
百川入大海，整合成一景。
破执成超越，大善铸大心。

随缘得自在，安住光明境。

明体重大用，借事以调心。

无为无不为，行为利众生。

真心能认知到世界的变化与虚幻，可惜人总是为妄心所困，遂生烦恼，无法自拔。故而心性的训练，需要通过真心息妄，学会认知真心、忆持真心、安住真心、妙用真心。这需要“离相重精神”，远离概念，直指心性，透过表象，触及人心，洞穿外相的虚幻不实和易变，在心性上下功夫。

“文化为载体，贯通古与今。百川入大海，整合成一景。”笔者在心学书系中，提倡远离宗教名相，远离宗教组织，淡化宗教礼仪，不谈宗教体验；倡导“读书铸就信仰，文化照亮人生”。倡导“文化是永恒的主题，读书是信仰的方式；修行是行为的利众，破执是当下的关怀；远离宗教迷信，弘扬传统文化；倡导读书习惯，改善生命质量；重铸人格，贡献社会”。

“破执成超越，大善铸大心。”在心学书系中，笔者一直强调破执，提倡积极做事，但不执著于结果，以出世之心行入世之事，避免产生功利主义和为了达成目的而不择手段。其做事的根本目的，在于借事调心，完善人格，贡献社会。我们的参照系非团体，非种族，善恶的评判标准不局限于部分人的利益，而是人类整体的共同利益。善行铸善心，善心生善行，达成一种良性循环，不断向上。

“随缘得自在，安住光明境。”认知了真心，见到了智慧光明，便要安住于破执境界，用真心面对万事万物，做好每一件事，却不生执著，随缘任运，宽坦自在，安住当下，积极有为。

“明体重大用，借事以调心。无为无不为，行为利众生。”不刻意，不执著，事来积极去做，事去不再牵挂，强调做事时心的境界，强调本体智慧的运用，并将这种智慧用于日常生活，成为一种生活方式，积极做有益于他人和社会的事。

听了我的阐释，朋友说，有点复杂了，你能否用更简洁的几句话来提炼一下？

我这样回答——

其世界观：真心无我，明空无执，安住当下，见即超越。其方法论：守真息妄，当下精进。文化为媒，行为利众。

朋友说，明白了，那我主要记几个词呢？

我答：守真息妄，注重行为。

我进一步解释道：明变化，守真心，借事炼心，理事一味。

6

最后，再谈谈我出版心学书系时的心情。

十多年前，一位农民朋友来找我，他非常热情地邀请我去他家。他语无伦次，一脸真诚。他说：“现在，白菜下来了，萝卜也下来了，你一定要去尝尝。”虽然城里的大街上充满了萝卜和白菜，我还是去了朋友家，接受了他的善心。

此刻的我，也像那位农民，向读者捧上自己的萝卜和白菜。虽然它只是一个作家和学者的个人化思考，仅仅是自己对于心性学说的一点感悟，虽然会有许多方家笑话，虽然街上堆满了各种各样的萝卜和白菜，但我还是想让世界尝尝咱自家种的萝卜和白菜。

跟其他致力于传统文化的大家相比，我只能算写了一点实践心得。我最大的受益，不是写了这么多书，而是对我将传统文化运用于日常生活，从此有了一颗平常心，便也有了另一种活法。

在《初心》一书中，我谈了我明白心性后的变化：

“从有求变得无求，是我明白心性后发生的最大变化：文学创作上我从有求到无求，生活上我也从有求到无求。先前，我惧轮回，我求觉悟，我想当大作家，我想即身成就。后来，我一天天变懒，因知足而常乐。我从不追念过去，也不向往将来，只要腹中有食，身上有衣，便乐滋滋享受着当下的觉醒和明空，做好自己该做的事，然后如婴儿饱乳般坦然入睡。”“觉悟之类的事，是懒得去想的，也不曾发愿去哪个佛国。若有来世，为了众生的觉悟和幸福，我只愿尽一份自己能尽的力。仅此而已。”“我不知道我是由迷而觉了，还是由觉而迷了。但我已懒得去管那些迷呀觉呀的事了。我放下了对今生的所有执著。此外，我并无所得。”

我更喜欢安静了。前些年，我从凉州躲到岭南森林边，后来躲到了藏区，今年又躲到沂山脚下，只想能安静地写作。我没有为天地立心的胸怀，没有为生民立命的机会，也没有为往圣继绝学的大志，更没有为万世开太平的能力，我只有平常活法平常心，静静地写作，静静地读书，力所能及地写几本书，力所能及地做一点事，能尽心尽力地回报帮过我的老师和朋友，静静地活着，静静地老去。

我一直强调，我不是任何宗教的教徒。我更愿意将人类所有的优秀文化当成我的营养，像西部的老母牛那样，多吃些百草，好贡献出更加甘美的牛奶。我眼中的传统文化，是我最想吃的嫩草。我的心学书系，便是我挤出的牛奶。

我说过，一个人要是能改变自己，变好一些，就是对社会最大的贡献了。我也只想改变我自己，并愿意将一些改变自己的经验分享给大家，供大家参考而已。我只是一个标本，供一些愿意解剖我的人解剖用。对于我写的和说的，您能理解的，就当成作者的分享；您不能理解的，就当成作家的虚构。只要能让你读了多一点快乐，我就欣慰了。

——2017年2月13日定稿于临朐沂山书院

序　分享放下后的灵动

雪漠

《慧心》是好些人期待很久的一本书。

前些年，我会在每个周末，抽出一两个小时，用QQ聊天的形式，定期现场解答网友的疑惑，帮他们解决了一些心灵困扰。网友们对此评价极高，说是多有妙语，能直指人心。也有人说在对话现场中能产生豁然开朗之感，更不乏破迷破执者。就在那种你来我往的语言交流和心灵撞击中，一些人得到了升华。

那种形式，大约坚持了两三年吧。现在想来，那真是生命的一种享受和挥霍——我眼中，此时的挥霍不是一个贬义词，而有种“千金散去”的意味，只是“千金”没有“还复来”的可能了。黄鹤一去不复返，白云千载空悠悠。我的生命不可能再回到几年前了。

后来，我一闭关，就再没有这种心情和机会了。

再后来，常有朋友催我，请将那些对话集结成书吧。于是，几年后的今天，便有了这书出版的缘起。除那些对话内容外，我还将日常生活中的一些谈话内容也进行了整理和归类，以散谈的形式，以方便传递我想传递的东西。

以是故，本书的内容和体例，就与心学系列的其他书不一样：

《初心》侧重于传承文化；《真心》侧重于理事上的实践；《调心》侧重于解脱原理和解脱妙用；《文心》侧重于以文学形式的灵魂和智慧探索；《慧心》则侧重于雪漠对日常生活及万事万象的看法。它由无数个智慧的露珠汇集而成。要知道，有时的一滴露珠，往往能折射出一个世界。

我的一些学生很有意思，他们最关心的，就是我的看法。他们总是问我身边的人，雪漠老师对这件事怎么说？雪漠老师怎么评价那件事？他们总想从生活的点滴中，尽量多地汲取一些东西。从佛教的角度看，这说明，他们在智慧的本体之外，也非常关心智慧的妙用。

《慧心》就是智慧的妙用，多临阵相遇，直面“交锋”，机锋外露，流于自性，妙趣盎然。尤其是下编的问答部分，集结了很多跟生活息息相关的内容。比如怎么在工作中兼顾修行、怎么读书、怎么处理家庭矛盾、怎么影响家人、怎么对待爱情、怎么处理人际关系、修行人怎么面对日常纠纷、怎么看待社会热议的一些问题等等，希望跟别人分享一下。

因为这部分的内容十分丰富芜杂，需要花很长时间，才能重新分类、排序、修订与校对。所以，我没有将此内容加入前面那几本书中。

虽是几年前的内容，但现在看来，仍然觉得很好。自己读时，亦时觉酣畅淋漓，美不胜收。很难相信自己在黄金生命段的几年里，花了那么多时间，来面对那些别人看来素不相识的人，来做那些在别人眼里不一定有价值的事。我不知道，自己的今后，还有没有这样的时间和心境。留下这些文字，权当对自己人生的一种定格吧。

本书的内容很实用，它有如下特点：

一是直指人心，一针见血，切中“要害”，易懂易记。那些对话，都针对当下，不事酝酿，往往只言片语，就火花四溅，让人豁然开朗。有网友说，雪漠老师，您的这些小句子真好，我看着，总是乐得合不拢嘴，心里的石头也在一块一块地放下。他问我为啥，我告诉他，那回答虽短小精炼，轻松随意，但与我的其他作品一样，也是发自真心，流于自性。我用最真诚的态度，将我的明白和快乐传递给了他。我说，语出真心，打人便疼。这句话，后来被一些学生广泛引用，影响了很多人。可见，真心之语，无需精心，无需设计，就能直指人心。是故，古人云：“直心是道场。”

另一方面，因为问者的年龄、性别、身份、职业、行业、心病不同，那问答之间，也显出了一种大海般的宽广，与森林似的复杂，大有叫人目不暇接之势。于我而言，能在日常的聊天中，解决不同朋友的疑难，让他们不再焦虑、热恼，在生活中多一份从容，多一份放下，多一份惬意，当然是一件开心的事。

人生很短，我们其实不需要太多的东西。我们需要的，就是明白后的那点开心，放下后的那份惬意。

那些等待此书的朋友们，其实也在渴望着这样的一种感觉。因为，他们在与我的一问一答，或者旁观别人与我的问答时，往往会感到清凉、喜悦，这和他们生活中的那种热恼、焦躁，是两种完全不同的状态。他们会在别人的提问中，找到自己的共鸣，也会在我的回答中，找到自己的答案。他们会发现，生活其实不需要太多的算计，不需要太多的功利。需要的，仅仅是一片真心，一点坚守，一点清醒，一点明白，一点快乐，一点诗意。

于是，这部书中，我还汇集了一些诗意的散谈。我希望它有种娓娓道来、语重心长的味道。我不仅仅是在告诉大家，雪漠怎么看待这个世界的方方面面，也想传递一种我心中认为的那种诗意。

这些诗意，它同样来源于我几十年的生命感悟与实践。

所以，这本书和我的其他书不一样。其他书若是像一道道大餐，那么，这本书就是由许多小吃和点心汇集而成。它的形式虽小巧灵活，却色彩繁复，味道多样，能集中体现大手印文化在日常生活中的妙用。它本身，就像是一个充满了诗意的大自然，而不仅仅是某个切面或某个专题。

真理的面孔不是一个，每种真理的背后，都藏着同一种意义，其目的，就是四个字：离苦得乐。但其名相，却多有不同。为什么呢？因为人心不同。不同的心灵，需要不同方法；不同的思路，需要不同的表述。而《慧心》所做的，就是展示大手印智慧的广博和灵动，让读者在生活的方方面面，都能受益。或者说，让读者在生命中的每一个角落，都能看到远处的一点灯光。这也是本书与雪漠心学大系中的其他书不同的地方。

不过，对我来说，完成此书，便完成了又一个对读者的承诺。它一旦出版，就不属于我了。它属于这个世界。我只希望，它能给读者带来一份好心情、一个放下的瞬间、一点对生命的感悟。若能如此，我便没有白写。

2013年4月于广东雪漠禅坛

目录

一、寻觅

1.

到西部去，寻找精神宝藏

西部文化是中国传统文化的重要组成部分，它就像一片智慧的大海。当你在里面潜泳时，就会发现，它既博大深邃，又极为温柔。它的每一滴水，都能让你从心底里觉得清凉、快乐、温暖、宁静、安详，不再烦恼，不再不安，就像躺在母亲的子宫里一样。最奇怪的是，你放下了一切，却还是积极地生活；你什么都不在乎，却仍然竭尽全力地做着该做的事。这就是西部文化最优秀的地方。

不了解西部文化的人，总以为它是消极、落后的。因为他们觉得，一个人一旦接受了这种文化，就会变得懒惰、散逸，整天像那些坐在墙角晒太阳的老头子一样，不求上进。实际上，这只是他们的一种误解。

西部文化并不消极，也不懒惰，反而是非常积极的。不过，它的积极并不体现在物质追求方面，更多地体现在对生命意义的叩问，以及对生命价值的实现等方面。而且，它不像魏晋时期的玄学，光谈形而上的学问，不关注眼前的现实。西部文化也谈形而上，但它总是积极地介入现实。比如凉州贤孝。

一旦发现时代出了问题，凉州贤孝就会介入其中，教化世人，让人们向往大善，把人们向有益于人类文明的方向牵引过去。

不过，它是一种属于老百姓的文化，它的舞台，在凉州街头。它从不高高在上地说一些远离生活的东西，总是用质朴的语言，向老百姓宣说着什么是善，什么是美，人应该怎样活着。它就像细雨滋养大地那样，深深地影响了千百年来老百姓的心灵，成为老百姓骨子里挥之不去的东西。

西部文化中有好多非常温暖的东西，它不同于这个时代，但未必像很多人想象的那么落后。问题是，你愿不愿意认识它？愿不愿意了解它？认识与了解之后，又愿不愿意弘扬它，传播它，让它加入主流的声音，真正地影响这个时代？

现在，凉州街头仍然有盲艺人在唱贤孝。他们每天早上都会带着三弦子，到凉州广场上演唱。人们给他们一块钱也罢，十块钱也罢，他们都会非常开心，总是微笑着，额头上的每一道皱纹里，都洋溢着快乐。因为他们在传播一种大善文化。他们用沧桑的歌声，唱着这个时代的追逐与迷惑；他们用自己的声音，关注着当下的时代。无数个“他们”，就这样唱了千年之久。

他们不追求流行文化的追求，他们的追求只有两个字：一是贤，二是孝。其中，“贤”关注人类，强调为社会做贡献；“孝”关注家庭，强调孝敬父母，为亲人做贡献。这两个字，代表了中国传统文化最伟大的东西——美德，也是他们介入社会的所有目的。用新时代的话语来说，就是注重精神文明建设、和谐社会等等。

西部文化中有诸多凉州贤孝这样的文化形式。这种东西，你在城市里是很难找到的，它是真正的精神宝藏。因为，西部的土地实在太厚重了。可惜的是，一些学者不愿去西部，就算去了，也看不到其中的精髓。

他们在城市文明的腌制下，已经变成了近视眼，再也看不到埋藏在地下的宝贝了。而且，他们也忍受不了风沙、干旱和西部的气候，只能躲在象牙塔里，这儿抄一点，那儿抄一点地做学问。有时，个别人甚至把学生的成果抄过来，闹出好多丑闻。这样的学问是没有任何意义的。

要想得到西部文化的精髓，就必须到西部去。在那里，感受土地的呼吸，触摸土地的脉搏，深入老百姓的心灵。唯有这样，你才能品味到西部真正的文化气息。当你真正穿越西部时，你的人生肯定会出现另一种面貌，你必然会变得更加大气。

我觉得，每个人一辈子都必须有一次这样的生命体验，而且必须趁着年轻。一旦你被城市文明腌透，或许就再也不想去西部了。就算去，也不是去体验的，而是去旅游，去见世面的。假如你在还有向往和精神追求时去西部，就会有截然不同的收获——你所有的见闻和感受，都会变成宝贵的营养，让你一生受益。

2.

在正确的读书中寻觅

我的阅读史，也是我的成长史，它分为以下几个阶段：

第一，侧重于阅读国内的文学杂志。那时我还不懂什么是好书，只能毫无选择地读书。除文学杂志之外，我也读了很多世界名著，这个阶段持续了五年左右，从二十岁一直到二十五岁。

第二，专门读中国作家的经典作品。比如汪曾祺作品、沈从文作品，以及四大名著等等。而且，我不愿囫囵吞枣地读书，总是像战士攻克城堡那样，对每一本书进行研究式的阅读。就是说，我首先集中读某个作家的作品，把他的所有作品都读透，掌握其中的精髓和思想，然后再读另一个作家的作品。例如，我搜集了沈从文的所有作品，然后非常系统地，一遍一遍地读。一边读，一边思考，把里面的文化、品格、精神、技巧、人物、优势、局限等东西全都摸透，当我觉得自己汲取了其中的养分时，才去读另一个作家的作品。这个阶段也持续了五年左右，大概从二十五岁到三十岁。我很早就读过《红楼梦》，但真正系统地研究它，还是在二十五岁到三十岁这个阶段。太早读名著，或许不一定是好事。因为，没有一定的人生阅历、智慧积累，就读不懂它。但有时也说不清。我的妻子在上初中时，就打着手电筒、躲在被窝里读《红楼梦》，如痴如醉；而我认识的一些作家，五十多岁了，却仍然读不进《红楼梦》。所以，读名著，读经典，或许跟年龄没有绝对的关系，只跟一个人的天赋和秉性有直接关系。如果一个人没有足够的天赋，就不要逼着他从小读名著；如果一个人天赋很高，就顺着他的性子，让他多读一些经典好书。不能一概而论。

第三个阶段，大概从三十岁到三十五岁。这时我开始重点读世界名著，以俄罗斯文学为主，比如托尔斯泰、陀思妥耶夫斯基等世界级大文豪的作品。我首先把托尔斯泰的作品吃透、嚼碎、吸收，变成自己的营养；然后把陀思妥耶夫斯基的作品吃透、嚼碎、吸收，变成自己的营养。接下来是其他大作家。之前，我也读过他们的作品，但无论我怎么努力，都读不进去。当时我不明白为什么，后来才发现，读书需要资格，爱托尔斯泰、爱陀思妥耶夫斯基也需要资格。当自身修炼达不到一定境界时，你绝对读不懂他们，更不会爱上他们。当然，我也非常尊敬其他的大作家。只要他们能当我的老师，我就愿意读他们的作品。对于一些消遣性质的、吸引眼球的读物，我则不予理睬。因为人生很短，我不愿把时间花在毫无意义的事情上面，更不愿为消遣而读书。我只读值得读的、今生必须读的书，绝不读那些比我差的作品。我读过全世界各个文学流派的代表作，从中汲取了大量营养。我总在阅读时陷入一种很深的宁静，感受另一个生命那鲜活的灵魂和跳跃的脉搏。我始终在阅读中跟他们对话，让我承载的文化与他们承载的文化进行交流、碰撞。我既不屈从于他们的思想，也不会拒绝他们的思想，我总是积极地主动思考，拒绝其局限，吸收其精华。因此，我在阅读中一天天成长，随后才进入读书的第四个阶段：对哲学名著的“攻城”。

三十五岁后，我读书开始非常挑剔，重点读哲学、宗教经典、大文化类的书。我首先将具有代表性的西方哲学著作吃透、嚼碎、吸收，变成营养，再接触宗教著作。不过，《庄子》和《道德经》我接触得很早，十多岁时就背得滚瓜烂熟。三十五岁，则开始涉猎佛教的《大藏经》、伊斯兰教的《古兰经》、基督教的《圣经》，还有印度教的很多经典。

四十岁后，我不再选择主题、领域，什么好书都读。宗教也罢，哲学也罢，文学也罢，我都不会拒绝。尤其关注一些能让人震撼或认可的文化现象。

无论在哪个阶段，我都坚持逐渐深入的阅读方式。我认为，真正的读书不能走马观花，不把书读透，不深入吸收其营养，不把书中的思想变成自己的东西，让自己成长，就没必要花时间读书。我的读书，是人格修炼的另一种方式，不仅仅是为了愉悦自己。

实际上，不只读书，对生活的观察也是这样。古人说读万卷书不如行万里路，所以很多人放下书本，踏出家门，到外面的世界去汲取养分。这也很好，然而，其中的一些人却没有真正地得到滋养，只把走路当成了积累知识的过程。虽然这也很重要，但你一定要明白，不能升华为智慧的知识，无法让你成长，无法影响你的人生。如果没有一种深入研究的态度，不管你读万卷书，还是走万里路，都不可能从小树苗长成参天大树。

3.
找到活着的理由，让它滋养你

有个两年前丧夫的学生告诉我，她很为婆婆难过。因为，她的婆婆一直没从丧子的阴影中走出来，活得很痛苦。短短两年间，婆婆仿佛苍老了十岁，头发都白了，腰椎的问题也日益严重，连路都走不了太远。我那学生很想帮她，却无能为力。为什么呢？因为，她找不到活着的意义，也不相信真理本身。是故，她放不下。

一个放不下的人，总是把一切都看得非常实在。她总是希望孩子没有死，还陪在她的身边，不能接受这个世界的无常。但她不明白，世界不会因为她的不接受而改变，一切都不可能重来。当她沉浸在快乐的回忆时，回到现实，就会产生巨大的落差，感到痛苦。她不明白，让自己痛苦的，其实不是那件事，而是她的不甘心。她用不甘心，把自己困在一个不切实际的心愿里。但换一个角度看，这也说明她没有别的期盼，找不到活着的理由，又不得不活。因此，她活得压抑、痛苦，而且非常空虚。

我那学生之所以能从痛苦中走出来，是因为她接受了无常，找到了活着的意义。两年来，她不断为那意义努力着，不留恋过去，不强求未来。因此她活得很满足，很充实，心灵也有所依靠。那依靠，就是真理。至于她能不能实现那意义，已经不重要了。

每个人都是这样。假如你为了某个物质而活，你的精神支柱就迟早会崩塌。因为，物质是善变的，它不可能永恒。这个物质，既包括物，包括事，也包括人本身。每个人，从出生那天起，就在不断走向死亡。得到多少，失去多少，都改变不了我们最终的归宿。那么，何不把一切当成旅途中的风景，不要执著，不要分别，仅仅安住在一种享受和感受当中？超越一切爱憎后，你就会发现，任何风景都是美好的。因为，当一切都消逝，它们留下的，就只有一点温馨。

但是，你先要叩问自己：我为什么来到世界上？我为何而活？然后不断去寻找答案。找到答案时，你就拥有了人生的方向，和取舍的参照系。那么，你的人生就不会虚度。所以，你必须把它视为人生中最首要、最重要的问题。

有趣的是，有些人懒得自己去寻找，反而来问我，叫我为他们设定一个活着的理由。我当然感谢他们对我的信任，但我必须告诉他们，这不是一个应该叫别人代劳的事情，别人也无法代劳。因为，每个人只能为自己的意义活着。别人的意义，只能给别人带来前进的动力。

一定要明白，要想活得快乐、自在，就不能活在别人的观点和眼光里，你要训练出一颗属于自己的心。换句话说，你想成为什么人，就去努力成为那个人，不要管这个世界怎么想——当然，假如你想做的事情对世界有害，那就另当别论了——要知道，我们这辈子最重要的，就是践约自己的憧憬和向往。在这一点上的态度，往往决定了我们的行为与进取的方向。因此，它也决定了我们人生的高度、质量与价值。

你想做个小人，就必然成为小人；你想做个君子，就必然成为君子；你觉得自私很好，就必然不会为世界贡献什么价值；你向往佛陀、孔子、孟子那样的伟人，人格就必然会不断升华，最终成为他们。要明白，决定你人生轨迹的，决定你命运的，不是别人，不是世界，而是你的向往，和你对待向往的态度。它就是你活着的理由。

这个活着的理由，就是人与动物的真正区别。

从本质上看，人跟动物的区别并不大，两者都是吃了睡，睡了吃，吃完了工作，工作完再吃，吃完再睡。假如人仅仅为了生存而活着，就会变成一种貌似人的动物。两者都像忽生忽灭的泡沫一样，留不下任何东西，在日复一日的庸碌和麻木中，在随波逐流中，等待死亡。当呼吸停止，平淡且缺乏意义的人生，就会被划上一个同样毫无意义的休止符。因此，我们称之为“混世虫”。

西部文化反对这样的活法，它追求活着的意义。它认为，每个人的活着，都在不断向死亡走去，穷人是这样，富人也是这样；达官贵人是这样，老百姓也是这样；骑毛驴子是这样，开宝马车也是这样。所以，金钱和名利等好多东西，都没有真正的意义。那么，人如何填充生死间的空白？什么才是真正的意义？在这一点上，很多西部人都有自己的答案。

比如，明朝时，西部有个文人建立了一种家族传统：以自己的角度，记录西部土地上发生的事情。他死了，就把文本传下去，让儿子继续记录；儿子死了，就轮到孙子；孙子再传给自己的儿子……他们每一代人都做着这件事，人类就多了一部不同于正史的史书、一部西部人眼中的千年史书——直到今天，他们的家族传统仍然在传承着。这就是他们活着的理由。

我也有自己活着的理由。二十五岁时，我找到了人生的意义。然后，我用了二十年的生命，书写人生中第一部大书。

最初，我还是个孩子。孩子的手臂太过瘦弱，举不起很大的东西，只好先从小东西开始。当我发现自己举起的东西太小，就扔了它，换个重一点的；还是太小，就又扔了，再换个更重一点的……就这样，扔了再举，扔了再举，足足训练了二十年。所以，大家看到的《大漠祭》虽是一气呵成的，但为了最后的一气呵成，我演练了无数遍。在那个过程中，我没有任何目的，既不急于发表，也不渴望它给我带来利益。写作本身就是目的。我不考虑成功，也不考虑别的东西，只想好好完成这部作品。因为，它就是我活着的理由。实践这个理由时，我一天天成长，有一天终于长成巨人，才举起了一块巨石。

很多西部人都是这样。西部的生活很艰难，一旦生存与环境发生巨大冲突，人就必须在精神世界寻找答案。例如，我为啥要活下去？一切都在变化、消失，我能依靠什么？我该追求什么？回答这些问题时，好多西部人都选择了爱。

陕北民歌里“哥哥爱妹妹”那种火辣辣的爱，也是西部文化中最重要的东西。比如，西部民歌“花儿”，就将西部人那种愿意为爱放弃生命的坚贞和刚烈，表现得淋漓尽致。

我的小说《白虎关》中记录了大量的“花儿”，所有看过此书的朋友，都被那种质朴强烈的情感打动了。因为，它是爱最本真的表达。它非常朴素、真诚地述说着爱的行为、爱的选择，其中流露出的奉献、牺牲精神，足以令人震撼，让人动容，让人明白了西部女子强大的爱情信仰。

爱，足以让最柔弱的女子，变成天底下最坚强的人，坚强到能够保护和守候她的爱人；爱，足以让最弱小的孩子化身为巨人，扛起超过自己无数倍的大山。所以，对很多西部人来说，爱都是一种巨大的生命能量。《白虎关》的女主人公莹儿就是这样。唱着“花儿”的她，变成了世界上最坚强的女人。或者说，唱着“花儿”的她，继承了“花儿”中爱的力量。这也是西部文化的奇妙之处。

西部文化是一种有生命力的、能影响人心的文化。继承西部文化的人，用爱丰富了这种文化；传承爱的西部文化，又强大了文化传承者的心灵。因此，西部有很多为爱而活的人，我也是其中之一。我成功的依托，正是爱与智慧。只是，我的爱跟莹儿不一样，我的智慧也跟莹儿不一样。所以，莹儿走向了死亡，我却走到了今天。

好多读者还从《白虎关》中读出了一种大象征。他们觉得，书里的沙漠就像人生，这是对的。《白虎关》和《猎原》都超越了西部土地，超越了沙湾农民，上升到世界和人类的高度，有着灵魂的深度。它们都承载了我用生命经历验证过的智慧，也承载了我对人类、对世界最深沉的爱。当然，“灵魂三部曲”也是如此。只要你有足够的真诚，它们就会像母亲的乳汁一样，滋养你们的心，圆满你们的灵魂。有一天，你们就会明白那些文字背后的含义。

4.

你是否开始了真正的人生

我的好多学生都说，认识我之后，自己才开始了真正的人生。在此之前，他们没想过人生的意义，也根本不知道，原来人活着，是必须思考这个问题的。

有个孩子告诉我，她曾经的梦想，是做一幅优秀的海报或广告。后来她迷惑了。因为她想不通其中的意义。她说，自己不求名，也不求利，那么她在追求什么？难道她渴望的，仅仅是操控他人心灵，勾起他人欲望，从而获得一种成就感吗？这种稍纵即逝的情绪，真的能让她往后的人生变得充实吗？她发现，自己曾经的理想，只不过是一种貌似理想的贪婪。对这种贪婪的满足，最终无法给她带来任何东西。于是，一个全新的问题进入她的心灵：我想成为什么人？我真正需要的，是怎样的生活？但她的朋友跟她一模一样，大家在朝着所谓的理想生活奔去时，其实根本不知道自己想追求什么，非常盲目。所以，每个人都会对她说：别想太多，我陪你喝酒去；别想太多，我们去运动，出一身汗，就好多了。然而这些建议最终还是没起多大作用。所以，她最终选择了寻觅，后来才看到了我的书，听到了我的声音。她说，她一直向往着一种干净、简单、奉献的生活，但她没有勇气。整个社会都在告诉她，这样做，你会活得很糟糕。她以为自己错了，接触了大手印文化才发现，原来这样才能活得更好。因此，她不再空虚，不再失落，在实践这种价值观、人生观的过程中，渐渐变得充实、坚定、满足。

其实，一谈到人生意义，好多人都会觉得虚无。因为他们发现，什么都会过去，这个世界上根本就没有永恒。人一旦死亡，就会变得一无所有，就连他留下的文字，也会随着人类的消失而消失。

有一段时间，我实在不想写作，就是因为找不到写作的意义。我虽然写了很多有价值的东西，但《大漠祭》也罢，《猎原》也罢，《白虎关》也罢，“灵魂三部曲”也罢，能留到什么时候？我不知道。因为，我不知道地球何时灭亡，也不知道人类何时灭亡。一旦人类灭亡，我写的东西还有意义吗？所以，我很长时间不愿动笔。后来，为了打破那种局面，我极力为自己的写作设定了意义：只要有一个人看到《白虎关》《猎原》《大漠祭》后，能对农民稍微好一些，更尊重他们一些，政府也能制定一些更好的政策，让农民们过得好一些，我就没白写；只要能为老百姓带来一块钱的利益，我就没白活。因为有这个意义，我才接着写了下来。

同样道理，你也可以为自己设定一个意义。但一定要记住，只有能让世界受益的意义，才能支撑一个人的活着。否则，任何意义，都会让你更快“死去”。

比如，我的小说《猎原》中有个年轻的牧羊人，叫黑羔子，他是如此评价自己的：“我是断子绝孙的，因为我在放羊。羊啃了那么多的树，啃了那么多的草，把这块土地从肥沃的原野变成了沙漠，让很多生命从这块土地上消失了。所以我活该没有儿子，我造了无数的罪孽，我是个断子绝孙的命。”一些人可能会觉得他小题大做，但从整个人类的命运来看，他或许是正确的。因为，表面看来我们只是自己，实际上，我们也是世界的一部分。所以，我们每个人的行为，都关系到世界的命运。无论我们做什么，都会影响自己生活的那片土地，那里的一切变化，又会回到我们的身上，甚至影响后世子孙。就算有些人不想影响世界，不曾努力改变自己的命运，也必然对世界产生某种影响——放大了庸碌的声音，扩大了庸碌的群体。

所以，西部文化重视活的过程，但它关注的是利众的行为，不是个人享受，也不是口头的利众。换句话说，它不管你的话有多么冠冕堂皇，只看你做了些什么，能否真正地回报社会、贡献世界。它认为，行为构成了你的价值。如果你没有为世界带来一些好东西，带来一些正面的影响，那么，不管你赚了多少钱，都没有意义，没有价值，留不下任何东西。能创造真正价值的，只有那些用实际行为贡献世界的人。

例如，雷锋很早就死了，但直到今天，一谈到乐于助人，人们还是会说“学雷锋”。因为，他已经变成了一种精神的标志，而不仅仅是他本人了。古今中外的伟人都是这样。比如，人们一提到甘地，就会想起“非暴力不合作”；一提到托尔斯泰，就会想起他办学育人，放弃贵族身份，将土地还给农民；一提起耶稣，就会想起他被钉在十字架上，仍然为伤害自己的人祈祷。佛陀、老子、孔子、孟子、庄子等伟人也是这样。他们的肉体早就消失了，但人们一想起他们，一想起他们代表的精神，心里就会充满温暖，充满希望。物质很快就会毁灭，无法代代相传，包括人的肉体。只有这样的精神，才可以一代又一代地传递下去。因此，承载这种精神的人，总会化为夜空中的繁星，照亮整个人类的黑夜。

假如你想做一个高尚的人，做一些有益于世界、有益于人类的事情，就尽管去做。不要管这个世界会不会质疑你，会不会猜忌你，会不会回应你。因为，你做这些事情是为了自己的良心，不是做给世界看的。所以，无论世界怎么对你，最终的受益者都永远是你自己。

托尔斯泰一直觉得，不劳动的贵族无权享受劳动者的成果，更不该看着劳动者陷入贫苦而无动于衷。因此，他想了个法子，把土地还给农民。但是，不仅贵族们不理解他、反对他，就连农民们也不相信他。然而，他还是会这么做。因为他不是做给世界看的，他只是在做自己该做的事情。做事的过程中，他的心灵是富足、快乐、坦然的。因此，他才能成为那个时代最耀眼的星辰之一，才能写出那么多伟大的著作，才能在百年后的今天，仍然成为人们的话题，仍然被人们敬仰和向往着。

所以，我们每个人在做事的时候，都不要在乎这个世界怎么对待我们，能不能满足我们的期待。我们只管考量自己，看看自己是否一天比一天更完善，是否一天比一天更接近目标，就够了。

二、坚持

1.

珍惜，清醒，坚持

有人问我，您一直很珍惜时间，也不重名利，淡泊宁静，与世无争，那为啥还要精进地学习、写作？

我告诉他，我们可以不为赚钱、出名活着，但一定要珍惜时间、珍惜青春、珍惜生命，让人生过得更充实、更有意义。因为，最黄金的岁月一旦错过，也就错过了，永远不会回来。单纯追求物质享受，容易让人空虚无聊、庸庸碌碌、随波逐流、浑浑噩噩、一事无成。

有一次采访时，我讲到这么一个现象：参天大树被砍倒后，就会显出一圈圈的年轮。这年轮，明白记录着每一年的气象情况。阳光充足，雨水非常好的年份，年轮就显得很宽、很均衡，这说明，那一年它发育得非常健康；干涸的年份，那年轮就有明显的扭曲痕迹，这说明，大自然给它的营养不够。这扭曲，就像是大树的烙印，在它的生命中清晰地记载下来，永远没法弥补、改变。

人也是这样。每个人的生命都只有一次，每个阶段都值得珍惜。过去了，就永远不会再来。某个生命时段，缺阳光，缺水分，无论后来怎么努力，都不能修复那痕迹。种瓜得瓜，种豆得豆，辛勤的耕耘只能自己完成，别人无法替代。所以，我总在有限的生命时空里，尽量多做一些利益世界的事。活到老，学到老，取天下学问，为我所用。铸就光明心，以照菩提愿。

现在，很多人都在各种名义下追求欲望，有的名义还很伟大。比如，要让家人过得更好，要帮助更多的人等等。这些理由都很好，但他们大多在追逐中迷失了自己，种下了许多恶因，也承担了许多恶果。因为，他们不得不迎合社会上的一些规则，才能赚钱，才能出名。“不得不”的次数多了，就会变成他们的生命习惯，让他们变得贪婪、世故、算计、自私。有一天他们会发现，往日那个充实了他们的生命，让他们充满激情、非常纯粹的东西，已经消失了。他们没有向往，没有精神追求，也没有心灵的依怙，连灵魂都死了，因此活得非常空虚，只好不断索取，希望在心外的世界找到满足。然而，建立在物质上的满足，只是一点情绪，物质变了，环境变了，欲望变了，情绪就变了。久而久之，他们就会疲倦、无助、无力，变得焦躁、不安、敏感、易怒。这样的生活，就像一根紧绷的弦，即使富足，又能给谁带来幸福呢?

所以，在生活的每一分每一秒中，我们都要清醒地做出选择，不要让贪婪干扰心灵的宁静和自主。时刻都要记住，真正的直觉不是欲望，也不是冲动，是在智慧的观照下，应对世间一切，随缘任运，但不要盲信自己的头脑。要知道，思维是由概念、经验、知识、偏见、喜恶等东西组成的，是分别心的产物，是人为的，不是世界的本来面目。所以，不要单纯用头脑思考，要用双眼去观察，用心灵去感知。否则，你不但得不到真正的满足与安宁，还会把时间消耗在一些毫无意义的事情上面。到头来，什么都留不下。

如果明白了这一点，你就要想一想：你这辈子想做什么？是厨师、司机、计算机工作人员，还是作家？什么都可以。只要你选好方向，努力一辈子，不管能否实现目标，你的人生都是充实的，是圆满的。因为，你拥有了梦想，并且抓住了梦想。梦想，是人生中最重要的选择。

人生就像旅行，想好去哪儿，我们就会朝那方向前进。假如你很想去一个地方，到达后，就会觉得满足、快乐，路上的一切挫折，都会变成温馨的回忆；如果你随便选了个地方，到达后，就会觉得东西不好吃，住宿条件很差，就连当地人说话声音太大，也会让你烦躁不安。换句话说，你会变得非常挑剔。其实，让你烦躁的，不一定是这些东西，而是你不明白这段旅途的意义。

人生中的很多痛苦，都是盲目选择造成的。要想活得快乐、满足、安宁，就要做出正确的抉择。一定要明白，大家都喜欢、都觉得合理的那条路，不一定就适合你。因此，你不要管别人怎么选择，不要管世界流行什么，不要管别人是否认可自己，也不要管最后会怎么样。你只管走适合你、你也想走的那条路，就够了。然后，在每一个当下，你都要知道自己在做什么，为什么这么做，那么你就知道该怎么取舍了。所以我老说，在这个世界上，你想成为什么样的人，就能成为什么样的人。

我打个比方，一只武威的乌龟想爬到北京去，这看来很不可思议，但不一定不可实现。只要那乌龟知道方向，能一直坚持，也有足够的生命，它的梦想就肯定能实现。至少，它会离北京越来越近。一些人或许会嘲笑它，讽刺它，却总有一些人会尊重它，甚至敬佩它。因为，它在追求一种别人不敢追求的东西。不管它的追求能否实现，这种行为本身就具有一种独特的价值。这意味着，很少有人会忽视它。

人类也是这样。无数人死去了，能让我们记住，让我们敬仰，让我们为之惋惜的，有多少？很多人只是芸芸众生，碌碌无为地混一辈子，然后悄无声息地死去，就像水泡破灭了一样，留不下任何痕迹。当然，对一些人来说，这样的生活也很好，但他们跟牛羊有啥区别？跟小狗、小猫又有啥区别？

我的小说《西夏的苍狼》中有一条叫苍狼的狗，它从不摇尾乞怜，也不向美丽的母狗求欢。它像圣者般淡定，有一种从祖先那儿继承下来的原始大力。在某种程度上，它的身上，有着人类该有的尊严和向往。因此，小说的男主人公对女主人公说，我宁愿它死去，也不希望它变成贵妇的宠物。

不要把梦想当成一个梦，也不要觉得它有多么遥远。人与梦想之间，其实只有一张纸的距离。捅破它，你就能实现梦想；捅不破它，你就实现不了梦想——这张纸，就是坚持。成功者与失败者的区别也在这里。

我再打个比方：白纸很薄，楼房很高，就算把一百张纸叠在一起，离楼顶仍然非常遥远。但是，只要你不放弃，每天加上一张纸，纸堆的高度就会一天天增加。总有一天，它会跟楼房一样高。那时，你就成功了。换句话说，梦想看起来遥不可及，但它并不是真的遥不可及。只要你找对方向，一直往前走，梦想就会微笑着等你。

当你成功后回顾过去，就会发现，走路的过程，远比成功的结果更重要。因为，有了这个过程，你的人生才变得充实，你的生命才能焕发出不一样的光彩，你的心灵才有了一种不一样的感悟。所以，成功与否不重要，重要的是，你有没有付出努力，能不能坚持。如果你能坚持一辈子，就算没成功，人生也无憾了。如果成功了，你的生命就会拥有另一种价值。比如，你会变成一个样本，为那些跟你差不多的人提供有益的参考，让他们更有信心、少走弯路。当然，假如你向往的是欲望，就是另一回事了。

我所有的成长，所有的成就，都源于我的坚持。有了坚持，就有了“雪漠心学大系”。不能坚持，我就是一个普普通通的乡村教师，或者教委干部。虽然那也很好，但它无法让我实现一种独特的价值。所以，我一直想告诉那些爱好文学的孩子：不要盲目否定自己，不要失去自己。要给自己设定一个大的目标，然后在人生中探索，在学习中审视，在经历中吸收，不断成长。到了最后，你就会成功。即使成不了一个多么出名的作家，你也会成为更好的自己，实现你最独特的价值。

我跟很多人不一样的地方，就在于我实现了自己。因此，一些朋友总把我当成心灵导师。其实，我一直觉得自己只是一个明白的作家、一个生命的样本。我的雪漠心学大系，就是为了满足他们的期待而创作的。我将自己用生命验证过的所有感悟，都逐步写进了书里。有着不同需要的人，可以在不同的书中找到他们需要的东西。比如，文学爱好者想知道我是如何成为作家的，可以去看《文心》；大手印文化爱好者、实践者，心灵文化爱好者，佛学文化爱好者，包括一些学者、专家，想知道大手印文化的历史、哲学与方法论，可以去看《初心》和《真心》；想知道如何面对生死，如何战胜对死亡的恐惧，如何面对亲人的死亡，如何通过死亡得到大益者，可以去看《调心》《归心》。

如果你也实现了自己，用生命验证了一种有益于世界、有益于他人的方式，你就成功了。对世界来说，你就有了一种不可替代的价值。而且，你永远都要记住，实现自己不一定有多难，有时它需要的，仅仅是多一点珍惜，多一点清醒，多一点坚持。

2.

悟者看破欲望，迷者肯定欲望

有朋友问我，你为什么要给大学生讲大手印文化？大手印文化对当代大学生有什么用？我告诉他，这种文化太有用了，对那些面临人生重要抉择的大学生来说，更是如此。

因为，一个人要想做好每一个选择，尤其是一些意义重大的选择，就必须有一颗独立的心灵。他必须清楚自己想追求什么，想实现什么。否则，他就只能迎合世界，按照世界的步伐走路，追求世界告诉他的某个目标。最后他会发现，自己的脚步声，已经消失在世界的脚步声中，他失去了自己。最可怕的是，最初，他或许觉得世界的步伐不一定适合自己，走起路来碍手碍脚的，但过上几年，习惯了，他心灵的奴性就会越来越强。只要世界一吹起号角，他就会不由自主地跟着所有人一起踏步。这时，他已经不是他自己了，只是世界工厂批量生产的玩偶之一。

我之所以让大手印走出历史的尘封，就是想告诉大家：我们不一定要做世界的玩偶，我们可以拥有自己，拥有自己的心灵。

当你有了独立、自主、能超越世界的强大心灵时，就可以自由地入世做事，并且肯定会很成功。因为你不管过去，不管未来，将所有的生命都专注于当下的行为，全神贯注地付出，清醒而敏锐。而且，你不在乎金钱，不在乎成功，不在乎名利，不追求与目标无关的一切，因此不会被层出不穷的现象迷惑，不会被各种欲望引诱。那么，你的成功，就是必然的。

如果没有这样的一颗心，即使你成功了，也肯定不是大成功。你的人生到不了一个很高的境界，也无法成就能够传世的价值与事业。因为，世界上实在有太多诱惑了。

比如我们坐地铁时，会看到很多漂亮的女孩子。这样的女孩充满了世界的每一个角落。你哪怕只在她们每个人的身上花上一秒钟，也会把一辈子都耗进去。当然，这是一个比喻。我只想告诉你，假如没有一定的智慧和定力，你就会轻易受到诱惑，在不知不觉中虚度一生。猛然觉醒时，你会发现，自己在温柔乡中沉睡了好久，一事无成，却已经老了。

对金钱的追求也是这样。刚开始，你或许只想吃饱肚子，可赚了十万块后，你发现赚了一百万的人活得更好，所以你继续拼命赚钱；当你赚了一百万时，又发现赚了一千万的人活得更好……只要你追求的是金钱和物质，就永远都不会满足，永远都会觉得自己没有过上想要的生活。假如有一天，你得了绝症，就会发现，自己的人生其实是一片空白，什么都留不下来。你用生命换来的一切，包括金钱、物质、地位、享受等等，都要离开你了。这时你才明白，无论眼前的一切有多么诱人，最后属于你的，也只是四块棺材板。但是，你再想挽回什么，再想改变什么，却已来不及了。

我不是这样。

很小的时候，我就为自己设定了活着的意义。它一直指引着我，让我始终朝着一个方向前进，舍弃无关的一切。因此，我总能“预知”自己的未来。

二十岁出头时，我参加省里的一个笔会，当时大家都在讨论：为什么甘肃文学不能走向全国？轮到我发言时，我说：“因为雪漠出生得太晚了。”于是所有人都哈哈大笑，把肚皮都笑烂了。因为，那时我还没发表过作品，是个无名小卒。但我没有说大话。我自知，也知他，故而相信自己一定能成功。

二十一岁那年，我给文化馆馆长写了封信，信里说道：“别看我现在不怎么样，二十五岁后，我一定会在甘肃出名；三十五岁后，我一定会扬名全国文坛。”当时，我将大量的时间用于教学，几乎没多少时间写作，文化馆的创作环境比学校好一些，所以我希望馆长能帮帮我，把我调进文化馆。但馆长没力量帮我，只给了我些稿纸，鼓励了我几句。后来他搬家时，适逢《大漠祭》获了许多全国大奖，他翻出那信，想起往事，遂对我说：“你这家伙，十多年前，就能预见今天了。”其实，我只是懂得选择与命运之间的关系。

说到这里，我再跟大家分享一段经历：

写《大漠祭》时，我一个人住在外面，边修行边写作，与世隔绝，甚至不去买菜。老婆每天中午给我送饭，我一天只吃一顿饭。而且，那时我总是三点起床——四十岁后懒了些，五点起床，很少有例外——所以，我每天的可用时间，总比别人多出好几个小时。除了处理一些必要事务，我尽量把时间用在修炼人格、修炼智慧、读书写作上面。因此，三十五岁前，我就完成了自己，并且拥有了一个优秀作家的素质。

有人觉得我很勤奋，但其实我不是勤奋，而是我明白生命的珍贵。

人生的长度就这么一点，如果总在睡觉，就没时间训练自己、升华生命了。如果你还要处理琐事，剩下的时间，就更是少不堪言。最后你会发现，自己花了大量时间，去完成一些留不下去的事情，反而来不及干正事——比如修炼人格、实现梦想等等，这难道不是最大的得不偿失吗?

所以，别人梦寐以求的东西，对我来说不一定是诱惑，有时反而是负担。因此，我总能拒绝它们，一直坚持自己的方向。

例如，我也可以挂职当官，但我一直没去。我觉得，虽然当官也很好，但如果我把生命耗在官场里，混一辈子，就算有权，也赚上了钱，又有什么意思呢？所以，我一直不想搅和在官场的游戏规则里面。

以是缘故，我的命运从没偏离过最初的方向，而且我一直在向上。于是，最后我兑现了自己当初的“预言”。

可见，从某种程度上来说，预言并不是多么神奇的事情，仅仅是对自心的把握。只要你能把握自己的心，始终朝着一个方向前进，又有足够的生命长度，就肯定能完成自己想要完成的事情。至于多快，或者多慢，就是另一回事了。

想要做到这一点，看起来很难，实际上不一定有多难。其秘诀只有四个字：看破，放下。

一切诱惑本质上都是虚幻的，正如海市蜃楼。它们看起来很美好，一旦你不顾一切地追了去，才发现那只是幻影，不真实，更不永恒。欲望也是这样。看破的人，自然能放下，能拒绝，不会迎合诱惑，也不会肯定欲望。只有那些看不破的人，才会被欲望和诱惑牢牢束缚，连梦想是什么，自己为什么出发，都记不起来了。所以我才千方百计地传播大手印文化。

我希望，孩子们在成长的过程中，能接触到一种不同于流行文化的智慧，能从中得到启迪。那么，他们未来或许就会拥有独立的心灵、独立的人格，懂得如何取舍，能窥破虚幻、放下执著，能远离诱惑与干扰，在入世做事时，拥有一份专注与坚定，尽可能地少走弯路，多做一些能留下去、能利益世界的事情。但我只求尽心，不求结果。我觉得，该说的说了，该做的做了，就够了。有多少人愿意听我说话，听完还会照着去做，就不是我能决定的了。如果他们能活得快乐，也很好。

3.

明白如何取舍，才能做到专注

虽然我一直强调梦想的重要性，但是我必须提醒大家，要坚持梦想，就必须做好“舍”的准备。因为，让自己尽快成长起来，拥有巨人的眼光、心量、视野与胸怀，并不是一件容易的事情。实现这一点之前，你必须付出大量的时间与精力，无法安逸地活着，也没时间争夺一些大家都在争夺的东西，比如金钱、物质、名利等等。而且，有时你必须放弃它们，守护自己心灵的纯净、安宁与独立，否则，就会被世俗熏得昏昏欲睡，把自己该做什么都给忘掉了。

很多富有才华，却没能成功的优秀青年都是这样。

他们总是埋怨时代，埋怨社会，埋怨环境，埋怨运气，却不知道从自己身上找原因。实际上，他们之所以无法成功，主要还是因为自己在该努力时放弃了。例如，我的一些朋友最初或许比我更优秀，然而直到今天，他们或销声匿迹，或仍然是个小作家，远远没有创造出相应的价值，也没有建立大的人生格局。

我举个例子：有个朋友成名比我早，但很快从文坛上消失了。因为，他出名早，上作家班时，认识了一个漂亮女孩，就想跟老婆离婚，和那女孩结婚，花了两三年时间。离婚后，他想把女朋友调到兰州，于是动用了很多关系，又花了好几年。此后还发生了好多事。有一天，他突然发现：啊，我竟然老了！这时已过去了十五年，他再也不是当初那个才华横溢的青年作家了。

甘肃有一些没能成功的作家，就是这样。他们不是没有才华，也不是不够优秀，而是不够专注，不能坚持。他们中的一些人发现能当官，就当官去了；一些人发现能赚钱，就经商去了；还有一些人，跟我那朋友一样，遇到美女，就谈恋爱去了。没过多久，这些满腹理想的作家们，就不再读书，不再写作，渐渐被庸碌吞噬了。到了最后，他们再也写不出任何东西了。当然，我也尊重他们的选择，并祝福他们。

我跟他们不一样。一旦确立了人生目标，我就绝不会留恋一些与之无关的东西。书跟梦想息息相关，于是我取；金钱跟梦想没有直接关系，还会干扰我的宁静，于是我舍。面对所有诱惑时，我都是这样。因此，我才是今天的雪漠，而不是一个普普通通的商人，或者普普通通的老师。

当然，我并不否定老师与商人的意义，但那不是我的方向。我很明白，谁有谁的意义，谁有谁的位置。我这辈子既不是赚钱来的，也不是教书来的，如果在这些事情上纠缠，我就没法实现自己的梦想了。

你们也是这样。不要以分别心看待世界，但要分清什么跟梦想有关，什么跟梦想无关。不要毫无选择地接纳一切，要学会拒绝一些阻碍你实现目标的事情。无论一个东西多么美好，只要它会妨碍你实现梦想，就要毫不犹豫地拒绝它，不要欲拒还迎。否则，你就会给自己平添许多烦恼，有时还会遗忘你的梦想，远离你人生的航向。所以，不要在乎迎面而来的金钱，也不要在乎那些漂亮姑娘。

当然，你也可以把其中一个姑娘娶回家，但此后就再别去追其他姑娘了。这个世界上有太多的姑娘，别说追，仅仅是每个姑娘都望上一眼，你三百辈子都会搭进去的。我举个例子，凉州有二百万人，其中有一百万就是女人，三十万是年轻女子。平均每天望一个，你也要望上好多年。所以，不该望的，就别望了，做好自己该做的事情。

要知道，天分很重要，但它不是最重要的东西。天才和平庸者的区别也不在这里。好多神童，最后都默默无闻，其原因就在于他们没有定力，也不够专注。所以，定力和专注力，才是成功的决定因素。

生命很短暂，不要什么都想做。如果一辈子只想做好一件事，你就是天才；如果一辈子想做好两件事，就说不清了；如果你想同时做好三件事，这辈子就肯定是个庸人。因为，我们永远不知道自己还有没有明天。就算只完成一个梦想，也需要每天不断努力，珍惜每一分每一秒，何况要同时完成三个梦想。

有的人既想做体贴的老公，又想做优秀的作家，还想做成功的商人，结果什么都做不好，一事无成。因为，无论做什么，他都无法百分百专注，总是心猿意马，自我干扰，时间也分成了三份。

只有打碎所有执著，能够完完全全地掌控自心时，你才能随缘地做好每一种角色。因为，只有不执著，你才能安住在每一个当下，不会出现我上面谈到的那些情况。

我也经过商，但我不是为赚钱而经商的。我把经商也当成一种体验和实践。通过这种实践，我验证着大手印文化。这种文化带给我的智慧，让我心明眼亮，不但不会受到外物的影响，还能轻易发现商机，知道怎样就能赚钱。因此，我不经商时很穷，一经商，马上就变富了。然而，当我发现自己赚的钱足够一家人生活一两年时，就马上把生意扔了。因为，做生意会耗去大量时间，我不想把整个人生都搅在里面。

经商也罢，修行也罢，读书也罢，写作也罢，做老师也罢，对我来说，都是同一件事——实践我证得的真理。我会随缘地做出选择，但不会执著其中任何一种形式。如果做不到这一点，就算我很穷，也会拒绝一切诱惑与干扰，守住心灵的宁静。

如果你们希望自己的人生能达到圆满，就要在每个当下做出清晰的判断，不要自欺欺人。一定要明白，自欺欺人者，不可能实现超越，也难有大的成功。

4.
磨难中绽放的花儿，最美

有人说，雪漠是个天才，所以他才能成功。其实不是这样的。雪漠跟别人不一样的地方，仅仅在于他能放下一切，每天完成自己该做的事情，然后坦然入睡。如果你也能做到这一点，即便遭遇苦难也不放弃，你就会像雪漠那样，实现你的梦想。当然，要想做到这一点，你就不能满足于现在的自己，要不断进步，不断成长，不断变得更好，变得更有价值。

这就是我之所以成为今天的雪漠的原因。

另外，我跟别人不一样的地方，还在于我能坚持。

好多人也不满足，也想成长，但他们坚持不下去。遇到痛苦、困难、否定和打击时，就开始怀疑自己，渐渐变得懒惰、放纵，最后成了混世虫，失去一辈子的梦想。所以，你必须要有承担质疑的准备与心量。无论这个过程多么漫长，会经历多少挫折、磨难，甚至苦难，都不能放弃。相反，你要享受磨难，品味磨难。因为，在这个世界上，没有任何东西比磨难更能让一个人飞快地成长——我甚至可以肯定地告诉你：没有磨难，就没有成功。

所有伟人，都肯定经历过磨难，有的人一辈子都活在磨难中。但短暂的苦，换来了相对永恒的乐。他们升华了心灵，升华了生命，即便肉体消失了，思想与精神也留在世间，照亮了世代子孙的黑夜。磨难让他们超越了平庸的人群，升华为那个时代最耀眼的星辰。比如凡·高、王夫之、司马迁、曹雪芹等等。假如没有磨难，他们就是荷兰的某某，中国汉代的某某，或清朝的某某，没人记得他们，没人知道他们来过，没人知道他们有梦想。

所以，如果你不甘心平庸地活着，就不要惧怕苦难。有时，别人的尊重，就来源于你面对苦难的态度。

我举个例子：我的一个学生在二十九岁时得了绝症，得病前，她是个杰出的媒体总监，跟其他杰出的媒体总监没任何区别。得病后，她以常人难以想象的坚毅和勇敢面对疾病，快乐地活着。任何人见到她时，都想不到她一直承受着怎样的痛苦。无论睡着，还是醒来，她都被巨大的疼痛煎熬着、消耗着，就连喝水、刷牙、吃饭，对她来说都像受刑一样。她有很美的声音，却一句话都不能说，因为疼痛。但她始终微笑着，淡然得像是什么都没有发生，无时无刻不想着利益众生，编了一些有益的书，做了很多有益的事。她在磨难中蜕变了，从一个倔强的女子，变得柔软、慈悲，升华为一个值得尊重、足以成为榜样的人。

这首先是因为她有信仰，然后是苦难成就了她。

可见，苦难并不可怕，可怕的是人们在苦难面前退缩了。

实际上，不管有没有信仰，不管是否追求梦想，人都会遭遇苦难和突然而至的巨变，但能坦然面对它、接受它的人并不多。不能坦然面对者，往往会被岁月的洪流冲刷得不见痕迹；能够坦然面对者，才能成为一个时代的星辰。所以，对某些人来说，磨难反倒是一种幸运、一种善缘。

在我的小说《无死的金刚心》中，主人公琼波浪觉曾经陷入魔桶，跟假奶格玛结婚生子，过了二十二年平庸的生活。有一天，他的儿子突然死去，丧子的剧痛打碎了美满生活营造的假象，他才脱离魔桶，重新开始寻觅，最后才能实现终极超越。如果没有苦难，世界上就少了一位伟大的成就师与文化大师，藏传佛教历史上就少了一个伟大的教派，整个人类历史上也会少了一段精彩。因此，成长与升华，少不了苦难。经不住苦难的人，难以成为大师。

有趣的是，世界上的一切都在飞快变化着，包括你对苦难的感受。最初，苦难或许会带给你一种痛苦无助的觉受，但随着时光飞逝，随着你的改变，你对痛苦的理解和感知也渐渐变了。你发现，微笑地放弃，带来的不是遗憾，不是不可弥补的缺失，反而是一种快乐、自由。你还会发现，以往放弃过的一切，都无法让你像现在这样快乐。相反，以往那些快乐的享受，现在却成了一种可有可无的东西，甚至是一种累赘。因为你发现，自己的生命不一定需要它们。

这说明，人并不是一成不变的。经历在改变着你，环境在改变着你，思考在改变着你，行为也在改变着你。当下的所有情绪，都会飞快地变成回忆，当下的失落也是这样。如果你把当下的失落当成生命的全部颜色，放弃一些跟你生命真正有关的东西，就迟早会陷入一种更深的失落。尤其是，当你体察到无常时，就会发现，自己放弃的，正是应该珍惜的；自己企图把握的，却是注定要失去的。

所以，不要把现在的困境当成一辈子的困扰，也不要把现在的失落当成一辈子的遗憾。确定人生目标后，不要过多地盘算将来，只要下定决心，立刻行动，坚持不懈，最后就能成功。总有一天你会明白，在坚守人生方向时不得不放弃的一切，恰好是你并不真正需要的东西。只有在该放弃时放弃，你才能实现一种真正有意义的价值。

我打个比方：如果齐天大圣像其他猴子那样，满足于山野间的自在逍遥和美味的果子，他就不会漂洋过海去寻找师父，也不会在菩提祖师的教导下证得神通，更不会成为让人无法忽略的齐天大圣。最重要的是，如果他没有证得大神通，就没能力保护唐僧去西天取经，最后也不可能升华为斗战胜佛。你想想看，一只小毛猴，想要成为齐天大圣，需要承受多少痛苦与磨炼？如果他最初因为害怕和自卑，回避了梦想，或者中途放弃了，《西游记》的故事又怎么会成为千古佳话？如果他仅仅是花果山的美猴王，又有什么人会关注他、记得他？又有谁会尊重他，甚至崇拜他？

我告诉大家，每一个受到千古敬仰的人，都曾经历痛苦，都在痛苦中升华了人格，证明了自己。没有这样的行为，没有这样的态度，就没有圣者。只有敢于面对痛苦，能超越痛苦的人，才能赢得世界的尊重，得到更大的成功。

别看我现在生活得很好，过去，我也有过一段艰难的生活经历。而且，那段日子持续了很久。

最穷的时候，我连饭都吃不起，有一次只好收些办公室里的旧报纸，卖了四块五毛钱吃饭；还有一段时间，家里穷得连鸡蛋都吃不起，我儿子只好把我妈妈炒给他吃的鸡蛋，偷偷吐到他妈妈的碗里，让他妈妈也能吃上鸡蛋。

还有两个细节，给我留下了很深的印象。

教委在市里，我家在乡下，从城里到乡下的车票要八毛钱，我买不起，没法天天回家，而且一般都骑单车回去。有一次回家，儿子跑过来抱着我的腿，亲热地叫爸爸。那一刻，我很希望自己能买些东西给他，但我连八毛钱的爆米花都买不起。我只好告诉他，对不起，爸爸今天没有给你买东西。我儿子没有生气，他说，爸爸，我啥都不要。

还有一次，我买了包白糖回家看妈妈，结果袋子突然裂开，白糖撒了一地。妈妈舍不得，就把地上的白糖和土一同捧起来，泡在水里。土沉下去，白糖溶在水里，妈妈就把糖水给喝了。那一刻，我的心里疼痛极了，觉得自己没有尽到一个儿子的责任。但即使这样，我仍然没有放弃作家的梦想。因为我知道，时刻陪在父母跟前的儿子，只可能是庸人，要成为一个足以令父母骄傲的儿子，我只能忍受那时的痛，再努力一些，尽快成长起来。否则，我就辜负了父母辛苦供我读书的那份苦心。

后来因为一些原因，我们一家人搬进了城里。我在城里没宿舍，只好在办公室里支了张单人床，旁边再加上一块一尺宽的木板，老婆、儿子睡那头，我睡这头。三个人就这样过了好久，没有自己的家，也没有独立的生活空间。但我还是没有放弃。

那时，我唯一的希望，就是不断读书。因此，我宁愿吃不好，穿不好，也要买书。

那时，我的工资只有二百多，大部分都用来买书了。有一次，我钉了个书架，放在屋里，像一堵墙。朋友看到，于是问我，你为啥钉上这么高的架子，老婆的鞋没地方盛啦？我说，那架子是用来放书的。他说，你哪有那么多书？我说，你就看着吧。果然，大概过了一年，架子里便盛满了我的书。

有一次，我和老婆逛街，想给她买双皮鞋。那皮鞋才四十五块钱，但后来我在新华书店发现了一套世界童话名著，想送给儿子。我看了看老婆，老婆知道我在想什么，就说："布鞋挺好的，这次就不买了吧。"于是我马上把书买上，回家送给了儿子。现在，那套童话仍然在我家里。

过去，我的生活中有很多类似的事。

我能坚持，不是因为我的条件得天独厚，或不知道吃苦挨饿的滋味。我都知道，然而我超越了。超越了，我才有发言权，才可以站在这里，分享这些经验。我知道，一无所有的孩子想要成功，到底有多难。因此我必须说这些话。我必须告诉那些渴望成功的孩子，要坚守梦想，把握自己，无论有多难，这份坚守总会带着你们越过黑暗，走向光明。一定要相信自己，坚守梦想。

5.
人生的不确定因素，是人心

很多人都谈到命运，他们问我，什么是命运？决定命运的因素是什么？

我回答说，命运就是你不一定想走，但不得不走的那条路。比如，当写作找不到意义时，我就想放弃文学，去修行、出家，但这时，文学又会把我扯回来。有时，我竭力想放弃文学，但冥冥中，总有一种力量让我放不下，始终牵挂着它。这就是我的命运。

不过，我从不相信上天能决定人的命运，我一直觉得，命运要靠自己把握。我认为，命运之说，只对那些屈从它、迷信它的人起作用。因为，那些人听天由命，不能自主心灵。那么，为啥我说“命运是你不得不走的那条路”呢？因为，命运中的一切，都跟人的心灵和选择有关。当你选择了某个东西时，就必须承担它带来的一切，这就是你不得不走的那条路。但接下来要走哪条路，仍是你的选择，你还是可以改变它。你的心一变，观念一变，追求一变，过去的选择就给冲垮了，你面前就会出现一个新的指引，你的人生也会出现新的轨迹。那么，你的命就变了。因此我总说，心一变，路就变了；心一明，路就开了。

快不快乐，由你的心决定，跟外界没有绝对的关系。你的心少了欲望，少了计较，自然就会变得圆满。你看到的世界，也便不同了。所以，不要把负面情绪发泄到别人身上。这样只会伤害一些无辜的人，尤其是那些爱你的人。而且，这种行为的作用力，最终仍会回到你的身上，它改变不了你的命运。

看过我的“大漠三部曲”的朋友，都知道老顺的那句名言："老天能给，老子就能受。"就是说，苦难来了，我就坦然接受，不怨天，也不怨地。这是一种很高贵的姿态，但它仍然有局限。那"受"字，便道出了深深的无奈。但也难怪老顺，他只是西部一个普通的农民，他的心灵力量、精神高度是有限的。我们应该理解。只是，我们在理解的同时仍然要明白，承受不如享受。

一旦人的精神境界到了一定程度，他就超越了苦难。别人认为苦，他却不觉得苦。于是，英国作家阿兰·德波顿说道："更伟大的智慧，存在于丰富的不幸中。"

当然，苦难本身从不是成功的充分条件。比如，想成为《追忆似水年华》的作者马塞尔·普鲁斯特，想成为史铁生，要比成为一个孤独的人，成为一个病痛缠身的普通人更难。换句话说，成为一个充满悲悯、享受苦难、心灵独立的伟大作家，比沉浸在苦痛里要困难得多。因为，生老病死人人都会经历，怎么面对它们，取决于每个人自己的心。阿兰说，一个承担苦难的人，可以向生活提出最大的要求——获得打开智慧和想象之门的机会。因为，苦难促使人思考。假如一个人有领悟和寻觅的心，他在苦难中获得的东西，就远比顺境中更多。但通常情况下，人们只会沉溺在苦难中，不能走出苦难、超越苦难、享受苦难。

万法唯心造。仁者见仁，智者见智，善者见善。在寻常中发现诗意，在平凡中感受美好，深入生活，品味人生，那么，再大的苦，都是过眼云烟。这是我的创作态度，也是我的生活态度，我很乐观。

我小说中的许多主人公，在面对苦难时，都传达了我的这种态度，所以，你会觉得他们都活得很坦然，很从容。其实，所谓的“苦难”，很多时候，都只是一种感觉，它本身既不苦，也不甜。就是说，怎么理解，怎么感受，全是你自己的事情。你觉得它苦，它就会伤害你；你觉得它是启迪，它就能滋养你。

大手印文化认为，所有苦难，都在帮助我们成长，没有苦难，就没有超越。它还认为，变化每时每刻都在，就看你的心是否足够强大、明白、清凉。苦难出现时，你会不会怨天尤人？欲望降临时，你会不会随它而去？超越了苦难的人，会非常安详，非常安静，非常快乐。因为，他把世人眼中的苦难，当成了一种很有意义的生命体验。

在大手印文化的视野中，世界上的一切都是调心的道具，顺缘也罢，逆缘也罢，都不要紧。只要我们能自省，明白自己在做什么，方向在哪里，世界上的纷纷扰扰就不能击败我们，更不能摧毁我们，只能让我们不断成长。最终，拥有一颗非常强大、非常明白、非常清凉、非常自由的心。最后你会发现，你不再为困境与苦难怨天尤人，不再因一时的顺境忘乎所以，你的心，也不会随着欲望起伏不定，更不会尾随欲望逐尘而去。那么，你就会明白，什么才是自由。这时，你自然不会压迫自己的孩子，不会压迫你身边的每一个人，包括你的父母、朋友、伴侣等等。因为，无论这个世界怎么样，你的生活都已经非常圆满。

一些人不能改变命运，不能在生活中体验到一种圆满，主要是因为他们不明白、不坚定、不能自主心灵、不能超越欲望。即使他们选择向上，一受到诱惑，也会马上动摇。比如，他很想发财，一有经商的机会，就会忙着经商挣钱，那他就是商人的命；他很想当官，选择当公务员，那他就是从政的命。牵着他走的，其实不是命运，是他的欲望。如果他有一颗小人、恶人的心，尽做些鸡鸣狗盗的事，他就不可能有君子、好人的命。就算冥冥中有某种强大的力量也罢，无形的力量也罢，最终决定人生之路的，还是他的选择，决定他选择的，还是他的心。所以，归根究底，还是他的心在起作用。

心灵有一种力量，它能营造一种生存发展的氛围和环境。这不是什么神神道道、故弄玄虚的说法，而是一种客观事实。比如，当我把心中某种力量融进写作时，作品就会产生一种强大的感染力，读者就会被这种心灵力量感动；被感动了的读者，又会以不同的方式，支持我做更大的事，给我创造更多的机会；这些机会，就会让我的人生之路更顺畅。如果我是个骗子，是个猥琐的小人，写的东西虚假、苍白、无病呻吟，读者就根本不想看，斥之为

“垃圾”，更不会支持我做现在的许多事情。所以，重要的不是你有什么命，是你以什么样的心做事。

有人还问我，你如何看待“三十而立，四十而不惑，五十而知天命”？

我告诉他，我理解的“立”，是立志的“立”，是选定目标的“立”，是人生定位的“立”。我觉得，一个人就算在事业上暂时没立起来，三十岁前，也一定要选定人生目标，知道自己这辈子到底该做什么。而且，要立大志，不能浑浑噩噩地混一辈子。如果一个人三十岁时，还没确定人生目标，还在迷茫，他就有可能会一辈子迷下去。

我理解的“不惑”，是不会被外界表象迷惑，看到外面那些纷繁、虚幻、闹哄哄的假象，不会像小狗追着被风吹起的猪尿脬那样，不顾一切地追上去。猪尿脬，就是猪的膀胱。在我的家乡，凉州的一个小村子里，杀猪之后，孩子们会把猪尿脬里的尿倒掉，把它吹得胀胀的，让它像个气球那样，在天上飞。这时，小狗们就会追着猪尿脬跑。追呀追，突然“啪”的一声，猪尿脬破了，它们才发现，里面空空的，什么都没有。好多人追着欲望，就像小狗追着猪尿脬一样，不知道它其实是个假东西，没任何意义。不惑的人，不会追求这些东西，他们会抓紧时间做生命中最该做的事情。

而天命呢，就是上天或命运赋予自己的使命。它同样跟你的选择有关。

人生的轨迹，是心灵的轨迹，心不变，人生轨迹就不会变，是可预见的；心变了，人生轨迹就会改变，命就变了，路也变了，这种人的命运是不可预见的。不过，在变化中，又有一种东西是不会变的，那就是一个人的天命，也是他人生的大方向。比如，未来，我的大方向就不会变。

几年前，我便跟雷达老师谈到，我一直在寻找一种方式，也许是对话方式，也许是别的方式，把我认为明白、博爱、清凉的文化传递出去，把我认为的真理传递出去。这就是我的大方向。我说，在文学的功利化、哲学的教条化、宗教的制度化之后，我一直在寻找一种新的东西。它能汲取哲学、文学、艺术、宗教的营养，又能超越母体。它抛弃了文学之虚浮、哲学之艰深繁琐、宗教制度化之诟病，成为一种“直指人心”的东西。它简单、澄明、干净、质朴、超越名相，春雨润物般地，为人类的心灵提供一种滋养。同时，我也在寻找这样的一种叙述方式，充当那传播的媒介。在这种寻找中，我可能会遇到很多人，无论我遇到谁，只要值得我合作，我都会以各种方式进行探索。我的大方向也罢，我的路也罢，肯定会这样走下去。

只要你明白自己这辈子该做什么，心里认准了这件事，这条路就不会变。这时，谁跟你一起走路，都不要紧。就算没人跟你一起走，也不要紧。因为，变的是别人，不是你。如果说人生有不确定因素，那就是你的心，心的改变，才会导致路的改变。

三、价值

1.

有独特价值，就能赢得世界

西部民歌是一种独特的存在，它能以典型的地域色彩赢得世界。人们常说“民族的，就是世界的”，这句话想表达的，正是这个意思。

有一次，我去罗马尼亚参加国际文学节，当时有二十多个国家的一百五十多名作家汇聚一堂。其中有个英国作家想教我唱苏格兰民歌，我答应了，但他用的是美声唱法，我学了之后根本没法唱，好多外国人听了，都哈哈大笑。于是我对他说：“为啥要我跟你学呢，你跟我学好吗？”他说，好啊。我就唱了一首西部民歌，结果全场掌声雷动。当时充当翻译的朋友是《世界文学》的副主编，他听了我的演唱后大吃一惊，说道：“雪漠，原来你还有这一手。光凭这个，我就能带你走遍世界！”

我告诉大家，那次文学节只有头四天安排了作家发言，每个国家派一个代表，每个代表的发言时间只有五分钟，之后还有其他活动。但会议主席提出：让雪漠每天给大家唱一首西部民歌，不要限定时间。不过，我只唱了几次，有人就不让我唱了。他说，中国作家不是来这儿唱民歌的。尽管如此，许多作家仍然在公开和非公开的场合中，邀请我为他们演唱。最有意思的是，之前教我唱苏格兰民歌的那位作家，总是跟前跟后地拿着个录音机，想录下我的歌声。

说出这些，我只想告诉大家，就算把西部民歌放在世界的舞台上，它也能得到广泛的认可。所以，我们根本就不用跟在别人屁股后面瞎跑，也不用把别人的东西拿来装点自己的门面，我们自家的宝贝就很珍贵。

那么，西部民歌的精髓，大家知道是什么吗？就是当下关怀，里面渗透了大手印的智慧。有些西部民歌与大手印文化的关系，就像瓶子和水。前者是盛水的瓶子，后者则是瓶里的智慧之水；前者以地域性赢得世界，后者则以恒久的普世性滋养世界。

例如，一个在大手印精神熏陶下长大的西部孩子，骨子里流淌着向往善美、自由和超越的血液，他创作的民歌，自然也是这种心境的流露；一个焦躁不安的人，恨不得把全世界都抢过来，填补灵魂的空洞，他的言行举止，包括歌声，自然也会流露出一种狭隘。所以，如果一个人觉得世界上充满了诱惑，就要调整自己的心，让心灵一天天变得圆满、自在、安详。那么，他就肯定不会去排挤、掠夺、宣泄、期待，因为他不需要，他是满足的。

大手印文化的作用，就在这个地方。西部民歌，则是这种文化的载体之一，它们相得益彰，互为体用，共同彰显和代表了西部文化的博大与精深。

不过，大手印文化不是心外的东西，而是一种直指人心的力量。对这种文化的认可与实践，也不是在获取和背诵一种心外的知识，而是唤醒沉睡的心灵，扫去心里的垃圾，让灵魂变得晶莹透亮。所以，我们越是认可这种文化，越是实践这种文化，就越会接近真正的自己，接近自己的灵魂。

因此我总说，大手印文化可以让每个人都变成真正的人。

现在的一些人，已经算不上真正的人了。他们看到那些需要帮助的人时，宁愿闭上眼睛走开，也不愿伸出援手。因为，他们越来越冷漠，越来越麻木，害怕为一念间的善意付出代价。

这个时代，正以最残酷的方式摧毁着善良，但每一个以善良为名谴责他人、揣测他人的我们，却不知道自己也是凶手之一。人类最珍贵、最美妙的东西——比如灵魂、悲悯、大爱等等——正在悄悄流逝，而一些想要抓住它们的人，却不知道自己的所谓“抓住”，其实是更用力地将其推开。

我们的社会，充满了愤怒、不安、焦躁、混乱、迷惑。因此，必须有另一种声音告诉人们：世界上流行的，并不是每个人都必须遵循的真理；世界上还有另一种成功、另一种幸福，跟流行价值体系不太一样。

大手印文化就是这种声音，所以，我带着它走出西部，来到更广阔的世界。

它或许不能让我们变得富有，不能让我们买车买楼，不能让我们名成利就，但它可以让我们拥有一颗自由、快乐的心灵，一颗独立于世界、独立于时代的，真正属于自己的心灵。

然而我不知道，能听懂这些话，还能照着去做的人，又有多少呢？昨天有个朋友问我：雪漠，你花了这么多工夫说这些话，有多少人能理解你？又有多少人会认可你？就连你所谓的优秀文化都快被淹没了，你的呐喊又能改变什么?

我告诉他，美国记者采访我时，也问过类似的话，我答道，文化的传承不是以人数多少来衡量的。儒家文化最初不就是孔夫子一个人在传播吗？后来也不过多了几个弟子，仍然势单力薄。当年，他像丧家之犬一样，四处奔走，被本国驱逐，别国也不接受他的学说。但到了后来，儒家文化照样是中国传统文化中非常优秀的一支。所以，文化的传承与社会的认可无关。不能说一群混混现在簇拥着一种文化，那文化就辉煌了；也不能说大部分人不理解、不认可某种文化，那文化就会消亡。

世界就像是一片文化的海洋，它需要各种不同的声音。尤其需要一些逆流而上的浪花。即使这些浪花不能形成汹涌之势，也没关系。它们总能打破死寂，为大海增添一种生命的活力。

这些浪花，就是人类文明史上那些伟大的名字，比如孔子、孟子、庄子、董仲舒、王夫之等。这些人在自己的时代都很孤独，得不到理解，时代的喧嚣总是千方百计想要淹没他们——中国每一个历史时期都是这样——但直到今天，我们仍然记得他们，仍然在汲取他们思想中的营养。所以，就算得不到整个时代的理解，优秀文化还是会因为它独特的价值被传承下去。

有一天，雷达老师劝我：雪漠，你要好好写东西呀，不然几年后，人们就把你给忘了。我说，雷老师，即使现在整个世界都认识我，这茬人也早晚会消失的。所以，我写出多少书都不要紧，现在能有多出名也不要紧，最重要的是，我必须写出能让下一茬人也知道我的东西，给世界一个记住“雪漠”的理由。

同样道理，我说的这些话，有多少人认可，有多少人不认可，都没关系。只要我说了，大家就知道西部有这种文化了。它或许会给你们带来一点启迪，或许能为文明、为人类带来一点启发。那么，受益者就会关注西部，会挖掘、研究、实践、弘扬这种文化与精神，让自己变得包容、清凉、博大，并且为世界贡献一些很好的行为。那么，我的话就没有白说。至于我自己能不能出名，能不能赚到很多钱，都不要紧。

2.

能载道的文化，才有生命力

时下的城市文明和商业文明，大多以盈利为目的，功利性很强。在这种文化的熏陶下，一些城里人不可避免地带有相对强烈的功利色彩。当这种功利心膨胀到一定程度时，就会变成势利。这一点，已渗入了城市的民众心态、日常生活，成为我们的集体无意识，进而异化我们的灵魂。

当代那些所谓的成功者们，在用术和造势上可能达到了极致，但在道的厚度上不足。因为，功利心笼罩着他们的思想和行为，局限了他们的目光和胸襟。因此，企业家行善时，总被一些人指责成“伪善”。那善行体现出的，不一定是人格本身的大善气息，有可能是显而易见的商业图谋。这时，就难免倒了民众的胃口。功利心既成全了他们，让他们能及时捕捉到商机，也限制了他们，让他们缺少大的追求，故而不可能有大的事业。

无论在哪个领域，初期的成功靠机遇，真正的大成功则取决于人格。当企业家拥有大师的胸襟时，他的事业必然有大的格局。所以，虽然表面看来，心灵的改变不能带来短期效益，但事实上，它是最有用的改变，也是真正彻底的改变。

可惜，功利和势利的人与群体，往往看不到这一点。他们汲取和吸纳文化滋养的标准，总是以实用为主。因此，他们经常会忽略一些不一定马上奏效，但对其人格、人生有大滋养的文化养分。有时，他们甚至会拒绝这种文化，比如西部文化等等。所以，有人说欲望能带来进步与成功时，我告诉他，刚开始或许是这样，但到了一定程度，就不是这样了。功利心能让我们取得世俗意义上的成功，也会局限我们的人生格局。能帮助我们构筑大格局的是什么呢？是博大的胸怀，高远的眼光，无我、无私、能破除执著的大智慧，是毫无贪欲的大功利。这个东西，就是“道”。

道的厚度不足，让我们付出了惨痛的代价——整个人类都在以一种非常可怕的速度堕落着。最可怕的是，我们的孩子，一些非常纯洁的小生命，在形成独立价值观前，就被贪婪的大人们污染了。他们是社会的未来，那么，我们的社会将会走向何处呢？

现在，好多行业都打破了自己的道德底线，疯狂地追逐利益。牛奶、大米、食用油等等，生活的各方各面，都充满了丑陋的骗局。科技在进步着，人类文明却在堕落着。于是，进步的科技，就成了堕落的帮凶。人类退化为盲目追逐欲望的动物，真正进步的人类精神，真正优秀的人类文化，反而被束之高阁，得不到大部分人的理解，甚至被很多人排斥。这样的社会现实是多么的可怕！

所以，好多古代先贤都非常强调道。比如，老子在《道德经》中，就专门解释了什么是道，但这个社会的人们却不愿意听他说话。人们关注的不是如何幸福生活，而是如何成功。或者说，他们心中的幸福也罢，成功也罢，都建立在满足欲望、争夺金钱权势的基础上。他们不相信毫无条件的幸福、自由与快乐，也不相信人格的成功。失去人格追求，人类的道德底线必然会不断沦丧，社会必然会变得越来越堕落，越来越肮脏。因此，我们每个人都要在埋怨世道之前，反思一下自己，看看自己心中最重要的，到底是利益，还是人的善良、大爱和尊严。一定要明白，让术达到极致也许很重要，但我们不能一味地依靠术来解决问题。术的有效，必然建立在道的基础上。换句话说，道是无用之大用。

对现代企业而言，道，或许就是一种企业文化。

我认为，企业家可分为两种：一种单纯追求私欲，一味追求经济效益第一，不关心社会责任与人生价值，无休止地追求金钱和物质。其实，这样的人，我心底里不称他为“家”，他办的企业，也肯定无法形成足以传承的文化。他或许能为社会带来一定效益，比如贡献税收、提供就业岗位等，但这种价值，是伴随着资源消耗、环境污染等负面影响产生的。从社会整体效益来看，正反两方面一合计，很难评价。而且，他的企业也很容易被别人替换。另一种企业家，通过创办实体企业，追求一种形而上的精神价值、文化价值，我觉得，这样的人才能称为“家”。

一个人、一个企业发展到一定阶段，就会超越其个体本身，成为一个精神符号、一个文化载体。这个符号，这个载体，就是其所处社会的主流发展方向，是先进文化的代表。当他们的行为被很多人认可时，社会就会倡导这种行为。人们对这种行为、这个人、这个企业的支持，实质上就是对他们承载的精神、文化的肯定和支持。换句话说，一个人的成功，一个企业的成功，也是他们代表的那种精神、那种文化的成功。

现在有很多外国企业，在中国占据了很大的市场，其优势不仅仅在于产品，也在于文化。人们在消费其产品时，也是在认可和实践着它们的企业文化。在这一点上，国内企业远远没有达到外国企业的水平，文化没有跟上经济的脚步，不少企业甚至不重视文化，只重视眼前的利益。所以，企业想要形成大的格局，想要长远发展，就要建立自己独有的文化。而且，这个文化必须与人类的时代需要相吻合。

例如，你的经营哲学是什么？在这套哲学背后，有没有一个能令社会受益的使命？假如有，你的企业就会形成一种能让别人认可、值得被传播的文化；如果没有，你的企业就没有自己的文化。因为，对社会而言，你的企业没有真正的价值，当然也就没有被推崇、被传播的理由。所以，营利无可厚非，但那“利”的走向，却是我们必须追问的。

当然，世界上没有永恒的企业，没有永恒的帝国，只有相对永恒的文化。不要期望文化能让某个企业永恒，一定要明白，有盛必有衰，我们只能尽力而为，然后诸事随缘，不计结果。不过，只要我们能改变自己的态度，形成一种有真正价值、能满足时代需要的文化，我们的企业就会留下一些不会被岁月毁坏、不会被他人置换的价值，这才是一个企业真正的生命力和存在意义。

3.

贡献世界，就是最好的关怀自己

一次论坛上，有人问我，既然你不追求名利，为啥还要演讲，还要出书？为啥老谈自己？

我告诉他，我开讲座也罢，出书也罢，都不是为了赚钱。能赚钱当然也很好，但我的目的不是这个。如果为了赚钱，我根本就不用到这儿来，在家乡，我能赚到更多钱。但是，我不愿把生命花在那些事情上面。不是说赚钱不好，而是说，我不愿为了功利的目的，消耗自己宝贵的生命。从小我就是这样，因此，才放弃了很多别人眼里的好机会，至今仍不是富翁。不过，好多富翁朋友都羡慕我的活法。

你们想想看，任何一块土地上，千百年来，都活过无数汉子，无数女人。有的汉子年轻时可能非常强壮、潇洒，很讨女人们喜欢；有的女人年轻时可能非常漂亮、妩媚，很受男人们青睐。这些汉子和女人们之间，或许曾经打情骂俏、眉来眼去，甚至上演过很多轰轰烈烈、至死不渝的爱情故事，但千百年后的今天，有谁知道他们？有谁记得他们的故事？没有。因为，岁月之水卷走了他们活过的所有痕迹，再也没有任何东西证明他们来过。

每个人都是这样。要是你不关怀自己，不让自己变得更大气，一百年后，下一茬的人类就不会记得你，不会知道你来过这里。包括那些你自认为值得铭记的事情，对世界来说，也不过是沧海一粟。后人们甚至不会知道，这里到底活过张三、李四，还是王二麻子？我的意思是，世界不会特别关注一个人——即使他心中有着枪林弹雨或风花雪月的故事——除非，你留下了一段有正面价值、有益于世界的故事。

我告诉大家，这个世界肯定知道雪漠来过，因为，我讲了很多有价值的话，也留下了很多有价值的书。我的学生们会把演讲内容整理成文字，出版成书。这些书，又会进入一所又一所大学的图书馆，进入一个又一个读者的家中。换句话说，我做的每一件事，都可以留下去。如果留不下去的话，我就不会耗费生命去完成它。而且，将来有可能会出现一部《雪漠传》，那本书中，也会提到我的很多事情，它甚至会谈到，我在这部书里说了些什么。百年后，甚至千年后，人们依托这些书，就会知道世界上来过一个叫雪漠的人，还会知道他的一些行为。这些信息，会给世界带来一种不一样的东西，会为人们的心灵注入一种清凉的力量。那么，这种文化就会依托我与我的行为，一代一代地传递下去。

在我的眼中，大家都是可爱的孩子，也是我的道具。所谓“道具”，不同于工具，不是说我要利用你们实现某种愿望，或达成某种目的。而是说，你们可以帮我实践我证得的真理。所以，不管你们会不会认真地看这些书，会不会认真地听我说话，会不会边看、边听、边打瞌睡，或者交头接耳，我都会真诚地、毫无保留地说出我心里的话。因为，我不在乎你们怎么对我，我心里有爱，我爱这些孩子。我希望，你们都能变得大气一点、高尚一点，也希望你们听了这些话后，能远离一些欲望，向往善，守护自己灵魂的寻觅，也为世界贡献更多善的行为和善的信息。我想把一些教给儿子的东西，跟你们也分享一下，让你们从这种不一样的行为或价值观、人生观中，得到一点启发。我觉得，只要能做到这一点，我就没白讲，也没白写。除此之外，我不在乎别的。我的书能否更畅销？我能否更出名？都不要紧，怎么都很好。我不为这些善变的东西活着，我的活着，是为了实现一种价值。因此，世界如何回应我都不重要，我只在乎自己的行为是否对得起自己。

这就是自由，也是大手印的“印”。因为这个“印”，我不会随着世界的变化忘乎所以，也不会随着世界的变化不知所措。我始终保持心灵的自主。无论世界怎么样，不管你们喊“雪漠老师”，还是喊“打倒雪漠”，对我都没有影响。因为，我活给自己的心灵，不是活给这个世界。

你们也一样，要守住心中的希望、理想、净土，不要被世界的喧嚣干扰，要做好自己该做的事情，让自己一天天长大，从一个毛孩子成长为大师。然后，以大师的胸怀、才华、境界、实力进入这个世界。或许，若干年后的某一天，这部书的读者中，会出现几个诺贝尔奖获得者。其中有的人，还参加过我的讲座。

参加我的讲座，看我的书之前，他的人生目标仅仅是追逐女孩子，他甚至愿意用一辈子的时间谈情说爱，但他听了大胡子作家的讲座后，决定不再乱追女孩子了。那他追逐什么呢？追逐真理。他愿意把生命献给自己向往的真理——不一定是宗教真理，也包括科学真理。结果他没想到，自己不追女孩子，倒有一大群女孩子来追他。世界就是这么有趣。你不想追求女孩子的时候，女孩子追着你跑；你费尽心思想追到某个女孩子时，却无论如何也追不到她。因为，她看到的永远都是比你更成功的人。所以，你不要去迎合一个女孩，也不要去迎合一群女孩，甚至不要迎合这个世界。你只要一门心思做好自己，就会比任何人都更加成功。你或许不能成为第二个比尔·盖茨，或者第二个乔布斯，但你必然会为整个世界、整个人类，包括我们的国家、我们的民族，做出有益的贡献。那么，你就是成功的。

有人还问我，你不追求的东西，对你还有意义吗？我告诉他，有意义。任何能给世界带来美的东西，都有意义。例如，每次演讲时收到孩子们送上的鲜花，我都会很高兴。不过，要是他们不给我献花，我仍然会高兴。因为，我做这一切，不是为了得到鲜花，而是为了完善我自己。只要能完善自己，我就会笑得非常灿烂。当然，我眼中的灿烂，可能会是你们眼中的面目狰狞。不要紧，这是因为我留了大胡子，要是我剃掉胡子，可能会稍微好一些，但我会变得像个奶油小生，所以我还是不剃了。

4.

分清楚什么才值得你去追求

有一天，我在某大学演讲时，谈到活着的理由，有个女教授对我说："雪漠，活就是了，为啥要谈活着的理由？你想这么多，累不累呀？我就不想这些东西。死了就死了，活着就活着。"她这样的想法，好多人都有，但大手印文化不追求这种活法。

大手印文化认为，如果一个人不善待自己，不提升自己的生命价值，不为世界贡献一种高尚、美好的行为，就会像苍蝇飞过虚空一样，留不下任何痕迹。它还认为，如果你一辈子的梦想，就是娶个漂亮老婆，你这辈子就注定要失落。因为，就算你真的娶了个美女，十年后，那美女也会变老，变丑，变成黄脸婆。当你发现苦心追到的女孩不美了，自己也老了时，你就会变得非常沮丧。好多世俗梦想都是这样，这可以说是世俗追求的特点。

世俗追求往往很小，没有上升到人生的高度，不能拓宽你的胸怀、提升你的境界、滋养你的慈悲心，更不能改变你的生命价值。换句话说，生命中有它，还是没它，你都是那样。那么，你就不一定要追求它。值得一个人追求一辈子的是什么呢？是心灵和生命的升华，以及能让你实现这一点的东西。

比如，在家乡，很多人都非常信任我。我如果办一所学校，就肯定能挣大钱。所以，过去有好多人都劝我办学。我问儿子，要不要办学校？儿子说，爸爸，我们这辈子不是办学校来的，我们是写作品来的。他说得很好，因此，直到今天我还没去办学校。

又比如，我总能发现商机，一旦经商就很成功。有一次，我就问老婆，我们要不要做生意？做生意的同时，也可以写作。老婆说，你这辈子不是经商来的，你是写作品来的。她说，你这辈子花不了多少钱，没必要再去浪费时间，就算你拥有上亿的金钱，你也用不了多少。她说得也很好，所以，至今我仍然不是生意人。

再比如，我很喜欢坐禅，禅定功夫非常好，可以一个月一个月地坐着，不去管世界上的事情。但是，每当我长期坐禅时，老婆就会狠狠地骂我，她说：“起来！你这辈子又不是坐禅来的。释迦牟尼如果一辈子坐禅，还是释迦牟尼吗？”她的意思是，我必须把该写的东西写出来，我的活着才有意义。她说得很好。因此，直到今天，我仍然在写作。

实际上，每个人都是这样。想实现超越，就要明白你这辈子是做什么来的。然后，守住你活着的理由，其他的都放弃。这时，超越才可能产生，自由才可能出现。否则，你就变成混世虫了，一辈子都不可能得到真正的成功。

当然，一些人可能不这么想。他们或许认为，在追求金钱、名利、美女的过程中，自己也收获了不少。比如，他们的收入翻了好几倍，从一个小职员变成了高管，甚至企业家，还买了房，买了车，每逢假日，就带上一家人去周边城市旅行，或泡泡温泉，享受人生……

对一些人来说，这样的日子也很好。但对另一些人来说，这样的日子就不够好了。因为他们发现，单纯的玩乐，完了就完了，什么都留不下，宝贵的时间却回不来了。无数人，无数家庭，都重复着同一种生活模式，同一种人生模式，最后，都一头栽进死亡。等亲友们都死了，就没人知道他们来过，没人知道他们有过怎样的故事。世俗生活席卷了数以亿计的人类，但他们不甘心这么活。

他们向往孔子，向往托尔斯泰，向往耶稣，向往佛陀。因为他们觉得，自己既然存在，就必然有某种价值，如果还没实现这种价值就死去，怎么对得起自己的活过？怎么对得起养育了自己的地球？而且，他们无法忽视那些过不上好日子的人们。他们无法忘记，一些孩子读不上书，一些农民连发霉的馒头都舍不得扔，一些人因为贫穷被小病要了命，一些乞丐冻死在冬夜的寒风之中……

对这些人来说，能不能改变世界，不是最重要的，但他们必须尽力为世界做些事情。否则，他们就觉得自己活得没意义，觉得该做的事情还没做。他们不愿从高处俯视那些被帮助的对象，他们仅仅是充满了爱。这种爱和传递爱的行为，让他们活得充实和快乐。令他们最开心的事情，莫过于付出的同时，自己也一天天成长着。

大手印文化也是这样。它认为，所谓的“大境界”，不是超越别人，成为某个领域最强的人，也不由利益的大小来决定。它在乎的是，你能否为人类做出某种积极的贡献？比如，马克思用生命来写《资本论》，这就是大境界；耶稣成道前到处传播博爱思想，这也是大境界；托尔斯泰、甘地等伟人的行为和人生选择，无不展露了一种非常博大的境界。其行为和选择，就是大手印的“手”；其大境界本身，则是大手印的“大”；能让你不受诱惑、干扰，也不被迷惑，以行为实现大境界的超越智慧，就是大手印的“印”。

大手印文化还强调，不要把生命中最该做的事推到下一秒，更不要明天再去做。推到明天已经很糟糕了，更糟糕的是，有的人光顾着计划，光顾着讨论，偏偏不做。于是，这个“完美”计划就胎死腹中了。假如你养成了这样的习惯，就会跟那些毫无计划、毫无方向的人一样，到头来一事无成，混一辈子，有多少博大的设想，有多么宏伟的蓝图，都没有用。所以，既然选择了，就要当下执行你的选择，不要拖拖拉拉，更不要把时间和生命浪费在“谈”当中。

5.
幸福感源于明白、知足

某些东部人之所以觉得西部人的生活是一种苦难，是因为西部人没有过上东部人心中的好日子。换句话说，这不是苦难，而是东部人那种非常功利的概念。在这一点上，西部人的看法跟东部人完全不同。所以，当东部人自以为是地衡量西部人的鲜活灵魂时，就会出现一种偏差——他会发现，那片土地上，有很多自己不能理解的东西。

相反，如果他们放下成见，用西部人的眼光看西部人的生活，就会发现，西藏也罢，大西北也罢，或许在经济上落后于东部城市，但那里的人大多过得非常幸福。

因为，西部文化衡量人的标准只有一个：人格。

儿子很小的时候，我就告诉他：你可以不考大学，可以不当官，也可以不赚钱，但你要做个好人。只要做个好人，你就是我的好儿子。西部有好多人都是这样。他们不一定要求儿女赚很多钱，但他们希望儿女在人格上是成功的。在他们眼里，如果你成了贪官，那么无论掌握了多大的权力、赚了多少钱，都不成功，因为你的人格破产了。

所以，西部人不向往那些在城里赚了钱，但变坏了的人，也不向往他们的生活。当那些人耀武扬威地开着奔驰、宝马进入乡村时，人们反而会骂他们是“烧包”。就是说，他们吃错药，把脑子烧坏了。在西部人眼中，这些人就像西部的一种植物，怎么压都压不实，总是轻飘飘的。可见，西部人对财富的重视，远远比不上对人品的重视，这一点和中国传统文化是非常相近的。

直到今天，我在家乡仍然有很多农民朋友。他们没钱，但他们向我微笑时，我能感觉到一种天使般的真诚与温暖。我甚至觉得，他们愿意把心都掏给我。在我看来，这样的人就是成功的，他们有着很好的品格。

而且，他们过得并不苦。

虽然生活条件比不上发达城市的人，但他们喝茶、吃饭时仍然很快乐。他们心灵的富足，不会因为吃不上山珍海味、开不上奔驰宝马、住不起高楼大厦而减少。因为他们知道，只要拥有一点点东西，人就能活下去，再多的东西也不过是点缀——美国作家梭罗曾亲身验证了这种价值观——所以西部有个词，叫“惜福”。它的意思是，只要能活下去，你就该好好珍惜自己的幸福。西部人还认为，如果一个人不断追求物质，或非常浪费，就是在掠夺别人，在掠夺子孙后代，是罪恶的。因为，这样的人不但不懂惜福，还想占有别人的东西，不让别人也活下去。

因此，西部文化总是提倡要明白做人、知足常乐。我也是这样。

我一直认为，那些走向城市，拥有财富的人，不一定就是成功的。当然，这不是在否定那些走向城市的孩子，而是说，单纯拥有财富地位者，并不值得我们去敬仰。不管一个人留在家乡，还是走向城市，我都会尊重他、祝福他。我只希望，走向城市的孩子不要变得过于铜臭、功利，更不要失去做人的底线；我也希望，留在乡村的孩子继续淳朴、幸福地活着。因为，他们的幸福跟外部世界、生存条件没有关系，只取决于心灵的纯净。这种幸福，是什么都夺不走的。

好多人都知道我童年时家里很穷，但他们不知道，每天骑马奔驰，跟小伙伴们一起唱着儿歌的我，有多么快乐。

我告诉大家，西部儿歌可有意思了，内容也很鲜活。比如一首儿歌里唱道：“烟洞里的烟直冒天，黄河里的水洗红毡，红毡破了砌鸟窝，一捏捏了二半个。一半个说老婆，一半个换馍馍。”“烟洞里的烟直冒天”就是“大漠孤烟直”。所以，我老怀疑王维当时偷听了这首儿歌，才写出了《使至塞上》——当然，这只是句玩笑话。不过，这些儿歌确实反映了西部百姓的生活画面，是一种原生态的艺术杰作。例如“黄河里的水洗红毡”，就是说，西部的姑娘们把床上铺的毡子拿到黄河里去洗，有的姑娘在一边跳着舞，有的则在一边捏着土馒头。有人开玩笑说：半个土馒头可以拿去换馍馍，半个土馒头可以拿去说老婆。为啥拿去说老婆？怕长大了娶不上媳妇啊！这就是西部的幽默。

唱着这种儿歌的孩子，心里哪会有一点点苦涩呢？所以，好多城市人觉得西部人日复一日地活在痛苦中，其实不是这样的。当西部百姓不向往城市人的生活时，贫瘠的生活也能让他们活出一种诗意、一种快乐、一种不局限于概念与物质的快乐。比起需要物质保障的快乐，这种快乐或许更本真，也更纯粹。

因此，在东部人不理解西部人的快乐时，西部人也不理解东部人的痛苦。

西部人觉得，东部人的生活条件那么好，吃得饱肚子，还有那么多享受，为啥还不满足？还不追求精神的升华？为啥还要拼了命地、不择手段地追求更多的物质和享受呢？这些东西，你永远都追不完，生命却只有一次。你为追求物质而虚度的生命不会重来，你为供房而耗费的时间，也永远不会再来。最后，你会像苍蝇飞过虚空一样，除了“嗖”的一声，什么也留不下——连那“嗖”的一声，也在发出的同时结束了。有什么能证明你来过？你为这个世界贡献了什么？你活着时，除了买房、挣钱，还做了什么？一个人活在世上，必然会消耗资源，增添垃圾，如果他还辱骂了朋友，离间了别人的感情，或像一些“英雄”那样杀害了好多同类，就不如没有活过。

比起赚钱，西部人更愿意用宝贵的生命实现一种真正的价值。这种价值，不是物质，不是财富，不是地位，甚至不是福德，而是一种岁月毁不掉的东西——精神。西部人把这种精神叫作“功德”。

例如，你活着时帮助别人，布施别人，死后，这精神就会被儿子、孙子或者你身边的人继承下去，甚至变成一个故事、一首民歌，传递给更多的人，让他们也拥有这种精神，让他们也去帮助别人。这就是岁月毁不掉的功德。

它不是有形的财富，却比有形的财富更宝贵。因为，财富是无常的，功德却能实现相对的永恒。

明白这一点的西部人不追求财富，觉得有钱很好，没钱也很好。有了钱，我就布施出去；没有钱，我就做点力所能及的事情。所以，当大家怜悯西部人，关注西部人的苦难时，西部人就会觉得莫名其妙。

我告诉大家，我的儿子不习惯上海那样的城市，几天就待不住了。因为，光是交通，就动不动花上好几个小时，他觉得这种生活没有意义。他说，我的生命只有几十年，为啥不做些更有意义、更有价值的事情，要把时间耗在这种事情上面，或者耗在一些忙忙碌碌的应酬当中呢？他拒绝那种生活，宁愿待在西部，在宁静的时光中，升华自己的生命。如果不想做更多的事，不需要更大的舞台来展示西部文化，我也宁愿待在西部，静静地活着。

一旦要做更多的事，我就发现，西部土地上一些非常复杂的东西，渐渐让我寸步难行，快要窒息了。而广东这片土地上的城市文明，却展示了它的优秀之处——对强者的认可与包容。这让东西部文化的交流与对话，有了更多的可能性。于是我离开西部，在广东定居，还把家人也带到了这里。

即使在广东生活，我仍然思念自己的家乡。我的根系深深扎在那片土地。我只是一棵枝丫伸得更远的大树。我在那片充满质朴力量的土地里汲取营养，然后把果实贡献给更宽广的土地。当我的“种子”撒在每一块土地里的时候，我真诚地希望，它们能长出更美丽、更优秀的果实，给当下这个时代、这个世界，带来一点好的东西。那么，我做的很多事情就有了意义。

四、超越

1.
尊重世界，但不要迎合它

有人问我，假如地球上有一百个人，其中有九十九个都是娼妓，只剩下一个您，您会怎么做？

我回答他，就算世界上充满了娼妓，也不代表我就要做娼妓。做不做娼妓，是我自己的选择，跟别人没关系。做娼妓的那个人，有她追求的价值；不做娼妓的人，则追求另一种价值。这个行为也罢，这个价值也罢，永远都属于一个人自己，跟世界没关系。每个人都不是活给别人的，没必要让别人的选择来左右你。因此，我们不要在乎世界如何看待自己，要专注地做好自己该做的事。

我从来不管朋友如何对待我，无论怎么样，我都会用同样的态度对待他。我也不管他是什么身份。农民也罢，学者也罢，我都会像对待佛陀那样对待他。哪怕她是个妓女，是个所谓的“小姐”，我仍然会用慈悲和真心看待她，绝不会因为她的职业，就不把她当人看。

我认为，每个人都有选择生存方式的权利，无论他选择什么样的生活，我们都该尊重他。但尊重他的同时，我们不一定要迎合他的存在。就是说，我们尊重他的职业，但我们自己不一定也要从事这种职业。每个人只要管好自己的心，做好自己的事，就够了，其他东西都跟你没关系。

大手印文化对世界没有任何要求，对别人也没有任何要求，它要求大手印文化实践者自己要实现心灵的自主。就是说，每个人在面对世界时，既要尊重它，不去干扰它，又不能迎合它，被它干扰。每个人都有独立的精神世界，都是独立的“国家”，相互之间应遵循“和平共处五项原则”，可以交流，可以对话，可以学习对方的优秀之处，让对方的营养变成自己的东西，但不能相互侵犯，也不要去迎合对方的期待。换句话说，只要一个人在唱歌时流露出一种智慧，哪怕她是个娼妓，我也会吸收她歌中的营养，拒绝其中的糟粕，绝不会让自己也变成娼妓；如果一个人具备某种别人没有的知识或技能，比如很好的刺绣功夫，哪怕她是个娼妓，我也愿意学习这门技艺，用它来刺出精美的佛像，而不是嫖客的新衣。所以，就算一百个人里有九十九个都是娼妓，她们也可能会变成我灵魂的营养，变成我的老师，但我自己绝不会变成娼妓。

我们不要去分辨一个人是不是娼妓，这对我们没意义，我们要看他有没有一点好东西，有没有值得我们汲取的营养。比如，虽然我不欣赏城市文明的很多东西，但我也不会完全否定它。我承认它的优点，学习它在传播上的很多优势，改善自己，丰富自己，让自己能更好地传播一些有益世界的文化，但它无法影响我的明白，也无法动摇我心灵的自由、自主与快乐。

永远都要记住，就算外部世界想要侵略你、干涉你、夺走你的自由和宁静，让你按照它的理念去生活，你也要不骄不躁，既不迎合，也不报复，了无牵挂，不为所动，这才叫超越。当一个人真正做到这一点时，无论世界发生什么变化，世界如何对待他，都无法动摇他的自由。因为，他根本不在乎。

敦煌壁画中的“飞天”，就象征了这样的一种智慧和精神。

超越不是别的，更不是什么神神道道的东西，只要你的精神追求脱离生存层面，上升到更高境界，你就实现了超越。在实现超越者眼中，所有生物都是平等的，就连苍蝇、蚊子都有生存的权利。同样道理，所有生物都有实现超越的可能性。那么，实现超越者追求什么呢？它追求当下：不要管过去，过去的已经过去了，管也没有意义；不要管未来，未来的还没到来，它建立在无数个当下的基础上。所以，要放下过去，放下未来，只管安住于当下。那么，什么是当下？"啪"的这个瞬间就是当下。要是每个人都能抓住生命的每一个当下，把所有生命都用来抓住当下，不被世界上的花花绿绿所诱惑，就能实现人的主体性，就能实现真正的超越，就能得到真正的清凉。

为什么很多人都做不到这一点呢？因为，他们既放不下过去，又牵挂未来。

比如，股票昨天上涨时，你没抛掉它，结果今天它就跌了。于是你心里充满了后悔，反复质问自己：为啥昨天不抛掉它？你曾经有个当官的机会，但你没去疏通关系，没去贿赂，结果那个机会就过去了。于是你后悔了一辈子，反复思考着：当时为啥就不活动活动呢？

在日常生活中，这样的例子还有很多，有些人每分每秒都在后悔。令他们后悔的事情，实际上早就过去了。如果你执著它们，它们就会像无数石块一样，压在你的心上，压在你的灵魂上，让你得不到自由。换句话说，执著于过去，执著于一些无法改变的事情，人就会生起无穷无尽的烦恼。

明白这一点后，你就要看看你的心属不属于自己，能不能坚持自己的选择，有没有什么不甘心，会不会感到无力、无助、想放弃。只要你有一颗观照的心，经历和境遇就会告诉你：我超越了没有？我能不能把世界化为营养，而不是桎梏心灵的枷锁？如果面对一切，你都是那么的自主，不受干扰，不受诱惑，不被左右，但它们的精华又能滋养你，超越就有可能产生。否则，你就肯定没有超越自己。

除此之外，境遇也罢，经历也罢，都没有本质上的意义。因为，它们只是一点记忆，很快就会过去。不要祈求它们快点过去，也不要期望自己能留住它们。一定要明白，它们就像流水一样，无法被任何人握在手里。

2.

真理是道理与行为的合二为一

有人问我，既然《金刚经》说“过去心不可得，现在心不可得，未来心不可得”，为什么我们还要谈“心”？我告诉他，这里的“不可得”有两重含义：第一是不要执著；第二是“心”并非实有的存在，你只管让它来者自来，去者自去，不要在乎。整句话的意思是：不要执著过去，不要执著现在，也不要执著未来，要“不取于相，如如不动”。不是说压根就没有“心”。

关于心的问题，我在《真心》里讲得非常详细，其中还谈到了真心和妄心的区别——妄心，就是有着诸多变化、诸多杂念的那个心；真心，则是“不取于相，如如不动”的那个心，不是不说谎的心。

我们一般认为，不撒谎，很老实，就是本着一颗真心做人，但佛家追求的不是这个东西。佛家追求的是脱离一切假象的束缚，能自主心灵。什么叫假象？我举个例子：一个东西是由各种条件组成的，一旦这些条件发生变化，这个东西就会改变，甚至消失，但我们不知道，还以为它能永恒。有一天它变了，或者消失了，我们就会发现，所谓的永恒，其实是个谎言。而且，这个谎言的始作俑者不是别人，正是我们自己。我们以为鲜花是美丽的，破败的花是不美的；双眼皮是美丽的，单眼皮是不美的；白皙的肌肤是美丽的，长了暗疮的皮肤是不美的；有钱是成功的，贫穷是不成功的……无数对立的概念，都是我们自己编造的谎言。一旦我们相信了这些谎言，就会被它们制约。

这个道理听起来很简单，但做起来恐怕就没那么简单了。就像一个孩子被想象中的巫婆吓得大哭时，根本就不知道可怕的只是想象而不是现实本身一样。不明白的人，难免会认假成真，把虚幻的一切看得非常实在，觉得它就是事物的真相。其实，真相是什么？真相是无常。这个世界是无常的，是善变的，任何现象也罢，物质性的存在也罢，都不可能永恒。有些人宣称自己明白无常，但回到生活中，就会轻易被激怒，轻易受到引诱，那么，他就显然没有明白。不明白，便无法超越自己，也无法超越生活环境。这时，我们就会在某种强大的暗示下，不知不觉地迷失自己，进入《无死的金刚心》中的那种“魔桶”。那么，对我们来说，道理就是道理，生活还是生活，两者永远都无法合二为一。受到刺激时，我们仍然会不安、恐惧、愤怒、嫉妒、仇恨，会害怕失去自己在乎的一切。

佛家认为“万法唯心造”，就是说，你心中的世界，只是世界在你心中的反映，不是世界本身。如果离开你的心，世界对你来说，就没有任何意义。例如，无论某个风景多么美丽，只要你没见过它，就不会被它感动；无论老公对你有多好，你看不到也听不到，对你来说，他的好就不存在。又比如，你老公对你的看法，可能跟别人不太一样。谁的观点才对，或者说你究竟怎么样，可能连你自己也说不清。因为，你随时都在变化着。有时你讨厌自己，有时你喜欢自己，有时你觉得自己很无耻，有时又觉得自己很可爱。很多时候，不一定是我们不了解自己，而是我们变得太快。这个不断变化的心，就是妄心。

我们认为的世界，只是妄心的产物，是心灵营造出的一种幻影。当你明白真心，能自主心灵，拥有人的主体性后，你就会看破一切幻觉与假象，从别人的评价、世俗的诸多规矩和标准中脱身出来。因为你发现，这些东西跟你没有关系，对你来说也没有意义。它们只跟在乎它们的人有关系，也只对在乎它们的人有意义。因此，有人问我，是否想依托小说传递某种意义时，我说："雪漠的意义，只对雪漠有意义，对别人没意义。你要寻找自己的意义。同样道理，别人的光明也是别人的，如果你是个瞎子，就算整天在明眼人旁边，也看不见一点光明。"

这个理念的核心，就是"心"。这个心，不是心脏的心，看不见也摸不着，它是一种智慧的本体和智慧的觉醒。心要是不能觉醒，人就没有价值。许多混混就是因为没有觉醒，才会被世界上的诸多流行概念迷惑，跟着世界东奔西跑，疲于奔命，到头来一事无成。如果你有兴趣，可以去看《初心》，这里我就不再赘述了。

也有人问我，既然要破除所有执著，为何我还要不断讲"心"？这难道不是一种执著吗？我告诉他，如果有人送我一个苹果，我就算不饿，也会马上吃掉它。因为那个人需要我这么做，我这么做，他就会很开心。为了让他开心，我愿意做一些自己不一定需要的事情。同样道理，我虽然不执著心，但仍然会不断讲"心"。不是因为我自己喜欢讲，不讲出来就憋得慌，而是因为，我发现好多人已经把自己的“心”给丢掉了，他们需要我讲。这时，我必须告诉他们：注意！别把“心”丢了，丢了“心”之后，你就会很痛苦，会被诸多概念困住，被整个世界制约。换句话说，我的讲不是一种推销，不是为了得到你的三块钱，或者五块钱。你提问，我就讲；你不提问，我就不讲。

所以，不要简单地把形式等同于心态。一定要明白，形式可以承载真理，但它不是真理本身。要真正地明白真理，就不要照抄形式，要明白其背后的本质。

3.
真正的自信，是无所谓自信不自信

有人曾经问我，你是不是太过狂妄，目空一切了？我告诉他，我不是狂妄，是自信。我从小就乐观、自信，自己定下的目标，一定要实现。我一直都相信，我想让自己成为什么人，就一定能成为什么人。比如，我想当作家，就肯定能成为作家。这一点我从来没有动摇过，也从来没有问过谁。就算我写出来的东西非常不满意，也仍然觉得自己是天才。我就是这么个人。

过去，有个文友的水平跟我差不多。有一次，他问我：“雪漠，你帮我算算，看我能不能当作家。”我便不假思索地说：“不能。”他问为什么，我回答说：“你连自己能不能当作家都搞不清，怎么可能当得了作家？一个能当作家的人，是从来不会怀疑自己的。我想让自己是个啥，就肯定是个啥。”果然，直到今天他还没有成为作家。当然，他也可能会在另外一个领域成功。

我从小学老师一步步成为专业作家，生活让我变了很多，一直不变的，就是我的自信。因为，它是一种自我认知、自我剖析、自我定位后得出的结论，不是一种毫无根据的猜想。所以，我一点都不狂妄，只是心里这么想，嘴上就这么说了。有些人口头上很谦虚，姿态放得很低，其实心里总是看不起别人，觉得别人不如自己，一旦做起事来，又会轻易胆怯、退缩、拿不定主意。这不是真正的自信。

鲁迅先生在《中国人失掉自信力了吗》一文中，也指出了这个问题。他说，我们总是夸自己地大物博，后来不自夸了，就希望国联。再后来，既不夸自己，也不信国联，就一味求神拜佛，怀古伤今。人们信地、信物、信国联，就是不信自己。我们不要幻想天上会掉馅饼，要依靠自己，相信自己，创造生活，创造幸福，这是非常重要的心理素质。

我经常说，天才是夸出来的。鼓励、肯定、夸奖，就是为了让人增加自信。很多人起步时，天赋、才华其实都差不多，导致不同结果的，往往就是自信。因为，自信的人，才会做出某种选择，而最后的结果，就是由一个人最初的选择决定的。不同的选择，体现了不同的价值。

人类的潜力、创造力是难以估量的，一旦他有了大理想，坚信自己一定能达到目标，就会调动所有的主观能动性和积极性，坚持不懈地做一件事情。那么，他就足以成功。即便他暂时不成功，也会最大可能地接近预定目标。在这个向上的过程中，他的生命价值就会不断提升。所以，保持积极、向上、奋进的信念，就是一步步接近目标的重要过程。

不自信的人，经常给自己一种消极的心理暗示，他习惯从外部、客观因素上找借口，其实是在掩盖内心深处的软弱和退缩。这时，他潜意识里已经放弃了各种尝试、探索和努力。因此，最后他必然失败。

一定要以自信、积极、乐观的心态面对现实，平时也多和这种心态的人交朋友。如果你老和一些牢骚不断、怨天尤人、批评环境、批评别人的人在一起，只会让自己变得更消极、更落后。

其实，世界上没有真正的困难，所谓的困难，不是自己放弃了，就是成功来得稍微晚了一点。只要你不怕失去啥，也不期望得到啥，不急功近利，就没什么困难，也无所谓自信不自信。这时，你就有了真正的自信，也达到了“人到无求品自高”和“无欲则刚”的境界。对于真正做到无求的人来说，是没有困难的。他经历的一切，都是生命中非常重要的营养。当你用这种心态面对世界时，就谈不上坚持或不坚持，更不会坚持不下去。这就是你的自信。一定要明白，信心为一切成功之母，无论世间法，还是出世间法，都是这样。世界无法拒绝任何人，也不会拒绝任何人。所以，只要你自己不倒，就谁也打不倒你，往前走即可。要知道，我今天实现的不是别的，仅仅是二十年前我想成为的雪漠。如果你也能放下一些贪婪和执著，做好选择，就肯定能做到这一点。

一些人做不到这一点的原因，在于他无法战胜自己的毛病，无法抵御外界的诱惑，总是在欲望的引诱下，偏离自己最初的选择。但我不是这样。

我也说不清为什么，从小就有一种使命感。我的朋友说，有使命感的人是很可怕的。我同意他的观点。因为，这种人总觉得自己身上承载了某种责任，于是对自己就有要求，会自律，能控制并战胜自己的私欲。为了做到这一点，他必须与周围充满欲望的氛围保持距离。所以，他一般很难融入群体，与周围的人搞不好关系。当他明白了自己的使命，知道自己这辈子该做什么，不该做什么时，他才算真正认识了自己。天性中有这种使命感的人不多。

我读中学时，就给自己定下了一个目标：改变命运。我不愿像父辈那样，一辈子像牛一样劳作，最后毫无意义地死去。所以，我下定决心要改变自己。年轻时，我就在床头贴着“战胜自己”四个大字，每天早上一睁眼就能看到，时时提醒自己。

我要战胜自己的什么东西呢？人性的弱点，比如懒惰、贪婪、自私，等等。但是，要改变自己，特别是想改变天性中的东西，实在太难了。有时我对儿子要求过严时，妻子就会训斥我说：“你看，你家庭带给你的那种心态，我教育了你这么多年，还是改不过来！你连儿子都容不下，还能容下什么？”确实，农民家庭留给我的烙印太深了，很难改变。

比如，很多人都望子成龙，这没错，但他们眼中的龙，跟我眼中的龙不一样。我眼中，只要儿子人格健全，有追求，喜欢读书写作，就很好了。他只要有梦想，我就会帮他实现这个梦想。有些人希望儿子挣很多钱，或是当个官，我则不然。我只希望他有好的追求。我常想，只要我的儿子能修行、读书和写作，我就要保证他能够快乐无忧地、有尊严地生活。我甚至将国家发给我的工资，再发给儿子，让他不一定非要去打工，他可以读书写作，或干一些有意义的事。你想，人家一些西方国家，都能让一些没工作的人有尊严地活着，给他们一定的生活保障，我为什么不能让自己的家人这样呢？所以，我从来没逼儿子去打工。他可以衣食无忧地搞他喜欢的文学和艺术。

至少在这一点上，我已超越了我的农民父辈。因为我对生命意义的感悟也是刻骨铭心的，那种想改变的力量也很大。这种力量，足以让我改掉父母的遗传、农民家庭的影响、环境的污染，等等。至少，它会经常提醒我，要管好自己。然后，我一直坚持着，慢慢地，也就变了。

比如，背后议论别人、评价别人，就是一种人格缺陷。即使算不上缺陷，也不是什么光明正大的东西，属于一种遗憾。所以，即使作为一个作家，我必须谈论、分析某种现象、某个人，我也必须时刻提醒自己，不要让这种行为变成一种生命习惯。

以后，为了达成某个良好的愿望，我或许也会采用世俗通行的游戏规则，但即使我参与这个游戏，灵魂深处仍会有一面警钟，不断告诉我，这件事虽然不得不做，但绝不是一件好事。例如，我认识一个骗子，他向我的朋友借钱，我知道他绝不会还钱，就提醒了那个善良忠厚的朋友。这件事，我至今仍谴责自己。因为我始终觉得，这个做法不是什么好的行为，很卑劣。不管怎么样，真君子是不该说这些话的。

我对自己毫不妥协。哪怕用其人之道对付一个极坏的小人时，我也会要求自己，要保持反思的警觉。因为我发现，某些大人物在追求所谓的成功时，确实使用了比小人更卑劣的手段。当初，也许他是为了维护某种好的东西，但当他经常使用这些卑劣的手段，渐渐养成习惯后，他的心、他的本质，就慢慢地变了。他会彻底变成一个更卑劣的小人。我认为，毫不妥协是我们中国人性格中很稀缺的东西。

西方人性格中的某些特点就很好，对一些我们认为很感性的东西，他们会用现代科学理性地分析清楚，比如爱情。他们从生物学的角度——比如荷尔蒙的变化等——解释爱情，追根究底地得到某种结论和规律。这种精益求精的傻功夫，他们做到了极致。这是另一种毫不妥协。

不过，人的个性就像硬币的两面，改不了，有时也没必要改。只要客观、准确、全面地了解自己，发现自己的强项，看清自己的弱点，尽可能不要让这些东西产生副作用，就够了。我在追求生命意义的过程中，就会尽量将个性发挥在好的方面。但你同样要明白，一个人成功的原因，往往也是局限他、制约他、阻碍他获得更大进步的那个东西。

在这一点上，中国传统文化发现了一种非常了不起的辩证关系。比如，我们学了太多的知识、文化，掌握了太多的规律，就会在创新时受到束缚；一个人对生命意义、对真善美的追求达到极致时，就会排斥不符合真善美标准的东西，显得非常偏激。所以，我们必须经常反思，不断打破原有的东西，不断否定自己，不断超越自己，完成否定之否定，才会上升到一个新的高度。这就是自省。

宗教所说的“忏悔”，其实就是自省，也是所谓的批评与自我批评，其中又以自我批评为主。那我为什么不说忏悔呢？因为现代人不但不随喜，还会觉得很奇怪。他们会觉得，你凭啥叫我忏悔？我为啥要忏悔？所以，我便用了另一个词来表达这种意思。当你能发现自己的不足，向往一种更伟大的精神、更伟大的存在，并以实际行为走近它时，便有了真正的精神。当我们打破一些名相，用现代人能接受的方式介绍传统文化时，大家就会理解与认可这种文化的精神与精髓。

在自信的基础上，不断自省，不断打破，人和文化才能进步，才能走向更广阔的舞台和世界。但没有时刻的自省，也就没有真正的自信。否则，自信就会变成狂妄和目空一切，这也是毫无意义的。因此，时刻保持清醒的警觉，确实非常重要。

4.
实现超越，才能真正介入现实

有人可能会发现，好多优秀的人类文化、人类艺术中，似乎都有大手印文化的气息。这是对的。一切有益人类、有益世界的精神，都是大手印精神。因为它们俱足了大、手、印三点。换句话说，它们既有超越人为局限的智慧，又有大悲悯的境界，还有能体现大悲悯和超越智慧的行为。因此，不管它们有什么名相，都能承载大手印精神。这便是大手印的特点：大象无形。

所以，我常强调，大手印不是一个概念，也不是一种僵死的教条，它是一种灵动的智慧。它既是世界观，又是方法论。但这个方法论，同样不是枷锁和镣铐。在这一点上，可能有很多人都会产生误解。

有人曾经对我说，雪漠，我们都是生活在世俗里的人，就算觉得你说得有道理，也不可能舍弃世俗的一切，跑到山上去修行。我告诉他，真正的超越不是让你不食人间烟火，而是让你从名利、是非、功利等纷争中超脱，用所有的生命完善自己的心灵，完善自己的人格，然后在这种前提下，做一些世俗的事情。你说的，是一种逃避，不是大手印的超越。

大手印文化强调的超越，不是逃避现实，而是介入现实。无法介入现实，就没有实现真正的超越；实现不了超越的人，就无法真正地介入现实。因为，他就像漂浮在大海上的一片树叶，只能随着波涛颠簸，改变不了大海的走向；他也像旋风中的落叶，被巨大的气流啸卷着，改变不了气流的方向。换句话说，就算他有介入现实的心，也没有介入现实的能力，就连这点心，也会轻易被现实卷走。

我打个比方，世界是滚滚东流水，超越就是一朵逆流而上的浪花。大河中的浪花很难逆流而上，因为它没有足够的力量。所以，要想实现超越，就不能在乎水流，要在乎河道，要像李冰父子修建都江堰那样，去修很好的文化之“渠”，将优秀的人类文化从历史引向当代，再导向未来。

这个“渠”，就是文化的传承。真正地介入现实也是这样。你必须用一种更高的眼光来观照现实。这意味着，你必须跳出自己的生存环境，摆脱环境给你带来的一切局限。能做到这一点，才谈得到介入现实。如果你只是条泥鳅，始终在淤泥里搅来搅去，又怎么能改变你生活的这片淤泥呢？

很久以前，我到北京去，发现老北京的一些公共厕所很脏，里面有很多蛆滚来滚去。但是，不管蛆们闹腾得多么热烈，厕所的现状都无法被改变。因为，能改变厕所的，只可能是发现厕所需要被改变的人，不可能是陷在厕所里的蛆。蛆们不知道厕所很脏，它们反而觉得在粪池里游泳很快乐。只有它们进化为人类，有了人类的觉知，它们才会明白，自己贪恋的东西，其实非常肮脏。

换句话说，一个人只有打破环境的局限，明白现实到底出了什么问题，并且吸收了一种先进理念，才能真正地完成超越，才有足够的能力介入现实。这时的介入，才叫“以出世之心做入世之事”。就是说，积极地入世做事，但不会被世界上的诸多概念左右。可见，要想贡献社会、贡献世界，就必须首先训练出一颗超越的心。

西部文化最优秀的地方，就在于它提倡人类关注自己的心灵。它认为，改变命运的秘密，就藏在每个人的心里。只要你超越欲望、贪婪，就会找到人生的意义。

人活着，不是为了名牌衣服、名牌包包，也不是为了豪宅、小车。因为，衣服过几年就坏了，而且很快就不时髦了。包包、小车、楼房也是这样。同样道理，人活着也不是为了美貌的。因为，无论你怎么保养，光滑的皮肤、乌黑的头发都会变成鸡皮鹤发。当你头发白了，走路踉踉跄跄的，牙都掉了，说话老是走风漏气时，你的美貌到哪儿去了？那时，美妙的声音也没了，就连说句“我爱你”都非常难听，更做不成著名歌手了。所以，一个人年老后总会发现，年轻时追求的很多东西，实际上没有任何意义。真正明白这一点的人，就会放下一切世俗追求，去追求超越。

超越看起来很难，其实非常简单，就是不断打碎过去的自己。比如，特别喜欢享受时，就打碎那个喜欢享受的“我”；特别喜欢追名逐利时，就打碎那个追名逐利的“我”……不断打碎自己、战胜自己，一天比一天更接近崇高，让心灵变得清净、朴素、简单，就实现了超越。所以，不要把它想得太复杂了。它不像一些武侠小说里描写的那样，能让你变得刀枪不入、飞檐走壁，也不能让你从十几米或百米之外，在人家身上打出一个大大的手印来。

相反，它能让你的心灵变得强大，能汲取整个人类最伟大的智慧养分，然后告诉世界：我不在乎你！我在乎什么？我在乎自己。在乎自己的什么东西？在乎自己能否战胜自己。为什么在乎自己？为什么要战胜自己？因为，在乎自己，战胜自己的贪欲后，才能活得自由、快乐、本真、简单，变得自主。

要知道，世界上最可爱的人，就是最质朴、干净、简单的人，不是最有心机、最花里胡哨、最丰富的人。明白了吗？当你面对这个世界，就像一个孩子面对母亲那样，非常灿烂地微笑时，你就是最可爱的人。所以，不要用贪婪、心机面对世界，要用一种大爱、宽容去面对它，也不要让流行概念和各种现象束缚你的心灵。

如果你能做到这一点，欲望生起时，你就能拒绝它；面对困境时，你就不会觉得自己没有选择。如果你觉得自己没有选择，不得不这样活着，感到非常无奈，你就被心外的事物控制了。这时的你，肯定不是你自己。因为，你并不拥有自己的心灵。问题是，你敢不敢反思自己？敢不敢面对反思后的答案？面对这个答案后，你选择继续这样活着，还是忍住灵魂历练的痛苦，赶走那附骨之疽般的贪执，夺回心灵的自主权？

如果你选择了后者，也有相应的行为，你就会一天天进步。

5.

完不完美，取决于心灵的状态

有人问我，你觉得自己完美吗？我告诉他，我觉得自己很完美。因为，完不完美，是心的感受。心快乐，人就快乐；心幸福，人就幸福。一切取决于心。

好多人觉得自己不完美、不幸福，往往是因为贪婪。比如，当他看到长得比他俊的人，就觉得自己的长相不完美；当他看到开奔驰的人，就觉得自己的破摩托不完美；当他看到省长、省委书记时，就觉得自己这个小科长不完美；当他看到别人的女朋友时，就觉得自己的孤独不完美……所有的不完美，其实都是贪欲在作怪。如果没有这些贪欲，就无所谓完美，还是不完美。

好多东西都像过眼云烟，仅仅是某个瞬间、某个阶段的一种现象，很快就会消失，包括人的肉体。这时，重要的不是追求完美的外在，或者完美的生活，而是追求一种可以相对永恒的东西。当你明白这一点时，自然就会逃离贪欲、贪婪的诱惑与纠缠，也就没了好多失落。那么对你来说，只要健康，就是完美的；只要明白，就是完美的；只要心灵自在，就是完美的。所以，我觉得我是完美的。

这时，哪怕一个人有生理缺陷——比如那些残疾人——只要他有一颗明白的心，他得到的快乐、幸福，也不会比健全者更少。因为，幸福与否，取决于心灵的感受。所以我常说，清明于当下，触目随缘，快乐无忧。

人的一生，是由一个个当下组成的，就像一块块砖头，构成了生命的大厦。抓住每一个当下的快乐，就构成了快乐的人生；抓住每一个当下的幸福，就构成了幸福的人生；抓住每一个当下的明白，就构成了明白的人生。要想活得幸福，就要珍惜现在，抓住当下。

如果你觉得不快乐，觉得世界对你的态度变了，就说明你生起了分别心，也就是诸如善恶、好坏、高低、贫富、大小之类的对立概念。执著这些概念的必然结果，就是陷入烦恼与痛苦。

比如，有的人本来活得很开心，后来他发现，所有同学都有车有房，只有他带着老婆住在亲戚家里，于是变得很自卑，甚至嫉妒那些有钱的同学，变得非常痛苦。他的痛苦是别人造成的吗？不是的。令他痛苦的，是贫富的二元对立。实际上，别人有车有房是别人的事，他既不缺吃，又不少穿，还有个愿意住在他亲戚家里的老婆，有啥好痛苦的？人只要知足，并且尽力做好该做的事情，就不会觉得痛苦。大部分痛苦，都是比出来的。没有比较，没有算计，没有衡量，就没有痛苦。

最矛盾的是，虽然好多人都知道，只要完善自己就能改变现状，但他们宁愿时不时发泄一下情绪，也不愿改变一些东西。有时，这是因为懒惰；有时，这是一种不自信的表现；但更多的时候，这源于一种对未知的恐惧。就算一种生活很糟糕，只要它还没触及底线，我们活得下去，而且活得还算轻松，偶尔可以享受一下，很多人就会选择妥协。换句话说，比起改变，他们更倾向于逃避。

我说过，每个人都能找到借口和理由，但借口和理由无法解决问题。比如，你的伤口感染了，但你不愿理它，因为你不想去医院，不想定时吃药，也不想戒口。那么，感染就会越来越严重，一个小小的水泡可能会感染你全身的皮肤，这时你再去治疗，就要花费更多的工夫，人也更受苦。明白了吗？所以，我们不该逃避一些让自己陷入苦恼和困境的问题。

例如，当某人的女朋友比你的女朋友漂亮，你又比那人出色时，你可能会觉得不服气，但你一定要明白，这说明你有二元对立，而不是说你该去追求一个更美的女孩；当你的朋友没给你带来任何好处，某人的朋友却帮他实现了很多愿望时，你可能会很不甘心，但你必须明白，这说明你是功利的，而不是说你该去结交一些更有权势的朋友。在现实生活中，这样的例子还有很多。

有些人本来很享受单身生活，但他发现别人都有女朋友之后，就觉得自己很寂寞，甚至怀疑自己对爱情的向往，想随便找个有好感的女孩谈恋爱。因为他心里生起了贪欲，他觉得，要是也有人爱我该多好？当他满足不了这种贪欲时，内心就会产生一种落差，变得非常痛苦。这种落差是什么呢？是期待与现实之间的距离，也是一切痛苦的来源。

比如，一些人看到同学在开宝马，自己却在骑破自行车时，就觉得没面子，觉得自己很寒酸。事实上，他不一定需要宝马车，骑自行车可能会让他更健康。那些去哪儿都开宝马的人，弄不好会肥胖，甚至出现脂肪肝、高血压、心脑血管疾病等诸多健康问题，因为他们缺乏运动。但是，当一个人心里充满贪婪时，是看不到这些东西的，他只知道自己的欲望没有得到满足。

有个年轻的朋友告诉我，上大学时，她每个月只有几百块零花钱，但她过得很快乐。后来参加工作，工资只有一千多，她仍然过得很快乐。直到有一天，她发现嫂子的衣服全是名牌，就觉得自己很寒酸。其实她不知道，对不懂名牌、不追逐名牌的人来说，衣服的牌子没有任何意义。她的生命，也根本不需要这种挥金如土。但对比产生的失落，却让她嫌弃自己的衣服，嫌弃自己的打扮，还埋怨男朋友不给自己提供同样的生活。

西部文化不提倡这种心理模式，它告诉我们，每个人的生命都不需要太多东西。一天有三顿饭，一年有几套衣，人就能活得很好。如果能拥有更多的东西，当然也很好，但没有也没什么不好。因为，西部人不追求这些东西，他们追求活着的理由，他们更关注自己这辈子是干什么来的，什么才是人生的意义。找到了这个答案，他们就会用生命去守住它。守不住时，他们宁可不活；守得住时，他们就能忍受物质上的一切匮乏。

每个人其实都是这样。一旦你灵魂中出现了一种追问，而且找到了答案时，你就会容忍，甚至舍弃与它无关的一切。因为你很明白，它才是你人生的目标，是你生命中最重要的东西。社会上的顶尖精英们，大多在很小的时候，就思考过这个问题。所以，他们很清楚什么对自己最重要，他们会用一生的时间来守住这个东西，来实现这个目标。

假如我们每个人都能做到这一点，我们自己也罢，我们的生活也罢，都会变得非常完美。不过，这种完美仍然不体现于物质，它体现于心灵的明白、充实和富足。

五、自由

1.

真正的自由，是心灵的明白、自主

只要你的心被世界搅乱了，被变化牵着走，你就不是你自己，而是世界的奴隶。例如：世界流行减肥时，你也会跟着去减肥，因为好多比你瘦的人都觉得自己很胖；世界流行三寸金莲时，你也会把自己的脚缠起来，因为你觉得健康的大脚很丢人，以后会嫁不出去——百年前的世界真是这样的，三十五码脚的女孩已是另类，脸蛋再漂亮也很难嫁个好人家。所以，女孩们哪怕再痛苦，也不愿拿掉那条又臭又长的裹脚布——世界流行高鼻梁，塌鼻梁的女孩就往鼻子里垫东西，不管她小巧的鼻子有多么秀气；世界流行大眼睛，小眼睛的女孩就会割开自己的眼角，就算她们的眼睛也别有情趣；世界流行双眼皮，单眼皮的女孩就会割开自己的眼皮，即使她们的丹凤眼美出了另一番风景……许多让人听了头皮发紧的行为，很多现代人却乐此不疲，这仅仅是因为他们想追求一种公认的美。

如果他们为了迎合别人的审美情趣，不惜摧残自己的身体，让自己不快乐，他们就肯定不是他们自己，而是流行概念的奴隶；相反，如果不管世界再怎么喧嚣，再怎么张牙舞爪，他们都知道自己需要什么，不会跟着别人一起叫嚣，一起张牙舞爪，他们就是他们自己，他们就自由了。在世俗意义上，他们不一定很强大，不一定很成功，但任何强权都无法干涉他们，更无法左右他们。因为，他们的自由也罢，快乐也罢，都无需凭依。这就是大手印文化追求的自由，也是很多西部人追求的自由。

一些人或许不追求这种自由，他们追求金钱、名利、地位和安逸的生活。他们觉得，只要有钱，就能买下很多东西，就住得起高楼大厦，就能追求各种美女，就能换来自由、尊严和安宁。比如，有了钱，他们就能坐飞机到巴黎的广场上喂鸽子，到意大利吃早餐，在爱琴海边散步；有了钱，他们就能买下任何一件衣服，再也不用看价钱牌，不用忍受服务员的白眼；有了钱，他们就能忽而飞到印度，忽而飞到欧洲，甚至买下城堡或私人飞机……很多人都觉得，这样的生活才是自由的，它比心灵的自由更实惠，而且看得见，摸得着。

对一些人来说，确实如此。但你想想看，当一个人面对死亡和绝症时，物质能换来平静与安详吗？当一个人痛失所爱时，物质能换来爱与幸福吗？当一个人麻木空虚时，物质能换来满足与坚定吗？通过物质实现的快乐，就像海市蜃楼，它们很快奏效，但也很快失效。因为，影响这种快乐的因素，实在太多。几乎在欲望得到满足的同时，你就会马上变得失落。

如果心灵是满足的，精神是愉悦的，你就不会在乎自己能否去巴黎喂鸽子，能否去爱琴海边散步。你会发现，自家阳台上的日出也很美，在公园的林荫小道上散步也很快乐，不是吗？如果你需要逃离，就说明你不快乐。即使你有随时逃离的能力，也迟早要回到令你不快的氛围中去。而且，为了维持这种能力，你必须在那种氛围里越陷越深，否则，就会被抛出金钱和利益的游戏。不是吗？你难道没有发现，某种固有逻辑，其实根本就无法自圆其说？

大手印文化不追求善变的自由，也不愿为了自由的物质保证抛弃自由本身。它认为，真正的自由，首先是心灵的明白、自主，跟世界没有必然关系，也不用满足任何条件。有物质保障固然很好，没有也无所谓。因为，心外的自由，实际上是一种满足欲望的能力，真正的自由刚好相反，它是一种拒绝欲望的能力。古人说“壁立千仞，无欲则刚”，这是对的。真正的王者不是富可敌国的人，也不是掌握生杀大权的人，而是自心的主人，是不会被任何东西动摇、影响和控制的人，是打破了一切心灵束缚的人。他可能是国王，可能是演员，可能是作家，可能是清洁工，也可能是乞丐，无论有没有钱，有什么身份，能不能得到尊重和认可，他都是安详、快乐、自由的。这样的人，才是真正意义上的“贵族”。

真正的自由，是心灵独立后的灿烂，是了无牵挂后的本真，而不是外部条件堆砌出的幻象。

那么，怎样才能做到这一点呢？大手印文化认为，只要唤醒本有的智慧，让自己的心灵像太阳一样发光，你就能拒绝欲望，实现真正的独立与自主，不受外界诱惑，也不受自身欲望的支配。这时，你就实现了无条件的心灵自由。换句话说，有人靠征服世界赢得自由，大手印行者则靠净化心灵，让自己变得足够博爱、完美、大气，来实现自由。他可以微笑着对世界说：“世界，我不迎合你。”就是说，无论世界如何变化，他的心都像明镜一样如如不动，不会失去主宰自己的能力。这时的他，才是自由的。

2.
做一个不被“江湖”所控的人

有人认为，一个人必须获得世界的认可，才是成功的。比如，成为世俗意义上的社会精英，拥有令人艳羡的生活方式等等。假如做不到这些，他们就觉得自己不成功。当然，现在的社会也不会觉得他们成功。但我不这么认为。

我觉得，人活在世界上，是为了完善自己的，跟世界没有关系。无论世界怎么对你，都跟你没有关系。你只要做好自己，苦也罢，乐也罢，善也罢，恶也罢，都一样，它们都像偶然落在你身上的雨水，迟早会蒸发干净。所以，你只要实现心灵的自由，实现自己的价值，守住道德底线，就会有圆满的人生。这时，不管你拥有得多，还是拥有得少，就都是成功的。即使外界不一定认可你，你也是成功的。因为，你拥有属于自己的心灵。

然而，如果一个人给你一万元，你就对他言听计从，你便成了他的奴隶，成了金钱的奴隶，因为他能随心所欲地控制你；同样道理，如果他剥夺了你的东西，你便觉得愤怒，处处与他作对，你仍然是他的奴隶，是愤怒的奴隶，仍然摆脱不了他的控制与影响。你想想，世界这么广阔，值得关注的东西那么多，为啥偏要盯着自己某个瞬间的狂喜，或者失落呢？其实，就在你盯着它时，世界可能早已变了好几轮，沧海都成桑田了，你却停驻在某时某刻的某种情绪中，不知道一切都过去了。这样的你，又怎么能把握当下的快乐与幸福呢？

道理说来很简单，可惜很多人都做不到。所以一些人才说，没有人是不会被控制的。那些认为“与人斗其乐无穷”者，也不过是通过欲望控制别人，同时又被别人控制着。当你旁观这个世界，就会发现，很多东西都像自娱自乐的游戏，没有本质上的意义。

当你明白这一点，不想被所谓的“江湖”控制时，首先该做的，不是试图控制别人，而是超越欲望，斩断贪执的大网。只有这样，你才能从千丝万缕的缠缚中脱身，得到真正的自由和解脱。

因为，让我们不自由的，不是心外的世界，而是我们自己的执著。有执著，必无解脱。包括那些非常崇高、美好的执著，同样会让我们不能主宰自己，让我们得不到自由。例如爱情、理想、家庭等等。我们不一定要放弃什么，但一定要明白，随缘不是被裹挟，不是身不由己，而是“事在人为”后“顺其自然”。如果你觉得疲倦、无力，心里好像压了块大石头，就要明白，你已经被某种执著控制了。

当你执著于某事，总想把它做好时，往往很难发挥应有的水平。如果你一辈子都在压力中做事，还可能会一事无成。因为，你的执著困住了你自己，它让你的心失去了自由。失去自由的心灵，是不可能与自然合一，流露出真心之作的。所以，你必须放下一切，把心里的垃圾扫干净——不光要扫去你对名利享受的贪恋，还要扫去你那份迫切的、强烈的、想要做好事情的渴望。如果能放得下，你就自由了，你的心灵会焕发出本有的光明，照亮你的一切，包括你的人生；如果放不下，不管多么美好的愿望，都会让你失去自由，让你活得非常痛苦。所以我常说，一个人成功的关键，不是他的技巧，不是他的聪明，也不是他的才华，而是他的放下。

若干年前，我用亲身经历验证了这一点。

那时，我还是个文学青年，在追求文学的路上，孤独地、苦苦地走着。我夜以继日地练笔、读书，读书、练笔，在巨大的执著中，走向了一个极端。当我发现那已让我失去自由时，就想放下文学，放下写出好作品的渴望，一心诵经、修心。后来，反而豁然开朗，从心中流出了最美的文字。我不在乎作品能否被世界认可，也不在乎它能否实现我的文学观，仅仅是尽情享受写作的快乐。最后，我的整个人生都改变了。

如果一个人品尝过这种快乐，就不会用“枯燥”来评价写作。

人们走在西藏的阔野上，看到被海水洗过般的天空，看到虔诚顶礼的藏民，看到庄严的布达拉宫，看到洁白的舍利塔时，他们不会觉得自己仅仅在走路。因为，他们的心里充满了安详、感动与满足。不同的是，感动了他们的，是人文和美景，但我心里流淌的，却是一种无相无形的大美。它是生命本有的一种东西。当你品尝到这个东西，能安住在这种状态时，不管写作、绘画、摄影，还是行住坐卧，都是快乐的。这种快乐无需外部条件，包括金钱。

以前，就算连吃菜的钱都没有了，我还是不会在乎自己有多少钱。因为我知道，金钱远远不如人的生命宝贵。生命一旦消失了，有多少钱都没有意义。所以我不追求它。有也罢，没有也罢，我都是那么快乐。只有在做事时，我才觉得金钱有意义。因为，有的事情需要钱。

比如，写作需要电脑，钱能为我换来一台电脑，让我写出一些能利益世界的作品，它就有了意义。又比如，一个亿万富翁快要死去，但还有一大笔财产没有处理。如果他把财产留给后人，用完也就完了，留不下任何东西。可是，如果他用这些钱来创立教育基金，让读不起书的孩子得到很好的教育，进而改变命运，这些钱就有了意义。他的生命价值和生命本身，也将得到升华和“延续”。

比尔·盖茨就是这样。不同的是，他活着时，就愿意用毕生的财富帮助一些有需要的人。一百年后，在后世子孙的心里，他很可能不是世界首富，或“微软创始人”，而是一个贡献社会、改善人类生存环境、以行为影响世界的伟人。他对世界造成的正面影响，已经远远超过了他付出的金钱。

在这种情况下，我才觉得金钱是有价值、有意义的。除此之外，它换来的那些物质、享受和满足，都会像利剑划过水面的痕迹一样，迅速消失。我绝对不会用宝贵的生命，去追求一些留不下去的东西。

所以我觉得，大家想追求什么都可以，想选择什么样的生活方式都可以，不一定要迎合这个世界。当然，你也不一定要选择我这样的生活方式。重要的是，你在做出选择前，应该叩问自己的灵魂，并且脚踏实地地寻找答案。当你找到自己的独特价值与意义，并为之付出努力时，你的人生就定然会变得充实、圆满、快乐、自由。

3.
智者战胜自己，“英雄”征服世界

一些人以为，追求心灵自由，就要放弃世俗生活，放弃身体自由，在个人权益遭到侵害时，也要忍气吞声，无条件让步。其实不是这样的。这只是人们对佛家文化的误解。

大手印文化没有任何教条。它只会用一种善美的信息熏染你的心，让你远离欲望的污染，远离各种理论的干扰，远离流行规则的同化和控制，远离自欺欺人的借口，远离表象和概念的迷惑，实现自主。因此，你无法从大手印文化中，找到一套清晰的规范和准则。你必须每时每刻观照心灵，发现自己的被控，发现自己的执著。同时，你要不断调整心灵的状态，从而调整自己的行为与选择。换句话说，有多少心病，就有多少“戒”。不要用同一种模式，来套不同的人。

每个人的使命都不一样，因缘也不一样。所以，每个人的路，未必一样。我会分享经验，甚至帮你解惑，但我不替任何人选择。谁的生命，谁自己负责；谁的人生，谁自己选择。我不会跪在任何人脚下，也不希望任何人来膜拜我。我希望，每个人都有一颗自由的心灵，不要在心外寻找自己的“王”。因此，我不传播教条，也不传播另一种规矩。我只想告诉你：如何分辨和过滤身边的信息；如何开启生命本有的智慧；为什么一些人能活得自由、快乐、安详；为什么一些人能成功；哪条路才能通往真正的幸福；如何做好人生抉择等等。

世界上的叩问很多，寻觅很多，真理很多，善美信息也很多，但真正的超越智慧不多。不能超越，大善精神就无法真正熏染你的心、重铸你的灵魂。因为，你会把世界上的事情，看得很实在，把早已逝去的情绪，无常的过往，都牢牢放在心底，不愿忘记。或陶醉了自己，或苦了自己，又有什么意义？其实，人只有从欲望和概念中超越，真正拥有灵魂，拥有活着的理由，并且能守住灵魂，守住活着的理由，才能实现真正的自由和慈悲。否则，所谓的慈悲和自由，就是非常有限的。

我有个朋友，很热心，也乐于助人。但他总是期望对方照着他的话去做，并且给他感恩的回应。假如对方不能满足他的期待，他就会感到失落，进而对其产生偏见、猜疑，甚至嗔恨。其实，他是一个很好的人，有着很好的愿望，但他把这愿望变成枷锁，不但束缚自己，也挤压了身边的一些人。很多时候，他感到幻灭，陷入消极，揣测世界，但实际上，世界的不圆满，来自他心灵的蒙昧，而不是世界本身。

所以，一定要明白，人类最大的敌人，不是自然，不是世界，也不是别人，而是自己。所有的圣人，都是通过战胜自己，来赢得世界的；所有的“英雄”却专注于征服世界，因此征服不了自己。

比如，拿破仑征服了整个世界，结果在一个叫约瑟芬的女人面前哭哭啼啼。因为，他爱那个女人，但那女人老去偷情。可见，“强大”改善了他的生活，却没能让他得到自由。他的心始终不属于自己。后来，他终于打了败仗，从法兰西皇帝的宝座上被揪了下来，以战俘的身份，被带到一个小岛上，孤独地死去。可见，强大是无常的，依靠强大换来的一切，都是无常的。不明白的人，才会不断向外寻找自由、满足，不惜向别人挥起屠刀。但是，任何一把屠刀都有生锈的时候，任何一个暴君都会老去。就算屠刀没有生锈，暴君没有老去，也很可能出现一把更坚硬、更锋利的屠刀，砍掉暴君的脑袋。当你用暴力面对世界时，世界就会用更大的暴力征服你。自由，是不可能在外部世界出现的。

有的人相信心理学，甚至依赖精神类药物。但他们不知道，心理医生可以告诉他病因和对治方法，却无法帮他根治问题。只要"病根"还在，烦恼就会以各种方式出现，你根本无法解决所有问题。有的人在服用精神类药物时，还出现了许多副作用。例如，一些人为了治疗焦虑症，服用某种西药，结果心脏就出了问题。因此，我们在借助科学，向外寻找解决方法的同时，也不能忘记向内寻找烦恼的原因，也就是调心，让心灵焕发本有的智慧光明。这二者都有积极意义，不能互相替代。

当一个人点亮心灵时，这个人就有了灵魂；当一个民族的大部分人都点亮心灵时，这个民族就有了灵魂。所谓"重铸中华民族的灵魂"，就是通过大善文化的滋养，改变整个民族那种欲望化的集体无意识，找回中华传统文化的根。

西部文化，就是中国传统文化的一种，它最特别的，就是有着大手印超越智慧的基因。有了这种基因，西部文化承载的爱，就不会陷入红尘的欲望，变得卿卿我我。它是博大且毫无条件的。就是说，你跟对方没有任何关系，你甚至不认识他，他也不出众——比如，他可能很丑，口才也不好——但你仍然爱他，像母亲爱孩子那样爱他。因为他的迷惘，你也很悲悯他，愿意随缘地给他一点帮助，希望他有一天能明白、快乐。当然，你爱的对象不只是一个男孩，或一个女孩，也不只是一个老人，或一个群体，而是整个人类。面对整个人类、所有众生时，你都有一种毫无缘故、博大包容的爱，就像母亲对孩子的那种情感。它毫不造作，没有欲望，不在乎回报，也不会陷入。

不会陷入，就是超越。

超越不是离开或脱离什么东西，而是你真正看破，真正明白时，产生的一种智慧。在观照物质世界和精神世界时，你会发现，虽然物质世界很精彩，但它没有你想要的答案。如果你向外寻找自由、快乐与幸福，就总是会失望。因为，物质世界是无常的，观点、念头、情绪、欲望等等，都是无常的。除了一颗明明朗朗、湛然空寂的真心，什么都在不断变化。但这心中，便藏着一切答案。于是，你向内寻找，扫去所有掩蔽真心的东西，让真心发出本有的光明，照亮你所有的迷惑。

当你解开一切迷惑时，就会明白，世界虽然不能让你快乐、自由、幸福，但也不会逼你堕落、放纵、不快乐。相反，这个时代出现了很多值得敬仰的人，他们都为世界做出了许多贡献。例如，农民的生活比以前好多了，他们不用缴农业税，孩子们上学不用交学费和书本费，老人们有了医疗保障，我家乡的好多农民也有了困难补助。如果你用心观察，就会发现，这个时代有很多好东西，可能是以前的人们根本享受不到的。比如，现在有很多图书馆、书店、大学等机构，都在办公益讲座，以前的人们根本得不到这个东西。而且大家可能不知道，我到国外参加文学活动时，发现国外有很多人特别羡慕中国作家。因为，中国作家享受了很多他们享受不到的福利。所以，有些人的一些说法，只是在为自己寻找理由，让自己能理直气壮地放纵欲望、堕落下去。

一定要明白，虽然这个时代有很多毛病，但我们仍然可以——也应该——有自己的选择。一旦你升华自己，改善自己，变成一个能够自主的人，你就能在一定程度上掌控命运，活出一段更幸福、更自由、更有价值的人生。关键是，你必须直面自己的心灵，正视自己的毛病。

如果你愿意这么做，而且知道正确的方法，就会慢慢超越诱惑与污染。当你消除心灵的最后一点污迹，本有智慧的光明就会完全焕发出来。这时，你再也不会受到世界的左右，真正实现了人的主体性。那么，你就自由了。

我相信，世界上不会有任何一个人不向往这种境界，所以，每个人都需要大手印文化这样的超越文化。问题是，你愿意放下成见，去了解它吗？你愿意放下欲望，去追求自由吗？追求自由者，不一定要抛弃现有的生活，但一定要斩断懒惰放逸，脚踏实地地实践，并且时刻自省、时刻警觉。

我在自己的人生中，不断舍弃欲望，守护心灵的宁静，即使穷得吃不上饭，也把心的自主看得比欲望重要得多。而且，我从不花时间跟人计较，也不怨天尤人，在欲望与梦想之间，我永远都会选择后者。无论遇到什么，我都会珍惜自己的向往，升华自己的心灵。所以，大家才看到了今天的雪漠。如果你也做得到这一点，你就能成为今天的“雪漠”，甚至成为更好的“雪漠”。

4.
不为征服世界，只为展示善美

现在，许多人一提起“雪漠”，就想起大胡子，就像很多人一提起我传播的文化，就想起“雪漠”一样。很有意思。如果有一天，你和你的行为都足以代表一种文化，那么，你就会成为它的一个符号，而不仅仅是你自己。正如“雪漠”已不仅仅是我自己一样。

不过，起“雪漠”这笔名，已是很早前的事情了。

二十五岁那年，我将小说《长烟落日处》寄出投稿，那时的笔名叫“西凉笑剑”。编辑回信说：“小说很好，笔名能不能改一下？像个写武侠小说的。”我就想，改个什么好呢？当时，凉州有两个朋友，一个写诗歌，一个写小说，他们代表当时凉州小说和诗歌的最高水平。他们的名字中一个有“雪”，一个有“漠”，于是我想，就叫“雪漠”吧！以后，我一定要把他们都超越了。现在超越了没有？我不知道，也不关心。我很清楚自己的水平，也有自信，但我的自信，不是通过与人比较产生的。我的自信，源于一颗圆满、自由、独立、安详的心灵。

有人问我，你常写狼，那么，你笔下狼的意象，跟现代流行的狼文化有啥区别？我告诉他，当我面对大漠时，总有一股大气扑面而来，吹拂我的灵魂。我的小说中写过很多狼，它是我小说的意象之一。即使我的作品里没有狼的形象，也肯定有狼的意韵。不过在我心中，狼其实是欲望的象征。我的作品有狐的魅力，没有狼的气息。现在流行的狼文化，跟我小说中的意象不太一样，它象征了一种强悍的力量。如果你用这种力量激励自己，战胜自己，征服自己的心灵，就是对的；如果你用它对付世界，对付别人，就是错的。因为，我们不需要对付别人，征服别人，更不需要征服世界。我们需要去做的，是用一颗自由的、充满爱的心灵面对世界，面对身边的每一个人。每个人都不该臣服在别人的脚下，也不该靠别人的顶礼膜拜来建立自己的自信。如果你的自信源于外界，那么，一旦身边出现一个更强大的人，你就会觉得恐惧、焦虑、不安。因为，你害怕他会取代你，夺走你的自信，让你变得毫无价值、毫无意义。其实，每个人的意义，都是自己设定的；每个人的自信，也是自己建立的。没有自信的人，在面对世界时，是非常卑微、懦弱的。这样的人，才需要用征服来证明自己。所以，你要训练出一颗独立于世界的强大心灵，不要在乎世界的反应。你既不要讨好世界，不要迎合世界，也不要去说服它、征服它。你只管做你该做的事，说你该说的话。做到，说到，你就尽了本分。其他的，不要去管。那跟你的心没有关系。

我们再回头说说“雪漠”这笔名。

我取这个笔名，除了刚才谈到的那一点外，还有另外两个想法。

第一，“雪”有雪耻、洗去的意思，“漠”有沉寂的感觉，就是说，我想洗去甘肃文坛沙漠一样的沉寂。

第二，“雪”“漠”是西部两大自然景观。雪者，宁也，雪落无声，有雪一样的诗意；漠者，大也，广袤无垠，像大漠一样厚重、博大、包容。当你看到白雪覆盖大漠的那份壮美时，一定会感受到自然、宇宙、造化中那种涌动的大力。我想，既然我决定一辈子传播西部最壮美的文化，就叫“雪漠”吧！

从这一点上，你肯定能看出我对家乡、对家乡文化的爱，但你也要明白，面对家乡文化时，我同样是有着批判的。不管以前还是现在，我留胡须，都是为了时时提醒自己，不要被封闭的环境同化。即使我现在定居东莞，身在比较繁华开放、多种文化的交融地，我仍会时时警醒自己：不要被“现代化”“国际化”等同化，要保持一种清醒和自律。

一直以来，任何文化都是我灵魂的滋养，我们可以对话，可以交流，但必须互相尊重，互相吸收其优点，不能相互侵犯。这是我对待文化的态度，也是我对待一切现象与存在的态度。因此，我才有了世界的、人类的视野与胸怀。否则，我就是一个平凡的乡村小学教师。乡村小学教师当然也很好。可是，当他被生活环境局限，看不到一个非常广阔的世界时，他的心灵就不可能变得博大，他眼中的世界，也必然非常狭窄。那么，他最多是个知足常乐的乡村小学教师，不可能成为照亮时代、照亮世界的大作家。

当然，决定一个作家能否走向世界的条件很多，除了他自身的原因之外，机遇也非常重要。很多甘肃作家之所以没有走向世界，甚至没有走出甘肃，就是因为他们没机会向世界展示自己。

每当我们到外面去，都会发现，甘肃实在太弱小了，文学也罢，经济也罢，都是这样。除了我，还有很多甘肃作家写出了很好的作品。然而，直到今天，许多不如他们的作家，在市场或其他方面，都远比他们成功。造成这种现状的原因可能很多，但其中一个非常重要的原因，就是他们缺乏与外界交流的平台，外界不知道他们，当然不可能了解他们。

最近，我定居广东东莞，几乎每个月，甚至每周，都会跟外界交流。因为，东莞非常重视文化事业，这儿云集了全国各地的诸多专家、学者。所以，这片土地为作家们提供了诸多平台。但甘肃却没有这样的意识与力量。前段时间，兰州大学搞了我的作品研讨会，我非常随喜。因为，甘肃作家可以依托这样的平台，向外界尽可能地展示自己。我也希望，甘肃的高校将来能多搞这类活动，多推一推甘肃作家，让他们走出地域限制，拥有一个更大的舞台。这对他们来说，确实非常重要。

我的《大漠祭》之所以能走出甘肃，走向全国，就是因为外界知道了它的存在。只有被世界了解，一部作品，或是一种文化，才有真正的影响力。否则，哪怕作品再好，只要没人知道，就不会有人因之获益。仅仅是一种自娱自乐，就没有太大意义了。

所以，2012年莫言获得诺贝尔文学奖时，我非常随喜。不过，我随喜的不仅仅是他的得奖本身，也是中国文学、中国文化终于走上世界的舞台，向世界展示它的精彩。我希望，将来能有更多的优秀作品，更多真正承载了人类智慧、人类精神的作品，能走上世界的舞台，给世界带来一点美好的东西。

5.
谁制约了你的自由

现在，追求自由的人很多，认为自己不自由的人也很多。但大部分人，都将自己的不自由，归结于外界的侵略和挤压。比如，父母要求你做个怎样的孩子，朋友要求你做个怎样的朋友，老师要求你做个怎样的学生，社会要求你做个怎样的公民，老板要求你做个怎样的下属……外界对你有着各种期待，你选择迎合，还是拒绝？有的人总在迎合，总在满足别人的期待，日久天长，他们就会觉得很累。但事实上，让他们产生这种感觉的，不是任何事，也不是任何人，而是他们自己的心。

因为，外界想要挤压你也罢，不想挤压你也罢，都是外界的事，跟你有什么关系？假如你拥有自己的心灵，就选择自己需要的东西，坚持自己的方向，何必理会外界怎么对你？而且，好多东西，不是你想改变，就能改变的，也不是你想控制，就能控制的。所以，不要老盯着挫折、烦恼、失败，要安住当下，做好眼前的事情——首先，就要超越当下的概念与欲望，自主地选择自己该走的路。

过去，我的生活一直很清贫。曾经有一段时间，我连吃饭都成了问题。那时，我们一家人睡在我的办公室里，没有自己的房子，连宿舍都没有。我把所有余钱用来买书，没法给老婆孩子买任何礼物。但即使在这种情况下，我仍然拒绝了轻易赚钱的机会。因为，我知道自己这辈子不是赚钱来的。与其把精力和时间放在赚钱上面，不如过得简单一点，做好自己该做的事。当时，很多关心我的人，都觉得我很傻。然而，如果没有那时的“犯傻”，就没有我今天的成功。我有很多精明的朋友确实赚到了一些钱，可他们都很羡慕我。因为，我不但活得很自在，还写了好几本有价值的书。

自由不是在对抗中产生的，而是在自主中产生的。就算你很强大，能与世界对抗，也总会被更强大的力量打败。而且，害怕失去力量，害怕无法掌控他人，也会让你变得不安、敏感、多疑、焦虑。如果你有一颗独立自主的心，既能拒绝世界的威逼利诱，也能拒绝世界的温言软语，你就是自由的。假如你拒绝不了，你就是失败的。就算你有足够的经济能力，有足够的权力，能随心所欲地得到物质与享受，甚至可以随意剥夺别人的东西，你都不一定是自由的。自由，是一滴水融入大海，不是成为巨轮。

一定要明白，你之所以会被世界的大海裹挟，不是因为你只是一叶小舟，而是因为你不是大海。你想想看，泰坦尼克号那么庞大，能载着那么多人在大海上航行，无疑是一位海上巨人，但它仍然被大海吞噬了。相反，体积和力量远小于泰坦尼克号的水沫，却不一定会被大海淹没。因为，它既是自己，又是大海，它没有需要畏惧的对象，也没有需要对抗的仇敌。这才是真正的无畏、无敌和自由。

如果不明白这一点，你就会被命运的浪花裹挟，永远得不到自由，不能拥有你自己，也不能自主心灵与命运，不能成为人的本体。

人的本体，必须有人的自主性。

匈牙利诗人裴多菲说过：“生命诚可贵，爱情价更高。若为自由故，二者皆可抛。”为什么要这样呢？因为，在西方文化中，自由是一种需要外部保证的东西。如果不能满足某种外部条件，西方人就会觉得不自由。因此，他们不惜抛弃一切制约自由的东西——包括生命、爱情等等——来追求一种建立在外物上的自由感。这种自由表面看来很高贵，却是被动的。因为，它永远建立在一种虚幻的基础上。大部分人只有赚到足够的钱，买了很好的楼房，还要有法律、制度、福利的保障，才能拥有这种自由。否则，他就不自由了。况且，拥有多少钱才叫“足够”？什么样的楼房才叫“很好”？

我举个例子，对张三来说，每天能吃上一碗牛肉面就够了，房子里能放下一张床、一张书桌、一个衣柜，就很好了；对李四来说，买不起宝马就不够，没有自己的花园和泳池就不好。所以，从物质的角度看，前者的自由远比后者的自由更容易实现。即使后者实现了他心目中的自由，很快也会发现，原来自己买不起更贵的车，住不起更豪华的别墅，在更有钱的人面前，还是直不起腰杆说话，那些跟他的利益息息相关的人，也能轻易让他陷入不安和猜疑，日子仍然过得紧张不堪。这当然不是自由。

自由是什么？自由是天上的飞鸟，是掠过耳畔的清风，是滴水的声音，是母亲的爱抚，是毫无功利的笑容……自由是一种感觉。它是灵魂达到圆满、心灵足够充实、不觉得缺少什么时的满足、坦然、安详、宁静。很多人在追求外物时，其实在寻找这个东西，只是大家都忙着追求，忘了发现而已。

所以，西部人不追求物质和规则造作的自由，他们追求心灵的知足与坦然。他们认为，这颗心里，就有最本真的自由。他们不用依赖外部条件，也不用去心外寻找——佛家的“解脱”也罢，“涅槃”也罢，本质上就是这种自由。

6.

迎合世界的人，总是会丢掉自己

我总是说，要让心属于自己，要真正地拥有你自己。有的孩子可能会问：难道我不是我自己吗？那我是谁？

我告诉大家，现在有很多人都不是他自己。例如，他明明不喜欢某部电影，但大家对其评价都很高，他就有可能将那部电影推荐给自己的朋友；他明明不认可某种价值观，但大家都认可，他就觉得自己也必须那样过日子；他明明没有爱上谁，但身边每个人都在谈恋爱，他就觉得自己也该找个女朋友——我相信很多年轻人都有过这种经历。

有个单身的年轻人告诉我，他跟一些有女朋友的同学去吃饭，发现对方总是很甜蜜，于是就觉得自己很寂寞。前一天，他还在嘲笑室友到处结识单身女孩，现在却希望有人也给自己介绍个对象，甚至怀疑自己是不是太挑剔了。显然，他被大家都有女朋友的现象给干扰了。以前，他只想跟自己真正欣赏的女孩子在一起，但他发现，好多人对待爱情并没有他那么纯粹。有的人还把恋爱当成一种训练。他们说，不多谈几次恋爱，你怎么懂得如何谈恋爱呢？他们还说，你年纪不小了，别太挑了。这种似是而非的道理听得越多，他越觉得自己可能真的错了，可能不该等待一个值得去爱的女孩，差不多了就在一起，也挺好。

他觉得，自己在同学面前总是显得很失败，不但赚不到钱，连个女朋友也没有。这个概念挤压着他的心，让他感到焦虑、寂寞，觉得自己很失败。他真的很失败吗？不是的。他热爱求知，向往真理，向往纯洁、美好、真诚、奉献、善良，他有着很多别人没有的优秀品格。因此，他远比那些让他去堕落的同学更成功。但是，假如他受到别人的影响，失去向往，就会开始堕落，最后成为一个庸碌的细胞，丢掉自己。

另一个年轻女孩告诉我，她的男朋友很优秀，不但像李小龙那么健美，也很爱她，就是没有钱。为此，她的家人很不高兴，表姐还一直想给她介绍个有钱的对象。而且，她所有朋友的老公都有车有房，每个人都对她说，感觉是很容易改变的，你为啥不趁自己年轻，找个更优秀的人呢？你想想看，《泰坦尼克号》里的杰克如果没有淹死，罗丝能跟他结婚吗？就算他们真结婚了，能一直那么浪漫吗？她想想也对，越来越觉得自己的男朋友不如意，就跟他吹了。因为，虽然她很爱那个男孩子，但她的心被流行价值体系给控制了。实际上，这样的价值体系不一定正确，但大部分人都这样认为时，她就会受到干扰，迷失了自己。

又比如，这个世界流行减肥，大家都觉得自己不够瘦，所有人都想做骨感美女。这时，有个女孩不一定多么胖，但她的同学们更瘦，她就觉得很自卑，很难受，认为自己不漂亮。结果，她连饭都不敢吃，即使碰上爱吃的东西，也压制着自己的心，担心会变得更胖。可见，流行概念已经把她的心给牢牢捆住了。

在我们的生活中，这样的例子随处可见。我们不断迎合着自己不一定认可的东西，仅仅因为我们受控于某种观念、情绪、欲望、标准。这时，我们的心根本就不属于自己。

有的人也觉得这样不自由，但他们无法摆脱这种控制，因为，他们想得到别人的认可，害怕被别人讨厌。比如，我的一个学生热爱自由，但她同时又很在乎别人的看法。从我认识她的第一天起，我就告诉她，不要为别人活着。可她一会儿放下了，一会儿又放不下。这说明，她根本没有真正放下。她最大的毛病，就是在乎世界。她不但在乎别人的感受，也在乎别人的回应，在乎别人的看法，这让她活得很累。

这种心理虽然很正常，可以理解，但它毕竟是一种贪欲，会牵制你的心。许多人就是为了得到社会的认可，或害怕失去社会的认可，才会做出很多违心的事情。最终，他们无一例外地迷失了自己，甚至堕落到底线以下。

大家想一想，什么是认可？认可就是一点情绪。情绪来了，人们就认可你；情绪走了，人们就不认可你。就算这拨人认可你，下一拨人或许就不认可你了。你能迎合多少人？

我们常会发现，童年的好友，能相伴到老的并不多。曾风靡一时的玩具，或某种玩耍的方式，也早已变成我们那一代人的记忆。整个世界都在不断变化着，没有什么能永恒，什么都会过去。曾经的不认可也罢，曾经的荣耀也罢，都会过去，你什么都留不住的。如果你想通过这些无常的东西，得到一种稳定、满足、踏实、安全的感觉，就难免会失落。

有的人或许认为这种观点消极、悲观，还会将其视为一种无奈。但事实上，它就是世界的真相，不因我们的说而存在，也不因我们的不说而消失。世界本身就是这样。区别是，有人能发现，有人却发现不了；有人能接受，有人却接受不了。发现者不强求去改变它，也就谈不上无奈或者不无奈。而且，当你真正接受了，就会发现，世上的一切都在变化着，无论看来多么实在的东西，转眼都会消失，一切都不会永恒。包括所谓的无奈、悲观、消极等等。因此，《金刚经》有云：“一切有为法，如梦幻泡影，如露亦如电，应作如是观。”就是说，只要你能发现无常，接受无常，就会窥破世界的虚幻，进而发现，压在你心上的大石头，原来根本就不存在。你不用迎合，也不用压抑，你就是你自己。你每天的活，都是在做真正的自己，那就是最大的自由。

所以，大手印文化告诉我们，我们的心应该属于自己。而且，它完全可以属于我们自己。

7.
你在乎的概念才能影响你

当你被这个世界诱惑，心中出现好坏、高低、上下等概念时，就生起了分别心。比如，别人的个子高，你却很矮，于是你觉得自卑，甚至把自己当成二级残废或三级残废；别人很有钱，你却很穷，于是你觉得失落，甚至想把别人的东西据为己有……诸如此类的对立观念，都是分别心。它是滋生贪婪、仇恨、嫉妒、傲慢、怀疑等负面情绪的罪魁祸首。所以，想要断绝罪恶，唯一的办法，就是消除人类的分别心。但是，如果想做到这一点，我们必须首先消除自己的分别心。

只有改变自己，让自己快乐、满足、安详、自在，身边的人才会发现：噢，原来这样活得更好。那么，他们或许就会参考你的方法，也去改变自己。因为，没人愿意痛苦地活着。

我告诉大家，这个世界上痛苦的人有很多，但人不一定要活得多么痛苦。当你消除了分别心，就会觉得世界非常圆满，没有看不惯的东西，没有接受不了的命运，那么，你就会变得安宁、满足、自在。既没有压力，也没有烦恼，痛苦便无从生起了。所以，痛苦本身一点都不可怕，可怕的是，一个人看不清痛苦的本质。

有些人不愿正视自己，不愿承认灵魂中的污垢，比如贪婪、仇恨、嫉妒、傲慢、愚昧等等。因为他们无法接受那样的自己。他们觉得，一旦正视了，就像赤身裸体地站在人群中一样，非常羞耻。那样的痛苦，甚至会让他们活不下去。所以，他们宁可怨天尤人，也不肯剖析自己的心。这是可以理解的。然而，如果你不看清自己的伤疤，又怎么知道该擦什么药呢？如果你不愿擦药，病又怎么会痊愈呢？谁都知道掩耳盗铃的故事，谁都嘲笑掩耳盗铃者的愚蠢，但世界上，从不掩耳盗铃的人，又有多少？

一些人愿意承认自己的不完美，愿意承认自己充满了毛病，但他们不愿意正视自己的贪婪。他们觉得，自己的要求是合情合理的，怎么会是贪婪呢？其实，合理的贪婪，仍然是贪婪；合理的不知足，仍然是不知足。你的心不会因为“合理”而不生烦恼，世界也不会因为“合理”不给予你相应的果报。而且一定要明白，贪嗔痴慢妒和怀疑等等，并不是一种贬义词，它们仅仅是人性的一部分。指出它们的存在，并不是为了斥责谁，而是引导大家去面对自己、反思自己，从而战胜自己。永远都要记住，守住这些东西时，痛苦的不是别人，正是你自己。

好多人一辈子都记得别人的亏待，因此充满仇恨，总是愤愤不平。谁都理解他的痛苦，但理解改变不了任何东西，更改变不了他的命运。假如他不愿直面自己的心灵，不愿承认自己的贪婪，他的痛苦就必然让他变得敏感、易怒、消极、计较，也必然在他的生活中激发出诸多的不和谐。

其实，一切都会过去，人生不过是一场戏。为什么不把所有的剧情，都当成磨炼你心性的道具，而要斤斤计较呢？如果有一天，你发现计较的不是自己，而是自己的分别心，那么，许多折磨你的东西，都会瞬间消失的。

因为，分别心只是一种概念，是流行话语体系对你的污染，不是你本有的东西，也不是世界的固有属性。例如，这个群体很势利，用金钱来衡量一个人的价值和成功，但那个群体或许就不是这样。或者说，如果你认可前者的概念，觉得确实是那么回事时，就会受到它的支配，用它那种造作的标准，来衡量自己的人生与价值；当你不认可它，也不在乎它时，它就拿你一点办法都没有。

比如，张三是千万富翁，李四是亿万富翁，你的存折里却只有十万块钱。如果你觉得金钱代表了一个人的价值，就会觉得自己很失败，即使有一百万，也会觉得很痛苦；如果你不在乎这个标准，就会觉得很快乐。因为，十万块能买很多书，能吃好多碗牛肉面，能换好多个馒头，能喝好多杯茶。你没有后顾之忧，哪天高兴了，还能给自己加碟小菜。这是多么惬意的事情？

所以，我们不要有了十万想百万，有了百万想千万，有了千万想亿万。一定要明白，需要很多东西的，是我们的分别心，不是我们自己。如果没有分别心，有二十块就买本书，有三十块就再吃上一顿饭，有四十块就再买本书，有五十块就吃顿好一点的。这时，就算你回头再过十块钱的日子，还是可以吃上馒头，喝上水，有啥好不快乐的？所以，人只要知足，就不会被那些上上下下的数字，搅得焦头烂额。

六、大善

1.

用行为守护你心中的爱

很多人都失去了爱的能力，既不觉得世界爱自己，也不真正爱世界。虽然，我们有时也为别人的苦难哭鼻子，但只要遇上一点利益冲突，我们就会变得铁石心肠。更糟糕的是，有些人不但不怜悯陷入苦难者，还嫌对方给自己添了麻烦，或怀疑对方苦难的真实性，甚至让身边的人也不要帮助他。所以，生活在这个时代的一些人，才会觉得自己没有出路，活不下去。

现在，我们不再关心许多陷于战火的国家，不再关心那些倒在血泊里的老百姓，看到人类自相残杀的场面时，我们也不再有所触动。我们的心，变得像脚后跟的皮一样，越来越迟钝了，再也不像真正的人类那样，有一份敏感，能对弱小群体付出一点关怀。我们只关心自己的工资有没有增长的可能，自己的职位有没有晋升的空间，自己的老婆有没有乱发脾气，自己的生活够不够体面……我们甚至不同情大街上那些非常饥饿的人，因为，我们总是怀疑对方在骗钱。这当然跟社会诚信的缺失有很大的关系，但你也要明白，这不是一种明智和理性，是一种爱的丧失。

有个学生告诉我，她曾在大街上看到一对乞讨的老人，当时下着雨，两位老人连把伞都没有。于是她走过去，把伞塞进其中一位老人的手里。老人刚开始不肯要，后来拗不过，只好收下，却拖着一种悠长的哭腔说："谢谢你啊小姑娘，好人有好报……"听到这句话时，我那学生忍不住流泪了。她说，那一刻，她感觉到老人心里的疼痛。她想，老人平时肯定得不到尊重，得不到同情，也得不到关爱，才会有那么大的反应。然而，令她心痛的，不仅仅是老人的痛苦，还有社会的冷漠。

一个人丧失了爱的能力，或许是他自身的问题，如果整个社会都丧失了爱的能力，就说明文化出了问题。所以，我们急需一种不同于流行文化的养分，唤醒自己麻木的心灵。我们需要感受爱、找回爱、有能力去爱。

一定要明白，人与人的关系，不是法官和罪犯，是同胞，是手足，是共享同一个地球的亲人。一些人占有更多的资源、更好的机会，就肯定有人得不到什么资源，也得不到什么机会。这时，我们不该骄傲自满，也不该看不起别人。就算一些人犯了错，我们也该随缘地帮帮他们，至少给他们一点尊重，一个微笑。要知道，有时，一点小小的善意，就能挽回一些即将堕落的人，甚至改变一些已经堕落的人。因为，每个人都想活得有尊严，活得坦然，但有些人却做不到。做不到的人，本身就很痛苦，为什么我们还要在他伤口上撒盐，堵上他最后一条路，不去帮助他，让他有别的选择呢？至于我们能改变什么，又能改变多少，是另一回事。你起码要有怜悯的、理解的心。

只要拥有这份心，只要能传递这种精神，行为无论大小，奉献无论大小，都是值得尊重和赞美的。

比如，遥远的山区里，一些孩子在你的帮助下读上书了；在你的努力下，老百姓的负担减轻了；在你的关怀下，一些想自杀的孩子开始珍惜生命了；在你的帮助下，一些孩子实现了自己的梦想；在你的倡导下，社会多了一点善美、一点温暖；在你的启迪下，很多人知道如何贡献社会了……明白了吗？贡献社会的行为有很多，你只要随缘地做一些自己力所能及的事情，就够了。

现在，有些人把利众精神融入商业运作，让商业行为有了一种不同的使命和意义，这也很好。还有一些人，在日常生活中坚守做人的本分，不被利益左右，这本身就很好。例如，有个理发店老板，一辈子诚信经商，从不骗人多花钱，查出癌症晚期后，还专门通知客户，把会员卡里的余款退给他们。这件事，让好多人深受感动。所以，什么样的人，就有什么样的方式。哪怕是流落街头的乞丐，只要有爱，也会找到自己的表达方式。

有时，这种方式仅仅是痛苦后的释然，愤怒后的宽恕，痛哭后的微笑，飓风中挺拔的身影，风云变幻中坚定的眼神。

如果每个人都能用生命来实践爱，让人一想到他，心里就充满了温暖，不由自主地想要微笑，那他就是成功的。哪怕他只能给别人一个微笑，一份好心情，一点力所能及的帮助，他也没白活。所以，生命价值不像很多人想的那么复杂，也不需要多少先决条件。你只要改变生命态度，改变生活方式，然后，在质朴的生活中实践一种爱，一种对真理的坚持，就够了。形式不是最重要的。

有一天，一位家乡的老人来找我，让我教他写作。我问他为什么，他说："到了这个年纪，我才发现，房子也罢，财产也罢，一切都不是我的。我想留住一种东西，打上我的烙印，告诉这个世界，我来过。所以，我想写一部书。”我看了他带来的文章，发现他写得一塌糊涂，但他已八十岁了，再学写作，或许有些晚了。于是我告诉他，你不一定要用这种方式，虽然写书可以留下东西，但不一定所有人都要写书。每个人都有适合自己的方式。孔繁森、雷锋、丛飞等人虽然没写出大作品，但他们用行为传递了一种精神，这种精神让我们敬畏，也影响了很多人，让别人也去奉献，去帮助别人。这种精神的传递，就是一种不朽。

能传递精神的载体有很多，可以是文字，但不一定是文字，也可以是文化、故事、艺术等等。所以，会写文章的人，可以写文章，不会写文章的人，可以写剧本，或画画、摄影、雕刻、策划活动、推广文化等等，方式非常多。最重要的不是形式，是你想传递的东西。只要有了真东西，每个人就能做些自己喜欢做、也该做的事情。那么，他们就能实现一种相对永恒。

比如，我和儿子正在录制一些视频，专门记录西部农村特有的场面，以及即将消逝的地域文化。以前，我们买不起高档机器，只能用家庭DV做这些事。后来，我的一些学生捐赠了一套高级录像设备，我们便将每次演讲的内容做成专业视频，放在网上传播，或制成光盘，方便有需要、有兴趣的朋友浏览。我不断动员身边的朋友一起做事，有些美国的朋友看到我的文章后，也来西部跟我一起做这些事情。我很随喜他们。

一定要明白，当我们每个人都把歌声献给世界时，其实也是为自己唱歌；当我们每个人都用行为贡献社会时，其实也是在完善自己。这种自我完善不但利益了别人，也改变了我们自己的命运。因此，最大的受益者还是我们自己。因为，我们在用一种非常踏实的行为，实现着真正的生命价值。

所以，虽然我一直为梦想活着，就像堂吉诃德一样，但我一天天地长大，日子也越过越好。大家别看我最近瘦了，就以为我吃不起饭。其实，我在减肥。当然，这不是因为世界流行瘦，而是因为，有一天我忽然发现，胖的时候脑子不太灵活，整天昏昏欲睡。睡觉不能创造价值，所以，我不愿把大量时间花在睡觉上面。后来我又发现，太轻的话，一阵风就能把我吹走，而且好多人都非常担心，说你怎么变成这个样子了？我妈妈就以为我病了。我告诉她，我没病，只是在减肥，她就连连摇头，不让我减。于是，我又开始增肥，变成现在这样，既不胖，也不瘦。

2.
大善无我，善行天下

有人问我，雪漠心学提倡消除二元对立，放下分别心，那么，我们该如何分辨善恶？道德修养又有哪些境界？

我告诉他，人性中兼有善恶。凡有人类，善恶之争就会存在，也永远不会停歇。就像一个人总是在跟自己斗争。而且，善有不同层次，是个多元的概念。

不同时代，不同环境，不同情况，对于善，就有不同的内涵与诠释。所以，善恶之争不可能有定论，也不一定要有定论。一个人是好是坏，关键在于他是否自省、自律、自强；人类社会发展得是好是坏，关键也在于人类能否理性、节制、自律。

人都是自私自利的，这不奇怪，世上也没什么纯粹的善人和恶人。只要一个人不但自己生存，也让别人生存，就是善；如果一个人只考虑自己的生存，不让别人也生存，就是恶；如果一个人能为社会、为他人、为集体着想，遏制自己的私欲、贪欲，他就是有道德的人。善心、善言、善行，三者统一，就构成了完整的善。

至于人的道德修养，则有五种境界：圣人界，无缘大慈同体大悲；君子界，利人无己；常人界，利人利己；小人界，损人利己，或损人不利己；蠢人界，损人又害己。我们崇尚圣人，提倡做君子，至少做个常人，不能做小人，更不能当蠢人。我提倡的“大善铸心”，就是用圣人的善熏染常人的心，让常人的心一天天更柔软，一天天更博大，一天天更慈悲，然后变成君子之心，最后变成圣人之心。

现在很多人认为的善，还不是真正的善，因为它带有大量的偏见和局限。比如学科、文化、民族、宗教、政治理念的局限，等等。在这么多局限下，善文化很难形成普世共识。而且，善文化目前宣扬的，多是一种小善的东西，没能上升到大善的层面。就是说，现在有很多善文化的传播者，仅仅在传播一种行为，没能让它发挥影响人心的作用。例如，他们大多停留在物质化的捐赠、支援、资助等行为上面，没形成大善，还停留在小善、中善的阶段。

那么，什么是小善，什么又是中善呢？小善是让人得到金钱、物质的帮助，它停留在物质层面；中善是授业、解惑，已上升到精神的层面；大善则是传播真理，传播为人之道，上升到灵魂和信仰的层面。

小善也很好，然而，小善的行为一旦中止，影响力和效果就会中止。比如，一个贫困生接受了两千元的援助，如果他不理解其中的意义，或许就会当成一种“劫富济贫”，不用白不用。那么，两千元一旦用完，这种帮助的效果就会消失，还可能产生副作用——那捐助者可能会被当成“冤大头”，一旦停止捐助，接受捐助者就有可能产生怨恨，甚至将其体现在行为上。换句话说，如果没有正确的引导，小善带来的利益，有时反而会让人堕落。但大善不是这样。大善的作用，永远不会随着行为的中止而消失。

因为，大善是一种精神、一种文化，人们一旦明白了这种精神和文化，善的基因就会永远扎根在他们心里，影响他们一辈子。而且，明白人会把善的光明传递给更多的人，一代一代传下去。

要知道，行为很快就会消失，行为激起的一点情绪也会很快消失，但文化可以传承，可以信仰，不求回报。这才是人类文明中最精华的部分。因此，以大善心，做大善行，才是真正的大慈善家。只有这样的人，才能做到大善无我，善行天下。

但现在，做善事的人总是被议论。一些企业家做善事，人们就说他作秀，帮企业打广告；一些明星做善事，人们就说他在炒作，帮自己打广告。人们不看这些人做了什么，也不管有多少人得到了帮助，只管费尽心思地猜测、揣摩他们的真心或假意，甚至捏造一些不一定存在的动机。古往今来一直如此。那些什么都不做的人，倒很太平，没人会指责他，批评他，也没人会议论他。因为，他什么都没做，没什么可议论的。但是，这也注定了他的平庸。人性的弱点决定了人的行为。

有时，一个人哪怕真的做了好事，别人也看不到他的优秀之处，看不到他的可贵品质，而是私下揣度他的不足，满足自己卑劣猥琐的心理，而不是升华这种嫉妒心，学习别人的优点，向往别人的精神，让自己也能进步，也能变得更好一些。

这很正常。然而，这种负面猜测、怀疑的声音如果太多，就是我们的悲哀。因为，个体是社会的投影，大量个体发出这样的声音，说明我们这个社会的诚信体系出了很大问题，亟须纠正，甚至重建。否则，长此以往，后果将非常可怕。

而事实上，我们确实也见到了太多伤害社会诚信的事情。

比如，昨天某人还在台上号召大家廉洁奉公，呼吁大学生支持西部，到基层工作，到农村就业，今天他就锒铛入狱了。原来，他是个道貌岸然的巨贪。他一方面说着非常伟大的话，一方面把灰色收入、巨额存款存到国外银行，还给老婆孩子办好了绿卡，随时打算一走了之。

又比如，各种“来头”很大的主办单位，都在廉价出卖各种荣誉、头衔、称号，形形色色的人，都可以自称大师、巨星、名家，在这个社会的舞台上，你方唱罢我登场，好不热闹，却也无比混乱。

结果，人与人之间互不信任，互相提防，互相算计。为了防范和自我保护，人们习惯把别人往坏处想，不敢把别人往好处想。在这种环境和氛围中，人们渐渐形成了自私、麻木、冷漠的心态。那些厚颜无耻地宣告“我是流氓我怕谁”的人，反而被认为很真诚，还赢得一片叫好声、理解声、鼓掌声。然后，大家都为人性中的丑陋和卑鄙无耻找到了借口，心安理得地做流氓，一齐堕落。这时，突然出现一个助人为乐者，大部分人就会怀疑他的动机。

假如一个人真心想做点好事，却备受怀疑和责难，举步维艰，他就会感到越来越累，也觉得做好事的成本越来越高、风险越来越大。那么，好多人都会渐渐失去信心和勇气，不敢做好事，不敢行善，甚至不敢言善。最后，一些人干脆加入沉默的、不作为的队伍，成为鲁迅先生笔下，那些麻木不仁的集体“看客”。

这种明哲保身的“成熟”非常可怕，如果让我选择，我还是情愿支持那些看来很幼稚，却真诚、善良的行为。

3.
混乱的价值观会滋生诸多负面现象

其实，行善停留在中和小的层面，还不是最主要的问题，目前最主要的问题是，我们的价值评判体系出了问题，将善建立在诸多偏见与局限的基础上，以至于好多伪善、谬误、虚假的东西打着真理的旗号，占领了市场，搅得人们混乱不堪，分不清什么是真理，什么又是貌似真理的谬论。

比如，人们对立功、立德、立言的看法，好多都是不究竟的，是在用一种带有偏见的眼光，将血腥和罪恶歌颂成功德与正义。

实际上，立功的“功”，是功德的“功”，必须对人类有益、对世界有益，才谈得上“功”。但我们宣扬的立功者，很多都是狭隘的民族主义者，都是兄弟部落的侵略者、他人利益的掠夺者。他们的行为，算是立功吗？所谓的立德也是这样。好多人认为的立德，都是一些扼杀人类天性的道学家的伪善，非常恶心，但这些东西却被认为是“德”。立言同样如此。一些人认为的立言，就是把某种名义下的血腥、暴力当成真理来吹捧。这样的立功、立德、立言，对世界的和平、文明的进步、人类的未来毫无好处，唯一有好处的，就是他们服务的那个皇帝老子，或者他们自己。所以我说它不究竟。所谓“究竟”，就是你不管把它放在哪里，放在哪个历史时代，它都经得起推敲，都是成立的。

如果你用超越的眼光审视这个世界，就会发现，广为流传的许多“丰功伟绩”，其实都是历史长廊里的裹脚布，早就该扔掉了。

然而，控制着话语权的往往是一些狭隘的思想家。他们甚至会根据统治阶级的需要，进行所谓的立功、立德、立言，也就是杀人和歌颂杀人。老百姓们不明白，只被一些令人热血沸腾的言辞冲昏了头脑，在一种激情的推动下，做着一些毫无意义的事情。他们根本就不知道，在某种需要下，自己会随时成为这种“仁义道德”的牺牲品。比如，以色列人推选出的英雄，会在爱国主义的煽动下屠杀巴勒斯坦人，巴勒斯坦人也会出于同样的原因屠杀以色列人。在爱国主义和爱国主义的碰撞下，整个世界充满了爆炸声。付出代价的是谁呢？是那些被爱国主义控制的老百姓。

每个政治家都有不同的理由，如果老百姓没有辨别的智慧，我们的文化就必须告诉大家：杀人是罪恶的，无论有什么理由，人类都不该杀人！因此，《西夏咒》才认可了冯道当时的选择。冯道不在乎谁当皇帝，只希望老百姓不要遭到屠杀。所以，他宁可背负千古骂名，也要阻止那些砍向老百姓的屠刀。这才是真正的爱国、真正的勇敢，因为，他爱的不是皇帝老子的面子，不是“国家”或“朝代”的概念，也不是名垂千古，而是老百姓。在他看来，不屠杀老百姓的皇帝就是好皇帝，姓啥都没关系。这样的精神与理念，虽然受到大量文人墨士的抨击与嘲讽，但它很可能超越了文人的局限，是人类文化中最珍贵的东西。因为，他考虑这些问题时，没把自己当成政治家、哲学家，只把自己当成一个活生生的人。当他超越某种身份，站在人类本身、人类生存的角度上反思时，就会明白什么

才真正有益于世界、有益于人类。我甚至认为，作家也该站在这种角度上反思，不该在一种流行观念或情绪——即使它看来非常高尚——的挟持下，面对世界与生命。

当然，好多人现在不一定会认可这个观点，因为，它跟常识和常规教育有太大的冲突，但没关系，五百年后人们再反思今天，可能就会觉得这是正确的。所以，现在的一些流行观点如果放到五十年后、一百年后，还是否正确？说不清。这个问题值得我们反思。知识分子、文化人、思想家、哲学家等掌握历史话语权、文化话语权的人，必须自觉地警惕这种思想、文化、评价体系、评价标准和集体无意识，一定要明白，它会给人类带来深远的负面影响。事实上，匈奴也罢，胡虏也罢，都是中华民族的子孙，都是人类，都是生命。任何文化，不管多么冠冕堂皇，只要崇尚暴力，提倡人们仇视别人、屠杀别人，就是应当被摒弃、被唾弃的文化。

现在地球上出现的暴力、残杀、战争、血腥等恶的现象、恶的局面，都是恶的文化和人类的贪婪造成的。那些争夺强权和依靠暴力取胜的人，无非是想要最大可能地满足私欲。比如，掠夺美女，满足淫欲；掠夺美食，满足食欲；掠夺大量金银财宝，满足对物质的贪婪……当他们的欲望得到最大满足时，别人就会非常羡慕。例如，刘邦看到秦始皇耀武扬威时，就说，大丈夫应当如此！这种贪婪的欲望，如果被没操守、没智慧的文人所记录、流传，就会在我们的文化中种下恶的种子，传递给一代又一代人。每传递给一代人，就有一代人受到荼毒。最可怕的是，每一代文人，都会用自己的笔讴歌暴力、屠杀、血腥，让罪恶文化的拉拉队不断扩张，让罪恶的声音充满人类的历史时空、文化时空。

大家不妨回想一下，宋襄公约好过河再打，结果遭到失败，他的信守承诺遭到了多少中国文人的嘲笑？他甚至被嘲笑了千年！那些重视贪欲的人，将这种诚信讥为“妇人之仁”，将有底线的宋襄公讥为“傻瓜”，但他们却不知道，自己的嘲笑对人类文化造成了多大的伤害，多少人因为这样的嘲笑，陷入了一种罪恶的集体无意识，不再向往崇高、诚信、仁慈、公正，反而向往残暴和奸诈。所以，当我们呼唤诚信和良心时，也要反思自己的一言一行，反思自己认可的真理，看看自己是否成了罪恶拉拉队中的一员。千百年来，有过这种讴歌的文人，都要为今天的局面承担相应的历史罪责。包括大诗人李白。李白有大才华，却无大智慧，当年他那“十步杀一人，千里不留行”的诗句，就在唐朝形成了一种集体无意识。

当然，这种状况不仅中国有，也是人类普遍存在的问题。因为，它已经变成了一种人类文化。比如，日本也有无数文人和拉拉队，讴歌着这种所谓的民族精神，于是出现了南京大屠杀，出现了日本军人的比赛杀人。

人类历史上只要出现一个讴歌罪恶的人，他就会影响第二个人、第三个人、第一百个人、第一千个人……大家都四处传播，习以为常，就会形成一种思维定式，最后就变成了全人类的集体无意识。

除了人类本有的贪欲、偏见和文人的传播外，这种集体无意识也跟统治阶级的蒙蔽有关。所有坐龙椅的人，都怕别人来抢他的龙椅，就进行大量愚民宣传。加上种族主义、民族主义、地方主义等综合因素，就导致了人类社会陷入今天这样的局面。我们在这样一种人文环境下，又将集体无意识融入教育体系，使教育体系也被毒化、扭曲、异化，这种教育体系就会进一步恶化目前的人文环境。

更可怕的是，我们给孩子制造的游戏中，也充满了这种扭曲的价值观，比如杀人得分等等。还有一些游戏鼓励孩子偷窃、骗人、坑人、算计人、玩弄人。于是，孩子或在游戏里拿着机关枪，“突突突”地杀人，争先恐后地成为“英雄”，或不顾一切地满足私欲。于是，孩子的嗔心和贪欲就被极大地助长了。这些人光顾着追求利益，根本不管自己在孩子心里种下了多么可怕的种子，更不知道，这些恶的种子结出的恶果，最终仍会回报在自己身上。

大家想一想，如果一个孩子从小就觉得杀人越多越伟大，当他有机会拿起真枪时，会怎么做？他很可能会杀人。因为，游戏从小就告诉他，杀人可以闯关，可以得分，可以胜利，可以成为英雄，可以被别人崇拜。所以，他的潜意识里，根本就不觉得杀人是一种罪恶。长大后，法律对他有了一定的制约，但根本无法与他内心那种贪婪、暴力的因素抗衡。一旦有了恰当的机缘，他就会犯罪。那些习惯在游戏里偷窃、骗人、坑人、算计人、玩弄人的孩子，长大后，更会把他在游戏里形成的价值观带进现实生活。所以，传递罪恶价值观的游戏也罢，文化也罢，都非常可怕。

如果一个文人真的有良知，有智慧，就不该一方面谴责明显的罪恶，另一方面又助长罪恶的集体无意识。一定要明白，假如不改变恶的文化土壤，贪污、犯罪、堕落、无底线等负面现象，就必然会层出不穷。人类社会的明天，更是令人担忧。

4.
不要把愤怒与暴力当成良知

眼下，随着现代科技的发展，各种媒体、各种信息、各种污染、各种浮躁，让我们的生存空间越来越小，把我们挤压得喘不过气来，我们的心灵也发生了很大的变化。

旧日的情感，随着传统的逐渐流失，变得淡漠、疏离，人与人的关系也变得脆弱、紧张。在不安、恐惧、贪婪、愤怒等负面情绪的笼罩下，人们的灵魂变得沉重和焦躁，不断走向死亡。

好多人都明白，是欲望导致了这种变化。然而，能超越的人不多。很多人宁愿这样活着，渴望世界有一天会改变，也不愿升华自己。因为，他们不知道人类还有另一种可能。流行观点也在不断传递一些助长欲望的信息，污染着、误导着人类的心灵。比如，他们不断用一种强烈的分别心，将某些暴行和贪婪合理化，让人们理直气壮地追求那些东西。其中最为明显，也最容易让人走入误区的，就是对战争和民族主义的歌颂。

流行观点总把战争狂们称为“伟人”和“英雄”——例如成吉思汗和拿破仑——他们根本不在乎这些人对其他国家与民族的剥夺和侵略。他们在歌颂这些“伟人”和“英雄”时，总会用到“征服”这个词。征服是什么？是屠杀，是掠夺，是奴役，是用强大的军事力量，强迫另一个群体服从自己。这样的暴行，却被成千上万人崇拜，多么荒谬？每一个崇拜这种暴行的人，或发现这种暴行能得到崇拜的人，都会渴望征服别人，打败别人，因为，他们想要获得别人的认可、崇拜，甚至敬仰。于是，这个世界才会渐渐远离善，远离包容，远离尊重，远离平等，远离和平。矛盾的是，好多人都像爱护生命、保护孩子那样，守护着这种错误的价值观。他们根本就不知道，让自己得不到尊重、不能被公平对待的，正是这种荼毒人类心灵的精神毒药，不仅仅是某些特定的人类，或某种特定的社会现象。

大家想想看，如果日本人不认为大和民族优于其他民族，如果没有那种侵略文化，如果没有那种强大的暴力资本，二战时，他们又怎么会侵略别的国家，怎么会有南京大屠杀？诸如此类的行为，都是民族主义发展到极端的必然结果。

所谓“民族主义”，只是一些对立的概念，跟其他对立概念没有本质上的区别。比如，企业家与打工仔，领导与下属，男人与女人，人类与动物等等。但不同的立场，会导致利益的冲突，让我们变得功利，不断盲目角逐。这时，我们会不由自主地陷入贪婪、仇恨、嫉妒等各种烦恼，痛苦由此而生。国家主义也是这样。当一个国家充满功利与分别时，就有可能挑起争端，甚至发起战争。例如，当年日本人发现中国地大物博，生起贪心，才会在“建立大东亚共荣圈”等冠冕堂皇的理由下，掠夺中国的土地和资源。

所以一定要明白，不管有什么理由和借口，所有争端和纷争的根源，都是人类的分别心。所有意识形态也罢，各种不同的宗教与流派也罢，都是分别心导致的。分别心将人类这个整体分割为各个区域、民族、国家、角度、立场等对立概念，故而人类至今仍不能和平共存。换句话说，如果消除了分别心，欲望和罪行就无从滋生了。所以，要从根源上解决人类的痛苦与烦恼，就不能以暴力对抗暴力，也不能以愤怒压制暴力。

即使我们不讨论政治、国家、民族、种族等话题，回到老百姓的生活中去，也会发现诸多分别心导致纷争的痕迹。比如，利益冲突能轻易引起好友、恋人、亲人间的误解、隔阂，甚至让无数个看似牢不可破的整体，在刹那间分崩离析。这是多么可怕。

为什么分别心能产生这么大的负面作用呢？因为，它会让我们生起执著。当我们执著一些东西时，就会反抗可能让我们失去它们的一切。其实，每个人都应该明白，不管反抗也罢，不反抗也罢，无常都会存在。就像每个人都免不了生老病死一样，世界也在哗哗变化着。我们拥有的一切，我们的想法，包括我们的欲望本身，都不会始终维持原状。就算没人跟我们抢点什么，我们也留不住任何东西。

比如，一辈子的朋友很少，就算有，也迟早要面临生离死别。恋人、亲人也是这样。再比如，有些人千辛万苦地爬上一个很高的位子，结果没怎么享受就退休了，或者突然就死了。这时他才发现，一辈子追逐的东西，就算有一天真的追到了，也不会永恒，更不属于自己。成吉思汗就是这样。他临死前才明白，自己虽然灭国四十，但最后仍然一无所有。大海一样的金银马上就会换了主人，成千上万的美女很快就会找到新的男人，大汗的地位马上会被别人取代，征服过的国家也会很快易主……哪怕他曾经征服整个世界，到头来，也只拥有四块棺材板的空间。世界就是这样。不管你多么强大，都赢不了无常，赢不来永恒，逃不过“成住坏空”的规律。

你想想看，中国有过多少次改朝换代？领土范围又发生过多少次变更？除了屠杀人类的罪恶，那些所谓的强者留下了什么？当然，很多人都不把成吉思汗们当成罪人，反而把他们当成英雄，甚至一个民族的骄傲。这就是人类的堕落。

大家根本不知道，在成吉思汗那个时代，无数孩子失去了父母，无数母亲失去了儿子。即使孤儿寡母们的眼泪像大海般流淌，哭声像幽谷的夜风般凄厉，也没有挡住蒙古人的贪婪。蒙古人的铁蹄把大量的人类踏成肉泥，鲜血淹没了地上的小草，尸体遮住了每一寸土地，那是多么惨绝人寰的场面？但这样的罪恶，这样的悲剧，却被后人们当成英雄事迹来敬仰。为什么？仅仅因为成吉思汗很强大，没人能战胜他，也没人能阻止他。现在，如果有谁连续杀上三个人，就肯定会被大家视为“冷血凶手”，那么，成吉思汗又伟大在哪里呢？明白了这一点，你就会理解我为啥在《西夏咒》中有那些议论性的文字。

当你纵观历史，放眼人类时，就会发现，所有崇尚强权暴力的人，不是变成暴君、暴徒，给人类带来灾难，就是沦为强权暴力的奴隶与牺牲品。无一例外。

所以，如果你真想为世界做点什么，就不要满足于一腔热血。你要消除分别心，锻炼出一颗独立、超越、清醒的心。否则，你就会把情绪与偏见当成良知，把尿布当成旗帜，助长时代的无知。换句话说，我们不要用愤怒、贪婪、仇恨、偏执、冲动应对世界，要清醒一点，再清醒一点，超越混乱的流行价值观，站在世界、人类，甚至宇宙的坐标系上反观人生与行为。不然，我们就会以“善”的名义，把世界变得更加糟糕。

5.
肯定欲望，不如弘扬大善的心与行

中国人为何不能凝聚成更大的力量？因为，很多人考虑问题都从个人利益出发。比如，大家都说中国人很有人情味，很热情，但你仔细看看，一些人的人情味、热情、关心、爱护，仅仅局限于自己的孩子、家人、亲戚、朋友这样的小圈子。对于其他人，他们大多是不管不问的。

2011年10月，有个孩子被同一辆车两次碾压，后来又被另一辆车压过，前后有十八个路人经过，其中有个女人还带着孩子，但他们都没有伸出援手。这实在令人寒心。但这已不是特例了。这说明，我们的社会已经出现了严重的问题，每个人都不能继续忽视下去了。我们一定要明白，这不只是那些路人的问题，也不只是那两个司机的问题，而是我们每一个人的问题。

例如，自己的利益被损害，或自己的东西被弄坏时，一些人就会很不高兴，甚至恼羞成怒，但别人的东西或公家的利益遭到损害时，他们却漠不关心，自己也会损公利己。而且，他们对陌生人的困难毫不同情，就连一个微笑、一声问候都舍不得给。还有一些人，把自己家里打扫得干干净净，一到公共场合却随地吐痰，乱扔垃圾，破坏自然环境，甚至千方百计地占有公共资源。

这样的例子很多，它们都体现出大部分人自私的一面，但人们总会忽略这些东西。因为，现代人衡量人与事物的标准只有一个：对我是否有利？对我有没有好处？习惯了这一标准的人，就会觉得这样的行为非常合理。其实他不知道，个人利益与整体利益、社会利益、民族利益是息息相关的。很多东西看似与我们无关，却往往会反过来作用到我们自己身上。

2008年汶川大地震爆发后，一次网络访谈中有人问我，人们为啥不从唐山地震中接受教训，还要继续那些豆腐渣工程呢？我告诉他们，对此我们每个人都有责任。每个觉得公共道德跟自己无关的人，都可能成为不负责任者的牺牲品。也许，那个不负责任的豆腐渣工程监工者，这次就有亲人死去。所以，我们每个人都该维护公共道德，不要认为所有问题都是别人的错。

评价一个人的行为时，我们不能单纯从小我、私我的角度出发，不能说他对我有利，就是好的，他伤害了我的感情，就不好。我们要把他的行为放到更大的坐标系上，放到社会、历史、人类的高度上评价。看看他是否先公后私，是否对社会产生了好的影响，是否给更多的、更有需要的人——哪怕是陌生人——送去了温暖。这样的评价标准，或许会更客观、全面、准确。如果单纯从个人利益的角度出发，就容易看小、看低、看不清。比如，有的人为了利益自己的家庭，伤害了好几个家庭；为了利益自己的爱人，伤害了很多人。那么，对他的家庭和爱人来说，他无疑是伟大的，对他伤害的那些家庭、那些人来说，他又是自私的。反之亦然。那么，我们又该如何衡量他的行为呢？同样道理，有的人为了自己教派的利益，伤害、诋毁、攻击其他教派，他的行为又是伟大的，还是自私的呢？所以，我们必须上升到一个更大、更高的参照系，才能客观地衡量和评价一些东西。

当然，趋利避害是动物的天性，人类也不例外。所以，对于人性的自私，我们不必完全抑制，但也不能过于张扬。因为，人类的自私、贪欲如果得不到合理的节制，就会给整个人类带来很大的伤害。而且，比起一般的动物，人有更高的精神追求、更高尚的品格。所以，我们的社会不能过于肯定欲望，应该更多地推崇、弘扬一种大善心、大善行，这样才有利于大众的生存和发展，最后，也必定有利于每个社会个体。

大善心，大善行，就是我所说的“大功利”，也是功德和利众的合二为一。

作为一个作家，我的功利心，就是让世界因我的作品变得更好一些。有了这样的功利心，我才会一直成长。这属于大功利。但有些人不是这样，他们把写作当成谋生、升官、发财的工具。换句话说，他们只想满足个人的私欲。这属于小功利。当然，这也无可厚非，因为谁都得吃饭，在法律和道德许可的前提下，我们允许任何人按他自己的选择生活。

小功利的特点是，你还没走到一个很高的层次，就会失去继续前进的动力和勇气。因为，这时你会面临多种选择，前方会出现很多条路。没有更高目标的指引，你就会轻易迷失，选择那条放松、向下、堕落的路，以至于停滞不前，甚至不断退步。所以，追求小功利的人，难有大的人生格局。追求大功利者不一样，他们有着不同的人生标杆。他们对自己的要求很高，总会放弃坦途，选择那条利益众生的路。

因此，他们总能朝着真、善、美的大方向走去。

无论古今中外，真、善、美都代表了人类最终极的向往。而且，它们永远代表着发展的主流、时代的主流。

所以，我们一定要守护自己对真、善、美的向往，要珍惜身边点点滴滴的真诚和善良，要珍惜一个个代表了大善、真理的“火把”，要发现生活中的那些闪光点。一定要明白，真、善、美的火苗传递了几千年，至今仍没熄灭，说明我们的社会需要它。这是人心所向，也是人类的共同希望和向往。

每个人都有美好的向往，都有善美的心，关键是我们如何引导，才能让每个人的心都焕发本有的光明，照亮这个世界，而不是一味地沉浸在黑暗里。中国传统文化也罢，人类文明也罢，都有很多好东西。打碎它，失去它，很容易，但你要想找回它，重建它，却是一个非常艰难、漫长的过程。所以，我们必须珍惜优秀文化中那些美好的东西，把它传承下去，让它继续利益这个时代，以及接下来的每一个时代。

6.

没有文化的慈善，难以传承

有人问我，善是一个人最起码的道德底线，为何在现今社会，却很少有人在公开场合谈善、谈奉献呢?

我告诉他，几千年的文化既是宝藏，又是包袱，良莠并存，泥沙俱下。全球化、信息化、城市化，又把各种价值观、文化思潮、意识形态搅在一起。这时，我们特别需要冷静、清醒、反思。

封建糟粕的流毒，“文革”带来的后遗症，商品经济的冲击，让很多人的精神殿堂倒塌了，陷入信仰危机。我们的善文化，遭到了前所未有的摧毁。很多人已经不思考这些东西，主动把自己降低到动物的层面，只追求物欲。甚至，当我们平时谈善、谈奉献时，有些人还会瞪着吃惊的眼睛，像看怪物似的看着我们，把我们当成伪君子或欺世盗名之徒。

这种心态很可怕，但这种倾向已经非常严重了，如果再得不到纠正，我们的社会就要付出惨痛的、不可挽回的代价。所以，我对自己写作的要求——也是我对自己的要求——就是：大善铸心，文以载道。

我接触过一些中小企业主，他们虽不乏慈善意识，但其慈善，仅仅停留在捐钱捐物阶段，还没出现形而上的升华，也缺乏大文化的眼光。其实，慈善不仅仅是一种行为，更是一种精神和境界。它的本质，仍然是文化。如果有慈善的行为，心里却没有善，也缺乏善文化的熏陶，他们的慈善，就会停留在商业企图的层面，相当于另一个领

域的买卖。这样的慈善事业，是做不大的。

例如，有些人给学校捐钱盖楼，会提出刻上名字等要求。因为，那些“慈善家”想依托这种方式得到永恒。但他们不知道，这个世界是无常的，无论你造上多么坚固的建筑，也经不起一场地震和大火。有时，不需外力，一些人的负面行为本身，就会降低自己善行的价值。比如，华东师大的“宋××楼”，捐助者捐款一百万，本想借此楼名垂千古，谁知他强奸女员工的行为一曝光，此楼的名字就遭到许多师生的反感，大家纷纷要求更名。可见，单纯的金钱参与，是不可能令他名垂千古的。要想在历史上留下自己的名字，就需要人格和文化的支撑。只有文化，才能建立一种超越时空、不会被岁月毁去的价值。

所以，每个企业家都必须明白，慈善最大的受益者不是别人，而是自己。因为，慈善能实现他们的人生价值。但是，没有文化的慈善，是很难传承的。不能传承，慈善就难以上升到事业的高度，仅仅是一种很快就会过去的行为，也不一定能产生很大的作用。要想让它成为事业，并传承下去，就要具备四个要素：慈善文化哲学、慈善文化礼仪、慈善文化组织、慈善文化行为。

什么叫“慈善文化礼仪”？就是慈善的形式，比如慈善日、基金会等等，这些形式能承载精神和内容。这一点跟宗教一样。为什么宗教有传承？因为它有形式和仪式。

为什么其他文化——比如有的企业文化——不易保留？因为它没形式和仪式。所以，无论在宗教修炼上，还是在事业上，都不要偏废形式和精神的任何一方。

谈到“慈善文化哲学”，就必须提到台湾的一个慈善组织——慈济。其创始人证严法师提倡当下帮助别人。如果一种文化缺乏这样的哲学、这样的精神，它就不会有传承力，很快就会消失。假如一切善行都依托人的肉体存在，它就是有限的。人活着，善行就存在；人死了，善行也就结束了。因此，如果希望善行能一直延续下去，就必须建立一种能被传承的文化。

东莞举办首届“问路民间慈善”主题论坛时，慈济的一位朋友播放了一段纪录片。片中谈到，慈济在甘肃一些常年干旱的地区挖了很多水井。大家可能不知道，这对甘肃人来说，有多么重要。在甘肃人心里，下雨是非常吉祥的，他们甚至认为，如果一个人梦到水，就意味着他要发财了。可见，水在我们那儿是多么宝贵。所以，看到那一幕时，我很感动。我觉得，慈济人的行为，包括他们倡导的那种精神，确实给那块土地带来了无数看得见、摸得着的利益。因此，慈济人在短暂的人生中，在巨大的虚无中，建立了一种存在。我们也罢，我们的子孙也罢，一旦想起这样的存在，就会觉得非常温暖。因为这份温暖，每一代的人类都会把这个行为、这种精神传递下去，让一代又一代人受到感动，得到鼓舞，那么，这种文化就实现了传承。时间会消失，行为会消失，但这种东西消失不了。所以，它在虚幻中建立了一种不朽。

这种文化，就是我一直提倡的大善文化之一。它是一种对整个人类、所有生物都有好处的文化，不仅仅局限于某个国家、集团和群体。其特点是，它有一种大爱，一种没有任何条件的爱。它不仅仅爱自己的家人、朋友、伴侣和身边的人，也爱这个世界上所有的人类，甚至生物。我们的老祖宗称之为“无缘大慈，同体大悲”。

不过，在这个时代做慈善，光有大爱，还不够，还必须有顺应时代的世间智慧。比如，你要知道怎么把慈善事业运作起来。

东莞的一些民间慈善家一直在探索这类问题，参与慈善论坛时，一位记者也问我，民间的慈善力量如何处理与政府的关系？在现在的情况下，政府可能会担心民间慈善机构良莠不齐，也担心民间资金被用来投资或挥霍。我说，慈善是民间的，也是政府的。政府有政府的慈善，民间有民间的慈善，二者各有偏重，相得益彰。他们各自关注不同的群体，发挥各自的作用，相互补充，社会才会更和谐。为了解决信用的问题，民间慈善机构也可以邀请媒体参与，将慈善事业透明化、公开化。但一定要注意，在这个过程中，媒体不仅负责监督，还要参与。媒体的参与，是民间慈善机构赢得公信力的重要手段。因为，真正的好媒体，是社会的良心，社会的慈善，良心是不能缺席的。

比如，东莞的“助学大王”张坤先生就曾遇到类似的困惑。虽然他很公正，也很无私，但社会不知道，社会觉得他无法做到透明，就心存怀疑。这时，无论他伤心也罢，慨叹也罢，辩解也罢，都起不了什么作用，最有效的方法，就是通过一种当代的方式来解决。例如，他可以邀请一个有远见、有公信力的媒体一起做事。一旦有了媒体的参与，问题就会迎刃而解。

在这个时代，无论做什么事，媒体参与都非常重要。所以，我希望有更多媒体跟民间慈善机构携手，多做一些有益社会的事情。

7.

善念造出的牢笼，同样需要打破

有一次，一个孩子对我说：“传播大手印文化不容易，因为，现代人对一切有关慈善、信仰的话题都很敏感，容易产生不好的猜想。他们会用自己的想象，把你的很多行为功利化。所以，你肯定会碰到很多困难，很多难以逾越的坎。”

我告诉她，没关系，我只是在做自己该做的事情。

别人有什么回应，都跟我没关系。需要的人，自然会从我的行为和话语中，得到自己需要的东西。得不到也不要紧，他们觉得快乐，也很好。我不觉得有什么困难。就算真的遇到一些困难，我也会继续做下去的。不过，世界很奇妙，只要你真心付出，就总有人会感受到你的诚意和善意。比如，我跟这个小女孩只聊了不到两个小时，但她会替我考虑很多东西。为什么呢？因为她相信我，觉得我做的事情很有意义。

世界就是这样。所以，你不要觉得自己会遇到多少困难，更不要把困难看得太实在。困难也罢，不困难也罢，都会很快过去。对你来说，事情的结果不是最重要的，最重要的，是你在做事的过程中成长，实现自己的价值。而且，你的价值不只体现在结果上，更体现在你的态度、姿态与选择上。只要你享受做事，真诚付出，世界就会用它的方式回应你。其他东西，你就算强求，也求不来的。所以我常说，你只管付出，莫问收获。

当你做到这一点时，就会发现，所有困难，都会让你更明白这个世界。它在想什么？它需要什么？然后，你可以关怀它，帮助它，但不要在乎它。因为，世界在乎你的行为也罢，不在乎你的行为也罢，都不要紧。你属于你自己。你做的一切，仅仅在实现你自己的价值，在圆满你自己的人生，在实践你自己活着的意义，跟世界没有关系。

世界不必迎合你，你也不必迎合世界。你一旦迎合它，在乎它，就会变成它的奴隶，被它控制。它满足你的期待，你就会觉得快乐；它不满足你的期待，你就会觉得痛苦、失落。你的心不属于自己。

所以，我们不要做世界的奴隶，要做自己的主人，要拒绝那些自己不需要的东西，守住那些自己必须守住的东西。在所有的生命中，都要明白自己为什么活着，守住自己活着的理由。然后，放下过去，放下未来，在每一个当下，做你该做的事情。这就是大手印文化与日常生活的一种基本结合。

比如，如果你活着的意义，是成为一个有价值、有贡献的作家，就好好修炼你的人格，同时进行必要的文学训练，补充必要的文学营养。不要在乎自己投过多少次稿子，被人退过多少次稿子，更不要在乎自己什么时候才能成功。你只管做好当下的事情，一天一天浇灌你这棵小树苗，一天一天沐浴在真理的阳光下。有一天，你吸收了足够的营养，成功自然就会降临。

好多朋友或许也是这样，但他们将目标定得比较低。他们可能觉得，随便找一份工作养活自己，然后待在家里，静静地享受一杯茶，享受一段音乐，就会生活得非常惬意。可我不是这样。很小的时候，我就为自己设定了一个目标：要在有限的生命中，留下一些不会随着肉体消失的东西。于是，我就有了一个选择的参照系：不会随着肉体消失的东西，我便守住它；反之，我就毅然地放下它。所以，我总能轻易做出一些别人觉得艰难的决定。

有些人或许觉得这个理念过于简单，不像他们想象中的真理。所以，有时，真理也会穿上一件貌似“真理”的衣服。但你要明白，真理其实是质朴的。不管你用什么语言去表达它，用什么形式去传递它，其核心，都是最简单的。它就像水晶，晶莹剔透，什么颜色也没有，但每个切面都能反映出光明。尤其在一些根本性的问题上，如果你能遵循那简单、质朴的真理，坚定地守住它，它就能影响你的一生。至少，你的人生必定会更充实，更自由，更少遗憾。

我说的自由，是一种无需任何依靠的自由。它来自心灵。只是，很多沉迷于物质的人，不一定这么想。他们从心底里认为，没有身体的自由，心灵的自由就是自欺欺人。所以，他们希望改变世界。但大手印文化告诉我们，我们无法控制世界，无法控制别人，我们真正能控制的，只有自己。

如果我们强求世界实现我们的愿望，就肯定会失望，因为世界的本质是善变的。例如，某种福利可能会取消，某种法律可能会取缔，某种规则可能会改变，某种情怀可能会消失。这时，你该怎么办？我们期望世界向更好的方向发展，但它不可能让所有人都心满意足。因为资源是有限的。那么，不能满足欲望的人怎么办？他们能得到自由吗？一些人更强大，更善于满足自己的欲望，就肯定会有另一些人更弱小，没有足够的能力实现自己的愿望。那么，难道后者就必须承受痛苦、失落和无尽的等待吗？他们的快乐和自由，又到哪里去寻找？

我告诉大家，在西部大地上，有很多处于弱势的百姓，他们脸上充满了淳朴的笑。这种笑，是发自内心的，不是装给人看的。你越是跟他们相处，就越会发现，他们是真的快乐。这种快乐朴素、简单、干净，没有一丝伪装，但又强大无比。因为，他们的精神世界很富足。有了满足的心灵，他们就是自由的。他们有足够的力量，去选择自己需要的，拒绝自己不需要的。这是一种质朴的智慧，它建立在追求高尚人格的基础上。

西部有好多老百姓不追求金钱名利，只要求自己知足、做个好人，尽量帮助别人。所以，虽然西部很穷，但老百姓在彼此的帮助下，渡过了好多难关。你只要深入西部农村，听听老人们讲讲过去的事情，就会发现，那片贫瘠的土地，藏着许多足以令现代都市人动容的智慧。

但令人遗憾的是，随着全球化浪潮和功利主义的席卷，这样的美德，甚至在西部农村那么偏远的地方，也渐渐被消解和遗忘了——我在小说《白虎关》中，就记录了西部农村在市场经济冲击下的一些转变——现在的一些农村人，不像以前那样互相帮助了，凉州贤孝那样的大善文化，也因形式的老旧，渐渐从现代人的生活中隐去。若干年后，假如这些优秀文化完全从人们的视野中消失，我们的社会，我们的世界，将会变成什么样子？说不清。因此，我总是借助一切渠道，传播大手印文化，也总是鼓励有识之士一起传播大手印文化。当然，大家也可以传播别的文化，只要它向往善，承载了有益人类、有益世界的真理，就很好。

不过，有些人不一定理解这一点。他们认为，大手印文化是消极的，是虚无主义的一种演化。其实不是这样的。大手印文化从不回避社会现实，也不回避苦难。它提倡实践者训练出一颗镜子般清明的心，能观照到世上一切，包括一些非常丑陋的东西，但它不为所动。这种“不为所动”，不是冷漠，不是懦弱，不是麻木，更不是动物冬眠般的迟钝，而是明白后的释怀和放下。

听过凉州贤孝的人都知道，它充满了苦难意识、人民立场和利众精神。通俗地说，它是一种“多情”的文化。不过，这里的“情”，不是男女间的情爱，而是一种大悲悯。众生的苦难无论多么细微，都会令大悲者感同身受，但他们不会失去心灵的宁静。他们会在放下的同时，尽心尽力地入世做事。

至于做事的方式，每个人都可能有所不同。有的人会选择物质，有的人会选择精神，我觉得都很好。我自己，也会随缘地选择任何一种。身边有些向上、向善的孩子需要物质帮助时，我就尽力帮他们一把；有些人希望我解答一些心灵层面的问题时，我也会随缘告诉他们一些东西。我只管提供助缘，不计回报，也不计结果，因此总是快乐无忧。如果你们也能做到这一点，就会像我一样，活得逍遥、自在、明白、快乐，同时也能实现你们活着的意义，创造一种能留下去的价值。

七、尊重

1.

孩子是独立的生命，不要挟持他

常常有人问我，如何与孩子沟通？我觉得，可以从两方面思考这个问题。

第一，孩子不是家长的附属品，他跟家长之间，应该是平等的。他有追求自己人生目标的权利。所以，每个家长都应该尊重孩子的选择，最好不要对其进行无理的干预。在这样的前提下，为孩子提供建议与帮助。因为，每个孩子都有自己的命运，都有自己对人生的独特看法，都有自己的梦想。有时，家长为孩子设计的蓝图，并不能真正让孩子得到幸福。

现在有好多家长，都在用“爱”的名义绑架自己的孩子，让孩子一辈子活在自己的束缚下，过得非常压抑、痛苦。有些孩子承受不住这种压力，就会因为一件小小的事情自杀。比如，有的孩子考试考砸了，就自杀了；有的孩子没带准考证，也想要自杀。你想想看，他们小小的心灵，承受了多少压力？其中又有多少压力来自父母？父母的期待和要求，对孩子来说，无疑是一种严酷的摧残。它让一个孩子过早地失去了童年，甚至会让一个孩子形成错误的人生观、价值观，失去快乐与纯洁，小小的心中充满功利和欲望。但是，现在有好多父母都没意识到这一点。

我在小说《西夏咒》里描写了一个孩子，他的母亲想让他出家，他的父亲想让他当强盗，两人不断争夺着他的心——其实，我们每个人都是这个孩子。我们的父母可能不是强盗，也不是佛教徒，但他们必然对我们有着某种期待。那期待有时是欲望化的，有时又是超越的；有时是趋向兽性的，有时又是趋向神性的。两股向下和向上的力量，从小就争夺着我们，我们在这种争夺中一天天长大，或许有一天，我们会知道自己真正的人生方向在哪里，或许我们一辈子都是在满足父母的期待。

比如，有的孩子只想做护士，他觉得白衣天使非常崇高，但父亲不答应，想让他当官，因为父亲自己当不了官。有的孩子只想当园丁，因为他喜欢植物，也喜欢跟别人分享美好的感觉，但父亲不同意，想让他经商、发财，逼他学金融、理财、投资、销售等跟金钱有关的东西，因为父亲发不了财。有的孩子渴望一份纯真的爱情，但母亲不答应，想让她嫁个有钱人，改变家庭的命运，因为母亲不想再过苦日子。结果，一些美丽、善良、纯洁的女孩子，就没有嫁给自己所爱的人，变成了庸俗、贪婪的贵妇，活得非常空虚、寂寞。因为，她们仅仅在满足母亲、家族的欲望，失去了自己。这样的孩子有很多。

每到周末，都有无数家长挟持着孩子，强迫他们去上各种补习班，因为不想让他们“输在起跑线上”。家长们觉得自己在为孩子着想，却完全没有意识到，自己只是在利用孩子实现某种欲望：自己没考上名牌大学，就希望孩子能考上名牌大学；自己当不上公务员，就希望孩子能当上公务员；自己没赚到钱，就希望孩子能赚到钱。更有甚者，一些父母设计和掌控孩子的人生，仅仅是不想让孩子丢自己的脸。这对孩子无疑是一种摧残，可能会毁掉孩子的一生，却没有人提醒父母们：这是不对的。

第二，现在的家长常把实用作为选择的标准，自己是这样，看待孩子的选择时也是这样。这其实是一种悖论。比如，家长们认为，孩子从事某个职业，有了某种机遇，将来就会有好的发展，但这时吃香的职业，或许很快就会变成一种寻常。例如计算机专业。当初它特别热门，谁都知道学计算机将来可以拿高工资，所以谁都抢着去学。结果，现在满街都是计算机专业的毕业生，一些找不到工作的孩子，只好去当网管，或改行做销售。所以，在面对孩子的未来时，家长们不能功利地衡量一些问题，更不能把文化浓缩成一种技能。

要知道，文化是一种无用之大用，比如哲学、人文等等。它们在择业上没有很强的竞争力，但对孩子的一生——包括世界观、价值观、健康品格的建立等等——却会形成非常重要的影响。任何一个缺乏人文素养和哲学素养的人，都绝对达不到很高的境界。因此你会发现，所有精英都具有出众的、超越的人生观，否则，他们就不可能拥有今天的成功。

不要把人生看成一段很短的旅程，也不要用短浅的眼光衡量和计划它。你要把它看得非常漫长，用一种人生的视野为自己设定目标，也不要阻止孩子选择一些不太实用的专业。要知道，短期内看来不一定适合孩子，在就业方面不一定有利的专业，可能会对孩子的一生造成巨大影响。

所以，我们应该用善的文化、善的理念教育孩子，不要用欲望挟持他们，不要屠杀他们的梦想，不要摧残他们的心灵，不要把自己实现不了的欲望，强加在孩子的身上。他们应该是自由的。

当然，要想真正地明白这一点、做到这一点，我们自己就必须是自由的。我们必须有一颗强大的心灵，不畏惧善变的世界，而是将其纳入怀中，从万事万物中汲取营养，让自己的心灵成长。我们不但要享受顺境，也要享受逆境，甚至享受苦难。那么，我们才可能养成一颗自由的心灵，清醒、自主、充满爱地对待、尊重我们生活的世界，对待、尊重我们身边的人。这就是大手印文化的生活态度。

2.

让孩子学会选择，尊重孩子的选择

现在的家庭教育，应当毅然淘汰一些传统观念中的糟粕，比如“棍棒之下出孝子”等等。家长打孩子是对孩子的摧残，绝对不是爱。孩子来到这个世界上，最亲近的人就是父母。如果父母不包容他，不给他一个爱的环境，他生命的花朵就会轻易凋谢。前段时间，有个长期生活在家庭暴力中的孩子自杀了，临死前，他写了一封信，控诉自己的父母，引起了社会上很多人对虐童问题的关注。

大家想想看，如果一个孩子得不到父母的爱，他还懂得爱别人吗？他还能相信别人吗？更可怕的是，一些在棍棒下长大的孩子，有了家庭之后，很可能会用同样的方式对待自己的孩子和妻子。家庭暴力是非常糟糕的。

一定要明白，虽然很多道理大家都知道，但人们往往控制不了自己。比如，谁都知道抽烟不好，家长也知道，但烟瘾一上来，他就控制不住自己。孩子也是这样。虽然他也想听话，但他控制能力差，管不住自己，老想打游戏机，老想出去玩，不愿意学习。这是孩子的天性。所以，我只有在孩子实在不像话时，才会教训一下，让他记住这个教训。一般情况下，我不打孩子。我觉得，一个孩子既然来到这个世界上，就是独立的个体，只要没犯大是大非的原则性错误，就应该尊重他。

我对儿子很宽松，他读小学时，老师每天都会布置很多作业，一个字要写几十遍，写到很晚。儿子就说："爸爸，这些字我都记住了，不想再写了。"我说好的，第二天就给老师打电话，叫老师别给我儿子布置家庭作业。他上初中时也是这样，老师布置过量作业时，我就会给老师打电话，帮他减负。他读高中时，晚自习很混乱，浪费大量时间，他不想去晚自习，想在家里静静地看书，我也同意了。于是，他用节省下来的时间，读了大量好书。

了解我的人，都知道我很重视读书。我觉得，孩子可以不上晚自习，可以不做作业，甚至可以不上大学，但他一定要认真读书，而且要读好书。这是最基本的。只要他把时间用来自学，用来读好书，我就赞成他不做那些愚蠢作业。另外，我还要求他做个对社会有用的好人。能做到这两点，我就认为孩子成才了，成功了，不管他将来能不能当官，能不能挣钱，都没关系。

根据我几十年的观察，课堂教育、学校教育只是灌输知识，它固然很重要，但对孩子的成才起不了关键作用。最重要的是，如何让孩子拥有健全的人格？如何让孩子养成良好的学习习惯，掌握有效的学习方法？还有就是，如何让孩子能锲而不舍地追求理想和人生目标？不过，这种坚韧，仍然是人格上的东西。

一定要明白，理解孩子、尊重孩子不同于放纵孩子，你要用自己的行为让他明白，他必须读书，必须珍惜时间，必须学会选择。如果你自己很糟糕，却想用暴力让孩子变得非常完美，就肯定不能如愿。

我儿子很早就谈恋爱了。有一天，我无意中看到他写给女朋友的信："亲爱的，我将来会带你去日本富士山看樱花。"于是我对他大加赞赏，我说："有志气！你不但要养家糊口，还要带她去国外，希望你说到做到。"我请他带女朋友来我家，我请她吃饭。我还告诉儿子，你可以谈恋爱，但你一定要对那个女孩负责，你既然谈了，就一定要担当。后来，我儿子娶的，就是那个他早恋的女朋友。我们都是从青春期过来的，大家都明白，孩子在青春期想找女朋友，喜欢交朋友，是很正常的事情，不要因此苛责他，更不要逼着他按你的选择生活。关键是让他明白，他有选择的权利，但他必须为自己的一切选择和行为负责。

我从自己的成长经历中发现，父母对我很宽松、很宽容，总是鼓励我，从不打骂我，也从不否定我，因此，我才养成了自由、自信的个性，想象力丰富，豪放不羁。小时候别人夸我，父亲不太懂，但他总是非常憨厚地望着我笑。不要小看这个笑，它是我小时候最大的鼓励。所以我一直很自信，即便在还没成功、遭遇挫折时，我仍然认为自己是最优秀的。后来，我就用同样的方式对待我的儿子。我相信，天才是夸出来的，对孩子的引导、教育，应该以鼓励为主。

我的儿子现在很自信，有时近乎狂妄。在他狂妄时，我也会泼点冷水，告诉他，仅有狂妄是远远不够的，要有真功夫。

儿子没考上重点，我不帮他走后门，这可能会让他失去一些所谓的机遇，但我要让他明白，一个人要过上自己想要的生活，只能靠自己，一定不能有侥幸、投机的心理。在这个基础上，我尊重他的所有选择。

儿子说不考大学，想当作家，我也同意了。我告诉他，要是他一直非常认真地读书、写作，做正当的事情，一直为了实现自己的人生目标而努力，我会全力支持他。巴尔扎克的父亲当年对儿子进行经济上的封锁，导致他创作得非常艰苦，最后早逝。为了避免这样的情况，我就对儿子说："只要你认真学习，基本的生活保障没有问题。但如果有一天，你想当混混，我就不再供你食宿。到时，你就得自己到社会上去闯，去养活你的老婆孩子。"我还告诉他，一定要记住，你是你自己的，要为自己的选择负责任，要承担所有的后果与风险。

我发现，我接触的一些很优秀的成功人士，小时候学习都不算特别好，好多精英也没有上过多少学。那些成绩拔尖的人，可能在许多方面都有某种缺陷，后来或许过得反而不好。在一些名牌大学里，孩子自杀、变坏的新闻，也是屡见不鲜。所以我认为，一个人的能力很重要，但人格更重要。

如果一个人没有健全的人格、美好的心灵，知识就会成为让他变得更坏的工具。在这个世界上，有责任感的清洁工可以为社会创造价值，腐败的高级官员却会对社会造成更大的伤害。因此，我的成才观和文学观、人生观一样，都是看孩子的存在能否让社会更好一些，如果答案是肯定的，他的存在就有了价值。其他东西，是孩子自己的选择，我尊重他的选择。

3.

最好的教育就是做最好的自己

有人问我如何教育孩子时，我总告诉他们要先做好自己。父母对孩子的影响，很多时候是一辈子的。

我的父母非常质朴，有时，父亲的质朴，甚至会让一些人觉得很愚蠢。因为他不想伤害任何人，也从没伤害过别人。只要家里来人，不管这人是谁，有什么身份，能不能给他带来好处，他都会拿出最好的东西招待对方，还经常杀鸡。他总觉得，不杀鸡就对不起朋友。而且，父亲从不搬弄是非，从不叽叽咕咕，从不在背后捣鼓人，很大气。在大事上，他从不糊涂，是个大智若愚的人。我的小说《猎原》中有一个情节，最能体现他的这个特质：几个外国人向他买鹰，给了很多钱，刚开始他很高兴，后来发现外国人打算用鹰运毒，就还了钱，拿回了鹰，还帮着警察把这帮外国人给抓了起来。但是，一个被抓的外国人需要帮助时，他也没记仇，还是帮了。最后，那外国人就给警方提供了重要线索。

我在许多方面都很像父亲。比如，我也总想把最好的东西送给朋友。我有个朋友喜欢石头，搞篆刻，当时我手头上有一块很珍贵的田黄石，觉得不给他就不够朋友，就送了。以前，我还有一套邮票，印量极少，又不曾全国发行，也特别珍贵，但有个朋友集邮，每次见他，我总是很内疚，直到有一天，把这套邮票送给他，心里才终于舒坦了。我有几百张“文革”邮票，都这样送了人。这种事还有很多。每逢好朋友来我家，我都要送上对我来说最好的，也是好朋友最喜欢的东西。

另外，父亲还有一种非常优秀的品质——任何人向他求助，请他帮忙，他都会帮忙。比如，村里有人半夜得了重病，要到很远的地方求医，就会找到我的父亲，因为父亲是个马车夫。这时，他会立刻放下手头的事情，套上马车，“啪啪啪”甩着鞭子，用最快的速度把病人送到医院。他就这样救了好多人的命。

例如，我们村里有个人叫陈让年，他有个女儿叫爱爱。爱爱小时候有一次得了肺炎发高烧，陈让年就找到我父亲，父亲马上赶车把孩子送到医院抢救。当时医生说，如果再迟一点送来，就肯定救不及了。后来爱爱考上兰州铁道学院，还做了建筑设计师。但是，父亲从来没有跟我提过这件事。有一天陈让年对我说：“如果不是你的爹爹，我的爱爱早就没命了。”我才知道有这么一件事。我父亲就是这样，他从不觉得做好事有多么了不起，也不觉得这是好事，他觉得本来就该这么做。

村里还有个马车夫，叫陈银山。他脑子灵活，很精明，小日子曾经过得非常滋润，“文革”时被村里定为“冒尖户”，进行打击、批斗。后来他得了癌症，也没人敢帮他，除了我父亲。我父亲送他到城里看病、治病，一直照顾他，最后给他送了终，还照顾他家的孩子。因为，陈银山也是马车夫，他的孩子很多，有五六个姑娘、一个男孩，年纪都很小。他的大女儿现在五十多岁了，以前每次回到乡下，都会看望我的父亲，老说父亲在最困难时照顾了他们。在父亲的一生中，这种事非常多。

父亲对牲口也很好。有一次，他去九条岭拉炭，到了一处陡坡，挂木——马车的刹车——失灵，重车推倒了把辕的枣红马，枣红马用膝盖当刹车，车才没被甩下山去。但马的膝盖已被磨光了。父亲就换了匹骡子驾辕，把伤马拉回家。全村人都很难过，我也很伤心，但没有任何办法。它的伤势过重，任何人都没办法治，它只好倒在社场里，没法吃草，也没法喝水。我老用脸盆端些水，淋进它的嘴里。马动动舌头，一咽一咽的，但水大多流到地上，地上总是泥泞一片。我也不管它喝不喝得上，每天都端水淋进它嘴里。父亲还给它喂些蛋清。有一天，村里人说，这马没救了，杀了它吧。但父亲不同意。他用棒棒油抹那伤处，以防苍蝇下蛆，但伤的是骨头，抹点油根本起不了作用。几十天后，那马还是死了。当时，村里人都饿着肚子，都希望能分点马肉吃，但父亲不同意，我也不同意，我们老是哭。最后，村里人就没吃马肉，把它埋进河湾里，跟埋村里的老人一样。它就是我童年时放牧的枣红马，老在我作品中出现。后来，我一想到枣红马，就会流泪，遇到待我好的女子，也觉得她是枣红马投胎的。我想，一定是它怕我孤独，才投胎来陪我的。

母亲跟父亲不太一样，她的性格非常强悍，也很要强，从来不屈服于生活中的各种磨难。她每天很早下地，要我做早饭。那时我还小，贪睡，有时她下地回来，见我还睡着，就卷起被头，在我屁股上狠狠打几下。她在我很小的时候，就一边教我们干农活，一边给我们讲故事。她经常告诉我："娃子，要争气，不要叫人家望笑声（凉州话，意指被人嘲笑）。"我个性刚强，不屈不挠，即使在最困难的时候，也没失去信心和勇气，这一点就遗传自母亲。

母亲身上也有跟父亲很相似的地方，就是她的善良。她是个佛教徒，愿意帮助别人。很多时候，她甚至会不考虑自家的情况，帮助一些比自己更弱小的人。

小时候，我家很穷，没什么东西，因此从不上锁。偶尔存上一点面，连一升都不够，有时还是向邻居借的。我还清楚记得，母亲总是把面放在墙角的一个小箱子里，如果外出，就会在面上盖个手印。回来时手印还在，她就很欣慰，因为这说明没人偷面；如果手印不见了，她就会难过上一段时间。然而，即使在这么困难的条件下，她仍然会把面舀给一些讨饭的人，就连自家人都吃不饱时，她也不会对来避难的乞丐袖手旁观。有一次，有个乞丐在我家一住就是半年多。

古浪县酸刺沟很苦焦，有一段时间，很多人实在穷得过不下去，只好出来要饭。有个古浪人带着孩子，到我家要饭，还住下了，一住就是一年多。而且，这仅仅是开始。后来，他跟孩子们一旦过不下去，就会到我家来，无论我们再怎么吃不饱，也还是会帮他们的。我们不但自己给些粮食，让他带回去，母亲还会帮他到处张罗，到乡亲们家里要些粮食给他。

后来我听说那古浪人快要死了，就买了好多东西，和父亲一起去看他。那人吃不起止痛药，整天牛吼一样地叫。弟弟得病时，朋友帮我找了些鸦片，有核桃大的一块，很难得。我就问父亲："给你留着，还是送给他？"父亲说："送给他吧。"我说："你不留一点？"父亲说："不留了，都给他。"不久之后，父亲也患了癌症，动了大手术，整天叫疼。那种疼痛非常可怕，到了一定时候，寻常止痛药就不起作用了。但因为我把鸦片都给了人，再也找不到了，他也只能死扛着。当时我说："要是那鸦片没给人的话，你就不用遭这个罪了。"父亲却说："给了就给了吧，那是个可怜人。"

直到现在，那人的儿子、孙子遇到什么困难，例如上不起学等等，还是会来找我。我要么给些钱，要么给当地政府打电话，帮他们申请学费减免、补助等优惠政策。这些事，在我们家几十年如一日，已成了传统，算不上什么了。

一些人可能觉得我的父母非常愚蠢，但我不这么认为。尤其读了书，明白做人的道理后，就想多做些事。因为人生很短，稍不注意，就老了。人一老，想做啥，都没精力了。而且，有时我们仅仅是举手之劳，对一些人来说，却能帮他改变很多。不能小看小人物的作用。有时的小善，能改变别人的命运。

比如，我在小说中常提到一个叫作贾福山的盲艺人，他的原型是我的邻居，孤身一人，没有经济来源，生活非常困难。我们这儿冬天很冷，经常零下二三十度，他的破房子又总是走风漏气，要是没有炉火，他就会冻坏。我小时候，父亲经常给他送炭，长大后，我继承了父亲的传统，也常给他送炭。要不然，他可能过不了冬。有一天，他胃痛，没钱看病，想卖了那把陪了他几十年的三弦子。我知道后，就给他买药钱，让他困难时找我，千万别卖三弦子。每次回老家，我也总会给他些钱，让他买些营养品吃。要是我妈做了好吃的，也总会请他来吃。

大家想一想，要是没有这么一点一滴、表面看来很不起眼的行为，社会上许多像贾福山那样的人，又会怎么样？我身边有很多成长中的孩子，他们或许有才华，有潜力，但目前的他们，仅仅是弱小的孩子。假如遇不到贵人，没人给他们一点帮助、一点指引，他们就会轻易被功利的环境改变，最后变得庸碌无比。所以，很多人都会发现，我的身边总有一些孩子，各自承担着一些事情，在各自的领域里实现着自己的梦想。我所做的，就是给他们提供一些助缘。有些人问我，何不多花一些时间在大人物身上？毕竟大人物有更大的影响力。但我总是告诉他们，大人物需要我时，我同样会为他们提供助缘，可他们没有我或许也能过得很快乐。这些孩子不一样，他们肯定比大人物更需要我。虽然我身边有很多别人眼里的资源，但我从来没有动用过这些资源。在我眼里，只有需要和不需要，没有大小、高低。如果每个人都这样想，社会上就会少了很多绝望的、没有出路的人。

当然，如果没有父母对我的影响，光凭读书，我不知道自己能不能明白这些东西。所以，我非常感恩我的父母。

我的父母不识字，所以，我的第一本小说《大漠祭》出版时，吴金海编辑特意在封面上放了我的照片，这样，父母就知道那是我写的书。有一次，我嫌父亲愚昧，父亲就淡淡地说："娃子，我当然愚，谁叫我没个好老子供我念书呢？"我一听，很是惭愧。确实，我之所以走出了愚昧，不过是因为，我有一对勒紧裤腰供我读书的好父母。

你们也是这样。当你们埋怨自己的孩子时，一定要明白，自己有好多事可能没做够，没给他们树立很好的榜样；当你们埋怨自己的父母时，也一定要明白，你们有明白的、更好的今天，仅仅是因为父母养大了你们，供你们读书，给了你们学习的机会。我们永远都要懂得惜福、感恩，并且不断升华自己。

八、独立

1.

知道分子与知识分子

前些日子，一个年轻的朋友问我，为啥现在提到的中国哲学家，都是一些古人？为啥现代出不了多少有独立观点、有代表意义、能达到老庄那种成就的思想家？或者说，现代中国，有多少真正的知识分子？

他问得很好。不管对教育界、学界，还是文学界来说，这个问题都很尖锐。

每一所高校，都不妨反思一下，看看自己的教师队伍中，有多少知识分子和大师。如果只靠一些知道分子、“书橱”和背书机器，高校就很难培养出社会需要的人才，只能培养出更多的知道分子、“书橱”和背书机器——在目前的教育体系下，这种情况，或许是极为常见的。

什么叫知道分子、“书橱”和背书机器呢？就是那些缺乏独立意识，只懂人云亦云，为了扮出高深的样子，不断从国外搬来先进理论，没有创新，没有发展，既经不起推敲，也经不起诘问的所谓文人。他们的思想和理论，往往跟鲜活的人生毫无关系，一旦脱离自己的领域，他们就会失去存在的意义。更重要的是，他们的思想连自己都改变不了，更无法让别人受益。

有时，社会上，大学里，也会冒出一些知识分子，但他们不屑于谄笑献媚，容易得罪领导，因此，往往被孤立、曲解、排挤，难以发挥应有的价值，甚至遭到埋没。久而久之，在社会和大学里，装腔作势的貌似大师者，就越来越多。这些人不断重复着已故大师的话，始终扮演鹦鹉或传声机的角色，自己永远都成不了真正的大师。但是，他们往往被一些不辨真假的大众推为大师，被盲目崇拜，盲目效仿，于是，貌似大师者便越来越多。这显然是一种恶性循环。

未来，有可能打破这种怪圈的力量，很可能出现在民间，比如民办大学、民办团体等等。因为，目前的公办教育机构已经异化了、僵化了，谁要是没有文凭和职称，就没资格进入其中。即使里面冒出一些有文凭、有职称的有识之士，也无力打破这种强大的僵局，无法从本质上扭转这种局面和程式。因为，在很多高校中，占据资源和话语权的，都是一些知道分子和书橱。他们掌握了评价体系的主导权、决定权，垄断和控制着人、财、物等各种资源。

知识分子、大师、大家的成长，除了自身努力外，还需要土壤。这些人的诞生，是一种必然与偶然的结晶。它不仅涉及政治气候和环境问题，还有一个民族人文性格的构建问题。中国的社会结构，历来就是“士农工商”，中国的文人中，“学而优则仕”“学得文武艺，货与帝王家”者居多，当官便被摆在了第一位。文人们即使当不了官，也会将个人的悲喜荣辱，甚至命运的希望，都寄托在当权者、当官者的身上。次一等的文人，则追求“颜如玉”和“黄金屋”。总之，其追求，都是非常功利的。因此，知识分子真正的内质，就被异化了。于是，社会上便多了大量知道分子，少了真正的知识分子。

知道分子出不来高质量的成果，不仅跟独立思考不够有关，也跟他们的心智模式、思维模式、实践途径、世界观、方法论等有关。如果没有修证、实践上的突破，他们的思考，就会停留在理论、概念的层面，无法被运用到生活中去。因此，既无法被补充、被完善，也无法被诠释——当然，他们在乎的可能是某种功利目的能否达成，而不是真理的实证性。

什么叫实证性？就是在生活中检验真理，看看它是否是真理，自己的理解是否正确、有效，实践的难度在哪里，等等。这就像科学家做实验一样，是个严谨的过程。没有这个过程，思想家就会变成空想家，其世界观也罢、价值观也罢，都跟现实生活没有关系，他们本身也很难在这种思考中进步、升华，更谈不上站在高处看待人生与世界。那么，他们就会和老百姓的生活脱节，只能在某个特定领域里自娱自乐、自我陶醉，无法影响世界、创造价值。

追求功利的人，不可能去实证真理。因为，实证真理，近乎让一个人脱胎换骨。你首先要拒绝一切诱惑，达到高度的宁静和专注，不受任何事物的干扰，才能让心灵焕发光明，照亮世界，照亮人生，消除所有迷惑。这时，你才是终极意义上的大师、智者。如果你的心被外界的某种东西——比如知识、学问、思想、体制等等——控制，你就只是个容器，不是个真正的生命体。因为，你得不到自由，无法超越，创造不出自己的东西。

现在，有很多人都只是容器，脑子里装满别人的东西——有的人缺乏选择，还装满了垃圾——我们不该让这些东西占据自己的心灵，要把它们化为营养，让自己的心灵成长，不要让它们变成工具和镣铐，让我们不能自由地思考、自由地创造。

不过，这可能是个悖论。因为，能明白这一点的人，往往懂得反思，能够自省，有完善自身的意识、要求与行为，有一定的智慧，他们一般不会变成单纯的容器。不明白这一点的人，往往不愿自省，不愿身体力行地改变自己，总是把这些观点，都变成对自己的批评、攻击与伤害，迫不及待地拒绝、回避、报复。因此，他们始终在外围寻求知识，始终不去实践，也无法成为真正的大师。

这就是中国目前缺少大师的原因。

2.

如何分辨真假大师

有人问我，如何分辨真假大师？我教了他一个简单的方法：大师若童。

有童心者，未必是大师，但大师必定有童心。而且，他一定有着别人没有的平常心。他的言行，如春风化雨，跟他接触的人，都会在不知不觉中提升自己。真大师的言语，不是吃了诸多食物后，消化不良吐出的秽物，一定是他从心底流出的，真善美的清泉，像大自然的泉水那样，自然，甘甜。

大师往往是集大成者，他的智慧必然是吸收所在土地、文化、行业、领域的精华，跨越时空、地域、语言及自身个性局限等障碍，以毕生心血哺育的经典和文化奇葩。仅仅从言行相貌来看，大师绝不是那些神异古怪的人，而是融入众生的普通人。他总是用最质朴的行为和言语，诠释自己证得的智慧与真理。

因此你会发现，时下流行的许多大师，根本算不上真正的大师。他们是学院派教育的产物，读了大量的书，积累了大量知识，到了一定程度，就会形成一种程序化的东西，进入某种固定模式。他们虽然没有主动、独立、创新的思想，却能达到“大书橱”们设定的标准，于是，就被封为“大师”。

表面看来，这些人掌握了话语权，但他们的话语权，都建立在对诸子百家的引用和诠释上。有时，他们还会剽窃别人的思想、成果，将其改头换面，当成自己的观点，竟然也获得成功。实际上，这些人的水平，远远没有超过儒释道的一些大师和诸子百家的层次。他们再怎么思考，都是在心外寻找能支撑自己的东西，而不是真正让自己立起来，创造自己独有的东西。这种思考，只是一种拼凑，一种量的堆砌，缺少“质”。

我强调的思考，是一种终极意义、本质意义上的思考。它包括两方面：一方面是“止”，就是定力；另一方面是“观”，就是智慧。有了定力，我们的自我意识就会觉醒，就能不受外界诱惑，形成非常独立的观点；有了智慧，我们就会非常仔细地体察世界，体察自我。这时，我们就能证得一种属于自己的东西，别人无法替代。因此，我强调的思考，其实是一种修身、养性、调心。我们平时有些思考正好相反，是一些情绪化的反应。情绪来了，就有了思考；情绪过了，就把想到的东西都忘掉。况且，有时在情绪的控制下，我们的思考充满偏见，显得偏激，不客观，也不全面。所以，它起不了太大作用，也没多大意义。

我与一些当代名人接触时，发现其中不乏混混，他们东游西逛，四处交友，整天做着一些自以为是、没多大意义的事情。他们的所有追求，仅仅是满足自己的物质欲望；他们的所有心思，都用来考虑怎么出名。他们懒得花时间读书、思考、研究、实证，也缺乏主体性。因此，一些名人二十年前讲的就是那点东西，二十年后，讲的还是那点东西。他们的肚子里再没更多货色，更谈不上“好”，这就像一个人精通花拳绣腿，没练好内功一样。

当然，那些历史上的大师不是这样。那些死后仍被我们记得的大师，往往有值得被时代、历史记住的好东西。因为，他们的思想传承下来了，这说明他们经得起时间的考验。这样的人，才是真正的大师。他们的话语权不一定在当下，但那是经得起时间考验的历史话语权，那才是真东西。

这种人有一个共同特征：他们都会严格地修炼灵魂、精神、心灵、人格，同时，汲取外部世界的营养，把一切都化为富有营养的淤泥，包括表面上阻碍、压抑自己的东西。然后，在这片淤泥中，培育出自己的莲花。换句话说，他们能将世上一切为自己所用，训练出一颗独立清醒的心，唤醒一种超越的智慧，然后，从内心深处爆发出充满人类大爱的大智慧、大见识、大境界。这才是真正的大师创造的，不可超越、不可复制的好东西。

以前，我在好多地方，都会看到有人在街头等地方读书，但在我们这个时代的许多城市里，读书人已经很少了，学生们也只读一些实用类或消遣类的书。对心灵有指引，对灵魂有正面影响的书，乏人问津。这本身就是一种不利于大师生长的文化土壤。

另外，许多媒体也给文化教育带来了不好的影响。他们总是出版一些煽动欲望的东西，能为地球、人类带来正面影响者不多。久而久之，负面的东西就充斥了整个市场，占领了人们本来纯真的心灵。

此时，如果一个人的心灵不够强大，没形成稳定的小环境，他就会被社会流行的概念同化，将这些概念当成理想和目标来追求。现在，大家都在谈论买车、买房，谈论怎么才能多赚点钱，怎么泡到美丽的小妞。当我们谈论善，谈论信仰时，人们反而觉得很奇怪，把我们当成异类。这种极大的反差，真实地反映了大众的心灵走向。

以前，我到上海演讲时，一位教授曾说，雪漠，你发出的声音在上海是听不到的，所以，我把你当成我的兄弟。他那么博学多闻的人，都听不到这种声音，大众更听不到。因此，我常利用一切渠道，呼吁媒体重视大善文化的传播，并且提倡每个人——只要识字——用自己的笔，传播这种大善理念，让大善的思维波充满世界，让更多人受到磁化，引起大善的共振，共建和谐、善美的社会。我认为，这是每个人都应该做的事情。

因为，我们都是链条的启动者。当你有了自省和向往时，你的身边，会有无数人成为链条的其中一环。这一环又一环，会发出不同的振动和光明，影响便会慢慢扩散出去。有一天，世界可能就会发生改变。所以，我们每个人都不要小看自己的力量，一定要相信：星星之火，可以燎原。

3.

如何成为知识分子和真大师

韩愈在《师说》中谈道：“师者，所以传道授业解惑也。”其中，传道排在第一位。可见，从古到今，传道的要求一直很高。

那么，什么是“道”？所谓“道”，就是真理。传道，就是传播真理。从世间法意义上看，那真理，便是为人之道；从出世间法意义上看，那真理，则是解脱之道。传播真理的老师，自己必须明白真理，实践真理，不能说一套做一套。否则，他就没法传播真理。他能传播的，只可能是道理、知识，甚至是一些貌似真理的谬论。现在，最普遍的现象是，好多不知道真理的人，都在自以为是地传播真理，反而淹没了那些正确的声音。结果，以讹传讹，以假乱真，知道真理、实践真理的人，就越来越少。所以，一个人暂时做不到知行合一也不要紧，他至少该清楚正确的方向在哪里，并且不断提高思想觉悟，积极求道。在这个前提下，他才能引导学生探索真理。否则，他只会让人家跟着自己一块儿掉下悬崖。

尤其是现在这个网络时代，信息传播的速度极快，什么人都能在网上发表观点，什么人都能利用无数个平台，将自己的声音轻易传播出去。因此，对于传道者来说，这是一个很好的年代，但假如运用得不好，真理的声音、优秀的思想，就会被搅天的信息淹没；对于求道者来说，这也是个很好的年代，但假如选择得不好，就会被大量的谬论、似是而非的道理，搅得心浮气躁，流于肤浅，南辕北辙。可见，网络这一现代科技，既能推动真理的传播，又能对其造成巨大伤害。如何能更好地运用它，是传道者和求道者都要仔细思考的问题。

那么，什么是“业”？这个“业”，不同于佛家所谓“业报”的业，而是通过学习、思考、实践得到的智慧。换句话说，是一种不同于“道”的智慧。很多人将其简单理解为书本上的知识，其实，它的含义远不止于此。它跟知识的“识”一样，指的是见地、思想、境界等等，非常重要，但容易被人狭义地理解。

什么叫“惑”？所谓的“惑”，就是痛苦与迷惑，它分为两种：一种是烦恼之惑，由身体的欲望、贪婪、愚痴、仇恨等负面因素引起；另一种是知识之惑，由生存环境、所学知识、人生经历构成的认知障碍引起。解惑，就是破解、消除这两种痛苦与迷惑。然而，能为人解惑者，必须自己先做到无惑。如果老师本身仍未解惑，整天追求物欲，贪图享受，每天都被感官困扰，被物欲奴役，眼睛追求美色，耳朵追求美声，口中追求美食，六根不清净，就连最基本的烦恼和迷惑都没有破除，如何为学生解惑？又如何能成为一个好的老师呢？

好的老师，肯定是真正的知识分子，是社会精英、时代精英、民族精英，这种人不会太多。他不会像大部分混混那样，浑浑噩噩地活着，人云亦云。真正的精英，绝不是曲意逢迎的人，也不会对混混言论妥协。他们会在一片浑浊的声浪中，尽力呐喊，即使叫不醒一个时代、整个世界，也要发出自己的声音。比如陈寅恪、梁漱溟、马寅初等人。

在他们的年代，每个人都难免被卷进各种风波，但即使在那样的社会环境、时代背景下，为了追求人类真理、世界和平，陈寅恪等人也要坚持自己的独立主张，始终都在说真话。大家想想看，他们承担了多大的风险啊！有这样的胸怀、眼界、承担者，才称得上真正的知识分子。古人云：“天下兴亡，匹夫有责。”说的就是这种精神。

胡适也是这样。他即使被蒋介石尊为上宾，也不愿以政客的姿态出现，他始终都有文人的良心，对政治持批判的态度。他这样的知识分子，也不多。

真正的知识分子，至少该有承担的精神和承担的行为，但在欲望无限膨胀，良心渐渐缺席的今天，这种说法，包括这种精神，却沦为混混们的笑柄，在功利化的浪潮下，几乎听不到一点点回响。这也是当下有许多人陷入庸碌的原因。

所以，每一个有向往、有敬畏、有担当的人，都不要过多地考虑未来的诸多可能性，要守住真诚、向往的心。然后，在利众精神的熏染下，在整个世界的滋养下，在超越智慧的启迪下，点亮心灵，让自己一天天强大起来，拥有得心应手的大力。将来，如果有好的机遇，他就有可能成为真正的文化传承者、真正的知识分子、真正的大师。假如这样的人越来越多，这个世界就会增添许多光明。

不过，你一定要记住，即使有了这样的心和能力，也必须要有相应的行为。没有行为，所有的心和能力，都没有意义。比如，当下就要介入社会，当下就要发出独立的、传播真理的声音，而且要帮助身边的人，让他们也明白、快乐、清凉。不要发愿了又不去做，也不要认为有人会这么做，不差你一个。如果你在该说话时不说话，在该做事时不做事，就会失去发言权，没人会认可你的大心，也没人会感受到你的大力。假如鲁迅当年不参与、不介入、不呐喊，他就没有话语权，更不会在死后，仍然拥有今天这样的影响力。

在人类历史上，没有任何一个明哲保身的人，能拥有话语权，并影响世界。所以，我们要从我做起，从现在做起，将文化命运与个人使命融为一体。

不过，知识分子不仅仅是在融入世界，还是在跟世界平等对话。就是说，他不但要能融入自己的生存环境，还要能跳出来，在一个更高的角度上审视和思考。他不是这个世界的附庸，他自己就是一个独立、丰富的世界，是一个独立的体系。他应当用一种更高远的眼光，评价——甚至像康德那样批判这个世界。这样才能在一定程度上，引领整个时代文化的发展与前进，帮助世界看得更远、更广。

可惜，现在有很多文人都做不到这一点，他们中的好多人，往往是短视的。而且，在现代的“知识分子”群体中，还存在着一种“文人相轻”的现象。他们之间缺乏了解、理解，常常有意无意地，对别人的领域、专业、工作等等，采取简单的拒绝、排斥、否定。

比如，很多高学历的教职员工，常常对企业家和管理者们很不服气。他们会说：“看那些民营企业家，像个土老帽、土八路，又没什么文化。他们到底哪里比我强？凭什么比我有钱，比我成功？”

又比如，那些拥有高职称、高学位的知道分子，对社会上的成功艺术家、成功商界人士，以及其他行业的成功者，往往抱有偏见和嫉妒。他们一味地贬低、排挤别人，不愿以更宽广的胸怀去理解、吸收、审视。他们总是活在一种思维定式下，不注意学习别人的长处，只盯着别人的不足，经常拿自己的优点跟别人的缺点比。越比，越觉得自己了不起；越比，越觉得别人差。所以，他们总是会高估自己，低看别人，自命清高，对自己没有客观、准确的评价。这正是制约他们走向更高境界，获得更大成功的致命弱点。

因此，很多时候，我们都会发现，知道分子大多只能当师爷、副手、助理、参谋，当执行者、开创先河的头号人物，往往不是知道分子——至少看来不像知道分子。

不过，知道分子的清高分为两种：一种是自以为是、夜郎自大式的清高。这种现象很普遍，很多知道分子都是这样。他们缺乏宽广、包容的气度，没有真正成熟，也难以成熟。除非他忘记自己的文人、专家、教授身份，对别人，对不同的专业、学科、领域，都能同等尊重时，情况才会有所转变。

例如，对真正成熟的作家来说，写作是他的生活方式，是他生命的一部分，如同渴而饮，饥而食。他不想靠写作换取什么，只想说出自己想说和该说的话。他在乎发表，但不发表也没什么。他首先是为了完善生命、充实生活而写作的，不仅仅是为了稿费或名声。所以，他不会刻意追求名利，本质上只为自己的灵魂活着。

比如曹雪芹、卡夫卡、司汤达等人，他们宁可用生命创作伟大的作品，也不愿为了名利，制造文学垃圾。因此，曹雪芹虽然没等作品获得影响力就死了，但他的作品实现了永恒价值。托尔斯泰也是这样。与文学创作相比，他更热衷教育。他花了大量时间编制识字课本，想改善农民的生活，甚至把自己的三大巨著都归入“坏艺术”之列，并终生为自己的贵族身份感到羞耻。这些东西，都体现了他们的伟大。他们的身上，恰好体现了真正的知识分子的“清高”。

真正的知识分子，必须在内心深处与世俗保持一定距离，这是一种清醒、有益的自律行为，也是一种成熟智慧的表现。因为，人的生命、时间、精力有限，如果没有节制，不加区分，就可能会将大量时间，耗费在毫无意义的事情上面，不能抵达自己希望达到的高度。

所以一定要明白，就算一个人博览群书，能说出几句莫测高深的话，身前身后有很多人簇拥着，也不一定是真正的大师、知识分子，或文化传承者。要成为真正的大师，就要不断成长，让心灵变得越来越独立、清醒、博大。离开这个基点，就没有真正的大师，没有真正的知识分子，没有真正的文化传承者。

4.

只有大师才能培养出大师

前段时间，我听说，一所大学斥巨资建起一座先进、美丽的图书馆，里面却没什么可借的书——据说，该大学把钱都用在建馆上，反而没钱购书了。

这个行为固然滑稽可笑，像是个特例，但它体现的，却是这个时代常见的一种思维模式。

这个时代的人，大多注重外表、形式，忽视内在修养，总是根据别人开什么车、住什么房子、穿什么衣服、衣着举止是否优雅时尚，来评价一个人的水平和层次。这样的评价体系，导致这个时代的方方面面都出了问题。最可怕的是，本应引领思想潮流的群体中，也出现了大量混混。这些混混不但自己混日子，对活生生的生活、生命不闻不问，只说出几句令人费解的话，便把自己当成大师和思想家，还把身边的人也变成那样。他们不能为年轻人解惑，也培养不出真正对社会有用的人才。因此，对当下的社会来说，他们起不了太大的作用。

在这种文化的影响下，很多孩子，尤其是一些在高等学府里读研、读博的孩子，连善待别人、尊重别人都做不到，不但看不起别人，不懂为人着想，而且凡事计较，不断埋怨、算计，连亲人也不放过。这样的人，就算拿到了高等文凭，又能为社会做出多大贡献？

所以，对大学来说，最主要的，应该是培养真正的大学精神、大学文化、大学品牌、大学价值，而不是打造豪华的外表，营造舒适、先进的环境，或争夺什么名利、奖项、项目。尤其重要的是，大学里必须有一批真正的知识分子。他们既能从老祖宗那里继承最优秀的传统文化，吸收前人的成果和经验，又要具有开拓、创新精神，能打破专业局限、学术圈子、文化流派等门户、门第之见，打通时空、地域、民族、国家等局限，打破形式、框框、工具的限制，跳到社会、人类的上空，观察自己为之服务的对象，又不能高高在上。这样的人，才可能成为真正的知识分子。

为什么我说“可能”，不说“能”呢？因为，这样的人，仅仅具备了知识分子的基本素养，和一种成为知识分子的可能性，还没真正成为知识分子。算得上知识分子的人，不但要具备这种高度、这种独到的眼光，还要以自己的存在，积极地干预环境、影响社会、推动人类社会的良性发展。换句话说，他不但要有知识分子的“体”，还要有知识分子的“用”。

比如，庄子是个大智者，逍遥自在，但他如果不写《逍遥游》《齐物论》等，不把快乐的方法告诉别人，他就称不上知识分子。因为，知识分子必须用行为贡献社会，他绝不是那种躲起来空想，不理会这个世界的人。

所以我常常强调，大手印是大、手、印三者的融合，无论偏废哪一方，都不是真正的大手印。同样道理，只实现了“质”，却没有相应的“形”，就不是真正的知识分子。

目前，一些有知有识者可能会放弃科班教育、机械训练与书橱式的背诵，把有限的生命投入生活与实践、探索、求证、创造中，去体验人生、调研社会、追求真理、历练心灵。他们总是在心内寻找真理，在生活中实践、求证真理，不愿人云亦云。因此，他们才能发现自己想发现的真理，证悟自己认为的真理，探索未知和未来的真理。

这种人有着独到的智慧，有着独特且深刻的眼光，能站在一个很高的地方看待世界、应对世界。他们才是真正有见识的人。

遗憾的是，这些人不一定有硕士学位、博士学位，因此，这个注重标签的世界不一定能发现他们，即使发现了，也不一定会认可他们。

其实，许多大师都没有高学历、高文凭。比如，南怀瑾先生就没有很高的学历，但他是社会公认的大师，也确实给许多人送去了清凉和营养。他这样的人，远比一些学历很高，却没有利众行为的人更高尚、更有价值。

所以，我们必须先完善自己，让自己具有高远的眼光、博大的胸怀、过人的气魄、与时俱进的智慧，才可能创造出不可替代的文化价值，引领整个时代的文化。如果我们的大学能借鉴最先进的教育模式，为旧模式注入“活水”和新生力量，甩掉沉重的历史包袱，轻装上阵，面向全国，面向世界，选拔一大批知识分子，担任领军人才，开拓进取，实行革新，就能为社会培养更多的人才。相反，假如我们被世俗观念、落后观念束缚，被诸多条条框框局限，就只能沦为容器，还会把很多人都变成容器，然后，整个社会都会停滞不前，甚至不断堕落。其后果，自然也会回报在我们自己的身上。

因此，我出资开办“雪漠禅坛”，不定期举办公益文化讲座，跟一些有兴趣的朋友分享我的知识、经验、感悟，也解答一些问题。这些来自五湖四海的孩子，带着各地的优秀文化来到这里，在交流、对话的过程中，也给了我很多新的营养。所以，这种氛围不但有益于他们的成长，也给了我很多启发，让我拥有更多创新的契机与可能性，避免了文化上的“近亲繁殖”。更重要的是，很多人在这里得到了一种大善文化的熏染、一种灵魂深处的清凉，他们之中，可能会出现学者和大师，给自己所在的领域、地区，带来一些较大的影响，甚至改变那里的人文、观念及未来，并且为社会培养更多的知识分子和大师。

令人欣慰的是，现在，有些人也做着类似的事情，我们都在用自己的方法，为社会做出自认为的贡献。不过，我不一定认为自己在做贡献。我觉得，自己更多的是一个案例，后来者参考我的经验，就可能比我走得更快、更顺利。我也希望，将来能有更多的朋友，也一起来做这样的事情。

九、真诚

1.

真诚地面对自己，真诚地对待别人

一些人总说，我喜欢拒绝别人。或许真的如此，但被我拒绝者，都是一些不愿用真心与我交往的人。

我与人交往时，从不看对方是什么身份，有多大的影响力，也不管对方能带给我什么好处与方便。我唯一的原则，就是真诚。很多朋友劝我，这个时代很讲人情、关系，不搞关系会很吃亏，但我好像也没吃什么亏。我的朋友三教九流，什么人都有，有唱贤孝的瞎子、乞丐，有农民，有官员，有小职员，也有各行各业的精英。总之，愿意用一颗真心跟我交往者，就可以成为我的朋友。不过，我的朋友中，还是以农民为多。我用真心对他们，他们也愿意用真心待我。其中的一些人，甚至愿意把心都掏给我。为什么呢？就是因为我的真诚。

我有位朋友在北京经商，他发现身边的人个个尔虞我诈，如果不加入那个潜规则，就很难有机会发展。于是，他非常失望，非常无助，就想自杀。后来我陪他聊天，帮他转变思路，他才慢慢恢复了生活的信心。现在，他过得很充实、很阳光，还把日记寄给我，告诉我“北漂人”的原生态。

所以我觉得，人跟人交往，不需要违心地应酬。需要的，仅仅是真诚。你希望别人如何对你，自己就先要那样对待别人。不管有什么借口，都不要坑别人，不要骗别人，更不要利用别人。那么，就算不能成为朋友，也必定能赢得别人的尊重。例如，即使一些人觉得我的作品有毛病，不完美，他们也还是会承认，我的作品里没有一点虚伪和造作。

但是，现在有些作家不一定这样认为。他们不是在用真心写作，而是在用机心堆砌文字。他们的文字或炫耀自己，或迎合世界，其背后目的，仅仅是为了畅销，或博得世界的喝彩。这样的写作，怎么可能自由，又怎么能赢得老百姓的认可和喜爱呢？

以是故，我总叫别人在磨炼技巧前，先修炼自己的人格。当你的人格日趋完美，你的心灵日趋自由时，世界就会向你展露它最美的一面。而你，也会进入一种自然流露的写作状态。这时的你，已经不是在写作了，而是在享受，享受一种大爱的自然喷涌。

西部民歌就是这样。好多看过贤孝唱词，或“花儿”的歌词者，都被西部百姓的创作力震撼了。他们怎么都想不到，那些普普通通的老百姓，怎么能写出那么美的歌词？怎么会有那样的精神力量呢？其实原因很简单：他们在说心里话。因此我常说，语出真心，打人便疼——最感人的，往往是最朴素的心里话。

我总是告诉学生，生命易逝，人生无常，世间最值得珍惜的，就是真情。没必要察言观色讨好别人，也不需要刻意经营人际关系。就算得罪人，引起误解，甚至受到伤害，也没关系。不管怎么样，世界都在哗哗变化着。无论多大的事，还是多小的事，都会很快过去。计较也没啥意义。唯一有意义的，就是当下的快乐、明白、真诚。所以，我从不花时间解释些什么，也懒得去管什么人“伤害”过我。我总是忘记那些“伤害”，也总是觉得自己没有受过什么伤害。

当然，我这种爱说真话，不爱说场面话的个性，让我从小到大没少挨骂。读书时，我挨老师骂；上班时，我挨领导骂；在家时，我挨老婆骂。教训很多，但我一直“不知悔改”，于是就成了今天的雪漠。

中学时，有个老师在课堂上批评一个同学，说他“令人发区”。于是我当场大叫：“老师，你错了，这叫‘发呕’，不读‘发区’！”结果老师恼羞成怒，狠狠地骂了我一顿。但我没有汲取教训，长大后还是这样。

有一次，学校领导请客，讲了个一点都不好笑的笑话，整桌人都捧场地笑，只有我一个人不笑。当时，大家就怪怪地、意味深长地看着我。后来，尽管我被评为当地的优秀教师，也还是被惩罚性地调来调去，最后还被打发到最偏远的小学教书，就是因为我不会溜须拍马。

还有一次，武威市委的一个领导当众说：“雪漠，什么时候把你的小说送一本给我？”我说：“我不送书，要看，你自己去书店买吧。一本书二十多元，是我一个星期的菜钱。”当时，我真是那么想的，但旁边的人却哈哈大笑：“领导是给你面子，有你这么不识抬举的吗？”——后来，经济条件一许可，我就开始大量捐书，全国数百家大学图书馆里都有我捐赠的书。

很多亲戚朋友也怪我不通人情世故。比如，我有个亲戚，品质很坏，我就写了绝交信，让他永远不要进我家门。那是我三十多岁时写下的，现在已不会这么做了。但是，如果当时我不明确表态，他还会经常找上门来，一直缠着我。这样看来，那时的做法，未必就是错的。

诸如此类的做法，为我免去了大量不必要的应酬。我用省下的时间读书，每天跟书中的大师们“交谈”，才能慢慢超越闭塞的环境，变成今天的我。我的生命，也因此变得更有质量。

不过，别人不一定这么想。因此，常有人好心劝我，要懂得看人脸色，要学会圆滑做人。我虽也时时反省，但还是改不掉这个“毛病”。或许因为，我潜意识里并不觉得这是个毛病。我认为，当好好先生很容易，但会误事、误人。

比如，我有个亲戚，跟丈夫闹点小别扭就想离婚，于是向一位很有威望的长辈求教。那长辈不愿得罪任何人，便不予明确表态，只含糊敷衍了几句。那女人以为长辈也支持自己，就马上离了婚，但很快又后悔了。当她流离失所，再想回家时，丈夫已娶了别人。从此，她痛苦不堪。

这种事，我实在见得太多。很多人一味说好话，不想得罪人，却不知那好话虽听着舒服，但掩盖了真相和真理，也掩盖了问题的本质。所以，就算真话不讨人喜欢，还会让人觉得我偏激、狭隘、刻薄，我也还是坚持说真话。我的一位诗人朋友曾说：“雪漠，你的灵魂在沸腾，别靠近别人，你会烫伤他们的。”但渐渐地，朋友们也就习惯了。

不可否认的是，一些人难免因此觉得我缺乏大度，不懂包容。所以，我很难处理好人际关系，让大家都喜欢我。不过我觉得，作家的使命，并不是讨读者的喜欢，逗读者开心，而是贡献好的作品。因为小说的表达有一定局限，我还会抓住任何一个说真话的机会，把自己的思想和感悟告诉读者，用一颗真心与读者交流。不管收获什么，我都不在乎。

不理解我的朋友，总以为我很狂妄。其实我不狂妄，只是心里想什么，嘴上就说什么而已。很多人表面看来很谦虚，说自己这不行，那不行，但内心对别人的成功又不以为然，甚至非常挑剔。他们嘴里说“佩服佩服”，心里却说：“你有什么了不起？不就是如何如何。”这种人，不看别人的长处，不向别人学习，该谦虚时自负、狂妄，该自信时怯懦、退缩。这种心态上的错位，导致了很多失败，但好多人自己根本不知道。

所以，想要进步、成长、成功，首先要做到的不是别的，而是真诚地面对自己，真诚地对待别人，不要自欺欺人。

2.

只有真诚，不足以成为伟大作家

有人问我，你怎么看某某问题大讨论？我告诉他，我不太了解。因为，我很少关注一些流行的时尚。我关注的，都是人类不得不关注的东西。

首先，流行也罢，时尚也罢，思潮也罢，很快就会变化。它们只是一些人在某个阶段的想法和情绪。人的想法和情绪，恰好是世界上最善变的东西。

另一个原因是，无论做什么，我都以死亡为参照系。因为，我很清楚，每个人都不知道下一刻会发生什么事，不知道自己会不会遇上意外，或汶川地震那样的灾难。所以，我只读那些不读就会留下遗憾的书，只做那些不做就会留下遗憾的事，其他东西，一律拒绝。因此，我从不浪费时间、虚度人生。我的读书质量很高。

那人又问我，你怎么看道德理想主义？我告诉他，虽然我不关心时下的思潮，但我很尊重道德理想主义。我甚至把它看成一种做人的底线。

所谓“理想”，就是一种超越现实的存在。我们向往这样的存在时，就有了理想。换句话说，理想，就是向往。所以，敢于追求理想的人，往往能超越当下的自己，得到某种程度上的升华；不敢追求理想的人，就会变得越来越平庸，最后，再也称不上“人”，变成一种类似于人的动物。因为，没有向往的人，固然在生存技能、生存条件、物质追求等各个方面明显高于动物，但他们同样活在动物本能中，不拥有人的精神追求和人的精神殿堂。而且，一些没有向往的人，比猛兽更加邪恶、可怕——尤其是一些没有向往的作家。

一个邪恶却没有才华的人，只能荼毒自己和身边的一小撮人；一个邪恶又有才华的作家，却会依托自己的笔，用一种邪恶的文化煽动人群的欲望，让这种罪恶的文化像病毒一样扩散出去，把无数活生生的人，变成心灵的僵尸。所以，我非常尊重那些有向往、有道德操守的作家。

我觉得，就算有人批评他、不认可他，也没关系。真正的道德理想主义者，是不在乎世界的。因为，他有自己的道德标准，有自己的行为坐标，有自己的人生标杆，有自己的向往。他不在乎世界怎么对待自己，永远为自己的心灵活着。而且，他很明白，就算整个世界都在骂他，这茬人消失后，骂声也会消失；同样道理，就算现在整个世界都在赞美他，为他喝彩，甚至高呼万岁，这茬人消失后，喝彩声也会消失。岁月总像秋风扫落叶一样，把什么声音都扫得干干净净。除了一些有益人类、有益未来的东西之外，什么都留不下。所以，真正的道德理想主义者不在乎别的，只在乎自己能否为世界贡献一种真正的价值。那些在乎世界的人，只可能成为时尚作家、畅销作家。因为，他们关注人群的焦点，别人喜欢什么，他们就炮制什么。所以，他们可能会拥有很大的影响力，能发出很大的声音，但这种声音非常脆弱。因为，它没有值得被留下去的价值。

历史在乎的，往往是那些当时不受关注，但建立了一种伟大存在的人。这些伟人有着独立于时代的心灵和一种孤独的清醒。他们的声音或许不符合当时的潮流，但有益于整个人类的未来。一旦喧嚣的声浪退去，他们就会像礁石那样，屹立在人类的历史中。托尔斯泰、陀思妥耶夫斯基、苏格拉底、耶稣、孔子等人都是这样的存在，因为他们的作品中有一种精神，有一种敬畏。

许多伟大的作家同时也是信仰者。教徒和信仰者的区别在于：教徒永远是跪着的，他在仰望自己认为的神灵，觉得这个神灵遥不可及；信仰者不是这样，他们敬畏和向往某种精神，并且用行为慢慢向其靠近，希望自己也能变成这种精神的载体，实现对小我的超越。什么是超越？超越，就是向往后目的的达成。比如，我觉得耶稣很伟大，那么，我就一步步消除心灵的局限，变得像他那样博爱。当我实现这个理想时，就完成了超越。

真正的信仰者没有民族、国家、地域、宗教等概念，更不会受到这些概念的局限。我觉得，真正的作家也罢，真正的信仰者也罢，都不该让这些概念限制自己的心灵，局限自己的爱。当然，他不是不爱自己的民族、自己的国家，而是说，他不但爱自己的民族和国家，也爱其他民族和国家，甚至爱整个人类、整个世界。他的爱没有任何局限。因为，人类是一体的，不该被一些人为的概念变成彼此的敌人。无论人类世界出现过多少争斗，我们都只有一个共同的敌人——死神。在死神来临前，每一个人都应该相爱、包容，好好地活着，活得快乐、明白，也让别人活得快乐、幸福、明白。大家想唱歌就唱歌，想跳舞就跳舞，不要用任何对立概念去分割人类这个整体。如果能做到这一点，世界就会变得非常和谐，非常美丽。

因此，我不喜欢那些狭隘的观念，更反对屠杀，反对一些民族和教派间经常出现的血腥争斗等等。我认为，无论有着什么理由，打着什么旗号，血腥和屠杀都是罪恶的。同样道理，我也不赞同自杀。

有人曾经问我，你怎么看待顾城和海子等自杀的诗人？我回答说，他们不想活了，我尊重他们的选择。但顾城不该杀别人。如果你杀的仅仅是自己，那你杀多少次都没关系，那是你的选择。可是，你为啥强迫别人跟你选择同一个东西？至于海子们，如果他们死在父母后面，不娶老婆，不生孩子，那么，结束自己的生命也无所谓。但是，如果父母还活着，你就去自杀，只能说明你不负责任，不值得尊重。父母养你，不是叫你去自杀的。有了老婆孩子，就更不该自杀了。因为，你的行为会给他们带来终生的痛苦。人不能只为自己活着。所以，我并不随喜他们的自杀。

一定要明白，自杀者本质上是凶手，只不过，他们屠杀的是自己和亲人的幸福。尤其是顾城，更不该杀他的老婆。别说杀人了，我连苍蝇都不打。最近外面很冷，老婆说，家里又进了好多苍蝇，我说："进来就好，进来就好，外面太冷了。"人家到你家里来，就是你的客人。何况，冷的滋味，谁也不好受。

所以，别人问我如何成为一个真正的作家时，我总说，一个作家，最重要的就是人格修炼，有了完善的人格，才谈得上别的东西。

3.

作品的美，源自作者真诚的心灵

"大漠三部曲"出版后，总有人问我写作技巧。其实，我很少考虑技巧，也总跟一些孩子说，写作时，不要考虑太多东西。不要考虑语言，不要考虑情怀，不要考虑悲悯，也不要想着为老百姓代言。不是说不要这些东西本身，而是说，你在写作前，就要让它们进入你的血液，成为你灵魂的营养，成为你生命的一部分。如果你写作时才考虑这些，就晚了。

我就是这样。我像骆驼一样，只是行走，不去考虑水和草。因为，我的峰子里早已贮存了足够的能量。写作时，我只管让灵魂宁静地、自由地流淌，流出我的真情，流出我的感悟，流出我心中奔涌的一切。这一切，都归于我的自性。在我的自性中，语言也罢，情怀也罢，悲悯也罢，思想也罢，本自俱足。

当你进入极致的宁静，听从心头一点灵光的指引时，也会体验到这种状态。你会发现，需要风雨雷电时，它们自会在你心中出现——你可以称之为“灵感”。你也会发现，无论你在哪个时空，就算闭关写作，或独处一室，你也不会觉得孤独，还会快乐地唱歌。因为，这时，整个人类，整个世界，所有生物和你都是一体的，你和大自然已经没有任何分别了。你不觉得自己在写作，脑子里也没有文字与逻辑，可你一旦坐在电脑前，打开文档，手指接触键盘，却有天籁般的文字，从指尖倾泻而出。你心里充盈的，是巨大的快乐。你觉得，灵魂中的音符，正不断流淌成文字，只要配上曲，就会变成世上最美的歌。你说，在这种境界里，你还会寻找技巧吗？

有人曾经问我，如何提高写诗的技巧？我告诉他，我不懂诗。虽然我写过几百首诗，也博得了很多人的叫好，有些人甚至称其为“天籁般的文字”，并节选其中诗句，制成图片，自发在网上传播，或在文章中引用，但我的写诗，不求发表，不求喝彩，只为表达一种说不出的感觉。对我来说，它跟信仰一样，本身就是目的，不是手段。因此，我从不钻研技巧，也不管那诸多标准。如果我创作时考虑标准、技巧、思想，它们就会变成杂念，将我从极致的宁静中扯出来，让我无法创作。我甚至不去想自己该写什么，有什么还没写，只管让心静得像无波无纹的湖水。因此，我才写出了一些人们觉得很美的文字。

有趣的是，很早以前，武威卫校的几个女孩子读了我的诗，以为我是琼瑶那样的人，见面时，才发现我是个大胡子，木讷无趣。哎呀，大倒胃口。

其实，琼瑶的书，我看得不多。这么多年来，我最喜欢的作家，还是托尔斯泰和陀思妥耶夫斯基。如果这辈子我只能读两个作家的作品，我就会选择这两位大作家、大哲人。这不只因为他们是世界文坛的两座大山，更因为，他们的作品承载了人类灵魂中最宝贵的东西——大悲悯的精神与境界。当然，我同样敬仰人类历史上许许多多的伟人，比如释迦牟尼、穆罕默德、耶稣，也包括苏格拉底、柏拉图、孔子、老子、庄子，等等。我认为，他们身上承载的，是一种永远不会被时光冲走的宝贝，一种比岁月更永恒的价值。他们是世界上的大美。他们的行为及存在，本身就是最好的作品。

不过，他们的美，并不源自他们的能力、经验、学识或技巧，而是源自他们的心灵。他们的心，让他们的作品和行为有了一种博大的、充满爱的气息。这种气息感染了无数人，让无数人也去升华自己。那力量，便源自心灵的大美。有些人即使鹦鹉学舌地说同一句话，或照猫画虎地做同一件事，也不一定能产生相同的结果。因为，他们的行为不一定能证明他们的心。不同的心灵，总会展示出不同的景象。

比如，现在有很多人写性，还因写性一炮走红。有人便问我如何看待这种现象。我告诉他，我也写性，但我笔下的性，不会让读者觉得龌龊、卑鄙、堕落，也不会让读者生起欲望，读者还会觉得它很美。因为，我一直觉得，性爱是上帝送给人类最美的礼物。在《大漠祭》中，我写到了莹儿与灵官的偷情；在《白虎关》里，我写到了猛子和月儿的爱情。它们虽然有着世俗的表象，但却写出了人世间最美的诗意。在《西夏咒》中，琼和雪羽儿的那段双修经历，更是写出了一种出世间法意义上的宿命大爱。读者从中读出了升华灵魂的快乐，进而生起了一种圣洁的向往，而不是堕落的欲望。所以，好的作品，好的文学，应该唤醒人性中最美的东西，而不是加重人性中的贪婪、欲望、嗔恨、愚昧，以及对肉体享受的贪恋等等。但有些作家不这么认为。他们充满了欲望。他们写出的性，会让人产生邪恶的念头，想要发泄欲望。这样的作家，是卑鄙的。因为，他们的文字会让一些读者变得堕落。

一定要明白，并不是所有作家都值得尊重，也不是所有作家，都能真正站在高处的。

一些宣扬虚无主义的作家也是这样。他们在关注人类心灵时，仅仅局限于欲望得不到满足时的失落，于是变得消极、沮丧、绝望，甚至把这种负面情绪与能量，传递给任何一个看过其作品的读者，让读者也觉得，活着没有任何意义。这些人一旦遭遇苦难，就容易一蹶不振，甚至选择死亡。现在，很多人活得空虚、苍白、疲惫、缺乏目标，就跟时下的价值导向、精神导向有很大关系。

所以，我们在衡量作家的好坏，选择自己该读的书时，应该为自己设定一个标准：他或它的存在，能否让世界变得更美好一点？他或它的存在，是否为世界贡献了真，贡献了美，贡献了善？假如答案是肯定的，他们就是好作家，它们就是好作品。否则，他们就不值得我们敬仰，它们也不值得我们花时间去读，更不值得我们去弘扬与传播。

4.
作品的复杂，是心灵历程的复杂

很多人都觉得，我的作品很复杂，好像包纳了整个世界，于是以为我的经历也很复杂。实际上，我的经历一点都不复杂。真正复杂的，是我的心灵历程。或者说，我在心灵寻觅时，那些不寻常的经历。

我在小说《无死的金刚心》中描写了一个远离青藏高原、到印度寻找真理的僧人。这个僧人是个真实存在的历史人物。当年，他放弃法王的宝座，放弃世间财富，甚至放弃至美的爱情，经历千辛万苦，去寻找一个他需要寻找的世界。最后他找到了，于是回到雪域，创立了香巴噶举和它那独步千古的文化。你可以把这段寻觅当成他的故事，也可以将其视为我的灵魂历练，但实际上，我写的是整个人类的诸多寻觅。因此，这部小说中，有很多关于生命、灵魂、信仰、人生的话题，也集合了整个人类——包括现代人——的诸多思考。它不是一部普通的大师传记，而是一部有着巨大启示意义的心灵小说。

其实，我们每个人都跟这个主人公一样，在寻找一种东西。只不过，不同的人，寻找的东西可能也有所不同。但本质上看，我们都在寻找自己心灵、信仰和灵魂的载体。就是说，寻找这个东西的同时，我们也在满足着精神层面的某种需要，完成着精神层面的某种升华。没人知道自己的寻觅能否如愿，找到了又能怎样，但那并不重要。重要的是，每个人都在寻找的路上。

书写这种超越肉体和物质的精神追求，是我跟一些作家的不同之处。而且，我会继续写下去。直到有一天，我觉得该说的话已经说完了，可能就不写了。那时，我可能会“说”另一种话，比如抢救凉州文化，或者再为家乡写一部关于凉州文化的书。但现在，我心里总有无数的歌，想要喷出来。那么，我就任它自由喷涌。我不在乎有没有人愿意听，也不在乎它能给我带来什么。因为，我在乎也罢，不在乎也罢，它们都会很快消失。一切都会很快消失。金钱如此，喝彩更是如此。唯一消逝不了的，就是文化和精神的载体，例如我的书。只要人类仍然有向往，这种文化与精神就会一直传承下去，它们的载体也会一直传下去，进而实现一种相对的永恒。

回到现实生活中，你就会发现，我的经历其实非常简单：先当老师，再到教委，然后再当老师，最后当作家。说白了，就是一个农民的儿子考上师范，参加工作，然后换了一份工作。这种经历很普通，很多人都跟我差不多，包括一些作家。那么，为什么他们无法展示出这样的复杂与博大呢？

首先，我借助教委工作的便利，走遍了整个凉州，甚至深入老山、沙漠，积累了大量创作素材，对凉州百姓的生活，以及凉州那块土地，都像对自家手掌般熟悉。

第二，面对世界时，我始终保持开放的学习心态。在我眼中，一切优秀文化，都是人类共有的智慧，都是滋养我成长的精神食粮。它们不会，也不可能变成我的精神枷锁。因此，我才走出闭塞偏僻的西部村庄，走出农民和教师的视野，成长为雪漠。我总是要求自己，要将今日之所学，变成明日进步的基石，不能像猴子掰苞谷那样，边掰边丢。所以，三十多岁时，我已构建了独特、丰富的知识体系，涉及宗教、哲学、文学，还有一些民俗学、大文化等各个领域。而且，我习惯将所有知识用于文学，又将文学用于传递我的思想。所以，我的作品也罢，思想也罢，都呈现出世界般的复杂与丰富。

第三，也是最重要的，我花了二十年时间，几乎与世隔绝地修炼人格，借助一种大善的熏习，在心灵上超越了自我与环境的束缚，进入了一种大部分人都无法进入的境界。当我用大家能理解的方式，将我在这种境界中看到的东西表达出来时，大家就会觉得，自己仿佛见到了一个复杂、混沌的世界。大部分作家很难做到这一点，就是因为，他们缺少心灵修炼。

不过我也说过，托尔斯泰和陀思妥耶夫斯基那样的大作家，作品中也展现出了一个博大的世界。他们的世界，或许跟我的不太一样，但其中同样承载了他们的精神，他们的思考，他们的悲悯，他们的胸怀，与他们的境界。这样的作品，就是伟大的作品；这样的作家，就是伟大的作家。因为，他们的呼吸，就是人类的呼吸；他们的思考，也是人类的思考；他们关注的，正是人类关注的；他们在乎的，正是人类需要的。他们不像现在的一些作家那样，为自己的欲望活着，他们的活着，是为了某种使命与信仰。

卡夫卡的作品也很伟大。他不像很多作家那样，在故事、技巧等层面打转，而是深入灵魂，书写心灵。这样的作家非常少。他同样让我见证了一个作家应有的灵魂深度。

卡夫卡的写作毫无功利色彩，纯粹为了愉悦自己的心灵，让自己在孤独中有种安慰，在苦难中有种向往。所以，他既不急于出版，不想换来稿费，也不怕别人盗版，甚至不关心自己能否名垂千古。因此，他才会要求朋友，在他死后，将书稿烧掉。在这一点上，我跟他有着一定的相似之处。好多人还认为，我的小说《西夏咒》中的某些章节，就有卡夫卡的神韵。但事实上，我们很不一样。

卡夫卡的生活环境不太好，他自己也很不满意，一直活得很压抑，只有在写作时，他才感到快乐。否则，他就不会写作。但我不是这样。我的行住坐卧，都是我的修行，也是我的写作。我的写作，同样是我的修行。换句话说，无论做什么，我都非常快乐，不一定要写作。写作，只是我贡献世界的一种方式。如果有一天，世界需要我用另一种方式做贡献，我可能就不写作了。直到现在，我仍然有很多该说的话，都还没有说，所以我会继续写下去。

不过，卡夫卡仍然是一个伟大的作家，他的很多作品，我都非常欣赏。比如《城堡》和一些中短篇小说。我觉得，这个时代的一些作家，应该精读卡夫卡的作品，及其存在本身。我希望，我们每个人都像卡夫卡那样，有自己的灵魂叩问和艺术追求，也能在文学形式与内容方面，拥有更大、更多的可能性，不要把眼光停留在物质和名利上面。

当然，鸟爱天空，鱼爱大海，骏马喜欢草原。无论他们选择什么，我们都要尊重他们。因为，每个人都有自己喜欢的生存方式。不同的选择，构成了世界的丰富。我更喜欢像马那样，奔驰在草原上。如果你把我丢到水里，我很快就会淹死的。他们也是一样。只要他们选择了自己需要的，就很好。如果他的活着，能给世界带来一点美好，我们就祝福他；如果他的出现，让世界变得更坏了一点，更功利了一点，他就会失去存在的意义。所以，他选择什么，都不要紧，只要有颗向上的心，能守住人的良知，不管他能飞多高，飞向哪一个山峰，我们都祝福他。

5.
衡量成功的四个标准

如果有人问我，雪漠，你觉得自己成功了吗？我会告诉他，是的，我认为自己成功了。而且，用历史的眼光来看，这很可能是一种真正的成功。

我告诉大家，真正的成功不在于出名，也不在于畅销，而在于你的作品有没有达到这四个标准：为天地立心，为生民立命，为往圣继绝学，为万世开太平。这标准，源于北宋思想家张载。

什么叫“为天地立心”？就是说，你的作品是否具备天地那么博大的胸怀？是否具备大善与博爱？看过“大漠三部曲”和“灵魂三部曲”的朋友都知道，我的所有作品，就想做到“为天地立心”。因此，有些读者一旦喜欢我的书，就会一遍遍地看下去，有的读者甚至能看上几十遍。因为他们发现，在读书的过程中，自己的心变得更加柔软、高尚、安宁、自在了。如果一个人每天都沉浸在大善的氛围中，他就不容易堕落，也不容易变成小人。因为，他很快乐，也很满足，不用去掠夺别的东西，也不会感到空虚、失落或者不安。这就是我一直提倡“大善铸心”的原因。

如果一部作品能做到这一点，就能“为万世开太平”。因为，阻碍世界走向和平、和谐的，就是人类的欲望。如果一个人能远离欲望，升华自己，追求心灵的超越，就不会向往纷争；如果整个人类群体都能这样，就会少了许多战争。假如一部作品不但做不到这一点，还勾起读者的欲望，让他们堕落、放纵，去寻找色情，或者变得更加糟糕，这部作品就一点都不成功。哪怕这个时代的大部分人都在为它喝彩，哪怕它有上百万的销量，它也是失败之作。所以，“为万世开太平”，就是让读者远离欲望，追求升华，让世界变得更和谐、更和平。

那么，什么是“为生民立命”呢？就是说，你的作品能不能让老百姓活得好一点？大家可能不知道，武威市政府曾赠送了上千本《大漠祭》，对象是国务院农委、国务院政策研究室和许多制定政策的专家。这为武威引来了一些投资，也为老百姓带来了很多看得见的利益。有一次，武威的一位市领导告诉我：“雪漠，你知道吗，就是因为你这样的作家和好多有良知的知识分子一致呼吁，才引起了中央的重视，农民的负担才真正减轻了。”当然，他这只是一种说法。我的力量其实很有限。不过，当无数很有限的力量，为一个目标汇集在一起时，就会产生一种大力，进而促成某种结果。凉州人说：“蚂蚁撼动太行山。”许多时候，一个人的心也许只代表他自己，但千千万万颗心，就会构成我们所说的“民心”。记得，以前的政治书上就说：“民心向背是革命成败的关键。”

另外，《大漠祭》拍成电视剧的时候，投资方花了四百万，这笔钱大部分花在了武威老百姓的身上。若干年后，即使我们这茬人消失，后来的武威人，或许仍然会因为雪漠而受益。比如，将来埋我的地方，可能会成为旅游景点，给老百姓持续地带来收入。

有些人也许会觉得我非常狂妄，但我说这些话，不是为了炫耀自己，而是想告诉大家：不要妄自菲薄，不要以为自己是小人物，对社会难有大的贡献。一定要相信，只要肯努力，够专注，每个孩子都会一天天成长。有一天长成巨人，就能为世界带来一种利益，而且是能留下去的利益。那些本身就拥有巨大影响力的人，更要多为社会、多为老百姓说些有良心的话，做些有良心的事，不要传递欲望，不要传递愤怒与仇恨，要把大善的精神与文化传播出去，让它影响世界、净化人心。有了这种担当，有了相应的行为，你就能建立岁月毁不去的价值，就能获得真正的成功。

《大漠祭》出版后，著名评论家雷达在兰州大学开讲座时说："雪漠的成功是个例外，因为，中国文坛已经不再像他那样写作了。他那是十九世纪的写法，一般来说，是不可能成功的，但他偏偏成功了。这是第一个例外。《大漠祭》出版前，好多作家都不写农民，《大漠祭》出版后，又有很多作家开始写农民了。"这说明，在写作精神和写作内容方面，我都起到了承前启后的作用。

此外，我也想"为往圣继绝学"，也就是从古代先贤那里，把濒临失传的学问与精神传承下来，传播出去，为优秀的人类文化保留火种，让它们能继续利益后世子孙。"大漠三部曲"和"灵魂三部曲"就弘扬了一种大善文化，它利益的是整个世界，不光是某个民族、某个国家。

比如，一位评论家看过《猎原》之后，写了一篇文章，叫作《地球是这样毁灭的》，被发表在《文学报》上。文章说，如果有一天，地球真的毁灭了，外星人只要看到雪漠的《猎原》就会知道，噢，地球原来是这么毁灭的。这说明，《猎原》已经上升到人类学的高度，具有一种世界的眼光。其实，不只《猎原》，我的所有作品都是这样。

所以，虽然一些作家比我更出名，作品更畅销，也获了很多奖，但我仍然认为自己是成功的。而且，我得到的，是岁月毁不去的价值。我希望，每个有梦想的孩子，都能有我的这种发心。

6.
叩问自己：什么是作家的使命

我给大家讲一个故事。

我上小学时，有个邻村的孩子带来了一本小人书。我这才知道，世界上还有这么美妙的东西。我向那孩子借书看，最初他不肯借我，后来，我把身上所有好吃的都给了他，他才让我看完那本小人书。

回家后，父亲说第二天要去城里卖蒜薹，我就央求他帮我买那本小人书。父亲答应了，叫我把书名写在纸上，因为他不识字。我兴高采烈地写好，放好，第二天醒来，却发现那纸还在桌上。我想，书买不回来了，就哭了整整一天。谁知道，父亲回来时，带了另外两本小人书。一本叫《生命线》，讲的是一个孩子把玉米粒呛到气管里，医护人员全力把他救下的故事；另一本叫《战马驰骋》，讲的是解放军降服一匹烈马的故事。得到这两本小人书后，我每天都带着它们到村里去，给其他孩子看。因为，我是村里唯一拥有小人书的孩子。

当时，所有孩子都不认识“驰骋”两个字，便你一句我一句地猜那小人书的名字。后来，我们一致认可了一个大孩子的说法：书的封面上画了几匹战马，书名还跟马有关，所以，那本书肯定叫《战马四拐》——我们的方言里，“拐”有墙角的意思，“四拐”就是四个墙角里都有马——那两本书，给我和好多孩子带来了很大的快乐。

城里的孩子或许不会明白这种快乐，因为，大家在很小的时候，就看过大量神话书、童话书和漫画书。但是，直到今天，一些西部农村仍然没有书，孩子们很想读书，却得不到书，不知道该读什么书，也读不起书。所以，有时看到一些人不珍惜书，把书弄得很脏，随处乱扔，随意折角，甚至把书当成菜那样，一斤一斤地卖，我就非常心疼。

有多少人明白那些需要书，但没有书的孩子们的心情呢？

人类历史上所有的伟人，都把自己的灵魂、自己的感悟、自己的体验、自己的思考、自己一生的梦想赋予了书，让书有了生命。但现在，这种精神也罢，追求也罢，坚持也罢，都变成了一个个正在消失的符号。

那么，我们的书承载了什么？我们的书对整个世界、整个生命、整个人类命运来说，有着怎样的意义？面对那些渴望书的纯真面孔时，我们该如何回应？当那些孩子渴望认识世界，渴望找到梦想，渴望认识自己，渴望了解人生时，我们该如何面对他们？

有时我觉得，一个作家应该承担的东西，远比创作轻松、有趣、刺激、曲折的故事，让读者得到一时的放松或愉悦更重要。当然，现在有些人显然不这么想。

我告诉大家，我们眼前的那块土地上，或许有过村庄，或许曾经种满庄稼，但今天，村庄也罢，庄稼也罢，都消失了。很快，其他地方也会建起高楼大厦。农民的土地越来越少，整个农业文明都在渐渐消失。若干年后，可能就没有农民，也没有农田了。岁月迅速将当下变成记忆，然后让它消失得了无痕迹。很无奈，却是一种必然。你不可能让农业文明不要消失，也不可能把世界变回最初的样子。那么，我们究竟能为它做些什么呢？我们只能通过某种方式，定格这个正在消失的世界。当然，你不一定要写作，也可以摄影、画画、作词、作曲等等。如果没有定格，整个人类的记忆，甚至整个人类的存在，都将不断消失，我们留不住任何东西。

试想，如果人类没有了历史，过去的世界是什么？是一段巨大的空白。中国五千年的璀璨文明又是什么？是无情时光中一抹淡淡的痕迹。那么，我们能传承一些什么，又能积淀一些什么？

有的作家很伟大，比如曹雪芹、托尔斯泰、陀思妥耶夫斯基等，他们用文字再现了一批批活过的人——不但再现了他们的生活场景、精神世界、灵魂探索，也再现了他们承载的文化。那些了不起的大作品，无疑是历史资料的一种有力补充。它们，让苍白的记录，变成一种鲜活的存在，一种让我们能穿越时空局限，与之交流的存在——如果不去实现这样的价值，文学又有什么意义呢？

所以，我不仅仅要做一个作家，更要做一个真正的作家。我要实现一个作家的使命。我不愿停留在技巧的层面，创作一些艺术价值很高，却没有真正文学价值的东西。我更不愿用宝贵的生命，去制造一些迎合时尚的垃圾。

2002年，鲁迅文学院举办了一次研讨会，大家都在讨论如何写出伟大的作品。轮到我发言时，我说，在技巧层面讨论这个问题，就像老鼠想要生下狮子或老虎一样，非常滑稽。因为，无论如何调整饮食结构，让那些不同品种的老鼠杂交，如何进行胎教，老鼠生下的仍然是小老鼠。这只小老鼠或许比其他老鼠更健康、更漂亮，更像老鼠中的贵族，但它本质上还是老鼠，永远都不会变成狮子或老虎。就是说，专注于个人得失的狭隘心灵，永远写不出大作品；只有伟大的心灵，才会诞生伟大的作品。

因为，两者的关注点不一样，视角不一样，思维模式不一样，重视的东西不一样，情感触动也不一样。这些都是无法通过技巧来改变的。就像整容能改变一个人的外表，却改变不了他的心一样。原来恐惧什么，整容后他仍然会恐惧；原来贪恋什么，整容后他仍然会贪恋。在心灵发生改变之前，技巧的力量很有限。

我举个例子：如果你很欣赏自己的高贵，还能理解卑微的心灵吗？如果你觉得只有自己才是正确的，还能理解跟你观点不一的人吗？如果你只关心自己，只在乎自己的付出有没有得到回报，又怎么能理解那些与你立场不同的群体，怎么能看清愤怒、仇恨、嫉妒、纷争的本质呢？有些人自认为很善良、很有同情心，可一旦面对利益冲突，就会不择手段地捍卫自己的利益，或者掠夺一些不属于自己的东西。这样的心灵，怎么能流出大爱和大美呢？

一定要明白，大作家是敏感的，也是包容的。因为，他们爱这个世界。无论世界给了他们阳光，还是暴雨，都无法减少他们的爱。他们是高尚的，也是谦逊的；他们是伟人，也是奴仆；他们是导师，也是学生。如果理解不了这一点，你怎么可能写出感动世界的作品呢？

世界是一团混沌，但作家的心必须是清醒的。因为，他们的笔，承载了有关未来的一切梦想与渴望。他们必须能理解这个世界，他们的心必须容得下整个世界。否则，他们又有什么资格被世界所爱呢？

爱，不是一种姿态，不是一种要求，而是一种充满了诗意的情怀，是一种毫无造作的自然流露，是母亲对孩子的无私，是孩子对母亲的袒露。体会不到这一点，你的笔下就不可能流出天籁。

所以，要想成为大作家，写出大作品，就不要满足于玩弄文字、玩弄学问、玩弄理论，要关注世界、关注人类、介入社会，真正去包容，去感受，去爱，去实现一种心灵与世界的对话和交融。

其实，不只作家，每个人的成功都是这样。想要成功，既要修炼人格，也要接触社会、感受社会、发现真理、证悟真理，最后你才会是一个真正的伟人，一个不可替代的人。因此，写出《红楼梦》的只可能是曹雪芹，不会是别人。

我不一定要得奖，不一定要赚很多稿费，也不一定要获得整个世界的赞美，但我必须成为一个不可替代的人，成为一个独一无二的作家。我也希望，每个有向往的人，都朝着这个方向努力，实现自己最独特的价值，成为令时代无法忽视的、真正的人。

十、诗意

1.

被生活剪碎的女儿心

我在“大漠三部曲”中刻画了两种女性：一种代表凉州女人的美，比如莹儿、兰兰、月儿等等；一种代表被生活剪碎了女儿心的女人，比如莹儿妈、灵官妈等等。

凉州的姑娘，最初都很美，就像我笔下的莹儿、兰兰等人。但是，她们的女儿心很快就会死去，后来都会变成莹儿妈、灵官妈那样的母亲和妻子。苦难生活消磨着她们的浪漫，最后，她们从充满幻想的凤凰，变成家里的老母鸡，想飞，也飞不起来，只好扎扎实实地劳动，每天忙于家务和各种琐碎的农活。比如兰兰。兰兰是一个典型的凉州女人。她的经历，就是典型的凉州女人的生活。你从她的身上，就可以看出，凉州的姑娘们，为何会丢掉她们的浪漫。

在凉州，一个女人要想保持浪漫的心，就会活得很艰难。因为，她们的生活环境一点都不浪漫，也不允许她们浪漫。假如其中突然出现一个浪漫的女人，她就会被所有人当成妖精。所以，我一写到凉州的女人们，就充满了悲悯。

我作品中的女性，比如兰兰、莹儿、灵官妈、莹儿妈等人，看起来是不同的个体，其实代表了凉州女人的转变过程：从少女时代、少妇时代的浪漫，到中老年的不浪漫，甚至是一种赤裸裸的、老母鸡般实在的东西。但这怪不了她们。因为，她们没法不实在。她们要养家，要糊口，为了孩子，为了丈夫，她们只好掐碎自己的浪漫。这种人多不多？很多。大部分凉州女人都是这样。

每一个凉州女人，都是很好的母亲，很好的妻子，但她们中的大部分人，都不是很好的情人——当然，这个时代的一些凉州女人可能不太一样，但这样的女人仍然非常稀少，不可能形成主流。

对凉州女人来说，家和儿子就是她们的宗教，她们的信仰。她们不在乎自己怎么样，却一定要让儿子有很好的未来。哪怕为此牺牲自己，她们也心甘情愿。一些母亲对儿女的爱，已经上升到信仰的层面。所以，凉州女人是伟大的母亲。

现实的严酷和心灵的向往，会在凉州女人的心里构成一种巨大的冲突。这种冲突折磨着她们，但同时又升华着她们的心灵，让她们变得伟大。因为，她们不得不思考自己活着的理由。如果找到了这个理由，她们就能忍受命运的一切；如果找不到这个理由，或者再也无法实现这个理由，她们就可能会选择不活。大部分东部女性都不是这样。因为，她们的首要问题，不是如何活下去，而是如何活得更好。正是这个区别，造成了东西部女性的许多差异。

支持西部女性活下去的理由有时很小，比如儿子、丈夫、家庭等等；有时也会很大，比如爱情、信仰等等。“大漠三部曲”中的莹儿，就把爱情当成活着的理由，在《白虎关》中，她活着的理由遭到了玷污，而且，现实不再允许她守住这个理由，所以她宁可不活。兰兰也是这样，她活着就是为了信仰，如果不能守住信仰，她就宁愿不活。月儿同样是这样，她的理由是爱情，为了守住爱情，她宁愿选择自杀。她们的生活固然是充满苦难的，但她们对某个盼头的坚持，却让她们超越了动物的层面，升华为真正的人类。

不过，为儿子和家庭活着的西部女人，同样可以放弃女人的很多追求，包括爱情。因此，她们不是很好的情人。就算她们找情人，也往往是出于某种需要，并不单纯为了爱情，也不单纯为了及时行乐。从本质上说，她们只有两种角色：一是妻子，二是母亲。其他角色的存在，有时只是为了满足这两种角色的需要。所以，凉州女人值得尊重，但不一定可爱。

凉州一些非常窝囊的男人，总能将自己浪漫、迷人的妻子，变成一点都不浪漫、不迷人的婆姨。可凉州女人不管怎么苦，都很少选择离婚。一旦离婚，她们就会觉得，自己的脸上，被画上了一条永远洗不清的黑道，这辈子再也抬不起头来。因此，为了保持家庭的稳定、孩子的幸福，很多凉州女人不得不放弃浪漫，不得不面对严酷的生活，艰难地活下去。后来，她们心里或许还留着一点浪漫，可这点浪漫，却再也发不出任何声音了。所以，我就在“大漠三部曲”里塑造了一些女人，以及那些剪碎她们女儿心的事情。

你会发现，我笔下的一些美丽女人——比如莹儿、兰兰、月儿等等——都有信仰，但仍然活得很累。她们不是没有飞翔的心，只是忘不了自己的“本分”。就算她们偶尔扇几下翅膀，也还是忘不了，自己最主要的任务是“生蛋”，然后把小鸡抚养大。所以，凉州少有浪漫的女人。

凉州那些浪漫的女人，大多活在我的作品中，现实里很少能见到。

例如，我认识一个家庭背景很好的凉州女人，她的父亲是某中专的校长，但她嫁给了一个临时工。后来，她爱上一个优秀的男人，发生了婚外情。但是有一天，那男人逼她离婚，于是，她就毅然把那段爱情给斩断了。就是说，即使她的老公不优秀，在别人眼里跟她不般配，她也会把家庭和母亲看成自己至高无上的责任。为了这个责任，她可以抛弃其他的一切，包括爱情。

西方的已婚女性如果爱上丈夫之外的男人，或许会主动选择离婚，就算同样在中国，别处的一些女人如果发现丈夫没本事养家，也有可能抛弃他，或者去傍大款，但凉州女人却不会这样。对凉州女人来说，母亲和妻子是她们的天命。当然，凉州也有傍大款的女人，但不多。而且，一些凉州女人在傍大款时，仍然不会忘记自己的“主业”。她们会借着傍大款这种方式，更好地扮演母亲和妻子的角色，从而实现利益的最大化。所以，凉州女人非常实惠。

我和老婆上街时，曾经对她说过，凉州什么都好，就是没有好女人。很多好女孩考上大学后，就再也不回来了。就算一些好女孩留了下来，很快也会变得不好、不可爱了。不但凉州是这样，似乎整个甘肃都是这样。

所以，同济大学的一位硕士采访我时，我对她说：“没有好女人，我就创造好女人，不然怎么活呢？”我是真的没有好女人就活不下去吗？当然不是。对我来说，“好女人”代表一种向往。真正无法继续的，其实是没有向往的生活。

2.
女性的可爱与局限

作为作家，我有个职业病，就是习惯于观察女性，研究女性。我发现，众多女性的主体意识还没有觉醒。当然，不只女性，我们的传统文化，本身就存在这个问题。它是一个通病。

以前，我对女性有偏见，总觉得跟女人打交道很麻烦。因为，女性喜欢听好话，我却不会违心地讨好别人。于是，女人们便觉得我木讷、无趣、没情调。总之，不讨她们喜欢。后来，我也遇到了一些很优秀的女性，但我发现，那些各方面都很优秀的女性，想要继续向上突破、自我超越——并非名利上、职位上的突破，而是心灵成长上的突破——仍然很难。最主要的原因，就在于她们束缚了自己。

她们总是不够自信，在“女性”这个概念的约束下，给自己设置了很多条条框框。例如，她们或许会觉得自己不如男性，不可能达到某种高度、某种境界，或者觉得自己到了一定的时候，就要嫁人、生孩子，走得太高也没有用等等。事实可能不是这样，但假如她们真的这么想，就一定到不了那种高度与境界。

我举个例子：如果你从小把一匹马拴在小树桩上，它怎么挣都挣不脱，几天后，它就会放弃。即使后来长成大马，头轻轻一抡，就能把树桩拔起，它也不会去挣了。很多女性都是这样。刚开始，制约她们发展的，仅仅是传统习俗，或者某种潜规则，到了最后，即使客观条件允许她们发挥某种才能，她们也不会去努力了。换句话说，好多女性不是真的到不了某种境界，而是自己放弃了。这与生理无关，主要还是心理和观念的问题，也是自信心的问题。当然，不只女性，每个人在面对成长时，都会面临这个问题。

另外，制约女性发展的，还有一个“情”字。

很多女性有理想，有抱负，对人生也有更高的追求，但她经常把所有东西都建立在情感上。一旦情感的基石动摇了，她就会自己把美好的构想全给打碎。这是很可怕的。因为，情感本身就是一种脆弱、善变的东西。好多女性注定成不了大气候，没有大成就，就是这个原因。

而且，女性天性虚荣，对感官美有种天生的追求。例如，她们喜欢打扮，希望得到异性的赞美与青睐，也就是所谓的“女为悦己者容”。还有诸多生理上的原因，也会

轻易引起她们细微的心理变化，形成一种放纵的情绪。她们天性中的感性成分过强，理性成分相对弱一些，追求某种东西时，很容易会失去理智。这些失控的、非理性的东西，会在她们追求真理的过程中，造成很大障碍。所以，她们必须自我约束。

对于这部分女性，我推荐安徒生经典童话《海的女儿》。不要把它当成儿童读物，要知道，好的童话，不仅仅是写给孩子们看的，也是写给成年人看的。那里面，包含了很多真理。

当然，好多女孩子童年时都读过这部童话，但我不知道，真正读懂的人，有多少。在我看来，其中包含了女性最可贵的美德，和女性成长的真理。而且，那真理不是仙女说的，它来自巫婆的忠告。很多女孩子在憧憬灰姑娘的奇迹，梦想嫁给王子，“从此过上幸福生活”时，可能会忽略这些重要信息。

《海的女儿》打破了公主嫁给王子、有情人终成眷属的大团圆结局，是一则少有的悲剧。正因为它是悲剧，美人鱼公主才深深地打动了全世界读者的心，成为丹麦的文化形象，世代相传。那些感情用事，理性思考不足，将情感、婚姻、家庭作为生活主旋律的女性，更应该用心品味这个故事。

人鱼公主十五岁第一次浮上海面，遇到落水的王子。

她救起王子，然后回到海底，但她爱上了这个人类。因为爱，她的思想发生了很大的变化，她渴望更大的世界，也渴望美好的爱情。当老祖母和姐姐们无法为她解惑时，她就用甜美的嗓音，跟海底的巫婆换来魔药，让自己脱胎换骨，变成了人类，还被王子接进皇宫。但是，脱胎换骨的代价，让她无法告诉王子，真正救了他的人，不是人类公主，而是自己。最后，在王子的新婚之夜，姐姐们从巫婆那里换来一把刀，想让小美人鱼杀死王子，重新回到海底，但她最后还是选择牺牲自己，成全王子的幸福。

这个故事展现了女性的浪漫，女性对幸福的憧憬，也展现了女性最可贵的美德：善良、真诚、忠贞。为了爱，为了梦想，为了信仰，貌似柔弱的女性会迸发出惊人的勇气、坚强和力量。她们在残酷的现实面前，甘愿忍受苦难、屈辱，甘愿奉献一切，哪怕是生命。

安徒生赞美这样的女性，但另一方面，他也借巫婆之口，说出了自己对年轻女性的忠告与祝愿：第一，巫婆说："假如你得不到那个王子的爱情，假如你不能使他为你而忘记自己的父母、全心全意地爱你、叫牧师来把你们的手放在一起结成夫妇的话，你就不会得到一个不灭的灵魂了。在他跟别人结婚的头一天早晨，你的心就会裂碎，你就会变成水上的泡沫。"就是说，单纯把儿女情长作为全部生命意义来追求的人，不一定能收获真正的幸福。永恒的幸福，不能依赖别人施舍，只能自己创造。生命价值也是如此。第二，巫婆说："我必须得到你最好的东西，作为我的贵重药物的交换品！"就是说，你想得到什么，就要付出什么，世界上永远没有免费的午餐。永远不要心存侥幸，为了小利、小恩、小惠，放弃最重要的独立、人格和尊严。换句话说，女性想要得到人生的成功与幸福，最重要的，不是找到一个好男人，而是拥有一颗明白、觉醒的心。

《海的女儿》中展现的女性美，既是女性的弱点，也是女性最可爱的特质；既是女性的悲哀，也是女性的伟大。因为，这种女性在做出选择时，考虑的往往不是功利，纯粹是情感和爱——可惜，在功利文化的熏陶下，这样的女性已越来越少了——相反，一些克服了这一弱点的女人，可能在性格和心理上，都比一般女性更坚毅、更稳定、更刚强。所以，她才能达到一般女性难以企及的高度。但这时，人们又会说，她不像女人，不可爱。可见，很多事情都说不清。

在《无死的金刚心》中，我塑造了一个人鱼公主那样的女人，叫莎尔娃蒂。很多人读到莎尔娃蒂的故事，尤其读到她写给主人公琼波浪觉的信时，都非常感动。他们都觉得，莎尔娃蒂对琼波浪觉的爱，是世界上最纯粹、最美好的感情。想到她后来代替琼波浪觉承受恶毒的诅咒，在剧痛中孤独地走向死亡，很多人都觉得非常心痛，希望她最后能得到解脱。但是，我仍然告诉那些读者，只要你对其生起执著，无论多么美妙、多么值得珍惜的感情，都会成为你的魔障，或者烦恼的根源。因为，它们不可能永恒。再坚贞的感情，也是一些浪漫的情绪，很快就会消失。情绪消失了，爱情就没了。就算人们能像莎尔娃蒂那样，将爱情变成信仰，比一般的世俗情感更坚定，它还是逃不过死亡。而且，如果莎尔娃蒂死时没有放下对琼波浪觉的执著，她就无法解脱。有执著，必无解脱。无论那执著有多么美丽，都不能换来一个很好的结局。当然，莎尔娃蒂确实是个值得尊重，也非常可爱的女人。

所以，我也说不清现代女性应该追求什么。不同的心灵，有不同的追求；不同的因缘，适合不同的选择。只要她锻炼出一颗明白、觉醒的心，知道不同选择的结果分别是什么，她就可以做出任何选择。不管你是女性，还是男性，都应该明白，人生境界也罢，成功与幸福的程度也罢，都不会超出你的心，也不会超出你的选择。

3.

生死之间的尊严与诗意

我的小说《白虎关》里，唯一真正原生态的、没经过艺术提炼的东西，是莹儿的遗书。它是西部农村一个女初中生的随笔，我一个字都没有改过。这说明，西部那片土地上，流淌着一种不为人知的、纯洁的诗意。

但是，功利的世界却不断在扼杀着这个东西。

比如，写下这篇随笔的女孩，一直在追求梦想和希望，可直到今天，她的梦想仍然没有实现，她仍然痛苦地活着。最可惜的是，她在庸碌生活的熏染下，已经永远地失去了那时的诗意，甚至忘记了自己写过那么美的文字。

西部也罢，东部也罢，其他地方也罢，都有好多这样的女孩。最初，她们也有浪漫的幻想，也有美好的期望，也有陶醉了自己的一种诗意，但生活却残酷地绞去了她们身上的女儿性，让她们变成莹儿妈那样的女人。

所以，吴金海老师建议我删掉那封遗书时，我仍然把它留下了。我想以这种方式，留下那份诗意，纪念那片土地上曾经有过的这样一颗心灵。

不知道大家能不能理解这一点？

在《白虎关》研讨会上，我发现，对于某些问题，东部人和西部人的看法是截然不同的。

比如，好多东部读者都问我，莹儿为啥要寻死？他们不能理解，也不能接受这个结局。他们觉得，莹儿既然九死一生地走出了沙漠，甚至愿意嫁给猛子，为啥宁死也不肯嫁给赵屠夫？但西部读者不会问我这个问题。

因为，西部人对死亡的看法，跟东部人完全不同。在西部人眼里，生命只是一个过程，如何死去，比如何活下去要重要得多。他们认为，人的价值，就定格于死亡的那一刻。如果一个人为救人而死，他就是英雄；如果他为杀人而死，就是罪犯。不管他生前怎么样，赚了多少钱，有多少楼房，都改变不了这一点。在《白虎关》中，猛子面临死亡时，曾专门思考过这个问题。他那时的好多想法，就代表了一些西部人对死亡的看法。

在中国古代的西夏，有一种习俗，人们把为爱情而死的人，看成烈士一样来尊重。这观点，也影响了当代的西部人。西部流传着很多殉情而死的女子，她们成了西部的图腾之一。

真正的宗教修炼者跟西部人一样，他们重视死前实现的价值，远远超过活着时能得到什么。他们修炼了一辈子，就是为了在人生的最后一刻，实现一种神性的超越。如果做不到这一点，所有的修炼都没有真正的意义，只是在为下一个轮回积累资粮。

关于修行与死亡，我给大家讲个故事。

很久以前，西部有个老修行人，叫密勒日巴。他修得很好，知道每个人心里在想什么。当时有个格西——也就是佛学博士——很嫉妒他，因为好多人都去找他，就没人供养自己了。于是那格西总想除掉密勒日巴。有一天，格西叫来自己的老相好，让她端一杯毒酒给密勒日巴喝，并且承诺那女人，只要她毒死密勒日巴，就送给她一些很好的首饰。女人答应了，便端着毒酒去找密勒日巴。密勒日巴知道她心中所想，就对她说："我可以喝下这杯毒酒，但如果我现在死去，你就拿不到首饰了。这样吧，你先拿到首饰，我再喝这杯酒。"女人回去拿了首饰，又来找他。他果然兑现了承诺，爽快地喝下了毒酒。因为，他想成全女人的心愿。在这种巨大的悲悯心面前，值得与不值得的问题，已经微不足道了。而且，他用自己的行为证明了，中国人也能像苏格拉底那样从容赴死。

西部有好多人都可以淡然、从容地面对死亡。因为，对西部人来说，死亡是人生的最后一个行为，也是最重要的行为。它足以展示自己一生的尊严、追求与存在，是值得珍视的。

西部民歌"花儿"便将西部人的这一特点展现得淋漓尽致。

"花儿"很美，每个听众都会为它陶醉。据说，"西部歌王"王洛宾当年之所以没去法国，留在西部，就是因为听了"花儿"。他认为，"花儿"就是真正的天籁。不过，西部民歌最美的，不仅仅是如泣如诉的、灵魂撕裂般的旋律，还有其中承载的大善精神、人民立场、苦难意识等心灵层面的东西。这也是西部文化中最美的东西。如果你能读懂“花儿”，也就明白了莹儿的死。

莹儿的尊严被玷污了，信仰即将被毁灭，人格也受到了世俗最彻底的摧残。她宁愿用高贵的死实现最后的升华，也不愿为了苟活而堕落。这就是西部人面对死亡的态度。

西部人大多为了某个理由而活，也甘愿为了守护这个理由而死。爱是其中的一个理由。莹儿就是一个为爱而活的女子。

东部人之所以不理解西部人的这种人生观，是因为，他们将死亡看成了一种毁灭。实际上，死亡不一定是毁灭，有时，它会把一个人的生命瞬间点亮。

比如，刘胡兰当初如果没有牺牲，就是一个普通的女孩子，会迅速变老、变丑，最后无声无息地消失，就像我们每个人一样。但高贵的死亡，把她变成了一个精神的图腾。这让短暂的生命，拥有了一种比岁月更永恒的价值。

又例如，很多人都看过《红楼梦》，大家愿意林黛玉那么美好的女子，嫁给薛蟠那样的好色之徒吗？《红楼梦》中的林妹妹是最美的，在贾府落难前，她就死去了。如果她没有死，嫁给了任何一个不如她的男子，清凌凌的水，就会变成糨糊般的泥水，这有啥意思呢？

所以，西部人把死亡看成人生中最美的定格。

其实，东部也有过这样的定格。例如苏小小。苏小小很年轻就死去了。但她认为，能在最美的时候死去，是上天最大的恩赐。因此，很多文人都把她当成最美的女人来尊重和祭奠。后来，好多文化涌入东部，像苏小小这样的女子就越来越少了。人们宁愿苟且地活着，也不愿高贵地定格自己的生命。

因此，莹儿的死并不消极，反而代表了一种高贵的生命态度。它告诉这个世界，有一种东西，或许比生命本身更加重要。

当然，莹儿的死一直不为人随喜——很多评论家都认为她不该死，很多读者也不希望她死。这是个悖论，死不忍心，活不可能——除非她不再是莹儿。所以，在最近出版的“大漠三部曲”中，对于莹儿的死活我作了模糊处理，没有确定她的归宿——

关于莹儿，凉州流行着许多传说。

有人说，莹儿死了，她并没走出那个秋季。这说法，虽说让许多人疼痛，但这是真实的人生。她这样的人，是不可能留在尘世的。所以，无论多少人希望她活，但谁都明白，追求完美的她，在这年头，是很难活下去的……这说法，有个强有力的证据：从那以后，沙湾人再也没有见过莹儿。只是，也没人发现她的坟堆——当然，要是她那样死了，娘家是不愿留坟堆的。

也有人说，莹儿被救活了，解除了那个婚约。在一个飘满黄尘的下午，历尽沧桑的她，终于走出了那个惨白的黄昏，也走出了那个蜗居在沙漠皱褶里的小村。人们都喜欢这说法，那年头，这是最叫人欣慰的说法了。都说，莹儿能走出命去。都说，莹儿带着盼盼，还有婆婆送还的那匹压箱底的布——怪的是好些人留意了它——去找盼头了。都说，搜遍天涯海角，不信还找不到灵官。……不过，也有人担心，莹儿即使真的找到了他，她能找到的那人，还是不是她想找的“灵官”？都说，这年头，啥都变了，出去时是处女，回来时却成了婊子，那找到的灵官，还是灵官吗?

这时的凉州，除了白虎关外，很少有“都说”的话题了，这些“都说”，却风一样卷开了，仿佛那事儿，跟自己有关呢。

雪 漠 心 学 大 系

慧心

智慧对话……………下

雪漠著

中国大百科全书出版社

目录

一、诗意人生

（一）善

1.

如何辨别善恶

◎问：请问老师，我们在世间如何辨别善恶，有绝对的标准吗？如果某人的慈悲滋长了他人的恶习，那算善还是恶？怎么面对强压于自己的恶？

●雪漠：利众为善，害人为恶。只管耕耘，莫问收获。有时候，人们所说的恶，其实是自己心灵的原因，大多数人习惯将不恶者视为恶。那么先改变心灵。心灵一变，世界就变了。

◎问：有时明明想帮助别人，结果害别人被骗，行善成了行恶。如何才能预知善恶？怎样做才是真正利他？

●雪漠：利众为善，先忘了自己的得失。只要有利众之实，别管那善恶名相。

◎问：如今社会，想做慈善，发动做事，很艰难。有人会不理解，说三道四，认为你做善事怀有什么目的，或是炒作，或是为名为利。有时，我好心捐书捐物帮助那些失学儿童，但很多人却……

●雪漠：以前，我也曾以捐助的方式帮助过几个穷困孩子，但我的帮并没有改变他们的命运，他们的父母反倒将我当成了冤大头。至今，那些我帮过的人仍是越来越贪婪，也越来越愚昧。所以我想，真正的帮，必须从清除愚昧开始。这也是我写作的理由之一。我们的力量虽然很有限，但我觉得，只要是光明，就总能驱散一些黑暗的。

◎问：现在外来文化的冲击愈演愈烈！您怎么看待善文化在社会生活里的变形？

●雪漠：大浪总会淘沙的，留下的，肯定是金子。有时的变形，也可能是与时俱进，只要不离那个“善”字，随它变去，我都随喜。

2.
什么是大善

◎问：您在上海图书馆的一次演讲中说："如果十个人向我伸手，九个是骗子，只有一个人饿着肚子，那么，为了不错过这个饿着肚子的人，我会同时给十个人硬币。仅仅是为了不要让他们中间，真正饿肚子的人继续饿肚子。即使他是一个骗子。因为，骗子饿肚子的滋味和教授是一样的。"您这种施舍是否也是一种大善？

●雪漠：是大善。大善是自己的修为，跟施舍对象无关。真正的大善，应该是破除二元对立，并无你我的分别，是一种本然的状态。大善是对一种精神的敬畏和向往，继而付诸行为，用行为来影响自己的心灵，上升为一种信仰。善无大小，生活中往往就是通过一些小事、一些细节来反映一个人的心灵，展现一个人的精神高度。

◎问：我知道您提倡的善是站在全人类的高度而言的，具有醒世的作用。可我也知道，人类的历史，就是战争的历史、杀戮的历史。战争、杀戮、掠夺，从来就没有停止过。胜者王侯败者寇。您怎样看待这个问题？我是说，您提倡的善文化是否过于理想化？

●雪漠：是的。相对于黑暗，灯光确实太理想了。但要是没有灯光，人类又有啥希望呢？

（二）爱

1.
爱的基础是因缘

◎问：我爱上一个女孩，也为她倾注了许多心血，可她说内心欣赏我，就是不能接受我。我很痛苦，该怎么办呢？请指点迷津。

●雪漠：她在哄你。她并不欣赏你。真正的欣赏是接受。

◎问：最近我总在想，什么才是幸福？什么是爱？

●雪漠：幸福是愉悦和满足，爱是将那种愉悦和满足与人分享。

◎问：爱的本质是什么呢？博爱又是怎么来的呢？

●雪漠：爱的基础是因缘。博爱是一种大心造就的大因缘。

◎问：什么才是真正的爱情？怎么让爱升华成信仰？这似乎有点高难度。

●雪漠：真正的爱情是奉献，不是索取。学会奉献，爱便能升华为信仰。由爱亲人，而及众人，久久成习，遂成信仰。正因为难，我们才有了向往。

◎问：爱情虚无的年代如何找到真爱？有必要寻找吗？

●雪漠：你的心中有爱时，就有爱了。爱在心内，何须外寻？

◎问：现实中，很多人在可以选择时不懂爱，在不能选择时才懂爱，这似乎是人生的悖论。如何超越这个悖论？

●雪漠：确实是这样。当不能选择爱的时候，就选择信仰吧，信仰是大爱。它可以相对永恒。

2.

小爱有“我”，大爱无“我”

◎问：人没有爱会死啊！您认为爱可以成为信仰吗？

●雪漠：没有爱的人，从来就没活过。爱升华之后，就会变成信仰。

◎问：小爱能升华为大爱吗？大爱的意义又是什么？

●雪漠：小爱有“我”，大爱无“我”。大爱是让更多的人也能分享那种“无我”的爱。

◎问：如果没有苦难的推动，小爱是否能升华为大爱？这种升华是不是都要经受痛苦？

●雪漠：不一定。真正的苦难，是心灵成长时需要的一种自己不愿接受的经历。

◎问：信仰是有些人在生活中必不可少的，我曾经把爱情当作信仰，可是感情破裂了，好像信仰就不见了，到底信仰是什么？一个人的信仰是可以改变的吗？

●雪漠：大的改变是无常，有得必有失，有聚必有散，有生必有死，有福必有祸。万物离不开生老病死、成住坏空。小的改变要从自己的心上找原因，别老是埋怨世界，要是你真的值得人爱的话，你赶都赶不走你的爱；要是你不值得人爱，你锁也锁不住你的爱。

◎问：爱的愿力可以无边，所为却是有形。当爱的行为不被受用时，这爱，就是孤独的自我消遣、自我安慰。若不求功德，那么与自我的独自清净，何异？

●雪漠：我提倡的爱是清净之爱，是慈悲的另一种表述，不是世俗男女的肉欲热恼之爱。前者无我无执，后者却有强烈的占有欲。

◎问：女人追求的超越，是情欲的一种变异吗？是什么变异？

●雪漠：爱情是情欲升华后的产物，它也是一种正面的变异。

◎问：“超越孤独，让爱升华为信仰”，您在现实中做到了，还是在书里做到了？

●雪漠：我先在书中做到了，然后也会在现实中尽量做到。我不一定实现自己的目标，但我肯定是有向往的。

◎问：爱情和修行是冲突的吗？

●雪漠：不冲突。修行是大爱呀。

◎问：如果一位行者能将自己修行的精华结合现实生活，为世人展现，即使写男女之爱也不会落入污垢之渠，而是在唤起人们心灵深处的纯净。但做到这一点，好像很难。

●雪漠：是的。虽然难，但却不是不能实现的。

◎问：请问我们应该如何理解禅与爱之间的关系呢？

●雪漠：禅是安详的爱。

◎问：禅中有一种大爱，这种爱是一种智慧观照下的爱，是生命平等的爱，这种爱与您的小说《西夏的苍狼》中黑歌手唱的大爱是同一种爱吗？

●雪漠：禅中有大爱，智慧观照之，平等更安详，无忧亦无苦。随缘皆顺境，触目成净土。何时心有禅？当下笑嘻嘻。

◎问：大爱要有大慈悲，凡人因为累世的习气丧失了慈悲心，只有通过现世及后世的修行才可明白。没有修行意识的人，又该如何培养自己的慈悲心呢？

●雪漠：先爱自己的父母吧，然后像爱自己的父母那样去爱别人。

◎问：每个人都不同，每个家庭都不同，每个人所处的环境也不同，这些条件都会限制人的成长，限制爱的程度。越是动荡不安的年代，爱就越少，因为要自保。比如战争时期和“文革”时期，爱是有条件的，那个年代的慈善是在作秀。当今社会只有自己好，家庭好，才有能力去拓展爱的范围和程度。人性中有善良的一面，也有自私、不好的一面。

●雪漠：是的。人类的善，要由近及远，由亲人推及社会。

◎问：您认为这世界上真有大爱吗？几乎所有宗教都说自己是大爱的，可到头来，却并不是如此！很多宗教都将不信仰自己的人看成异教徒。比如，墨子提倡兼爱，却非儒；基督教教导人要爱仇人，却还是不能容忍不信仰上帝的人；佛教说慈悲，可也不度无缘之人。您怎么理解大爱？

●雪漠：大爱是一种境界，无缘大慈，同体大悲。但佛教又强调缘的重要，因为佛教尊重每一个个体。佛教不像美国那样，强行将自己的某种文化以“强暴”的形式推销给别人。所以，佛教虽有大爱之心，但不度无缘之人。这里的缘，是一种接纳和选择。

（三）快乐

1.

不同的心境，有不同程度的快乐

◎问：什么是快乐？

●雪漠：真正的快乐不随条件的变化而变化，有条件的快乐，不是真正的快乐。真正的快乐取决于心灵的明白与否。

◎问：快乐有很多种，有的快乐延续的时间长，有的快乐延续的时间短；有的快乐过后是空虚，有的快乐过后是烦恼。那么，快乐的本质是什么？

●雪漠：快乐的本质是知足、明白和感恩。要知道，相对于那么多已经死去的人，活着本身就应当快乐；相对于那么多生病的人，健康本身就应当快乐。

◎问：为什么快乐过后常有一种失落感？快乐的意义到底是什么？我们到底如何才能真正地快乐？

●雪漠：有失落感的快乐，不是真正的快乐。快乐的意义就是快乐本身。真正的快乐，源于心的明白和知足。

◎问："快乐"是个很笼统的词，有人认为是满足，有人认为是得到，有人认为是看破，有人认为是放下。那么，快乐是一种稍纵即逝的感觉，还是一种豁达的心境，抑或是如如不动的智慧？

●雪漠：心不一样，快乐便不一样。我认为的快乐，是一种豁达的心境，也是一种如如不动的智慧。

◎问：在豁达与如如不动的心境中，才有真的快乐，对不？

●雪漠：真正的快乐，其实已没有快乐之相。追求快乐者，定然不快乐。有快乐之相者，也一定不快乐。

◎问：按我的理解，究竟的快乐是没有反面的。

●雪漠：是的。真正的快乐是没有分别心、没有二元对立、没有追求的，只要能安住于本体的智慧，便是大快乐。

◎问：老师，信仰能带来真正的快乐吗？

●雪漠：信仰带不来真正的快乐。快乐跟信仰无关。快乐是你自己的事。你的心明了时，快乐便来了。

◎问：让自己快乐和让别人快乐，哪种更重要？

●雪漠：一样。别人也是你。

◎问：不快乐的原因很多，快乐的理由是什么？

●雪漠：快乐的理由是我们还活着。等我们死了时，就很难快乐了。那乐与不乐，其实都是一种情绪。它们的本质跟梦一样。

◎问：快乐是因为无欲，还是因为欲望得到满足？

●雪漠：快乐无欲亦大欲，大欲之内却无欲。修得欲中无欲时，便有快乐妙消息。

◎问：我常想，人是否真的需要悟？迷着的人其实也有他们的快乐，我觉得他们就像小孩子，小孩子的世界是开心、快乐的，有憧憬，也有幻想。悟者像大人，他们走过孩子没走过的路，他们看懂了世界的真相，但真相往往让人失望。我的看法浅薄鄙陋，望您指点。

●雪漠：悟者的快乐不依条件变化，迷者的快乐受制于条件。所以，只有悟者，才有恒常的快乐。

◎问：何谓明白？为何非要探究明白？看破红尘，看明白人生，难道不会很无趣吗？单纯活得快乐不好吗？

●雪漠：明白才是真正的快乐。对于“明白”，不同的人有不同的解释，一言难尽。这说明谁都有自己活着的理由。认为自己“太过明白”的人，实质上是一种不明白，所谓过犹不及。

◎问：每逢新年，大家都在祝别人快乐，“快乐”似乎成了一个公共词汇。其实，很多人并不了解真正的快乐是什么，他们说的多是俗乐。您更希望大家能得到一种怎样的快乐呢？

●雪漠：大快乐是清净之乐，而非欲望之乐。前者源于心灵的明白，后者只是感官的满足。

◎问：很多人将改变命运、追寻自由和幸福的希望，都寄托于外部条件，如金钱、名利，或政策、法律等等，认为有了这些就有了一定保障。但现在的物质生活确实提高了，现代人却陷入更深的苦恼和精神危机之中。您作为一名作家，怎么看待这一现象呢？

●雪漠：快乐源于心灵的明白，不假外求。所有外求者，皆会热恼熏心。海水是不能止渴的，欲望也不可能叫你清凉。

2.

求得太多，才会不快乐

◎问：生活不如意时，你拿什么来强悍，又拿什么来感叹呢？

●雪漠：因为你求得太多，才会不如意。

◎问：您如何看待忧郁症患者？

●雪漠：那是他考虑太多了。选中目标后再不考虑，只是去做，就不会忧郁了。老是考虑，老是不做，老是失望，老是埋怨，就成忧郁症了。

◎问：不快乐是否因为不能接受世界的无常？

●雪漠：是的。要学会接受一切，要坦然地接受一切。

◎问：不明白的以苦为乐，与明白的无苦无乐，如何区别呢？

●雪漠：不明白的以苦为乐是无奈，明白的无苦无乐是智慧。前者定无常，后者可永恒。

◎问：快乐是破除束缚，自由飞翔，还是在束缚中如如不动、平静如水？

●雪漠：在智者眼中，自由便是如如不动，如如不动也能自由飞翔。束缚你的是执著，无执著便无束缚。

◎问：痛苦来自于我执？

●雪漠：痛苦来自于我执，更源于愚痴。

◎问：现在的快乐，披上了越来越多的外衣，越来越需要借助外力与外物，这样的快乐还是快乐吗？如何剥落这些外衣？如何让心真正地快乐？

●雪漠：借助外力的快乐，不是真正的快乐。放下一些功利和实用时，心灵才会发出真正的快乐光明。时下许多人的不快乐，其实是贪婪导致的。生存不需要很多东西，贪婪才使我们不快乐。

◎问：为什么大众在生活中，喜悦放松的时候很少，焦虑痛苦倒是应接不暇呢？

●雪漠：那是因为大家都有求。这个求是超越客观条件的一种贪心，当我们想到很多人已经死去，每一个活着的人就应该感到幸福。当我们看到很多人在经受疾病的折磨，每一个健康的人就应该感到幸福。

◎问：前几天看到一篇报道，一个名为雯雯的二十二岁女孩走了。她自小病魔缠身，从未有过正常人的生活。她拥有的东西不多，但她决定把自己的器官都捐出去。她说，这样她就没有遗憾了。然而，很多生活没那么艰难的正常人，死时却有很多遗憾，很多不甘。这是为什么呢？

●雪漠：因为他们都不想奉献。

3.

如何在不快乐时变得快乐

◎问：既然一切痛苦都起源于贪，怎样才可少些贪欲，多份清凉与快乐呢？

●雪漠：放下除了基本生存之外的所有贪欲。

◎问：当我们的欲望起来时，怎么去战胜它？

●雪漠：要明白，一切欲望都像梦一样，很快就会过去。它们仅仅是一些很快就会消失的念头，不要执著。

◎问：无非是一种念头，注视它，看明白了，它自己就会消散。是这样吗？

●雪漠：是的，所有的执著，仅仅是一种念头而已。只要明白这一点，用智慧观照它，它是很快会消失的。

◎问：我们如果放下了欲望，还会去追求梦想吗？还有事业心和动力吗？事业心和动力，不也是欲望吗？

●雪漠：真正的事业心和动力，是利他，欲望仅仅是利己。

◎问：那我们就要把自己忘了、丢了，成为一个时时、事事为他人的人吗？难道自己存在的意义就是为别人做事？

●雪漠：既利己，又利他。利他是最好的利己。

◎问：追求快乐，会不会成为一种执著，一种枷锁，一种更难破除的障碍？

●雪漠：那就不用追求快乐了，先快乐起来再说。

◎问：如何在不快乐时变得快乐？

●雪漠：扫清了心中的事。没事时，偷着乐。这样就快乐了。

◎问：如何扫清心中事？

●雪漠：心中本无事，何须去扫？

◎问：世界上还有很多连生存都成问题的群体，他们如何实现超越和快乐？比如当肉体承受巨大痛楚时，他们如何能超越，得到当下的解脱与快乐？

●雪漠：那些生存问题都没解决的人，往往才是真正需要超越的人。许多时候，肉体的痛苦也源于心的不明白。当你证得了当下的明白和快乐时，很多问题其实是很容易解决的。

◎问：老师，能不能告诉大家一个立马就快乐的绝招？

●雪漠：可以呀。先将你的不快乐拿来！我砸碎它，你便快乐了。

◎问：在人生中，我们会遇到很多不如意的事，很多事与愿违的事，在遇到之后，我们该怎么迅速快乐起来呢？

●雪漠：别理它，先笑一下。

◎问：我发现跟自己过不去是一件非常痛苦的事，那如何才能快乐呢？

●雪漠：为啥要和自己过不去呢？知否，世上还有许多人，想多活一天，都没法活了。

◎问：一个人烦恼困扰时，如何才能真正地快乐，真正地自由？

●雪漠：放下！简单、朴素、干净地活着。

◎问：我已饱尝生活的磨难和艰辛，想努力挣脱这张缠缚自己的大网，寻找一种真正的快乐和解脱，可有时却越挣越紧，力不从心。请问老师，我该怎么做才能真正得到心灵的快乐？

●雪漠：哪有啥命运的大网，别挣了！

◎问：对普通人来说，什么样的快乐是有益、健康的？

●雪漠：放下一切，不去执著。做而无做，精进做事，但不去执著结果。

◎问：当我自问为啥不快乐、为啥感到累时，其实我知道是因为自己内心有着或多或少的纠结与执著。我觉得，很多人都想放下，但很难放下，那过程就像自己与自己作战。如何尽快清除给自己带来不快的习气呢？

●雪漠：放下很难的原因是执幻为实。当你知道一切都注定会很快消失时，你放不下也得放下。

4.
既要明白也要训练，快乐才可恒常

◎问：在家人该如何学佛？如何得到真正的快乐？

●雪漠：在家先学会做人，再学会知足。知足者常乐。

◎问：修行中常提及正念，您理解的正念是什么？正念是快乐的法宝吗？

●雪漠：正念一言难尽，问你的上师即可。真正明白正念者，便明心见性了。

◎问：一些看破红尘走入苦修的朋友，陷入了更可怕的怪圈，越修越苦，越苦越修，像吸毒一般。我现在的状态就是这样，不知道自己到底该怎么办？

●雪漠：先找个明白的善知识。有了电流，灯泡就会发亮。光明一发，黑暗就没了。

◎问：有一段时间，那种无条件的快乐会弥漫在生活的各个角落，但有时又没了。请问这快乐和明心之后的快乐有何区别？

●雪漠：明心之后，那快乐便是你的了。有了电流，灯泡就亮了；电流一没，黑就会压了来。一定要让那智慧电流伴随着你。

◎问：我知道，不快乐的原因是有执著，放不下。请问，现实和终极梦想不能调和时，如何抉择？终极梦想的实现需要有固定的时间和行为，而《入菩萨行论》又说："身心俱寂静，妄念不生起。"如何解决在尘世中不能专修的问题呢？

●雪漠：现实和终极梦想不能调和时，我会抉择终极梦想。梦想的实现需要有固定的时间和行为。在尘世中要是不能专修，就不是修行，是自我安慰。

◎问：您常说当下的快乐。那么，如何将当下的快乐延伸到一天、一月、一年、一生？

●雪漠：这需要明白，也需要训练。修大手印便能实现这一点。

◎问：我坚信佛法可以带给我真正的快乐！

●雪漠：能带给你快乐的，不是佛法，而是你明白的心。

（四）孤独

1.

有时的孤独，是缺少向往与依怙

◎问：若感到灵魂的孤独，求助于善知识能解决吗？如何解决呢？为什么灵魂需要依怙呢？

●雪漠：可以解决。当我们看到黑夜中有一盏灯时，心里就有了希望。要是你的心里有了灯时，你便不会再孤独。有了依怙就不会飘摇不定。

◎问：我觉得“将爱升华为信仰，超越孤独”这句话太空洞了。具体如何才能超越孤独？

●雪漠：感到空洞的，是空洞的心灵，不是信仰。真正的信仰，是不会空洞的。先学会放下，然后才谈得到超越。

◎问：实践心灵的高贵与信仰，需要孤独的精神。下定决心，便不再张扬，只为实现目标而努力！

●雪漠：好好做你的事时，是感觉不到孤独的。当你觉得孤独时，肯定没有好好做事。我哪有时间孤独呀，我连老都没时间老了。所以，我一直觉得自己还是个孩子。

2.

没有孤独，就不能实现超越

◎问：很佩服您的写作能力。独处时，您能写出这么精彩的内容，是不是超越孤独后的一种境界？您现在还有孤独感吗？

●雪漠：是的。没有孤独，是不可能有超越的。孤独是智慧的前提。当我想将心中的明白塞入你心中而不得时，我就会产生孤独感。

◎问：您曾说："大丈夫立于世，不能依靠任何东西，不能依靠任何人，也不能依靠任何外物、外力，应无所凭借。"这句话是说给谁听的？听了去做的人又是谁？

●雪漠：此话是说给我自己听的，听懂者也是我，听了能做者也是我。所有能听、能懂、能做的人，都是我。

◎问：我很敬重您写作时长久经受的孤独，这种孤独对内心的改变，肯定很大。所以，才成就了今天的您，是吧？您是大孤独者吗？

●雪漠：开始有孤独，后来则没孤独，只有宁静。我终于学会了观察自己的心。我没什么成就，只是一个明白的平常人。我哪有孤独呀？我老是开心得偷偷笑呢！有人问我，为啥偷偷笑？我说，因为我一大声笑，人就会将我当成疯子。还有人将我当成魔，或神化我。都是大胡子惹的祸呀。不过，在许多外道眼中，佛陀也是魔；在资本家眼中，马克思也是魔。

◎问：任何时候，有光明就有黑暗，就如阴阳两极！

●雪漠：雪漠是一面镜子，佛见是佛，魔见是魔。各随因缘而解。

3.

大孤独者，大宁静

◎问：在您文章里有对孤独的赞美，您认为精神的最高境界就是自我吗？

●雪漠：真正的孤独非自我，而是无我。大家都有我，而大孤独者无我，故大孤独。

◎问：无我的孤独感是谁产生的？

●雪漠：无我的孤独是无我的智慧产生的。

◎问：那是什么智慧？您又如何实现平等？

●雪漠：大智慧便有大孤独，因为举世皆睡他独醒。此大孤独，是大悲悯也。大孤独便是大平等。自己已大平等，世人多分别心，故有大孤独。

◎问：那孤独的是您，还是众生？是您孤独了众生，还是众生孤独了您？

●雪漠：一样呀。大孤独时，已无众生和自己的区别了。大孤独还是你说的那种孤独吗？大孤独便是大宁静呀，明白不？我孤独吗？孤独者，是像吕洞宾说的那样，“独上高峰望八都，黑云散去月还孤。茫茫宇宙人无数，几个男儿是丈夫”。大风吹白月，清光满虚空，孤独也。

（五）女性

1.
我的好女人活在梦中

◎问：您的作品中创造了很多“好”女人，如兰兰、莹儿、月儿、豁子女人、双福女人等等。在生活中，您的身边有您心目中的好女人吗？

●雪漠：一次，我跟一位女性朋友聊天，她在寻找好男人，我说：“别去找梦。梦是找不到的，但可以创造。我的好女人活在梦中。我躲在没好女人的地方创造好女人，这便是我成功的秘密。”没人知道，塑造出那么多好女人的雪漠，身边其实是没有女人的。正是这一点，我才写活了那么多的女人。

不过，命运很有趣。在凉州，我很少能遇到好女子，但当我走出凉州，来到南方时，全国各地都有很多喜欢我作品的女性读者，北京、上海、广州、山东等地都有。她们都很优秀，积极向上，爱学习，爱思考，开拓进取，很有“大丈夫”气魄。她们向往大爱精神，很多都是文化志愿者，在阅读、研究我作品的同时，她们做了很多大事，比如举办文化论坛，组织访谈对话，编辑书报，弘扬传播大善文化等等，得到了社会和众多人士的关注和赞叹。

◎问：为何您的读者中女性占多数？是否女性更需要人文关怀？

●雪漠：因为女性更容易进入我的作品，更容易被感动。女性更关注心灵。

2.

女性最难过的一关是情关

◎问：纵观人类历史，在实践和传播真理的过程中，不管是在世间法还是出世间法方面，真正证得大成就的女性都寥寥无几，像奶格玛、司卡史德那样，一旦证悟即成就虹身者非常罕见。那么，现代女性最应该突破的是哪些方面呢？

●雪漠：女性最难过的一关是情关，情关难过，成就故难。过了情关，只要如法修炼，是很容易成就的。

◎问：在今天这个经济社会里，一些女人——包括女学生——或为生存，或抵御不了物质诱惑，不惜出卖身体。请问，这算不算文化的倒退？她们的尊严是什么？

●雪漠：是的，这是文化的倒退，但在一些人眼中，却是经济的进步。尊严是一个人文概念。在“经济学家”眼中，没有“经济”便没有尊严。

◎问：一个女孩在年轻时该怎样选择，才不会被俗气污染，不会变得世故？

●雪漠：别太实际了，心中永远保留一份诗意。

◎问：能解释一下诗意吗？

●雪漠：诗意是忘了实用后的一种陶醉。

◎问：忘记实用后的陶醉，岂不是不食人间烟火？成了席绢笔下爱做浪漫梦的少女？既然忘记了实用，就是非实用的。非实用的，还乐此不疲地陶醉，岂不是更需要寻找治疗心灵空虚的良药？

●雪漠：太实用的人，心灵是不可能飞翔的。

（六）家乡

1.

心中有依怙，无处不是根

◎问：我祖籍山东，出生在新疆，成长在温州，不知自己的根基在哪里。有时，感觉有点四不像，心里老是飘飘的。现在的城市里，有越来越多的人像我这样，是无“根”的。

●雪漠：真正的根在自己心里，它是心灵之根。心中有依怙，无处不是根。

◎问：这个时代，很多人往往会忽略家乡及地域文化对人的影响，这是什么原因造成的呢？

●雪漠：因为时代让许多人势利了。当家乡给他们带不来实际利益时，他们便会忘了家乡。比如，温州人是不会忘记家乡的，因为在他们眼中，家乡就等于一个巨大的财富背景。全球化的含义之一就是财富的无国界。

◎问：您怎么看待当前的社会变迁，以及一些城市移民？很多农家子弟抛下土地涌向城市，我认为应该对此有所观察，有所思考。

●雪漠：那“变”才是生活的本来面目。淡然处之，与时俱进。守住当守的根本，随顺时代之变。

2.

心一变，世上无不可爱的东西

◎问：或人或事或一方土地，若无先天的热爱，是需要努力培养感情，还是另觅感情?

●雪漠：真正的爱是发自内心的，无须培养或寻觅。寻到的肯定是造作。一寻，便有了功利；有了功利，便不是真爱。真爱，只需要等待。爱是人类永恒的主旋律。真爱很稀缺，人人都需要、都渴望真爱，但大多数人都只想得到，只想索取，不愿付出，或者希望自己投入少，得到多。生活是很公平的，一分耕耘一分收获，抱着这种心态，他是无法得到他所向往的美好结果的。

◎问：不爱却又不能离去，需要改变什么?

●雪漠：需要改变心。心一变，世上无不可爱的东西。

◎问：您在谈到对家乡的爱时，是不是也会恨铁不成钢?

●雪漠：会。我很爱家乡的老百姓，但有时也恨铁不成钢。这里的“恨”，是爱的另一种表达方式。托尔斯泰也很爱老百姓，爱他们的那种伟大和质朴，但有时也恨铁不成钢。

◎问：有人把城市比作水泥森林，暗喻人性的淡漠。您怎么看?

●雪漠：城市的灵魂，只对爱它的人展开。当你不爱它时，它是没有灵魂的。

◎问：若无灵魂，爱它什么？

●雪漠：比如，当你爱一个女孩时，她所在的城市就有了灵魂。许多时候，土地和城市会因某个人而精彩。因为，那个人是那个城市的灵魂，或者说良心。真正的灵魂，应该是大善的载体。

（七）文学

1.
真正的文学，需要敬畏与向往

◎问：目前的文学市场看似繁荣，但很物质化。写作成了非常实惠、功利的一件事。您怎么理解文学的功用化、世俗化、功利化？文学的精神品质又该如何提升？有人看了您的文章，感觉很虚，您怎么理解这个“虚”呢？

●雪漠：当文学成为谋利的手段时，就变得功利化了，那不是文学，仅仅是赚钱的工具，与灵魂无关。即使它打着文学的旗帜，也不是真正的文学。在经历了写作的“朝圣之旅”后，文学才可上升为信仰。但目前的作家，多将文学视为一种职业或情绪的发泄方式而已。那“虚”正是我形而上的追求，也即精神的追求，那是无用之大用，这正是人区别于动物的地方。

◎问：那您的文学是为了赚钱吗？

●雪漠：首先，文学能让我真正得到快乐、安详和精神的富足。有稿费当然好，没有也不要紧。有或没有，都改变不了我对文学的那种敬畏。不管别人是否理解，是否欣赏，我的内心必须要有这一方净土，这也是我写作的理由和标杆。

◎问：在流行快餐文化的今天，我们怎么才能取其精华去其糟粕，让文学滋养我们的灵魂呢？

●雪漠：当代文学很繁荣，但缺乏真正世界意义上的大作品。现代小说中多垃圾，看坏小说会让人变坏。所以，读小说，一定要读经典，不要看流行的地摊文学。

2.
只管创作，不问前程

◎问：有人说，未来的中国文学要从西部文化中汲取有益养分，您怎么看待这一点？

●雪漠：我只管劳动，不问前程。要是想得太多，我就写不出东西了。要是我的思想被时代搞乱，我就可能会变成混混。

◎问：每每看到四大名著的不断翻拍，我们就感叹中国当代快餐文学中，文化营养的严重缺失。您的力作又使我们看到了希望。您是否考虑将自己的作品拍成影视作品，以利更好地传播？

●雪漠：我也想那样。但我只能随缘。能拍影视也好，拍不了影视也好，都改变不了我的快乐。因为，作品一出版，就跟我没多大关系了。跟我有关的，是那颗不管拍与不拍，都如如不动的心。

◎问：您真能做到如如不动吗？

●雪漠：我不求真如如，但求趋如如。前如如是向往，后如如是实践。那实践的过程，便是大手印瑜伽。

3.

若见本来面，何处无真人

◎问：雪漠心学对当今文学有何意义？

●雪漠：好文学是雪漠心学的妙用。

◎问：佛学可以用小说来弘扬吗？

●雪漠：佛学不是用来弘扬的，是用来指导自己行为的。小说影响了行为，便有了意义。

◎问：小说用文学语言虚构故事，是不是妄语？

●雪漠：当然是大妄语呀。此妄非彼真，枉读《金刚经》。若见本来面，何处无真人？

◎问：请问导师，为什么我对您写的书不感兴趣，却对您说的话或您的主旨思想感兴趣？您能谈一下小说创作和结果是不是应该同时达到利益众生的目的，比如道德的赞叹、功德的随喜、真理的发现、精神的向往？

●雪漠：那是我跟朋友聊天而已。

◎问：您为什么把佛法融进文学呢？是否为了使世人容易懂？

●雪漠：没有呀。你才把佛法融进文学呢。我没有佛法，也无文学呀。我只是在跟自己聊天。佛法若有佛法相，便成世间呆学问。

◎问：作为一个文学爱好者，我很喜欢您作品中的心性投影，比如对生活、对人事、对世间的观点。一个作家具有这么深厚的素养，本身也是一种文化。这么多年之后，请问您现在是一种怎样的心态？包括对世间人与事物。

●雪漠：心境照万相，了然无牵挂。

二、书卷人生

（一）读书

1.
读好书可让人远离无知

◎问：我们为什么要读书？读书有何作用？不读书又有什么坏处呢？“尽信书不如无书”，您如何理解这句话？

●雪漠：读好书可治愚痴。治愚先治心，治心可改变命运。因为我们老是遇到坏书。不会辨别地信坏书，当然不如无书。

◎问：读书和心灵有直接的关系吗？

●雪漠：好书是心灵的营养，坏书是心灵的病毒。

◎问：学校里的读书和您所指的读书有什么不同？

●雪漠：学校的书是普遍营养，你自己要吃点“小灶”才好。

◎问：读书需要目的吗？读书与获取知识，与智慧有必然的联系吗？

●雪漠：读书得有目的，不能仅仅为了获取知识。读书得到的大多是知识，但悟了之后，知识也会变成智慧。

◎问：生活越简单越幸福，知道得越多，反而是一种负担。因为，对生活的思考多了，烦恼就多了。所以我认为，读书会给人增添一些烦恼。您怎么看呢？

●雪漠：不知“道”的快乐是愚昧之乐。知“道”后的快乐才是大快乐。读好书，就是先要叫我们知“道”。知“道”后，便能离苦得乐。

◎问：不读书心灵真的会死亡吗？怎么才能认定一个人的心灵已经死亡？要是连自己怎么死的都不知道，岂不是白活了？

●雪漠：许多人死了并不自知。自知死了的人，反而没有死。心灵的死亡是生活感受力的丧失，爱的丧失。心灵死亡的人麻木、无爱心、自私自利、不知利他。换句话说，就是只会爱自己，不会爱别人。

2.

读书如人生，必须有选择

◎问：现代人读书最缺少什么？

●雪漠：最缺少选择。许多人的读书，其实是在吸毒。

◎问：现在很多人读书都很功利，怎样读才能使自己真正理解其中的内涵？宗教经典原文难以看懂，后人的解读中，有的未及精髓，有的浮光掠影，有的只是拼凑。读者也很难选择。

●雪漠：首先选择真正的好书。我的经验是，各民族认可并传承下来的那些经典，大多是好书。我的读书，首选是各国一些著名的宗教经典。拼凑的好书，也是好书。

◎问：如何看待读书与经济基础的关系？您觉得，是书的定价高还是老百姓的收入低？

●雪漠：对好书来说，是不存在定价问题的。相对一瓶高档香水，再贵的书也很便宜。这要看你选择啥。

◎问：随着网络的发展，网上阅读率变得越来越高，没了以往拿着书阅读的那种感觉。自从有了网络，书似乎与人的生活渐行渐远。有时会觉得自己越来越空虚，也越来越失去耐心。究竟该读哪些书，才不会让心灵死亡？

●雪漠：只要内容好，我也愿意在网上阅读。多请教一些有知识的老师。他们会告诉你该读哪些书。多选择对心灵有益的书。我最喜欢中国古代的经典，像《老子》《庄子》，我在很小的时候，就背会了它们。读书要针对心灵的需要，要学以致用，但这用是大用。每个人都知道自己的心灵需要什么，你就读那心灵需要的。

◎问：何时读书最让人深刻牢记？曾在电视节目里听一位作家嘉宾说："要读一些读不懂的书。"不解其意。这些书读起来应该很累。您能站在作家的角度解释一下吗？您喜欢读哪类书籍？

●雪漠：无论人生的任何阶段，都有需要读的好书。记不记得住不要紧，只要去读。就像我们吃饭，无论记不记得住，那营养总是会得到的。读不懂其实是一种高度。跳高训练，一定不要在门槛上跳来跳去。要为自己设计高度和难度。读书亦然。哪怕累也好。读好书总是很累的。如同登高山很累一样，登山多了，脚力就健了。读书也是这样。我喜欢读大文化的书和宗教书。如佛经、《圣经》《古兰经》之类。我在跟那些大师的对话中，才一天天长大了。

◎问：您的作品一贯表现出一种大气的境界，是否和您本人身上的一些特性有关？时下的中国人很功利、很浮躁，很少有人能每天抽出一点时间来读书，但我每天无论怎样，必定抽出一小时到一个半小时来读一点书，而且涉猎很广。正所谓开卷有益。想问您怎样选择书？又怎么来读书？

●雪漠：我首先选择不读会感到遗憾的那本书。对此书，我会一遍遍地读，直到全部消化吸收。读书要读那些对人生有益的书。我首先选中外经典，然后选大文化类的书——如宗教，小说只看经典，几乎不读时尚流行的书。一天里，我除了正常吃饭外，禅修花的时间最多，然后便是读书。写作反倒是阶段性的，一本书集中在某个阶段写完。读书几乎占了我生命的四分之一。

◎问：读者没有达到圣人、大师的高度，该如何辨出著作的境界高低，及其见地是否究竟？生活在俗世，只读心灵需要的书，够吗？

●雪漠：别管究竟。你只要在读书时觉得自己一天天爱他人了，自私少了，仇恨少了，埋怨少了，那便是受益了。好书如好人，要十分珍惜它。读心灵方面的书，这其实也够了。每个人能做好自己，就是对人类最大的贡献。

◎问：步入中年之时，在完成家庭、社会等方面的义务外，读书的时间总是很少，在这有限的时间里，应该读哪些书为好？就读书而言，最重要的是什么？书能陪一个人走多远？

●雪漠：选一本能真正滋养心灵的经典，认真读透它。别图多，只求精。重要的，是学以致用。学了，就会有感悟；有了感悟，就要有行为。不能改变自己行为的读书，是没有用的。学了一点，就要用一点。读了好书，重要的是去做，而不是想。只要是好书，人能活多久，它就能陪你走多远。

◎问：读书若无明师的指点是会走很多弯路的，有时真的是“与君一席话，胜读十年书”。如何获得正知正见？如何做到不读死书，不被书埋去？读不属于自己年纪该读的书，是否是一种浪费呢？

●雪漠：找个会读书的人当老师，跟他学如何读书。读书如补充营养，无节制、无目的地胡吃海喝，有时也会吃坏肚子的。

3.

如何选择好书

◎问：能否给我们开个读书单子？

●雪漠：先读《老子》《庄子》，慢慢旁及其他经典。不读老庄书，枉为世上人。

◎问：《老子》《庄子》是最不易读懂的书，为什么要从它们开始读呢？

●雪漠：先上山顶，再窥万象。当我们蹲到井底时，看到的只可能是蛤蟆。比老庄更值得看的书，便是《金刚经》。

◎问：《金刚经》我最初看不懂，但喜欢听人诵。老师最初及后来是如何读《金刚经》的？

●雪漠：开始为我自己诵，后来便为别人诵了。真正能为别人诵经时，才算看懂了《金刚经》。

◎问：我看书偏科偏得厉害，喜欢读历史政治类书。有时想开阔视野多看看别的书，但往往看不了几页就不想看了，您怎样看待这个问题？

●雪漠：我正好相反。我喜欢看不同领域的书。当你真的有了包容之心时，就会包容其他领域的书。

◎问：您的书，关注的是人类的终极问题、整个生命的意义，可以说是一步到位，直达灵魂，具有世界性、普世性的意义。有朋友说，多读其他思想家、哲学家等等的大作，然后才能理解您书中的思想和文化。我自身的感悟是，先读您的书，吃透了精神，再去涉猎其他作家的书，似乎更容易一些。您怎么看呢？

●雪漠：一样的。殊途同归。去罗马有不同的线路，也有不同的交通工具。

◎问：读书不等于进学堂、啃文字，也不局限在书本里，社会就是一本大的百科全书。“大漠三部曲”里的老顺也许没读什么书，但他是一本活生生的教科书。请问雪漠老师，您说不读书心灵就会死亡，是指不吸纳善的营养，就会因营养不良而加速走向死亡吗？

●雪漠：是的。善是人一生必需的营养。

◎问：请问您对村上春树有何看法？

●雪漠：他有着很好的、能让人们喜欢他的能力。

◎问：怎么看印度人克里希那穆提的“冥想就可以找到爱”？

●雪漠：那是一种自救的方式，但代替不了读书。

◎问：请问您对雷蒙德·卡佛、海明威这些作家怎么看？

●雪漠：他们都是好作家。读他们的书可以让我们多一种生命感悟。

◎问：我是个小女生，最近《金瓶梅》很热，也迷上了。《金瓶梅》是好书吗？

●雪漠：我看是好书。你看就不一定是好书了。

◎问：为何您看可以，其他人就未必？

●雪漠：因为，我看到的，是它的好。别人看到的，可能是它的淫。净眼观物，无物不净。净心对世，无世不清。

◎问：老师说的好，又在哪里？

●雪漠：好在它能激活我心里更美好的。好书激活的，定然是你的美好感情。

◎问：《金瓶梅》激活了老师心里哪些更美好的？

●雪漠：对人性和社会的洞察。

◎问：有一本好书叫《我与你》，作者马丁·布伯说：教育的目的非是告知后人存在什么或必会存在什么，而是晓谕他们如何让精神充盈人生，如何与“你”相遇。但这本书翻译得非常晦涩。请教老师，您怎么看“与你相遇”？您的书，是否可看作“与你相遇”的一种方式?

●雪漠：是的。“你”是另一个“我”，是我向往的“我”。

◎问：有些书很有吸引力，读后能产生心灵共鸣，很清凉，这是否缘分的作用?

●雪漠：是的。书是一种缘，你的书也在默默地等着你。当你找到它时，也便得到了你生命中的“贵人”。你的命运会从此改变。

4.

用眼睛和心灵一起读书

◎问：从小到大我一直都很喜欢读书，也受惠良多。随着阅历的增加，发现有些人没什么文化，学历也不高，读书不多，但很聪明，事业也很风光，讲出来的话，还真不是一般读书人能比的。即使这样，我还是觉得读书很有意义。但读书带给一个人的究竟是什么呢?

●雪漠：读书能让你读书。别管它能带给你什么。当我们带着做生意的心读书时，就不是读书了。

◎问：人常说“江山易改，本性难移”，读书能改变人的本性吗？因为只有改变了本性，才能改变命运。

●雪漠：是的。读书为变心，心变则命变。

◎问：命由心造，而此心，是否由业定？好比，喜不喜欢读书，能不能碰到好书，是否愿意聆听善知识的教诲，从某种层面上来说，也是一种定数吧？

●雪漠：定数是死了的心的程序。活的人可以造缘。心变则命变。

◎问：书是人类进步的阶梯。那么，怎么养成读书的好习惯呢？

●雪漠：习惯是可以养成的。每天读几十分钟，开始时需要强迫，三个星期之后，就会习惯了。

◎问：该用怎样的心态去读书呢？很多时候，工作和生活都会影响自己的心态，心态摆不正时，就不想读书。这是为什么？我真的很迷茫。

●雪漠：迷茫源于不读书。多读好书，就不会迷茫了。

◎问：读书，我们真正要学的是什么？您是否也利用网络，学习与补给所需营养？

●雪漠：学的是让我们明白、快乐的知识。我也上网，网络给了我最大的资源。网络本身没错，看你如何选择它。心灵的需求和选择决定你上网的效果。

◎问：古人说："读万卷书，行万里路。"读书和走路哪个更好呢？

●雪漠：读书更重要。我们可读前朝书，但不可能走前朝路。书可传承千年文明。

◎问：有两本书可读，一本是文字书，另一本是社会之书。哪一本更重要？历来先哲都强调“读万卷书不如行千里路，行千里路不如阅人无数，阅人无数不如名师指路”。当书中精神与现实中自己的思想相冲突时，我们该如何平衡？

●雪漠：先读文字书，兼读社会书。二者本一体，何必分东西？不同的人，有不同的读书。一灯窥破千年暗。若是得遇善知识，胜过人间万卷书。学习书中精神，同时还要学会随顺世间法。

◎问：读书容易，可怎样才能真正读懂书中的内容呢？心神合一的境界不容易达到。

●雪漠：读书不仅仅用眼睛，更要用心灵。除理解外，还需要感受和品味。

◎问：周围诱惑太多，无法静下来读书，怎么办？现实生活中结识不到爱书的人，真的好孤独。是不是读书人其实都是孤独的？还是我索要得太多了？

●雪漠：先静心。拒绝欲望，再好好读书。真正的读书是从学会拒绝欲望开始的。否则，你根本进不了好书的世界。你也许仅仅是寂寞，不是孤独。真正爱读书的人，是不会孤独的。

◎问：为什么一些人的读书只能读到表层，往往忽略内涵？

●雪漠：那是你没往更深处挖掘。深度的阅读需要生命的热爱，也需要灵魂去感受。有些不读纸质书的人，可能会读另一种书，会有另一种读书方式，比如有很好的良师益友。有时，与君一席话，胜读十年书。这便是善知识的重要。

5.

别去干涉世界，只管享受读书

◎问：读好书可以治愚痴，可真正愚痴的人从不认为自己是愚痴的，他们不会去读书，更不知道什么是好书！怎样才能让这些人有所改变呢？有诗云："书到今生读已迟。"您怎么理解？

●雪漠：别管别人，先管好我们自己。当我们每个人都管好自己时，世界的气候就会慢慢改变。其他"物种"也会慢慢进化。既然知道迟了，就马上读吧，还来得及。

◎问：我也觉得不读书就等于心灵死亡。读书和上学受教育是两码事，停止这一状态的终点是肉体死亡。经常读书却被他人警告说小心自闭，听者可笑。您怎么看待？

●雪漠：叫他们笑去吧。你只管读你的好书。静对好书寻乐趣，闲观云物会天机。

◎问：唉，就说我身边吧，一个二百多人的小单位，几乎无人读人文类书籍，有钱有闲只是物质消费。照这样推算，有几个中国人算是真正活着？一个人若把时间花在毫无功利性的读书上，在绝大多数人看来，就绝对是个疯子。这种状况何时能改变？

●雪漠：别管世界。我们只做好自己的事。改变自己就是改变世界。眼看得太多时，心就会乱的。你只管看住自己的心，做好自己的事。

◎问：以前说“万般皆下品，唯有读书高”，可见中国传统很重视读书。但所谓“士农工商”，现在却倒过来了，为什么？

●雪漠：也没有倒过来呀。你那样认为，是因为你倒过来了。

（二）写作

1.
写作是一种活着的方式

◎问：请问写作是您的全部吗？最好的学习方法是什么？

●雪漠：不是全部。写作只是我活着的一种方式。三人行必有我师。生命不息，学习不止！

◎问：如果不写小说，您在空闲时一般做什么？如果除了读书、写作，什么都不做，经历会不会太少了？是不是意味着生活质量在下降呢？

●雪漠：我没有空闲时间。我的经历也不少。我的心灵可以进入任何时空，它远比现实世界更精彩。

◎问：请问您是如何在保证生计的情况下，挤出时间写作的？在我看来，这简直太难了，特别是在这样的经济时代。略萨不相信世上有职业作家，因为他觉得写作不可能养活自己，只能当爱好。

●雪漠：我是放下一切来写作的，但我不一定为了当作家。写作只是我活着的重要方式。我没有刻意追求成功，我在享受生命的过程。只要能吃饱肚子，我总是要写作的。这时代，吃饱肚子其实是很容易的事。除了生存之外，我没有求别的，所以我才有无穷的时间。

◎问：从文学青年成长为作家的过程中，您收到过退稿吗？假如稿件被退回来的话，您会不会有挫败感？

●雪漠：我老是收到退稿，每收到一次，我就有可能重写一遍。我的《大漠祭》就是一遍一遍地重写，写了十二年。但我不觉得这是苦难，也不觉得我在这十二年的生命中遇到过什么挫败。我只把它们看成一种宝贵的生命经历。

◎问：您花二十年的时间写就《大漠祭》《猎原》《白

虎关》，是什么力量让您能如此沉得住气、耐得住寂寞呢？

●雪漠：我是在享受，并没有耐呀。

◎问：为什么在您的所有小说里，人物都用相同的名字？

●雪漠：因为我用二十年时间写的是一家农民。

◎问：您生命中的重要转折点是在什么时候？

●雪漠：我在三十岁时，开始从喧闹的世界，走入宁静的小屋。

◎问：您花费二十年写的作品，读者花几天就读完了，为何您还感觉很快乐？

●雪漠：因为时间和那快乐一样，都是一个巨大的幻觉。看破这一点时，才会真正地快乐。

◎问：您的作品大部分是对生活中苦难的描写，对死亡的体验，在您的生命意识中，除了这种苦难和体验，有没有别的东西？

●雪漠：苦难和死亡仅仅是我作品的内容之一。一个作家是一个世界，一部好的长篇小说也是一个世界。《大漠祭》也罢，《猎原》也罢，《白虎关》也罢，其中的人物有他们各自的快乐，但小说整体却是一种苦难。这种苦难是一种命运的苦难，是无法摆脱的苦难。这苦难本身，却构成了一个世界。我书中的人物有快乐，有苦难，但我作为创作者，却很平静。我仅仅是将我心灵中的世界，展现在世人面前而已。

◎问：方言的表现力是不是很大？

●雪漠：我写作时，根本感觉不到我在用方言。那时，我的心中没有语言，只有感觉。因为人物活了，他们既然是这块土地上的人，必然会用这块土地上的语言说话，于是我的作品中才出现了方言。作家应该有语言训练，但一个作家如果在写作时过分注意语言，他的创作可能就失败了。语言是训练时注意的，写作时不要管语言。文学的训练在很大程度上是语言的训练，我用了十多年的时间来训练语言，到了写作时，我对语言的运用已达到了自然流淌的地步。

◎问：您常说“自然流露”，我们可以将其理解为佛家所说的妙用境界吗？

●雪漠：是的。好文源于自性，不假外求。

2.

我是一缕风，随缘潜入心

◎问：我看了您的小说后，感觉您的文字朴实简单，幽默诙谐，让人高兴得合不拢嘴，就像一只能让读者欢喜的狮子，率性而自由。对此您有何感想？

●雪漠：我是一缕风，随缘潜入心。

◎问：我觉得老师的作品能这么让人感动，非常重要的就是那份真实和朴实的美。您不争取走入世界殿堂，是不负责任的。

●雪漠：是的。真实和朴实是文学的生命。没有真实和朴实，就没有伟大。我爱文学，是因为它能给我带来快乐。仅此而已。我从来没有想过要争取什么，获得什么。我仅仅是做好自己该做的事情，做好这个过程，至于结果如何，那是上帝的事。

◎问：您的作品很大气。虽然写的都是小人物，但却能展现出一种大格局、大方向、大主题。而今的文学作品为什么普遍显得小呢？

●雪漠：小中见大，壶中有世界呀。

◎问：您的书里加了什么？为啥好多人都看得那么入迷，而且几天不看就觉得心里很空呢？作品怎样才能感动人？您经常读自己的作品吗？

●雪漠：我在书中加了“爱”。作品先感动自己，才可能感动读者。我既是在写作，更是在修炼，也是在生活。我经常读自己的作品，而且常会被自己的作品感动，进而原谅自己的一些毛病。

◎问：凡是真心读您作品的人，都能参透、读懂并升华自己吗？

●雪漠：我只是在完善我自己，要是能感动并升华别人，当然更好。

◎问：在我有限的阅读中，读过诸多文学家、思想家、哲学家等人的著作，我发现，大多数大师对人类都有点悲观，但在您的著作中，我自始至终读到的，都是乐观、信心、力量和希望。虽然您的小说，写的仍然是悲剧。

●雪漠：因为喜也罢，悲也罢，结局都一样，何不快乐清凉。

◎问：您的小说一直有种悲天悯人的情怀，读后让人心中震撼，这与您的宗教修炼有关吧？请问您修炼的目的是什么，您写作的意义何在？

●雪漠：修炼目的，是活得更明白、更自在、更清凉；写作的目的，是为了传递那种明白和清凉，实现自己想实现的价值。要珍惜生命，生命说不定在啥时会消失。所以，要在有限的生命里，尽可能地多做些有益的事。

◎问：你的人生境界很像《红楼梦》中那首《好了歌》的宗教境界，凉州贤孝和大手印文化也侧重对人类宗教精神的拯救。宗教是一种自然现象，也是每个人探索究竟人生的法宝，每个人都能在空性学说中得到灵魂的升华和赞美。这也是您所向往的吗？

●雪漠：我只向往我们每个人都比前一刻好。

◎问：小说就像是大地上的黄金。佛说大地是黄金，可在现实中挖金子时，往往使出愚公移山的力量，才能发现一点点值得向往的东西，不足以塞牙缝！在黄沙中，更多的是吸取没有甘露的教训，反省过去的悲剧。整个人生就是一部小说，结果和过程都是对善文化的表达，愿忘记该忘记的历史仇恨和侵略，更多地赞美未来！这句话在您的小说中有意义吗？

●雪漠：无意义。意义是读者自己设定的。他们需要什么意义，便产生了什么意义。

◎问：内心这么宁静、澄明的您，怎么能写出感情如此激荡的书？我看完后内心很震撼，久久不能平复。

●雪漠：因为，我的心中涌动着大爱、悲悯。语出真心，打人便疼。

3.

放下，学会去爱，再谈如何写作

◎问：名利对作家来说，是利大于弊，还是弊大于利呢？太出名了，比如得了诺贝尔文学奖，写作就会受到干扰。更可怕的是，作家的心可能从此散掉，写作止步。所以写书的人多，但写上一辈子的，并不多。假如一直写，从未获得肯定，也会影响积极性。那么，名利这东西，又该如何平衡呢？

●雪漠：肯定是别人的事，名利是别人肯定你的一种方式。最重要的是，你自己是不是真的写出了好东西。是好东西，埋不了。一些作家写了垃圾时，别人照样喝彩，但这种喝彩是垃圾的喝彩。

◎问：自我的捆绑使我的写作难以找到灵感，只能模仿。如何才能逃出这个圈套？心中有大视角、大抱负，也有独特的合理解释，怎么才能发挥这些东西，写出好文章呢？

●雪漠：放下一切，放下心头的执著。但也需要一种生命体验，没有生命体验不行。

◎问：写作时，我的感觉为什么老是中断？

●雪漠：定力不够。我写作时，如和尚打坐那样，盘了腿，可以从凌晨三点写到中午十二点。这九个小时中，我脑中没有一点杂念，甚至没有文字，只是文章自己在往外涌。我写人物时，自己就变成那人物；写大漠时，自己就变成那大漠。写啥时，我就会变成啥。他们都是活生生的，嬉笑怒骂，活在我的身边。这时候，如果你分心了，感觉就会中断。比如，男的想起了女朋友，女的想到了男朋友，开始心乱如麻，写作的感觉很快就没了。

我告诉大家，灵感是很快就会消失的。有灵感时，要一口气写完它，不要中断。有人也许会认为，等一会儿它还会出现的，错了，等会儿出现的，是另外的灵感，不是这个了。

◎问：作为一个文学爱好者，如何做好写作准备？

●雪漠：写作准备不过四点：一是多读书；二是不停

地写；三是到处跑，多跑些地方，多接触些人；四是瞅中一个目标，不停地走。但你首先最该去做的事情，是学会爱，做一个真正活着的人，再谈别的。

◎问：如何才能让自己更好地投入创作和实际生活中去呢？

●雪漠：每天做自己该做的，别管其他。至于生活，随缘就好，活着就好。好多人都没法活了，你还有啥不满意的？你想想那些处在战火中的人们，想想那些得了绝症的人们。

◎问：总觉得读书和写作与修行、上课的时间有点冲突，怎么摆平？

●雪漠：先修行。等智慧上顿悟之后，真心会流出万法。

4.
不同的写作有不同的意义

◎问：如何区分文字工作者和真正对人类有益的作家？好作家的标杆是什么？

●雪漠：文字工作者只是一种职业，可好可坏，可善可恶。真正对人类有益的作家却是火炬。好作家能带给读者灵魂的清凉和快乐。

◎问：自己努力创作认为非常优秀的作品，在别人看来却平淡无意义，您觉得主要是什么原因？怎么才能很好地改善？当代作家中有您喜欢的吗？

●雪漠：没办法，众口难调。我尽力便是了。我喜欢肉体死去后仍然活着的作家。

◎问：请您谈谈西北作家与沿海作家写作风格上的区别及利弊。在您看来，沿海作家的写作风格是否太过阴柔了？

●雪漠：我觉得西北作家的优势是生活，沿海作家的优势在于技巧。我们很小的时候在放马、做牧童，他们在家里背着唐诗宋词，所以，我们在文学技巧方面起步晚。我觉得，他们有很多地方值得我们学习。如果一个人把后者的灵气和前者的大气结合在一起，就能写出更好的大作品。在我看来，一个作家只要真诚就够了，不要管他是阳刚还是阴柔。

◎问：您在《初心》里说："我写作用的是这个真心。"该怎么理解"妙用"呢？比如，在这个访谈中，您的话语总是源源不断，随即而来，直指人心，也令人耳目一新。

●雪漠：我的写作，便是真心的妙用呀。

◎问：您曾说读书能生起妙用，选一门类的书，一门深入，扎扎实实地读透它，文字背后的思想、精神、文化、营养就能慢慢渗透到生命中去，继而能磁化人生、完善人格、改变自己的心性，终而改变命运。请问证悟空性的成就者与没有证悟者写的著作，区别在哪儿？

●雪漠：证悟空性后的写，是自性的流露；未证空性后的写，多是理上的说教。前者传递智慧，后者传授知识，皆有意义，不可偏废。

◎问：现在有好多作家在传播自己的思想时，多选用能为大众接受的方式，其题材也多围绕城市，这似乎成了当下的主流。而您，却写着遥远的西部。也许会有一些老百姓接受您写的东西，但现在，随着社会的发展，会有越来越多的人涌向城市，壮大上班族的群体。那么，您是否会在将来的创作中，以上班族能接受的方式，来展示您的思想呢？

●雪漠：这个时代写城市生活的人太多了，也不缺我一个。你看看目前的书市，到处充斥着“阳春白雪”和“巧克力男女”，充斥着暴力和情杀，但这些作品写的真是城市生活的真相吗？同样关注城市，我的关注点在于人性，在于人类的灵魂和信仰，这是西部文化独有的。

我一直想在东西部之间搭建一座桥梁，将东部先进的传播理念与西部的超越文化连接起来，也一直在寻找合适的载体。这就是《西夏的苍狼》的创作初衷之一。我想通过一个东部女子寻找苍狼的故事，写出我对这个时代的种种说法。这部书一出版，就给很多读者带来了巨大的震撼。

◎问：我明白您的意思，您打算在您这个领域里一直挖下去，不想换另一种领域，比如描写城市生活。您觉得西部生活非常有价值，而且挖掘不尽。

●雪漠：不管写西部农村，还是写东部城市，本质上都一样，都是书写人类生活的一种存在。这种存在不管处在何种地方，反映的都是人心。只要有一双慧眼，就能透过外相，抓住本质的东西。

（三）文化

1.
如何分辨文化的精华与糟粕

◎问：何为文化？何为道？

●雪漠：道为体，文化为用。文化是道的载体。

◎问：时下都是流行文化，在这样的潮流下，很多文化都披上了时尚外衣，我们应该用怎样的眼睛去分辨里面的营养和糟粕呢？

●雪漠：利他清凉者，是营养；自私热恼者，是糟粕。

◎问：对于一个真心想求道的人，如何面对流行文化和世俗价值观的冲击？特别是周围人的观点与你不一样时，又该怎么面对呢？

●雪漠：当生命在飞快地流走时，哪有时间管别人和世界如何。抓紧做你的事吧，稍不注意，这辈子就完了。

◎问：工业社会经常被作为反面对象在讨论，请问您如何看待工业社会的正面价值？

●雪漠：工业文明的正面价值，就是让我们看到了它的反面价值。

2.
找到你在文化中的位置

◎问：在文明时代，人是主宰文明的，又是毁掉文明的罪人，您怎么看待这个问题？

●雪漠：是的。没有灵魂主宰的文明，不是真正的文明。

◎问：这个时代的很多优秀文化都快消亡了，我们应该用怎么样的心去承载这些文化？又该用怎样的心把这些营养弘扬出去呢？

●雪漠：首先要有担当之心，进而有担当之愿，终而有担当之力和担当之行。要用行为来实现那担当，没有行为，便没有一切。

◎问：您说人是文化的载体，这个载体既可以成为母体，也可以是文化传承链上的子体。那么，如何理解一个人在文化传承历程中的作用?

●雪漠：比如，歌德的出现，就是德国文学的一个分水岭。没有德国文化，就没有歌德；没有歌德，就没有德国后来的文化。歌德是那个时代德国文化土壤的集大成者，同时，他又为后来者提供了大量的营养和借鉴，他本人也已经成为一种标志性的象征，成为一块丰碑。

◎问：刚刚看了主题为《转基因的前世今生》的短片，不得不思考我们生存的现状。我们每天不仅仅被一些强势文化不断侵蚀，还被一些所谓的转基因食品包围，不管在身体上，还是心灵上，仿佛每个人都处在一个极为艰难的状况下。面对这样的现状，我们最应该做的是什么?

●雪漠：把一种真正健康的理念告诉大家。从我做起，从现在做起。

3.

找到生命之根，让智慧之树常青

◎问：土地对于文化，意味着什么呢？是生命之于大地，抑或建筑之于地基？在土地意味着资源和地皮的时代，怎样为土地注入生命的力量，土地和文化如何相依相承?

●雪漠：文化是土地之魂，土地是文化之魄。与时俱进，直指人心，文化趋向大善，土地趋于大美。

◎问：土地趋于大美。是否可以详解一下？

●雪漠：和谐即大美。

◎问：土地与文化如何和谐？

●雪漠：文化不掠夺土地，土地不挤对文化。

◎问：重新关注、了解生长土地的文化，对人有何种意义呢？

●雪漠：找到自己的生命之根，智慧之树才会常青。

◎问：一方水土养一方人，一方文化造就一方人。请问我们怎样面对自己的地方文化？怎样梳理？

●雪漠：先宏观把握，再从细处着手。先站在高山上，再观万象。有了高远的见地、超迈的境界之后，回过头来再看地方文化、局部文化，就会了了分明，就知道哪优哪劣、哪大哪小，就知道怎么取舍、怎么选择和吸收了。

4.

文化的生命力何在

◎问：通过解读您的小说及哲学著作，我了解了文化的重要性。在当今时代，很多学者也在倡导国学的复兴，提倡回到文化的源头，您怎么看待社会上这一现象呢？中国社会现在的主流意识形态是什么呢？

●雪漠：我也认同这种“欲正本，先清源”的提法，看不清源头，文化便不会有大的突破。目前，传统文化与外来文化，本土文化与衍生文化之间的交杂相会，让人看不清其中的头绪，如同一个大熔炉，多种文化在里面沉浮、颠簸、交融、撞击。如果没有大智慧、大超越、大视角，是很难走出来的。作为知识分子，应该静心沉淀下来，好好进行一下梳理。

◎问：西方的基督教对其文化有什么影响？西方的主流文化是什么？

●雪漠：基督教是西方文化之魂。西方有两种主流文化：一种是基督教文化；一种是由古希腊文化发展而来的文化。

◎问：世界经济的重心总是和文化连在一起，经过了此次金融风暴的重创，经济的重心会转向东方。对于我们，这是否意味着机遇？比如，几十年后，汉语和东方文化会有怎样的复苏？我们文化的根基是什么，以至于能与逐渐强大的经济相匹配？

●雪漠：东方是否真能复苏，还是一个难说的话题。因为，一位西方政治家说过，中国不会对西方构成威胁，因为中国没有向西方输入一种能对他们构成威胁的文化。现在全球一体化，不管在经济还是文化，或者其他方面，我们都该站在更高的层面看待东西方文化，在一定程度上打破这种界限，出现一种更大气、更高远的文化，站在整个人类的上空俯视大地，给整个世界带来和平与清凉，让所有的人，包括所有的生物都受益。

◎问：您说最有生命力的文化是杂种文化，许多文化只有在碰撞时才有价值和意义，怎样理解这句话呢？

●雪漠：所有文化，只有在有参照物时，我们才会发现它真正的意义。没有比较，便看不出其优劣。

◎问：科技的全球化发展，使地球变小了。不同文化的相互碰撞、吸收、融合，似乎是大势所趋。您认为，这对人类来说，是福音还是灾难？

●雪漠：是福是祸，要看人类的心呀。科学和文化用于造福便是福，用于战争便是祸。

5.

耐人寻味的西部文化

◎问：西部文化的地理区域包括哪些地方？其特质较之大中华文化的内涵和外延有哪些特异性？

●雪漠：地理问题教科书中早有定论。但其特异性，我认为更多地体现在它的民间性、农牧性、多民族性，甚至还有我所说的“野性”。我在小说《西夏的苍狼》里，就专门写到了这种“野性”，它如苍狼一般强劲有力。西部文化有一种大自然般的壮美和辽阔，如西部大地，但一言难尽。

◎问：有人说方言是大地绽放的花朵，承载着文化，日常经验中也能够体验到方言对传统文化的承载力。那么，改造土地和守护文化事业时，方言的存在是不是需要重点关注？

●雪漠：方言是迟早会死亡的文化活化石。我们能够抢救它当然很好，但无论怎样，它的死亡是必然的。

◎问：方言难道没有价值吗？

●雪漠：方言当然有价值，但有价值的东西也不一定永恒。

◎问：西部文学与网络文学有一定的联系和相通点吗？我们更需要实践西部文学的精神，还是在网络上虚拟思想？怎样才能让更多人了解西部文化，感受西部文学的那种大气和精神？

●雪漠：网络为西部文化提供了很好的发展契机。因为西部偏远，要是不借助先进科技，我们可能就走不出来。只有凭借网络等先进传媒，我们才可能将自己独有的、具有西部色彩的大美传向世界。首先让我们自己强大起来，用灵魂承载那种精神，理解、包容、博大，成为一种壮美的人文景观，这本身就是对西部文化最好的宣传。那时，你承载的，便是真正的西部精神。目前，我的读者中，出现了很多文化志愿者，他们都在用自己的实际行动，实践着西部文化的利众精神，很多学者和专家都在关注这一文化现象。

◎问：我对西部文化的点滴了解，都是通过您的作品及一些散谈性文字得来的。我每天身处在大城市里，感觉除了您的作品外，很少能见到沉甸甸的如西部文化般有分量的作品，是自己发现得不够，还是什么原因？

●雪漠：没有灵魂的投入，当然不会有沉甸甸的东西。那让人沉重的，除了生存现实外，还有一种大悲悯、大关怀、大境界和对生命及无常的独特感悟。一个作家如果想写出沉甸甸的作品，除了必要的生活体验外，还要有灵魂的历练及智慧的顿悟。智慧的顿悟必然会产生文化上的顿悟，就会发现更深层次的东西。

6.

走出千年尘封的大手印文化

◎问：从社会意义来讲，大手印文化对物质文明能起什么作用？

●雪漠：它能使人明白：物质跟幸福的关系很有限。

◎问：我觉得，大手印文化的与时俱进，正是大手印之“大”的体现之一。

●雪漠：是的。大而无外，小而无内。

◎问：您在2009年曾到上海展开一系列大手印文化活

动，其主要意义在哪儿呢？

●雪漠：让大手印文化走出尘封的历史，成为当代人的灵魂滋养。

◎问：“当我们说解脱和涅槃的时候，大家会反感，当我们说自由和超越的时候，大家就会认可”，从这个意义上说，大手印文化是在带领宗教走出尘封的历史，揭下各种标签，去抢救传统文化，对吗？

●雪漠：是的。一担黄铜一担金，挑到街上试人心。黄铜卖尽金还在，世人认假不认真。那我们就在金上再包一层黄铜皮吧。

◎问：前段时间，我和朋友一起组织了一次关于大手印文化的调查活动，参与者普遍对大手印文化、心灵瑜伽等内容不甚了解，也很想了解。最大的困难是周围的朋友和同仁太少了，而且社会上关于大手印的东西又太多、太杂了。他们不知从何选择、从何入手，也听到一些闲言。您对此有何建议？

●雪漠：是非以不辩为解脱。有执著，必无解脱；只有有私心的人，才会将人类的文明，当成自家院里的柴火。人身难得，远离执著，即时放下，即时解脱！别叫自家的影子影响自己的走路！

◎问：大手印文化和儒家文化、道家文化这些国学分支有什么不同，又有什么内在联系？您对善文化如何评价？

●雪漠：大手印是出世间法与世间法并具，国学只是世间法。国学也是大手印的土壤和营养。所有利众者，皆是善文化。佛说一切善法，皆是佛法。善自心性生，所以佛法重心性。

◎问：所有善文化都是人类生命的滋养，为啥非要在一些名相上纠缠呢？

●雪漠：哈哈复嘻嘻，无须太在意。但见心头光，管他啥东西。

◎问：大手印文化是与时俱进的文化，对我们这个时代来说，优秀人才的诞生与文化的熏染有什么关系？

●雪漠：一个时代的文化，是孕育人才的重要土壤。没有这个文化土壤，很难诞生非常优秀的人才。如果这个土壤非常肥沃，遇上适宜的气候，播下健康的种子，就会涌现一批又一批的优秀人才。当中，就有可能长出参天大树，那就是文化巨人、文化大师。

◎问：大手印文化是建立在何种“心”的研究上呢？大手印文化认为什么是人生的大格局？

●雪漠：我研究真心。人生大格局既有当下关怀，又追求终极超越；既注重人生关怀和人间关怀，也强调出世与入世并重、心性与行为双修。这才是大手印的本意。没有善的行为，便没有大手印。

◎问：当下关怀，终极超越，是要打破所有宗教、哲学等名相的桎梏，用人们能够接受的方式、语言，宣扬一种大善、一种真理，给热恼中的人们带来一种清凉，对吗？有的人总是把佛法和世间法分离。

●雪漠：是的。世间出世间，一物两个面。

◎问：在我身边，有许多朋友已全身心地投入到大手印文化的挖掘、研究和弘扬之中，非常感动并衷心地祝福他们。

●雪漠：是的。那些只空谈而没有行为的人，是没资格修大手印的。没有行为，便没有智慧！智慧的体现，便是行为！所有所谓证得了智慧的人，要是没有利众行为支撑其人生，就不过是自欺欺人罢了。

◎问：我想跟您学习大手印文化，需要具备哪些条件？

●雪漠：想学做好人者，都可以学大手印文化。条件是先做个好人。骆驼吃草时，头先要伸出去。同样，当你需要一种文化时，也需要积极地选择和行动。

◎问：大手印文化的精英人士，应该具备什么资质？

●雪漠：需要理上的明白和事上的实证，更要有行为上的体现。理上有大境界，事上有明空智慧，行为上要有利众的事实，才叫大手印。

◎问：如果有人没能力做那所谓的精英，却有一颗无私利众的心——比如，他可能没有智慧，甚至常常好心办坏事——那该怎么办?

●雪漠：好心办了的，就不是坏事。因为那好心本身，就是最大的好事。但许多时候，我们还应该修成大力。这样，无论其心其力，都可以最大限度地利益众生。好心是究竟的好事，其结果则可能随角度不同而变化。所以，不管结果，只问用心。

◎问：“但许多时候，我们还应该修成大力”，是要有一颗无畏之心吗?

●雪漠：本来就没啥可怕的呀。何须无畏？何必有畏？

◎问：我学习大手印多年，总觉得人脑如电脑，硬件只决定其运行速度的快慢，真正决定其社会功用和生命价值的，是它所接受的软件程序，也就是思想文化。因为，文化决定思维，思维决定行为，不知是否可以这样理解?

●雪漠：是的。不过，我说的文化，是指能真正改变行为的智慧，而不是鹦鹉学舌。

◎问：科学研究表明，一种行为连续二十一天就可以形成一种习惯。那么，对一种文化从接触到了解，到渗透，到形成一种生活方式，一般需要多长时间才能形成一种生命习惯呢？其决定因素包括哪些方面?

●雪漠：对一种文化，从接触到了解，到渗透，到形成一种生活方式，时间长短不定，各人因缘不同。其决定因素在于精进程度和信心。若是诸缘俱足，出离清修，几年时间，便会生起妙用。

7.
活的文化才能走得更远

◎问：大手印文化的弘扬，需要规范的运作，西方各国的慈善机构在这方面已经发展得很完善了，资本也很充裕。而目前，我们如此伟大的精神财富，只能零散地传播，不能裨益广大的人类，西方的慈善精神和资本是我们缺乏的。精神的传播需要资本的介入，还要运营模式的管理和推广。

●雪漠：是的。要以文化为载体，与时俱进，才能利益更多的众生。

◎问：我听了老师在大学的演讲，感觉您是在以非宗教的形式诠释大手印文化。但是，纵观西方的基督教，他们的文化背后有着《新约》和《旧约》等一系列的灵魂作品，我们的灵魂作品包括哪些?

●雪漠：我们的灵魂作品是大手印文化的智慧。要想让大家像发现《新约》和《旧约》那样，发现大手印文化，就要靠许多朋友的发掘和弘扬。

◎问：现在的媒体也在谈文化的变革，似乎很多人都感到文化需要注入一种新的气息。那么，如何将时代的活水注入人们的心中呢?

●雪漠：真正的智慧，只有在生活中能生起妙用时，才会成为活水。我们明白真理之后，要用它观照自己的日常行为，渐渐对治习气，智慧遂成活水。

（四）为人

1.
取天下学问，为我所用

◎问：请问如何建立自己的知识体系?

●雪漠：首先要有目标，知道自己这辈子打算做什么。这一点是人生蓝图。然后，再日积月累地添砖加瓦，多年后，便能自成体系了。

◎问：您那么擅长心灵的描述，有没有参考一些心理学知识，特别是西方的心理学?您怎么看待现代心理学对于心灵探索的帮助?

●雪漠：我也从心理学中学到了许多东西，例如西方的心理学。但更多的，我是从修行实践中得到了灵感。真正的心理学应该首先参悟自己的心。

◎问：您一直在学习吗?

●雪漠：活到老，学到老，取天下学问，为我所用。铸就光明心，甘做孺子牛。

◎问：在学生时代，有没有一位语文老师让您印象深刻，或多少促成您走上文学这条路?

●雪漠：我的老师很多，有许多人不一定有老师的名相，只要能给我提供营养的，都是我的老师。这里很难一一列举了。

◎问：您在《西夏咒》中写到年少时曾练过武术。那你为啥没有“从武”，反而“从文”了呢？您对武术有什么看法?

●雪漠：少小习武草上飞，老大已成雪里椎。武术虽是世间法，练到极致也洞微。

2.

万千支流，汇聚成海

◎问：怎么理解“个性”一词？阅读您的书籍，感觉您是很有个性的作家。

●雪漠：没有自己的心灵，便没有个性。个性便是属于自己的心灵，而不是被别人或世界灌输的那部分。

◎问：您最强势的一面在哪里?

●雪漠：我无强无势，质形如水。

◎问：老师，您的为人和为文都有一种大气。您的大气，源于哪里？

●雪漠：我并不觉得自己有多么大气，我只是尽量想到别人。虽然我也时时想到自己，但我在想到自己的同时，也会想到别人。当一个人的心灵既能容纳自己，又能容纳别人时，他也许就会被别人称为“大气”。真正的大气，其实仅仅是做到了不小气、不狭隘、不自私、不无知。

◎问：您是想告诉世人，看开、看淡、看透、放下吗？

●雪漠：我最想告诉要“看开、看淡、看透、放下”的人，是我自己。这是我告诫自己的话。至于别人，我没权利要求他们这样。我仅仅是提供一个标本而已。至于传承，一言难尽。当一条小河流入大海时，有人问那大海：你属于那小河吗？你说它该怎样回答？

◎问：您这些思想和您接触的大自然息息相关吧？

●雪漠：是的。我眼中的万物都在发出自己的声音，当你认真聆听时，你就会得到快乐。

◎问：您对自己满意吗？

●雪漠：我顾不上想满不满意，因为我总是尽量做好我自己。我只把握每一个当下而已，不管未来。我对自己其实也没有期待。当我做好每一个当下时，我就能坦然入睡了。

◎问：您很忙吧？平时您是不是很快乐？

●雪漠：身忙心不忙。我忙得顾不上想啥是忙了，就只好闲着心做事。我忘了自己快不快乐，但我感觉不到烦恼。

◎问：您是心灵寂静之后拥抱生活，还是一直在寻找那份静寂的过程中描写自己的内心？生活中的您有没有歌声呢？

●雪漠：我是在寻找中实现满足。在大默中，我会听到很美的歌声。

◎问：将寂静中的歌声以文字示人，是很幸福的事。

●雪漠：我顾不上管别人咋听了，先唱出来再说。谁都会唱歌，只要唱出自己的歌，就已经很幸福了。

◎问：现代人很少愿意苦难地活着，都愿意优越地活着，叔本华把阅读看作是一种“高级的精神文化”，能使我们的心灵优美丰饶。爱默生说，读书使人的心灵变得高贵。请问老师，您如何理解优越与高贵？

●雪漠：优越是一种心灵的满足，高贵是对欲望的拒绝。

◎问：您对金钱、对稿费的多少怎么看？

●雪漠：我对钱没有概念。我永远不知道自己有多少钱。没钱时，我只知道自己没一分钱了。但只要有钱，我便不知道它有多少。得到稿费时，也无所谓乐与不乐，因为我花不了多少钱。钱多了，我多做些事。钱少了，我少做些事。有多少力，便做多少事。

◎问：在您付出心血的同时，收到过什么让您感动的东西吗?

●雪漠：最让我感动的，是收到几千个大学生签名的横幅，上面写着“雪漠我们爱你”。

◎问：今天的雪漠，是否是传统文化跟当今时代因缘和合的产物?

●雪漠：我所做的一切，仅仅是战胜自己而已。

◎问：觉者、行者、作家，这三个称呼您认为哪个更适合您，还是都适合?

●雪漠：哪个都不适合我。我是不要紧箍咒的人。面对热恼者时，我更愿意做一缕清风。你想把我圈在小笼子里，但任何小小的教派，大大的佛教，抑或多多的宗教，无论哪一种圈圈框框，都束缚不了我。我明确表示，我不当任何教徒。

（五）生活

1.
生活的本色是自然、干净、朴素

◎问：什么是真正的生活?生活最原始的色彩应该是怎样的?

●雪漠：生活最原始的色彩是自然、干净、朴素的，不要有人为强加在自然事物上面的“机心”添加剂。

◎问：书来源于生活，生活源于爱，爱来自心灵，您喜欢什么样的生活方式？

●雪漠：自然、淳朴、简单、干净。

◎问：可以谈谈您正在思考什么问题吗？让您如此宁静的，是宗教信仰吗？

●雪漠：我很少想问题，我只活在当下的明白里。活在当下是一种明白、安详的心情，跟宗教关系不大。

◎问：活在当下有很多解释，要明白地活在当下，可就难了。

●雪漠：是的，明白不容易。

◎问：看书时，多情的打动人，宁静的也打动人。现实中，却更期盼宁静。诸多情绪似人之干扰。人是多情之物，如何能在宁静与多情中取得平衡呢？

●雪漠：宁静于己，多情于世。爱世界时，情多些无妨；面对自己时，尚需要宁静。静可致远，定能生慧。

2.

放下执著，享受简单生活的快乐

◎问：您的生命寄托是什么？亲情？事业？爱人？如果

这些东西消失了，您还会继续活下去吗？

●雪漠：我没时间想那些寄托啥的，老是感觉一恍惚，就过去几年了。我的生活在外人看来很单调、单一，但真正的体验却丰富得很！

◎问：当一个人换个角度去看社会诸相时，总觉得社会让自己很失望，无论是事，还是人。面对这种情况，应该如何去应对？如何去定位自己的这种思想？

●雪漠：其实，多想想那些死去的人，你就会说“活着真好”；多想想那些失去了健康的人，你就会说“健康真好”。心不贪时，世界就会一片灿烂。

◎问：如果我正在遭受疾病的折磨，那我应该多想一想死去的人，就会感到幸福。但幸福是从比较中获得的吗？

●雪漠：世间法的幸福从知足中得来，出世间法的幸福从放下执著中得来。

◎问：我最近超级不快乐。上班的公司面临破产，老板跑了，辛辛苦苦上班挣的钞票没了……我那个纠结啊，彷徨啊，不知未来的路在哪里。老师，在这个浮躁的社会里，如何看待不公平，又如何做到淡定呢？

●雪漠：世上的一切都会跑走的，甚至包括我们的生命。当我们不能改变结果时，就先改变我们的态度。

◎问：我常把工作带入生活，让自己觉得很迷惑，也很累。怎样才能改变这样的状态呢？

●雪漠：不要把工作和生活分开。许多时候，享受工作便是享受生活。你觉得累，是因为你觉得工作让你累了。当你享受工作时，便不会累的。

◎问：您在《西夏咒》的后记中写道："人生是个巨大的梦幻，同时也是现实的存在。"那么，如何在生活中做到取、舍都比较圆满？有什么学佛方法能在短时间里使身体健康一些？

●雪漠：先舍后取，以舍为取，最后做到舍便是取。真正的大取，是大舍。让身体健康的方法很多，最好是放下一切。心闲神自安，神安体自健。

◎问：最近高考结束了，但身上出现了高考后遗症，怎么办？

●雪漠：后遗症是你的执著。当你做好该做的事后，就从心中扔了它。

◎问：人的理想总是美好的，是吗？有些事情也是无法实现的，对吗？

●雪漠：人类的理想实现与否并不重要，重要的是，你是否真的有向往。

三、信仰人生

（一）生死

1.
如何安抚面对死亡的恐慌

◎问：您一辈子都在和死亡赛跑吗？

●雪漠：最初也算一种赛跑吧。到后来，就忘了时间。当你忘了时间时，死神就不见了。

◎问：您曾多次谈到弟弟的死亡，很多人都忌讳谈论死亡。

●雪漠：讳谈死亡其实是一种掩耳盗铃。无论谈不谈，死神总会来的，每个人都必须面对它。那么，不如直面它，以它作为参照系，从容地规划人生。

◎问：如果过多地思考死亡，会不会成为厌世者或者悲观主义者呢？

●雪漠：多想想死的必然和生的偶然，才能学会积极地活着。

◎问：您惧怕死亡吗？

●雪漠：怕，也不怕。怕没用，只好不怕了。怕是正视，不怕是放下。因为怕，才会珍惜人生。因为不怕，才会直面人生。

◎问：我一直在探索生命的真实意义，也读了不少修炼方面的书，但坦白地讲，我现在依然恐惧死亡，当然不是怕死，而是现在心里似乎还没有明白什么。请问老师，怎样的修炼才可以让人超越对死亡的恐惧？

●雪漠：放下才会超越。放下生死者，便可超越生死。

◎问：许多人对死亡非常恐惧，光明大手印如何安抚那些恐慌的心灵呢？

●雪漠：真正证得光明之后，便无生死的分别心了。

2.

生死是炼心之路

◎问：怎么理解没有大死就没有大活，没有大磨难就没有大成功？

●雪漠：大死者，大舍也；大活者，大得也。大磨难者，大练兵也；大成功者，大无我也。庸人确实惧怕生死，但对智者来说，生死是炼心之路，究竟是无心之用。

◎问：佛家的生死观对一个人有什么作用？

●雪漠：一般没用。只有那“观”成了你的一种生活方式时，才有用。

◎问：老师，人临死前是否有心灵感应？

●雪漠：只有死去的人，才知道他死前有没有感应。活着的人的所谓感应，也许是一种幻觉和想象。

◎问：死亡是文学和艺术的一大主题，也是您小说中常出现的意象。甚至可以说，爱与死，是您书写的两大主题。您如何看待爱与死的关系？苏格拉底本可不死，佛陀、密勒日巴大师也可不入灭，但这些人类的伟大导师却选择了死。您怎么看他们的选择？

●雪漠：那是他们在演戏。世界需要这样的戏。

（二）命运

1.
能预测的，是不变的心

◎问：在鲁迅时期，国人的神经因为落后蒙昧而麻醉，到了当代，吃饭不再是主要问题了，但很多人，甚至大多数人仍然为了追求更高的物质利益而麻醉，甚至陷入了更大的痛苦。这是进步还是倒退呢？靠精神拯救人类的痛苦才是真理吗？很多作家虽然通过写作改善了经济状况，但他们的命运真的改变了吗？

●雪漠：现在多醉生梦死者，很多人都不知道活着到底为了什么。真正的人，还是要寻找自己活着的理由。人活着，是要有精神的。有真精神者，便无大痛苦。一些人改变了经济状况，但没有改变命运。披上黄金甲的牛，还是牛呀。命运的改变，取决于心的改变。心不变，即使外在的东西再怎么变，都不是本质性的改变。

◎问：很多人通过八卦、占卜可以准确地预测未来，它至少能解决很多信仰临时解决不了的问题，比如金钱和生存问题。您怎么看？

●雪漠：许多时候心变了，未来也就变了。所以，能预测的，是不变的心。

◎问：什么是不变的心？是面对厄运时变得从容，还是厄运不发生了？

●雪漠：不变的心就是坚持恒一的价值观，或不为习气所左右的一种生命现象。

◎问：价值观是如何影响生命的？比如升华。

●雪漠：价值观左右着人的生命轨迹。

2.

心变了，宿命也变了

◎问：怎么左右生命轨迹？生命轨迹会怎样改变？该有的灾难和福祉还会出现吗？

●雪漠：许多时候，未来灾祸的消失就是从心的善化开始的。

◎问：什么是宿命？宿命能不能改变？

●雪漠：能。心变了，宿命也变了。

◎问：您在139说客微博上有一段话："今日到武威，见一残疾朋友，开一三轮拉人，人皆打的而去，没人坐三轮。我很可怜他，便去问价，要价跟打的一样，便想，叫残疾人挣点钱吧。上车，他一路敲诈，使横，多要钱。后来，要挟，更扔到半道上。给他钱后，他反怒吼：我可有五十万！你一个穷鬼，咋才坐一个三轮车？"通过这件事，您想告诉人们什么？

●雪漠：我只想讲一个故事，告诉人们：人的命，高不过自己的心。

（三）灵魂

1.
人的灵魂是什么

◎问：人到底有没有灵魂？何以见得？如何证明？

●雪漠：当然有灵魂。人的灵魂，就是超越肉体的那种精神和价值。

◎问：您说的精神和价值是非物质的？

●雪漠：精神有时也会以物质的方式展现出来。

◎问：灵魂是不是实实在在的存在？佛和基督，您信哪位？

●雪漠：我信自己的真心。虽然我相信灵魂的存在，但那是我自己认可的灵魂。要是没有灵魂，人类的活着还有啥意义？所以，人类应该有灵魂。我眼中的佛也是基督。

◎问：您说，心识和灵魂是一回事吗？

●雪漠：灵魂不仅仅是心识。心识分为真心和妄心，真心不动，妄心飘摇。灵魂不仅仅是形式。

2.

用行为去展现灵魂

◎问：灵魂和心的构造，如何真实展现呢？

●雪漠：用你的行为去展现你的灵魂。

◎问：灵魂是一种东西吗？它有何奥秘呢？西方的一些书籍中说，催眠可以令人回到前世，治愈一些心理疾病。灵魂是不死的吗？

●雪漠：世上还有不死的东西吗？

◎问：如果人真有灵魂，好与坏是与生俱来的，还是后天塑造的呢？坏人的灵魂偶尔也有好的时候，好人的灵魂往往也会有坏的一面，如何界定灵魂的好与坏呢？

●雪漠：灵魂的好坏，要看它是否给世界和人类带来善的影响。

（四）意义

1.

人活着，需要为自己设定一个意义

◎问：谈到活，就自然会提及灵魂一题。救赎灵魂和为灵魂赎罪是同一个意义吗？活着的终极目标为的是修行吗？先人说：得人身为的是修行。

●雪漠：活着的终极目的，是为了活得明白。为了活得明白，你也可以选择修行！

◎问：人生本身就是一个巨大的虚空，人类顺应宇宙规律，是和石头一样自然的存在。我现在的疑惑是，这样的存在，是否需要人为地加上理由？

●雪漠：任何人的存在都需要一个理由。自己设置的理由，对自己来说就存在。宗教就是充当这个理由的方式之一，也仅仅是理由之一。还有更多的理由，比如政治，比如文学，比如音乐等等。明白地活的过程，有时就是活的目的。

◎问：中国的文学没有了骨子里的、核心的东西。不知道现代的作家群体，有没有将重构中国人的精神作为自己的使命呢？

●雪漠：使命是自己设定的活着的理由，与他人无关。至于文学家的使命，不同的人有不同的答案。看过《猎原》后记的读者，都知道我的使命是什么，而且这会给他们带来一点启迪，让他们也找到自己的使命，找到自己生命的价值。这说明，我的书给这个世界带来了一些大善的东西。

◎问：明白了自己的使命，是否就真正有了灵魂？

●雪漠：是的。当你明白自己这辈子做啥来了时，你就有了灵魂。

◎问：如何才能找到活着的意义呢？

●雪漠：各有不同的解释，你也可以为自己设定一个意义。或者为了实现一种价值，或者为了达到一个目的。当然，最好是利众的目的。如果你能留下岁月毁不了的东西，便找到了意义。

2.
怎样的意义，才经得起时间考验

◎问：我们能定格一个时代的什么？是生活状态，还是在生活状态之上的精神？

●雪漠：精神是依托那状态存在的。没有远离状态的单纯精神。精神是水中的盐味。

◎问：纠结的社会，我们是不是也要给自己定格点什么？

●雪漠：人活着，要为自己定格一种当你的肉体消失之后，它还能留下来的东西。

◎问：我们通过研究，知道了人从哪里来，到哪里去，目前的困境是如何把握当世？请老师讲讲人生的意义。

●雪漠：我理解的人生，就是为了建立一种岁月毁不了的东西而活着。

◎问：岁月毁不了的东西是什么？怎么理解呢？

●雪漠：是功德，也就是人生真正的价值。

◎问：功德指的是什么？

●雪漠：功德就是你我的生命消失后仍然存在的价值。所谓价值，就是你为这世界贡献的那些东西。

◎问：是灵魂吗？

●雪漠：它是形而上的精神。

◎问：那些东西以什么为标准？

●雪漠：以全人类为坐标，不仅仅是哪个群体和民族。

◎问：人类算不算一个群体？

●雪漠：人类是一个整体，不是个体。

◎问：人类的坐标是建立在什么基础上的呢？

●雪漠：人类的坐标建立在利众的基础上。

◎问：我觉得应该为人类、为世界做点什么，作为自己人生的意义。

●雪漠：应该这样，让这个世界因为我们的活过相对好一些，就是人活着的意义。

◎问：那为什么大部分人面对大是大非的问题时，都会选择远离，仿佛害怕伤害自己的宁静，宁愿“事不关己，高高挂起”呢？

●雪漠：因为他们选择了平庸的生活。

◎问：如果使命是一种个人选择，我们如何知道自己的选择是否正确？验证有些选择，需要几十年的时间，甚至一生。

●雪漠：以人类为参照。利他者，肯定是正确的。以横的时代、纵的历史为坐标系，找准自己的生命位置。然后，去实践它！

（五）大善铸心

1.
质朴的真谛

◎问：在这个崇尚物质和享乐的时代，人人都希望得到看得见摸得着的利益，但宗教留给我们的，更多的是对生活、对信仰的感悟吧？

●雪漠：宗教带来的最大益处，就是你心头的那份清凉和安详。好的感悟是智慧的一种，它是生活给你的礼物。当你得到智慧，变得明白，就会得到一种安详。不过，真正的信仰是不问益处的。它本身就是目的，而不是手段。

◎问：多年来，您研究了世上十多个有名的宗教，包括基督教、伊斯兰教、印度教、耆那教以及佛教的几乎所有流派。最后，您在《初心》中，以“大善铸心”来诠释大手印瑜伽行者。请问，这个“铸”字该怎么理解呢？

●雪漠：铸是“熏染”之意。

◎问：您在雪漠心学大系中写道：“在时下的文化背景下，宗教已被‘异化’，在一般人眼中，它已成为类似于民俗的一种文化现象，而失去了它的原汁原味。”请问宗教的原汁原味是什么呢？

●雪漠：宗教的原汁原味是质朴地解决生活中的实际问题，没那么多名相。

◎问：我愿意和您探讨一些宗教问题，但话题不要太沉重。

●雪漠：宗教的目的，不是叫人沉重，而是叫人轻松。叫人沉重的，其实不是宗教，而是貌似宗教的知识。

◎问：克里希那穆提的书可以看吗？他不属于任何宗教，看似超越宗教，却又回归了佛教的中观。但他并不赞成信任何宗教。我们该怎样吸取其精华呢？

●雪漠：他是对的。他反对的是制度化宗教，不是宗教精神。汲取精华者，便是向往并实践那宗教精神。

◎问：大家现在提这些大问题，是否著相了？是否是一种造作？

●雪漠：形式便是内容，有时是需要相的。没有造作，便没有早期的修炼。打破了造作之后，才算进入了正道。

◎问：宗教应是一种形式，不应是一种理由，这样理解对吗？

●雪漠：当宗教仅仅成为形式时，就会失去宗教精神。

◎问：怎样窥破对宗教的形式化呢？

●雪漠：透过形式，观其本质。

◎问：宗教蕴含的精神价值远大于它的表现形式，因为前者才是它本质的东西。

●雪漠：是的。

◎问：我周围好多朋友，都受困于名相，整日惴惴不安，修行多年，内心深处抱着投机的念头。为什么好多真相，所谓上师都不点透？

●雪漠：原因有多种：一是没遇到真正明白的上师；二是行者的资粮不够；三是机缘还没成熟，怕出现狂慧，等等。

◎问：怎样避免陷入名相？怎样用好思辨之心呢？

●雪漠：远离思辨，才能远离名相。

2.
善的本质

◎问：身处西部，感觉文化氛围特别浓，传统保存得比较好。我想，藏传佛教和伊斯兰教的影响是主要原因之一。那么，随着西部大开发的到来，西部经济发展，社会现代化，汉文化与藏文化、穆斯林文化的交流也会更进一步。在这样的背景下，这两大宗教是否还能为西部营造一个如此深厚的文化氛围？西部的宗教将会面临哪些困境和冲突？

●雪漠：天下宗教应是一家，它们只是一个真理的不同容器而已。明白了这一点，就会有包容之心。

◎问：“天下宗教应是一家”，怎么才能成为一家呢？我觉得这是一个艰巨的问题。我们这个时代的冲突与战争，不就是源自伊斯兰世界与基督世界的对立吗？

●雪漠：那是他们不懂，上帝也叫真主，也叫梵天，也叫光明，也叫善，也叫老天爷。

◎问：我的家人有基督教倾向，我自己没感觉，周围的朋友都喜欢佛学。但不敢对家里人说我在谈佛学。

●雪漠：基督教也很好的。佛说：一切善法，皆是佛法。

◎问：可是，为什么很多人因为信仰的不同而产生冲突呢？

●雪漠：因为一群盲人总爱在摸象后争论。其实，多摸几次，就明白象是啥样子了。

◎问：你说过，这是一个众神缺席的时代，教徒们仍在顶礼膜拜，被膜拜的神却不见了。神真正的含义是什么？

●雪漠：真正的神是利众精神，是清凉的智慧和觉悟。

◎问：我听很多人讲，他们可以和自己心中的神对话，这是否是一种和自性对话的过程？就是说，我们是自己的主宰，佛陀只是将修行的思想和方法传达给我们。

●雪漠：神佛本就是超越概念的。真正的神，是自己的良心——也即我们所说的自性。

◎问：老师，当我看到德兰修女的传记时，很为她那种非常单纯的信念——爱而感动，而且，她是在用行为实践自己的宗教信仰。也有一种说法是“上帝就是爱”。那么，信仰佛教的人，是否可以将佛理解为“慈悲与智慧”，将修行理解为“实践慈悲与智慧”呢？

●雪漠：是的。离开智悲，便无佛教。智悲双运，才是正修。

◎问：您说“善才是真理”，很清晰，也很明了。明白这个以后，有许多问题就顿时不是问题了吧？

●雪漠：是的。善是一切宗教的本质。

◎问：怎么理解群氓呢？苏格拉底最终是被人民表决处死的，说明了什么呢？

●雪漠：当人民的思维被愚昧控制之后，人民就等于群氓了。

◎问：修行人最重要的品质是什么？初学者应该具备怎样的发心？

●雪漠：先做个好人，再谈别的。

◎问：改变世界之前先改变自己，自己真的改变了，才可能改变别人，我觉得这个关系是平衡的。那么，您想达到怎样的美学标准和艺术标准？

●雪漠：我的标准只有一个：善。

◎问：每个人有时都会犯一些一点论的错误，过大地形容一件事或一个人的某一面，没有抓住中心，那该怎么办？

●雪漠：我永远会抓住中心的，仍是一个字：善。能利众的事，做。损人的事，不做。

◎问：有许多同志持续在观念上“左倾”，在现实中“右倾”，这能简单地用大悲心来解释吗？即使人道主义会遇到如此多的困难，我们还是需要人道主义的援助和滋养，是吧？这对您的学说有一定的鼓动和精神的作用吗？

●雪漠：我管不了世界。我的所有货色都是管我自己的。我总是在自言自语，没有注意是不是有人在听。有听的和没听的，我都会那样说的，不然，我就会失语了。

3.

如何区分精华与糟粕

◎问：请问宗教的内涵是什么？

●雪漠：宗教的内涵是利众。

◎问：对自己不熟悉的佛教文化的宗教派系，如何分别真假，让自己寻到正信？

●雪漠：教你堕落贪婪者，假；使你明白清凉者，真。

◎问：过分强大的宗教外相，让人产生一种方便压倒真理的感觉，那究竟的成佛解脱之因到底是什么呢？

●雪漠：当所谓方便压倒真理之时，便是“分别心魔”逼近“真心佛陀”之时。

◎问：平时和周围人聊天，感觉不少人有宗教恐惧症。请问为什么宗教里充满了恐怖、非人道的一面？

●雪漠：是的。我也怕宗教，尤其怕那些只有宗教名相，没有宗教精神的所谓宗教。因为，那不是真正的宗教，而是披着宗教外衣的邪教。你不看，那些诽谤我者，大多狂热迷信，他们可以不择手段，没有底线。真正的宗教应当为人们带来光明、和平、安详、清凉。

◎问：真正的宗教精神不是一种寄托，不是人掉进水里捉住的随便哪一根救命稻草，而是真正能解迷途于精神沙漠中的旅人——我们每一个人——之干渴的那一杯清凉的水。老师，请问这样理解对吗？

●雪漠：对宗教，有不同的理解。我更愿意将它看成黑夜中的一盏灯。

4.

文学、艺术、文化与宗教

◎问：有部电影叫《耶稣受难记》，非常感人。它体现了一种宗教精神！

●雪漠：我却从中看到了血腥。

◎问：是指这种传道方式不是明智之举吗？

●雪漠：耶稣有宗教精神，那导演却没有，他只是在展示那血腥的场面，以吸引眼球。

◎问：文学和宗教，它们各自对您意味着什么？您如何看待这两者的关系？

●雪漠：文学是我的生活方式，宗教是我的心灵滋养。

◎问：您是作家，又是瑜伽学者、行者，您怎么理解文化与宗教之间的关系？艺术与宗教又是怎样的关系？

●雪漠：宗教是文化、艺术之魂，好文化、好艺术是宗教精神之载体。

◎问：宗教可以转化为文化来传播吗？这样做有什么样的益处，又有什么样的弊端呢？

●雪漠：宗教难道不是文化吗？世上还有不是文化的宗教吗？

◎问：许多人一听到文化，便会觉得失去了修行的味道，请问您怎样看待这个问题？

●雪漠：那是他没破除修行的名相。修行者，由文化熏染心并改变行为也。

◎问：记得宗萨仁波切的书中有类似说法：当宗教变为文化时，就失去了本真的意义。这该如何理解和看待?

●雪漠：对说这话者来说，确实是这样。但对我来说，恰恰相反。宗教是大文化。任何将宗教游离于文化之外的说法，也许是一种方便语。

◎问：人类的文化有广义和狭义两种理解方式。在广义的理解中，人类创造的一切有形物质和无形的意识产物，都应被视作文化；在狭义的理解中，文化就是人类思想意识层面的东西。所以，我非常赞同您的观点：宗教、哲学等东西就是真正的文化。宗萨仁波切表达的意思，也可能是翻译方面的错解。

●雪漠：宗萨反对的文化，是教条化、制度化了的文化，这也是我反对的。那不是文化，那是被强奸了的文化。真正的文化，是人类灵魂的光明。

◎问：所以，我想宗萨仁波切所说的，正是与您曾讲过的，反对文化教条化、制度化和所有的条条框框，表达的应该是一个意思。

●雪漠：是的。宗萨重心不重相，雪漠离相重精神。雪漠说的文化，便是精神的形式。那些无精神的所谓文化，大多是垃圾。我想，宗萨反对的文化，也是指这一类。

5.

失去精神的宗教，容易变成工具

◎问：为什么现在有些寺庙的部分行为，让人觉得如此恶心呢？

●雪漠：有些寺庙的恶心行为，不是信仰，是职业使然。相较于形式，宗教的内容与精神更加重要。

◎问：社会上为什么会出现这样的情况呢？

●雪漠：现在，一般人所谓的信仰并不是真正的信仰，已经成为谋求现实利益的一种手段或工具了。

◎问：好多寺庙都已不纯净了，以至于现代人严重地误解了佛教，甚至对其产生了巨大的排斥。比如，人们知道你学佛，不但会感到很惊讶，一些人还会笑话你，以另一种眼光看你，把你当成怪物。这种状况会一直恶化下去吗？真是令人担忧。

●雪漠：那是学佛还没学透。学佛到妙处，便看不出学佛了。这种状况会一直恶化下去。因为人的欲望总是越来越强烈。

◎问：周围有很多正式皈依学佛者，似乎越学越看不惯别人，烦恼反而越学越多。这是怎么回事？也是没学透彻吗？

●雪漠：那是他们没有真正受用佛教的光明。佛教的光明，是用来对治自己毛病的，不是用来挑剔别人的。

◎问：当我告诉家人自己在学佛时，全家人都反对；当我说自己学瑜伽时，全家人都认可、支持。雪漠老师，这是否意味着，一些概念性的东西，也该重新诠释、与时俱进了？

●雪漠：一出手就拿出金子，别人就会骂我疯子，那么，加上一种铜的包装也成。

◎问：我觉得自己与佛有缘，却对现实中很多佛教书及自称信佛者有诸多质疑。我总感觉，真正的佛法，不该是那样的。这使我很困惑。

●雪漠：信佛之人不是成佛之人，都会有毛病的。只要有自省，有向往，我们就会一天天远离烦恼，走向清净。

6.

能减少贪嗔痴的修行，方为正修

◎问：现在有很多人张口闭口都谈学佛，却没有相应的行为。请问老师，什么才是真正的学佛？

●雪漠：真学佛之人，心中不一定有佛，但一定有爱和善良；假学佛之人，名为学佛，却总在制造是非。

◎问：那么，什么是真正的信佛呢？信佛之人和那些所谓的教徒有什么区别？

●雪漠：信佛是向往佛的精神。教徒则不然，他们更容易为一些自私者所控制。

◎问：我还有个疑问，也是很多朋友的疑问。为什么许多出家人披着袈裟，却做着与身份不合的事？他们甚至比世人更贪财、更重利。我去过很多藏地寺院和汉地寺院，这类问题几乎全部存在。作为佛弟子，这是为什么？

●雪漠：释迦牟尼佛说，在末法时代，许多魔是会披上袈裟的。佛教最终会坏在这种败类手中。

◎问：一旦认真了解汉地和藏地的寺院，或进入某些教派内部，就会发现，其中有争斗，有是非，甚至有交易和阴谋。无一例外。我真的很纳闷：他们早晨还在大殿上念佛经，晚上就钩心斗角。这是为什么？

●雪漠：因为他们是职业教徒，不是真修行人。真修行人的敌人，永远是自己的贪执。如果哪个修行人总将毒箭射向别人，不针对自己的贪执，他肯定是假修行人。

◎问：既然他们不是真修行人，为何寺院里还供养着他们？是不是有太多所谓的“学佛人”？

●雪漠：因为人类总是喜欢养一些宠物。……当然，寺院里也不乏真修行人。

◎问：养着这些“宠物”的又是何人？

●雪漠：是那些没有心，却总想从别人那里找心的人。

◎问：有的寺庙把大殿承包给私人，众人的供养都进了承包人的腰包。对这种现象您怎么看？我们还要去这种寺庙作供养吗？

●雪漠：随你。不过，我不愿把血汗钱拿出来养懒汉和宠物。我更愿意自己去做一些真正的实事，我的很多钱都买书捐图书馆了。

◎问：请问老师，对不了解佛教知识的信众来说，怎样才能方便快捷地辨识正法与邪法，让自己在正信的佛教里如法修行？

●雪漠：正法破除执著，减少贪嗔痴；邪法增加执著，增盛贪嗔痴。选择前者修习，便是正修。

◎问：作为凉州人，我认为凉州人的性格中保守、宽容、平和、安分的成分多，很大程度上与普遍接受佛教思想有关。虽然佛教是积极的，但人们受佛教思想的影响，往往会淡泊名利，与世无争，宽容大度。这个看法对吗？您认为佛学是消极的，还是积极的？

●雪漠：真正的佛教，是积极进取的。比如，它教人改造心灵，进而改变命运，并追求绝对自由，也即解脱。还有比这更积极的事吗？某些凉州人接受的，或许是佛教中的糟粕。

◎问：我是一个双下肢残疾的人，请问我如果想出家，会被收留吗？有时我觉得，身体的残疾，也可能是修行的顺缘。

●雪漠：不一定。若遇大悲之师，便会被收入门下。但大悲之师极少。残废不影响觉悟。人的佛性本来俱足，并无残缺！

7.
药无高下，重在治病

◎问：汉地佛教的佛学根基似乎不够扎实，没有藏地佛教融通大小显密的宽度和深度。

●雪漠：你可能没有真正深入汉地佛教。藏汉佛教同样伟大。像人家净土宗那样，远离一切恩怨和纷争，就很伟大。

◎问：我看禅宗的一些东西，常觉得流于口头禅。我喜欢思考人生，有较好的心理基础，想进入汉地佛教，不知从何入手更合适?

●雪漠：念阿弥陀佛。这世上，若是遇不到真正的善知识，没有比念佛更好的法门了。我是过来人。我提倡念佛。

◎问：请教一个西部文化方面的问题，与宗教有关。目前，藏传佛教正在走进汉地。现在，汉地研究藏传佛教也比较热了。请问，藏传佛教向汉地的输入，能否成为汉地佛教，特别是一些中国化的宗派（比如禅宗）振兴的契机?汉地佛教若要借藏传佛教振兴，有什么特别需要克服的困难?

●雪漠：汉地佛教有很大的前途，这是藏地不能比拟的。比如，净土宗就有更好的普世性。

◎问：像我们湖南有很好的汉人佛文化，也有佛教的朝圣地——衡山，可为什么还有一些人会去对自己不了解的藏传佛文化感兴趣呢?

●雪漠：各有因缘。病不同，寻找的医药也不一样。各人自知自己的病，所以他们会做出不同的选择。

◎问：基督教中的上帝、道家的道、伊斯兰教的安拉，应与佛教中的真如、佛性是一事异名吧?

●雪漠：不一样。佛教是出世间法，以无常、无我、破执为主；别的宗教却追求永恒。

◎问：佛菩萨应机示现教化，那么，我们能否把耶稣、孔子、老子等古代圣贤看作应机化现的菩萨?

●雪漠：可以这样认为。但佛教的菩萨，有相对准确的标准。其底线为破执和明心见性。而且，菩萨必然信奉诸行无常、诸法无我等真理，其他教派的祖师则有另一种教义。二者并不相同。

（六）信仰

1.
超越形式，叩问信仰的真谛

◎问：信仰是什么？宗教和信仰之间有什么关系?

●雪漠：信仰是活着的理由。宗教是信仰，信仰不仅仅是宗教。当然，我是指真正的宗教。信仰是一种精神。

◎问：雪漠老师信教？

●雪漠：我是某种精神的信仰者，不是教徒。

◎问：教徒、信徒和信仰者有什么区别？

●雪漠：教徒为某个群体所困，信徒为某种精神所困，信仰者是认可某种精神和真理，并用行为去实践那精神的人。教徒不一定是信徒，信徒不一定是信仰者，信仰者也不一定是信徒和教徒。

◎问：如何超脱困住自己的那种精神？

●雪漠：放下便是超脱！

◎问：信仰是不是多方面的，不一定是某种特定的形式？如何建立信仰，才能真正认识自己？

●雪漠：信仰有多种，不同的人为自己设定不同的生命理由。先问自己的内心：活着最重要的是什么？信仰不同于宗教，在有些人眼中，爱也是信仰。真正的信仰先从消除自私的执著开始。

◎问：许多人不再相信爱，不再相信有灵魂的精神，更不相信宗教会承载这种精神，这应该怎样去看待呢？

●雪漠：信者自信，疑者自疑。随缘！

◎问：灵魂一旦觉醒，是否要经历撕裂和剥离的过程，才能真正蜕变，成为真正的人？在这一过程中，信仰的力量能起到怎样的作用？自力（自己的力量）和他力（信仰的力量或法界中的大力、加持）之间的关系又是怎样的呢？单纯的自力能战胜或超越吗？

●雪漠：放下！重塑灵魂。蜕变是一种自我否定后的重建，是打碎后的升华。从本质上说，他力虽然是客观存在，但也是信心的产物。没有信心，便没有他力。信心的自力和他力的相应共振，才会合为更大的力。

◎问：信仰包括信又包括仰，我们是否必须从内心产生敬仰，那信才有意义呢？信仰的宗旨是什么？

●雪漠：信仰有二：一是信，二是仰。仰是因为信仰的对象比自己伟大，信是坚信这一点。信是渴望寻觅，仰是走近升华。信仰的宗旨是自省、自律、自强。

◎问：如果我做到自省、自律、自强，还需要信仰吗？

●雪漠：需要。这时需要更高意义上的自省、自律、自强。百尺竿头更进一步。欲穷千里目，更上一层楼。

◎问：心态和信仰之间的关系是否很紧密？信仰和追求的本质区别在哪里呢？

●雪漠：信仰是心的真正主宰。信仰是究竟的追求，追求是暂时的信仰。

◎问：请问信仰在人的一生中有多大的力量？一个人的信仰究竟在一生中能支撑多久？

●雪漠：信仰的程度不同，力量的大小也不同。要支撑的信仰不是真正的信仰。

◎问：在很多人的理解中，信仰对象通常是一个更高且神秘的存在或非存在，这样是否会落入不可知或神秘主义？我个人的理解是，这个神秘和更高的存在可以引导我们在修行中不断向前，在最后达到无修时才会慢慢破除。从理上是否可以这样说？

●雪漠：信仰高且神秘的存在只是信仰的一种，还有一种智慧信仰，却是要远离神异，归于质朴。

◎问：您十分强调信。那么，您提倡的信与一般的宗教信仰有什么不同？有神的信仰常常会与理性冲突，而您强调的是智信，这两者的根本区别在哪里？怎样在日常生活中修这种智信呢？

●雪漠：真正的信是智信，不是迷信。明白之后的信，就是智信。

◎问：我们是从智中得到明白，从信中得到力量，对吗？

●雪漠：是的。智为明，信为力。

◎问：现在我们需要的，是真正的宗教精神，而不是披了宗教外衣的心灵枷锁。怎么理解人的主体性呢？“活着本身就是目的”，又该怎么理解呢？

●雪漠：有时候，活着本身就是理由，活着本身就是目的，不要成为任何人和团体的工具。

2.
当生活与信仰纠结时

◎问：如果生活跟信仰发生矛盾，您该怎么办？您的信仰是否会发生改变？

●雪漠：我个人选择信仰。因为，信仰是这辈子活着的理由，没有它，活着是没有意义的。所以，别管那冲突，只守住信仰就成。当然，世人要是将宗教当成职业，也就谈不到信仰了。

◎问：如果您连生活都没有了，怎么谈信仰？

●雪漠：我是以信仰的出世心态，做生活的入世之事。

◎问：信仰可以解决生活中的所有问题吗？可以解决人类最根本的问题吗？

●雪漠：信仰解决不了生活中的所有问题，也不是为了解决生活问题的，信仰仅仅是为了让生命更有质量。但信仰可以解决根本问题，即心灵的问题。

◎问：信仰的核心价值是什么？信仰落实到生活中时，若力量不足怎么办？

●雪漠：信仰的本质是向往。所谓消除业障，就是指用行为消除一种负面力量构成的障碍。所谓信仰，便是借助一种大善之力，来提升自己。越是感到力量不足时，越要生起信心。许多时候，我们借诵读经典或是修习宗教礼仪来熏染自己。

◎问：一个对生活看得开的人到底在信仰什么？

●雪漠：一个对生活看得开的人，就信仰那“看得开”。那是很高的信仰。能看得开，是真正的智慧。问题是：是否真的看得开？是究竟的看得开，还是不究竟的看得开？究竟的智慧之火便是空性的光明。

◎问：在信仰上，不少人有正念，但在事情上，却各有各的烦恼。两张皮，咋办？

●雪漠：信仰是一种向上时的参照点，只要努力，你总会达到那一点的。

3.

如果生活中没有信仰

◎问：如果一片土地上的人虽然活在这世上，但一直都没有信仰作为支柱。那么，他们面临的最大问题会是什么？他们未来的路又会如何定向？

●雪漠：他们其实也有信仰，只是那信仰是他们认为的信仰。真正的信仰，应该比人类本身更伟大。欲望和金钱等由人类滋生的东西，是不能被作为信仰本体的。

◎问：国人是不是从来就没有过信仰？末法时代的人，最坏能到什么程度？

●雪漠：国人有信仰者也不少，只是许多人将欲望当成了信仰。当我们将欲望当成信仰时，就开始堕落了。最大的坏是没有信仰，没有希望，自暴自弃，自甘堕落，进而害人害己。

◎问：现在是娱乐至盛的年代，人们对很多东西都失去了敬畏，如爱情、诚信、高贵、善良等，也是丧失信仰的表现，这成了普遍的社会现象。在这样的环境里，信仰意味着什么呢?

●雪漠：信仰在于向往一种比自己更伟大的精神和存在。有向往便有信仰，无向往便无信仰。

◎问：我们为什么要有信仰?如果没信仰的话，我们的心灵就一定不好吗?

●雪漠：好的心灵一定会有信仰，只要他信仰大善。而且，他的信仰对象定然对人类有好处，否则那心便不是“大好”。

◎问：现代人一味赚钱、攒钱、积聚物质方面的财富，现在的成功标准也是财富的多寡。可我发现，在高度享受物质的同时，很多人陷入了一种更为迷茫、更为空虚、更为不安的状态，感觉他们的心总是无所依靠。其根本原因是什么?您觉得物质重要，还是精神重要?

●雪漠：原因在于他们心中没有依怙，灵魂没有标杆。物质和精神一样重要。没饭吃时，物质重要；解决生计后，精神就需要升华到超越物质的层面，否则就只是动物性地活着。

（七）利众

1.
利众应以人类为坐标，从身边做起

◎问：利众的具体方式包括哪些？

●雪漠：从身边做起，从现在做起，从你我做起，从当下做起。精神有时是以物质的方式展现的。

◎问：利众精神中，利的对象是怎样确立的？应该优先利哪些，之后再利哪些？往往对一方来说也许是利，对另一方来说就成不利了。如那些生存在贫困中的穷人们，他们连自己生活都保障不了，是否也可以用利众的方式让他们的生命得到升华呢？

●雪漠：尽量都利，至少心利。先以心利，再以行利。无心便无行，无行哪有心？尽量利他，利他是最大的自利。利众也可以体现在心上，不一定完全体现于物质。

◎问：改变自己与利众有什么区别？当自己和他人无二无别时，利己利众就是一回事，对吧？

●雪漠：是的。利他也是一种生命的习惯。久久熏染，就会形成习惯。修炼仪轨就是为了这个。

◎问：在世间做利众之事与做自己的世间事业，在成就者的眼中是怎样的关系？

●雪漠：二者并行不悖。能利己并利他者，是上等的世间事业。真正的利己便是利他。利他者多能成就究竟的利己。

◎问：行者做世间事时要区别利己与利众吗？要以怎样的心去做分内的事呢？

●雪漠：当然要区别利己和利众。做好分内之事，是做人的本分。许多时候，能做好本分之事，便是很好的利众。

◎问：如何从缘起性空的角度理解自我救赎与救度众生？

●雪漠：救赎自己和救度众生都是缘起。有救的行为，但不要执著于“救”，明白这“救”本身也是无常的，不可能永恒，便是性空。

2.
精神上的利众与行为上的利众

◎问：怎么理解当下关怀和终极关怀？

●雪漠：当下关怀，即关注并解决当下的生活和人生中需要解决的问题，而不是仅仅追求来世或解脱等。关注眼前的人，帮助身边的人，用实际行为来实践利众精神，就是当下关怀。终极关怀，则更多地关注个人的生死问题和人类的终极问题，不仅仅关注眼前的利益。

◎问：人生佛教和人间佛教又该怎么理解呢？

●雪漠：人生佛教修炼自己，人间佛教贡献社会。

◎问："大善铸就光明心"，是否可以理解为以无我的心或精神全心全意为人民服务？

●雪漠：可以。但这分为两种：一种是物质意义上的服务，一种是精神意义上的服务。宗教精神正体现在后者上面，但后者必须同时体现在行为上。也就是说，出世间法的精神，必须由世间法的行为来体现。以无我的出世间之心，为人民服务，实现世间法意义上的利众。

◎问：我有割肉投虎之心，奈何虎无食我之意，如之奈何？

●雪漠：那是因为我们的肉太臭，被化学品污染了。所以，先净化自己，再考虑利他。

四、光明人生

1. 心为万缘的开关

◎问：心是万缘之开关。不明本元心的人，是否先要打开那“开关”？

●雪漠：是的。先明本元心，再谈生妙用。若是不明心，空谈无益处。

◎问：平常心指的是什么心？我们要寻觅的真心，就是我们从娘胎里带来的那颗心吗？

●雪漠：平常心是圣者之心，既非凡夫所说的平常心，也不是娘胎里带来的心。娘胎里带来的，是肉团心，非智慧真心。

◎问：修心是一种自闭吗？修心是万能的吗？

●雪漠：修心既非自闭，也非万能。修心只是修心。它能让你自省、自律、自强。但心变，则命变。

◎问：心变是不是一种对人生及世界的态度呢？

●雪漠：是态度，也是行为。没有行为，便没有态度。有的人心好，但若是不体现在行为上，便没有意义。所以，相较于你的心念，我更看重你的行为。

◎问：是不是一切外在都能转为助道之缘？

●雪漠：是的。心一变，世界就变了。当你心大包容时，整个世界都会向你微笑。

◎问：《西夏咒》中密法的故事很感人，但现实中我们照着去做时，就会有诸多违缘。如何选取中道？

●雪漠：心若一变，世上就无违缘。所谓违缘，是针对有求的心而言的。心若无求，则无违缘。

◎问：最近看到一本叫《禅意生活》的书，书中说“聪明人求心不求佛，愚蠢人求佛不求心”，这样的说法符合佛陀的教法吗？

●雪漠：对的。得到真心时，便是见佛陀。

◎问：是身重于心，还是心重于身？

●雪漠：身心皆无常，却又无来无去，无始无终。

◎问：人的阳寿真能延长吗？

●雪漠：可以延长。香巴噶举就有很多延寿之法。最究竟的延寿之法就是改变心，进而修复基因的缺陷。最高的延寿之法是放下、精进、持戒，让智慧觉醒成为一种生活习惯。

◎问：极乐世界是怎么形成的？

●雪漠：万法唯心造。

◎问：好人上天堂，坏人下地狱。于是，人类成员就像着魔似的努力装成好人，把一切缺陷巧妙地掩盖起来，演绎了多少不该有的人间悲剧。人类高贵的灵魂和心智无法获得有效的开发和应用，空架子里只剩下矛盾和困惑。

●雪漠：好人非形，体现为心。天堂、地狱本为心造，离心无六道。善为天堂，恶成地狱，皆是心的化现。

◎问：佛经上说“一切唯心造”，无神论者眼里是没有神或地狱的，那他们假如作恶，还会不会遭到地狱的果报？

●雪漠：瞎子虽然看不到悬崖，但只要走错了路，照样会摔死的。同样，无神论者虽不信因果，却难逃果报。

◎问：“一切离不开心，一切皆是心的显现。”当我们对别人生气时，我们心目中的别人，其实就是自己的心根据因缘显现的表象。看破它是因缘使然，不执著，是否就是智慧？还是说，这心灵显现的表象，本身也是自己？

●雪漠：世上的一切，都源于心的感受。不同的心，感受出不同的世界。

◎问：一切唯心，心空则明，而生万有，万有即是一切可能性。如此看来，一切可能性，都来自对我们本具心性的认知与启用。这样分析正确吗？

●雪漠：可以这样理解。但证悟和解悟还有本质的不同。

◎问：先有唯物论，还是先有唯心论呢？

●雪漠：心物本一体，何必分彼此。

◎问：心指什么？物又指什么？

●雪漠：在佛法中，心即物，物即心，心物不二。

◎问：心物不二怎么理解？

●雪漠：这个物只有投影在你的心中，对你才有意义。

◎问：人是先要有精神，后要有物质？还是先要有物质，继而有精神文明？

●雪漠：知物者，不是心吗？哪有非物的心？

2.
待在阴影中，便是背离大光明

◎问：我们追寻的那份光明，是在光明中不生烦恼，还是生起的烦恼都有相应的智慧来化解？

●雪漠：在真正的大光明中，其实是没有阴影的。如果我们感觉自己待在阴影中，就说明我们背离了光明。让自己远离黑暗的最好方式，就是让自己化为光明。那时，烦恼的黑暗就消失了。无需对治，本无烦恼。

◎问：如何让自己化为光明呢？

●雪漠：先找到善知识，弄清楚什么是真正的光明，再去化吧。

◎问：见到自性就是见到光明吗？

●雪漠：是的。自性是光明的一种。

◎问：什么是真正的光明与空性？内在光明与空性相融，是否算进入了大手印的初步？

●雪漠：真正的光明与空性相融，便契入大手印了。但许多时候，自认为的光明与空性，不一定是真正的光明与空性。除叫证得到光明和空性者印证外，如人饮茶，饮者也知其味的。

◎问：光明大手印的“光明”指的是什么？它是一种象征，还是一种智慧？抑或别的东西？是通常意义上的“光明”吗？我们是否那光明的显现？

●雪漠：光明便是明白究竟真理后的智慧之光，不因宗教名相的消失而消失。它是无分别智，是一种能破执的空性智慧。你化为光明后，你就是那光明；你还没化为光明，就还得向往并寻找那光明。

◎问：空性光明中的“光明”是比喻证悟空性不可思议

的智慧，还是真有光明或大光明出现？虚云大师开悟时好像说过山河大地、虚空粉碎之类的偈语，他是处在光明中，还是仅仅是个比喻？

●雪漠：光明有多种，有相似光明，有比喻光明，有实相光明，有胜义光明。我在《归心》中有详细讲解，有缘者可以去看。

◎问：有光明就有黑暗，是吗？如果这样，那还有永恒吗？真正的佛，是否不以佛为佛？

●雪漠：有光明，才有阴影。光明和黑暗在二元对立时是存在的，证得一味瑜伽时，便不再有分别心了。那时，黄金与牛粪同值，虚空与手掌无别。佛从来不执著自己是佛。因为，那执著便是法执，也是需要扫除的东西。

◎问：我们是在证得空性前利他，还是证得空性后利他？两者有何区别？

●雪漠：证得空性后的利他，是究竟的利众。未证空性的利他，还有局限性。不过，无论有多少光明，光明总是光明，其体性一样。超越二元对立之后，便无光明和黑暗的分别。

◎问：临终出现的本有光明是每个人都能见到的，还是只有生前有修持、发愿往生净土的行者才能见到？

●雪漠：光明是啥？禅不求光明。有求便无禅。

◎问：大光明是眼见还是心见？

●雪漠：光明眼不见，心亦不见。你不见，我亦不见。只有见者见，不见者永远不见。

3.
真正的平等，是众生皆可能成佛

◎问：佛性是指人之可塑性，还是指空性？

●雪漠：佛性是指人成佛的可能性。

◎问：佛性就是大手印中的本元心吗？

●雪漠：是，但不仅仅是。

◎问：不仅仅是？比本元心更多？

●雪漠：佛性之说，汗牛充栋，各派皆有不同的说法。

◎问：佛法在汉地为什么不用印度典籍中的灵魂与超灵一说？

●雪漠：印度教的神我，正是佛教要破除的呀。佛性非神我。

◎问：我和众生是什么关系？佛和众生是什么关系？

●雪漠：我和众生本为一体，佛也是由众生升华的。

◎问：心识，或者说佛性，是宇宙中本有的一种精神吗？不是的话，它又是如何产生的？

●雪漠：是的。它是本有，而非后有。觉者是发现，不是发明。

4.

听不到的“悄悄话”

◎问：现代人每天都在为生活和工作奔波，如何禅修？如何融入禅修？

●雪漠：先看我的书，书中自有妙消息。你要是连啥是禅都没体验过，如何融入？

◎问：在您的雪漠心学大系中，我们可以遵照力行的是哪一部分？

●雪漠：《真心》，字字珠玑，废话连篇；大破大立，无关疼痒；信者为宝，痴者白看。

◎问：“信者为宝，痴者白看”，这就涉及一个上师瑜伽、与师印心的问题。那在看您的实修仪轨时，应该做哪些准备和读前观修，效果会更好呢？

●雪漠：是呀。我也正想问你这个问题呢。

◎问：想请老师给我们指一条捷径，好像没有啊？

●雪漠：我可以悄悄告诉你，可惜你听不到。

◎问：远在天涯，有的人仍然能听到那“悄悄话”呀！

●雪漠：那听到的，还是悄悄话吗？

◎问：可意会而不可言传。

●雪漠：听不到的悄悄话，才是真正的悄悄话。欲说无言，欲听无声。无说无听，才见真经。

◎问：如果看小说也有这个感觉——欲说无言，欲听无声，无说无听。那是为何？

●雪漠：那是没看懂。

◎问：怎么找到自己的心？什么才是真心？

●雪漠：附耳过来！我告诉你！听到了没？

◎问：老子的“道、德”与佛陀的“空、明”可否对应理解？

●雪漠：一言难尽，附耳过来！

◎问：梦到自己能飞，能在空中连续地跳，跳得很高，要多高就有多高，算是梦境光明的前兆吗？

●雪漠：跳到天上，也会钻入乌云的。光明跟跳没有关系。跳到天上的妖精还是妖精。

◎问：梦境与我们世人所定义的现实是否并无差别？现实与梦境是否都是某种程度上的幻境？

●雪漠：梦与现实在世俗谛上有差别，在胜义谛上无差别。究竟看来，二者皆归于空性。并无自性者，便如梦幻也。

◎问：梦中明白成立否？

●雪漠：明白啥？成立啥？真的明白是不需要成立的。

◎问：怎么才能真正解脱呢？

●雪漠：得到真正的自由，也就是没有任何条件的自由。梦中才一笑，快乐无忧时，忽闻天边月，传来妙消息。其声大如雷，可惜少人知。何时见清光，无处不栩栩。

◎问：知道妄念来、妄念走的那个“知道”，是不是本性？

●雪漠：也是也不是。此处知是妄念，不知是无记。本性非知非无知。

◎问：一年前我就开始接触佛学，感觉回到了心灵家园。在读书的过程中，也有了多种体验。此后经常听佛教音乐，时而进入那种空灵的妙乐之境中，但一回到生活就慢慢消失了。不知那种体验是否大手印的一种真实觉受？慧能的“无念无相无住”该怎么理解呢？

●雪漠：要看你是不是遇到了明师，明白了心性。慧能的“无念无相无住”是证果，凡夫的“无念无住无相”是顽空。区别是，前者证悟了空性，后者却仍是瞎子。

◎问：怎样控制“想”，从而达到真释然？因为，很多事都因想而生成，如躁、怒、悲、喜……圆融又是怎样的心境？“应无所住而生其心”，有何体受？

●雪漠：尝到你就知道了。你没尝，我说你也不知道。你得找个上师，亲尝那味道。等你饮过茶后，便知其味。若没饮时，问也白问。

5.

放大心量，化万象为营养

◎问：“用海阔天空的心情去修行”该如何理解？

●雪漠：等你成海成天之后，无须作意，自会海阔天空的。

◎问：怎么理解“观察到他人的过失，是自心不清净的表现”？

●雪漠：好人心中无坏人，善者眼中无恶事。当你对世人皆有母亲之心时，他们便都是你的孩子。一般人说的坏人，仅仅是生病的孩子，更值得你去疼。

◎问：若安住真心，时刻慈悲，那么幻念是否即为愿力？其大小是随习气，随缘起？而愿力的大小，成败与否，是否已经无关自我的光明、解脱？

●雪漠：幻念非愿力，光明属本有，愿力不能增其多，失败不能减其少。但愿力大小决定着胸怀和慈悲，进而决定着智慧。

6.

放下自己，融入大千

◎问：我是一个小世界，怎样才能拥有大地母亲那么博大的胸怀，什么都能容纳，创造出美丽五彩的世界？

●雪漠：放下自己，融入大千！

◎问：怎样才能“放下自我，融入大千”啊？我没悟出来。

●雪漠：慢慢悟，别着急，反正闲着也是闲着。

◎问：自我和外界有冲突时怎样对待，如何自我调节？

●雪漠：放下贪婪，不调自调。

◎问：当佛教理论落实到现实生活，成为一种生活方式和习惯时，我们的性格会趋于金刚心，但佛陀说修行道场也是不可缺少的。那么，我们怎样才能体验到那种逍遥天界的感觉？

●雪漠：放下、明白、无求、快乐。

◎问：请问，破釜沉舟对真正的修行人来说，意味着什么？

●雪漠：意味着放下。放下一些跟生命和智慧本体无关的东西。

◎问：我理解，学佛第一步，最大的障碍就是放不下。不知对不对？

●雪漠：是的。放下就是学佛，真放下就是解脱。

◎问：如何看待佛法所说的“人无我有，人有我优”？对社会生活而言，它有什么好处？

●雪漠：这是世间法的要求。那有的，应该是智慧和好品质等。真正的佛法是超越比较和功利的。

7.
做而无做，只因破执

◎问：入世的智慧如何运用而不会著相？

●雪漠：窥破，放下，坦然。

◎问：如何分辨是真出世之心，还是一种作意？

●雪漠：真出世心无执。

◎问：如何看待无执？对知识或某一信仰的追求难道不是一种我执吗？

●雪漠：对知识或某一信仰的追求，也是执著的一种。但一块地里先种上庄稼，杂草就少了。所以，先让信仰占据心灵，要比没有信仰强很多。

◎问：坚持梦想，是否一种执著？

●雪漠：坚持梦想，也是执著的一种。不过，正面的执著叫正念，无它不能证道。证道后，便无所谓坚持，也无所谓梦想。那时，无执却不散乱；无发心，却无时不在利众。所以，开始时要有正念，以一念控万念，专注才能得定发慧，终而破执，得到大成功。

◎问：不知道你们有没有这样的经历和感觉：自己的灵魂好像被弄丢了！不清醒。经文也念了，也出去旅行散心了，但始终觉得没找回本有的我，经常不在状态，大脑像是空的，活得像一具躯壳！我的内心在抗议，拼命想寻找更真实的我，但又很难找回。我该怎么办？

●雪漠：本来无我，你往哪里找？找“我”如剥洋葱，你咋剥，也剥不出个“我”来。

◎问：地藏菩萨的大愿是“地狱不空誓不成佛”，这是不是一种我执？这种做法对吗？

●雪漠：大愿非我执，大愿为破执。有大愿，却不执著于大愿，做而无做，无做而做。

◎问：如果带着修行的念头待人接物，是否陷入了另一种执著呢？如果是，该怎么破除？

●雪漠：是的。真修行，并无所修，放下、破执即可。

◎问：如果完全没有了执著，是否就会见到自己的本性？

●雪漠：不对。没有执著，便是见性。并不是没有执著后，再去找另一个见性。

◎问：见性就是不执著对不？

●雪漠：见性是真正的不执著。真正破执后，便是证果了。阿罗汉破我执，菩萨破我法二执。

◎问：佛陀悟道后说："奇哉！奇哉！大地众生皆有如来智慧德相，只因妄想执著不能证得。"那反过来说，是否把妄想和执著都搞没了，就解脱了呢？

●雪漠：是的。无执著，便是解脱。修行只为破执。破我执者，阿罗汉也；破法执者，菩萨也。无执可破时，便是大自在。二执皆是执，名相虽为异。破时破名相，亦扫诸觉悟。无物可扫时，便有妙消息。今夜告同修，哈哈复嘻嘻。

◎问：我执和法执的区别是？

●雪漠：我执执著自身，法执执著外物。

◎问：也就是六根和六尘的关系吗？

●雪漠：是，又不仅仅是。这种名相，此刻说起来麻烦，你可去看我的《真心》，上面都有。佛教将世上万物称为法。

◎问：那破法执是否也分不同程度呢？就算心里不执著，被棒子打到时还是会疼。这是否说明还有细微的执著没破除？

●雪漠：便是疼，心也是明白的呀。觉者不会因为疼，再变成糊涂鬼的。

◎问：外道也是修定方面非常厉害的，只是不能认知定中所见也是自心的显现，因而走错了修行解脱的方向。佛教正是在见地上更究竟，才能证悟解脱的，对吗？

●雪漠：是的。佛教是破执无我，外道却执著于神我。有执便无解脱。

◎问：通过了义与不了义的闻思修，达到相应和真正的不执著，万法归于自然，存在的只有作用，也就像您讲的心解脉开。保任它，便是解脱吗？

●雪漠：保任光明是走向解脱的方法之一，但“法”还不是解脱。因为，真正的解脱，是连法执也要破除的。是故佛说：“法尚应舍，何况非法。”

◎问：吃饭就吃饭，做事就做事，睡觉就睡觉。不思过去，不展望未来，当下的觉受，也是空。可在世上炼时，对境生心，烦恼重重，这是否执著呢？

●雪漠：是的。此执非彼执，一执降万执。待到无执时，此执也无执。

◎问：无论学习，还是做其他事情，时间长了，都会慢慢失去刚开始时那份单纯，甚至形成一种“混”的习气。请问老师，有没有一种简单有效的方法，让我们一直保持心的真诚和单纯呢？

●雪漠：忘了求方法，啥都忘了，记得那快乐明白便是了。

◎问：“越所缘境心体现”的越是超越的意思吗？心是如何超越的？

●雪漠：“越所缘境心体现”的越有“超越”之意。放下“心”之惑见，便可实现超越。

五、行为人生

1.
不改变行为的学习，是在浪费时间

◎问：修心是不是要照着什么修呢？是像照镜子洗脸那样，照着书修吗？

●雪漠：读书的目的，就是照着书上的道理去做事。书上学了，要在行为上体现出来，进而改变自己的心。不能改变行为的读书，仅仅是在浪费时间。

◎问：市面上有很多心灵鸡汤类丛书，很受欢迎，我也看过不少。但从我的经验来看，这些读物对于真正改变心灵、改变命运，几乎起不了什么作用，如同隔靴搔痒。但它们却备受推崇，甚至把心灵修炼引向一种轻松阅读、寻找快感的方向。请问您怎样看待这种状况？

●雪漠：你说得对！它们只讲了道理，没有教人们如何实践。没有实修，便不会改变命运。因为，只有实修才可修复基因缺陷，阅读不能。

◎问：光明大手印是一种修炼心性的方法，既然《雪漠大手印实修偈颂》就能实现由凡入圣，为何还要深入了解教法和宗教哲学？

●雪漠：偈颂是高度浓缩的宗教哲学，它是用来指导教法的。明理之后，还必须借助教法来实修。没有实修，理论就没有意义。

◎问：看了老师的《真心》很激动，解决了一些心中的疑问，真是很感激。但无论老师说得多么清楚明白，还是需要自己去修心，历事炼心，对吗？

●雪漠：所有的知识，都是为了指导修行。不去修，所有知识都没有意义。

◎问：很多人道理上懂得很多，但就是不去做。这对生命有益吗？

●雪漠：说万句不如做一事。说得行不得，等于无信仰。做才是得到。

◎问：我以前做心理咨询，照理论而行，效果很不好。

后来放下理论，咨询的智慧慢慢开发，效果越来越好。是否修行也一样，先在理上明白了，再把所有的理论和道理，针对自己的心而修，从中找到真正的智慧？

●雪漠：是的。但知识和智慧的距离很远，有时人们认为的智慧，其实仅仅是知识。

◎问：知识不是智慧，但对知识的学习也是必要的。通过实践印证和应用变通，知识就能转变为智慧。在工作中，深有体会。修行，也是如此吗？

●雪漠：证得智慧后，便一切皆智慧了。

◎问：禅无可见。经中说："见见之时，见非是见。见犹离见，见不能及。"那不能及的是什么？

●雪漠：单纯的见，是得不到大智慧的。"见"只是方向，若要证道，得走向光明。路迢迢，心茫茫，不执不舍，不散不昏，恒常如一，离执放下，便不被"见"所困，便"能及"了。

◎问：灵魂的重塑，是否一定要通过行为来改变？

●雪漠：人的价值，要靠他的行为来体现。没有行为，就没有一切。

◎问：知道了缘起性空的道理后，是否会对世间的一切感到无言？

●雪漠：理上的明白不等于事上的清凉。单纯的药方是治不了病的。

2.

知易行难，皆因知而不做

◎问：在追寻终极快乐的过程中，最常见的错误和困难是什么？

●雪漠：是狂慧。见地要高，行履要实。

◎问：如何认知自己是狂慧？

●雪漠：能说不能做，不能降伏自己的欲望，便是狂慧。

◎问：有的人明白许多道理，但一遇事便无从下手，还是会生起烦恼。怎样看待？怎样解决？

●雪漠：理上的明白，不等于事上的觉悟。

◎问：您曾说“愚痴是最大的病”。要想消除愚痴，必须改变心灵基因，这是要苦修的。那么，怎么理解苦修呢？密勒日巴那种苦修适合现代人吗？

●雪漠：当然适合。要想得到大成就，必须得大精进。偷懒者，只能骗骗自己。

◎问：雪漠老师，怎么理解精进？有为法都不算精进吗？

●雪漠：有为法的精进，如果不和正见结合，是非常危险的，很容易走火入魔。那些恐怖分子和“人肉炸弹”们就是这样。

3.

陷于世事者，难有智慧觉悟

◎问：关在家里修行，总是很清净。可一旦接触外面，心就被世俗弄得不清净了，再坐下来时，总是散乱。怎么办好？

●雪漠：多关几年。所以佛家提倡出离，没有出离就没有成就。世界上没有不出离而成佛的人。

◎问：没开悟的人如果没时间坐禅，可不可以在做事中守心，行中得定？

●雪漠：只要得到妙法，也可能在日常行为中修定。但没有真正的出离，是很难证得究竟的。

◎问：坐禅时，和工作相关的思绪总会冒出来。这是否意味着定的程度还不够？我们如何在繁忙的工作中有效出离修定？

●雪漠：每天出离一两个小时。若是连这点时间都挤不出，我就劝你换个工作，或是换个心。

4.

人在江湖，同样能出离江湖

◎问：要摆脱“红尘累”，一定要出离红尘吗？若身不出离，对心出离会产生影响吗？

●雪漠：在没有修出真正的定力前，想要实现心的出离，就要首先做到身出离。没有身出离，便没有心出离。每天至少要空出一两个小时来专修，实现暂时的出离，否则，是不可能得定的。

◎问：在目前的环境，是不是必须身出离，然后才能做到心出离？

●雪漠：身出离是以心出离为前提的。没有心出离，哪有身出离？

◎问：媒体报道说您闭关二十年，创作“大漠三部曲”“灵魂三部曲”等系列作品，但从您的履历中我们又会得知，您每年都在不停地参学，奔波于各个地方，穿梭于讲学、研讨、采访、挖掘、交流等各种活动中，所以很多人就不甚理解闭关的含义了。请问，您所做的一切，可否理解为大手印的妙用？

●雪漠：闭关就是拒绝外缘，心置一处，身居一室，专做一事，心不旁顾。每年参学是出关后的事。当心性的光明打成一片之后，便无处无时不在闭关了。

◎问：听说有很多人去四川等藏区的一些佛学院学习、闭关，条件很艰苦。不知实际情况如何？我们应该去吗？

●雪漠：安禅不需佳山水，灭却心头火自凉。

◎问：看了大渡网对您的采访，发现您似乎一生都在闭关。可很多人问您自己是否该闭关时，您大多给予否定的回答。这是为啥?

●雪漠：因为因缘不同。我需要闭关，因为我需要证得大智慧。事实上，我的闭关也跟别人不同，我从不曾出关。了解我生活习惯的人都知道，我一直离群索居，独享明空之乐。但有些人遇到善知识，很快就明白了心性，就不一定像我那样闭关了。正如发明电灯不容易，可一旦电灯被发明出来，一般人用起来就很容易了。开路者总是要辛苦些的。

5.
殊胜觉受，源于实修

◎问：您在《初心》里选录了部分修行日记，里面写到自己的一些宗教体验。在谈及这些体验时，您说："所有的宗教体验最终都要体现在宗教行为上，这样的宗教体验才是真正有意义的。"对那意义，我在读了多遍书后有了新的感悟。不知您又如何理解呢?

●雪漠：每个人的意义不同，你的感悟便是你的意义，你又何必问我？每个人的意义是每个人活的理由，各有因缘，并不雷同。

◎问：如果一个人的脉轮死了，她还会有宗教体验吗？

●雪漠：会的。宗教体验无关乎脉轮。而且，活人的脉轮是不会死的。

◎问：如何才能有您那样的宗教体验？我们如果有了一些具体感受，可能会更有利于增加信心。

●雪漠：任何真理，如果你不去实践的话，都是没有意义的。禅也是一样。一定要去行动或实修，否则你是得不到真正受用的。至今，我仍将大部分生命用于实践，不是用于书本。没有行动，便没有禅。不像我那样实修，就不可能有我这样的智慧。

◎问：觉受和证量如何速速生起？

●雪漠：信极而精进则生证量。

6.

不真正禅修，便无法证悟

◎问：证悟必须经过禅修吗？

●雪漠：没有禅修便没有真正的证悟。就像不坐车或走路肯定到不了目的地一样。

◎问：怎么理解真正的修行是无修呢？

●雪漠：真正地成就之后，不执著于那种成就，便是无修。不成就的无修是懈怠。

◎问：您在《初心》中写到印度大成就者萨惹哈的禅修故事，他的妻子说："真正的禅修不是盘腿打坐，真正的闭关也不是远居山林。真正的禅修是远离散乱、执著和分别心。"现在好多人对禅修不太理解，总认为打坐、禅定、做功课等等就是禅修，请您解释一下好吗？

●雪漠：是的。"真正的禅修不是盘腿打坐，真正的闭关也不是远居山林。真正的禅修是远离散乱、执著和分别心。"不过，当一般人遇不到真正的善知识，得不到正确教授时，用一种相对固定的宗教礼仪来修行，会比盲修瞎炼好。要是遇到真正的善知识，照他的话去做，便是最好的修炼。

◎问：有的人认为，念了多少咒子、磕了多少大头，就是修行。那么，怎样的修行才不是糊弄一下的修行呢？

●雪漠：多积累资粮，待得资粮圆满时，请上师为你开示心性。

◎问：禅修一定要打坐吗？禅的精髓在哪里？

●雪漠：在没证得一心之前，必须先打坐。不打坐，很难有定力。你能真正得定开悟、打成一片之后，则行住坐卧，起心动念，无不是禅。

◎问：您每天打坐吗？每天打坐的时间多长？

●雪漠：我没有打坐，也没有不打坐；没有禅定，也没有散乱；没有智慧，也没有愚痴。

◎问：打坐时，为什么不热反凉，非常寒冷？

●雪漠：冷也罢，热也罢，皆是虚妄！别理它！

◎问：心中的污垢如何发现？如何清理？如何精进修行？

●雪漠：跟上师比一下，你缺啥，便在啥上用功。照着上师要求的去做。

◎问：有言：不广修慈悲菩提心，单纯地安守心性法门契入，易落入小乘缘觉。对此，老师有何看法？

●雪漠：小乘是大乘的基础，没有小乘，便无大乘。没有地基，楼是无法修的。

◎问：学佛如同医病，要辨证对治。佛陀八万四千法门，针对不同心病之人，故有顿悟渐修、渐修顿悟等多种形式。

●雪漠：是的。有见上求修，有修上求见。理上需顿悟，事上要渐修。

◎问：明心见性，直指心性，如果再加上对道次第的学研，内外夹攻，相得益彰，不是更好吗？

●雪漠：对的。二者并行不悖。理上需顿悟，事上要渐修。大手印见地，加以道次第修证，方相得益彰。

◎问：雪漠老师，您证悟的路子是不是人人都能效仿呢？如果不是的话，对大多数行者来说，如何才能接近您的境界呢？简单地说，修行是否就是修正自己的行为？

●雪漠：每个人的证悟方式和过程都是独有的，属于他自己，别人用不着模仿。心的明白，要体现在行为上才有意义。

◎问：从“雪粉”群体中可以看出，很多人的生命之路是不一样的。有的人从红尘中感悟到苦，在苦中泡透后出世，长大后入世利众；有的人因为某种机缘，直接投入出世的智慧之水里，跟着上师入世做事，在做事的过程中慢慢长大。这是渐修和顿悟吗?

●雪漠：在得到真正的智慧正见之后，做事便是最好的修。有了大心后的做事，也是顿悟的一种。

◎问：智慧修炼主要针对哪些方面？如何才能打破系缚心灵的魔咒?

●雪漠：智慧修炼，主要就是让自己的心真正属于自己。许多人的心并不属于自己，而是受制于外物。证得空性之后，魔咒自除。

◎问：对心性从理上有所明白，但觉无证境。如何速入殊胜境界？闭关专一修行可以达到吗?

●雪漠：有时，一些人所说的“理上明白”，并不是真正地明白，仅仅是知识，不是智慧。古代大德教诲说，明心前不可闭关，也就是所谓“不破初关不闭关”。因为，不明心，闭关是得不到大益的。许多人连心都不明，却胡乱闭关，大多就着魔了。

◎问：什么情况下，才可身心出离闭关证悟呢？

●雪漠：明心之后，才可闭关。知道方向之后，才走不错路。具体怎么闭关偷偷问你的上师。

7.

深掘一井，方得大水

◎问：您建议初学多阅读经典，还是一门入手？是否精进一法成就后便可通万法？

●雪漠：找到真正的上师，然后一门深入。深掘一井，便得大水。相应之后，才有妙用。

◎问：修行中所谓的“法”是越多越好还是精其一法好？修行中仅修与上师相应而不修他法可以迅速成就吗？

●雪漠：对机之法，只有一种。如掘深井，瞅中一处，精进用功，才可成功。上师相应法是最好的法。上师如电脑，弟子如硬盘，信心是数据线。只要机缘成熟，成就易如反掌。

8.

深入经藏，智慧如海

◎问：我最近念《金刚经》，有许多不明白的东西。

怎么办？是不是只要多读，就能借助经书的加持力，渐渐明白？还是需要句句读懂？抑或有其他方法？

●雪漠：先别管句子的“明白”，只保任诵经时的清凉即可。

◎问：怎么理解《金刚经》中的“如如不动”？怎样才不会变成石头？

●雪漠：得到上师的开示，明白心性后，才会有明空智慧。这时，也就既如如不动，又了了分明。

◎问：《金刚经》里“应无所住而生其心”之“生”应怎样理解？是本心如水晶而反射宇宙精神那样的“生”吗？

●雪漠：名为“生”而实无生，不取于相，如如不动。

9.

精进与破执是否矛盾

◎问：一心要成佛，精进修法，不也是执著？

●雪漠：修行必须精进。不精进不可能即身成就。精进不是执著。精进而不执著才是真精进。

◎问：孔子说士要执著于道义，这个该怎么理解呢？

●雪漠：圣人说得对呀。向上的执著叫精进。

◎问：把执著于道义理解为在道义上精进，就没有歧义了。但恐怕好多人从一开始就理解错了。其实，这里说的执著，并非一般理解的执著。可是，很多宗教的精神就在于执著，执著于某种信念。

●雪漠：执著于贪嗔痴，才是我们反对的。佛陀那样的精进，是为了破除执著。开始的执著是必要的，它就像孙悟空头上的紧箍。没有它，拴不住猴心。

10.
要允许自己有个成长的过程

◎问：我的心太复杂了，即便进行所谓的修行时，那个潜藏的私心也会冒出来。而且我觉得，那个利己的心才是我自己，这样肯定是修不成的。请问老师，怎样才能转化这个心？是不是要经过极漫长的时间才能办到？

●雪漠：先求妙法，更行正道。久而久之，坚冰自消。

◎问：我怎么感觉读您的作品已经两年多了，再重新阅读时，仍然问题不断，思考不断呢？

●雪漠：因为你在长大。即使在受污染时，你也在长大。病毒入身时，你就有了免疫力。

◎问：啥时能真正长大呢？

●雪漠：只要不失去信心，小树总会长高的。好的种子，只要有好的土壤、水分和阳光，它总会发芽、开花、结果的。

◎问：我们来娑婆世界的根是什么呢?

●雪漠：凡夫的根是贪欲，圣者的根是大愿。

◎问：我有大愿，但是凡夫是否要先成为圣者呢?

●雪漠：小孩子不是想长大就能一下子长大的。

◎问：总感觉学佛修行之路，就是一个从虫蛹到蚕茧（闻思经典），再到脱茧而出（打破一切名相束缚），涅槃出美丽蝴蝶（无非幻化）的过程。好似每个成佛人，都离不了这么一个过程。您说对吗?

●雪漠：是的。成就便是一次次打破自己。

◎问：阿罗汉断除烦恼，但还有习气，这种习气是怎样体现的呢？如果只是习气，应怎样修呢?

●雪漠：习气是尿壶倒去尿后留下的臭气。除习气是个艰难的过程，需要扫除许多习惯性的习性，不断战胜自己。

11.

让智慧的妙用成为一种习惯

◎问：啥是串习力？心的串习力该如何训练?

●雪漠：串习力是心的一种惯性之力，天天如法修习，便能产生串习力，进而成为心的主人。

◎问：您在书上说过，串习是熏习后的产物。那么，请问串习力和业力、习气有何区别？

●雪漠：串习力是正面的“业力”，是智慧的“习气”。染法熏习形成的串习不可能变成正面的业力和智慧的习气，智慧源于净法熏习。

◎问：读书的串习力和修定的串习力一样吗？有什么根本的区别？

●雪漠：读书可以训练知识的串习力，修定可以修得智慧的串习力。前者源于他人，后者发自内心。

◎问：我们在看一些关于心灵的书时，觉得它很有益，还能随之慢慢改变一些习气，但过段时间，就恢复了原来的样子。请问老师，我们要怎样保持呢？

●雪漠：有了好心情时，要慢慢地保任它。就像点亮了蜡烛之后，要防止邪风的侵入，还要时时加油加柴，那火才能燃得更亮。每一个当下都警觉，一生就不会迷了。这便是佛陀。

◎问：如何理解“所谓串习，是熏习后的产物，是指通过某种事物和行为的连续熏染，使另一事物和行为发生变化”？

●雪漠：熏习如酱油腌萝卜，久久腌下去，就能腌透你想腌的东西，修行亦然。修行是以大善“腌”心，只要一直腌下去，你的心便会跟大善合而为一。

12.

破除愚痴，从幻象中解脱

◎问：我的一个朋友说，或许连死亡都无法改变他的坚守，但愚痴可以。请问老师，什么是愚痴？如何拒绝愚痴？

●雪漠：愚痴就是无明，就是不明白真理，受制于幻象。拒绝愚痴的方法，只有两个字：放下！

◎问：愚痴和解脱之力最后是否同一股力量？这股力量由何产生？“力”从何处来？“无明”又从何处来？

●雪漠：愚痴之力从无明中来，解脱之力从远离无明中来。无明缘行识，名色缘六入，触受爱取有，生死大苦集。

◎问：智慧怎么才能生起来？如何破除愚痴？

●雪漠：由戒生定，由定发慧。或由善知识开示心性，得到智慧。破除愚痴有两种方法：一是读好书，深入经藏，智慧如海；二是找到善知识，点亮心中的明灯。一灯可破千年暗。

◎问：我在读《我的灵魂依怙》时好像入了禅定。但自己不理解这是为什么？

●雪漠：那是得到了智慧的加持，也可以看成是一种智慧的“磁化”。

◎问：既然苦乐是相，那么脱不脱离，不都一样吗？还在轮回里和修成佛，有什么区别吗？

●雪漠：苦乐之别也是分别心。到了一定境界，苦就是乐。许多苦，其实是人不能满足欲望时的失落。佛就是不被轮回假象和生命幻象迷惑的人。

13.

借传承之力，扫千年阴霾

◎问：我学习佛法很长时间了，也悟到了很多东西，为何妄念还是挥之不去呢？

●雪漠：天空总是会有云的。

◎问：怎样才能止息妄心，让真心长驻？

●雪漠：先找到真心，才能谈长驻。

◎问：当念头席卷而来时，只是觉察到它，并知道它本质如梦幻泡影。这样日复一日，是否有如损之又损？

●雪漠：是的。念头若起时，不扫亦不追。风卷落叶去，任它化成灰。

◎问：我的心很乱，怎么办？

●雪漠：知道你心乱的那个东西并不乱啊，守住那个不乱的。

◎问：念佛三昧是什么？

●雪漠：念佛念到一心不乱时，便是念佛三昧。

◎问：念持多少佛号，心都静不下来，好无奈，请指点。

●雪漠：那是因为灯泡没得电流，没有光明，所以照不破千年之暗。

◎问：怎么做到大智？怎么消除分别心？很多人说修吧，但该怎么修呢？总觉得他们回答得很笼统模糊。

●雪漠：修的方法，去问善知识呀。

◎问：如何远离散乱、执著和分别心？在香巴噶举法脉中，观修是否最好？

●雪漠：观修是很好的妙法，没有观修，便没法清除习气。至于是否最好，倒不一定。病不同，药便不同。最好的法，是对机的那种。

◎问：最近人事繁杂，心有些乱。倒是每每能将佛理融入事中，让心平静下来。但修行时会中断，也无法入定，心遂有些烦躁。要不要提起警觉？还是随它去？

●雪漠：提起正念，警觉精进，否则易被环境同化。随缘顺世而保持觉性。

◎问：如何随缘顺世而保持觉性？能再说清楚些吗？

●雪漠：先知何为觉性，才能谈到保持觉性。欲知何为觉性，得问你的根本上师呀！

◎问：现在是您的访谈，还是您来告诉我吧！

●雪漠：对不起。我不是你的根本上师，无法为你开示觉性，因为你对我没有那份信心。你需要的，是虔诚地参学，而不仅仅是访谈。觉性者，心性也。开示心性者，根本上师也。明白何为觉性时，便是契入大手印。理上明白为解悟，事上明白为证悟。

14.

心灵的自主力，有时需着意培养

◎问：如何找到正信？在行住坐卧中，如何更好地培养定力？

●雪漠：找到善知识，求个妙法。得到正确的方法，坚持下去，便会正信而有定力。没有善知识，就只能在黑暗中摸索。恒念“奶格玛千诺”亦可。

◎问：观想时要把心住于观想的对象，那不是有所住，著我、人、众生、寿者相了吗？可《金刚经》说：“应无所住。”

●雪漠：先借观想修专注力，然后再破执。先借相修心，借事调心，后来才会无心无相。

◎问：唐卡中的佛父佛母及坛城形象是艺术家的想象，还是根据修行者定中所见的描绘？为何少见奶格玛的唐卡呢？

●雪漠：问得好！想象得久了，便有了定，最后便没了二元对立。那时，想象即定，定即想象。奶格玛唐卡也有，但在教内流传较多。这便是当初“密”的原因。

◎问：随时忆念上师，随时观想，保持这种状态，是一种入定的表现吗？

●雪漠：不是。假定须借他力，真定自然成办。

◎问：产生定的状态，是不是就消除了所有的烦恼业障？只有在定中，才能开悟吗？

●雪漠：单纯的定还不能完全消除烦恼，究竟的慧才能离苦得乐。修定后才能开悟，也就是所谓的定能生慧。

◎问：肉体不听心的话时，该怎么办？

●雪漠：当心灵的力量足够强大时，肉体才会听心灵的话。所以，一切要从修心开始，进而强化训练专注力。待有了专注力和定力时，身体就听话了。

◎问：如何才能让心灵的力量强大起来？

●雪漠：要经常训练自己。小时候，我最喜欢在床头贴张纸，写上“战胜自己”四个字。我贪啥时，就戒啥，老是揪住自己的习气不放，跟自己过不去。久而久之，就有了心灵的自主力。

◎问：如何训练自己的专注力？意志力薄弱的话，该如何做？

●雪漠：每天让自己去做一件有益的事。久久而习，就有了定力。

15.

如何放下，何时放下

◎问：怎样才能真正放下呢？

●雪漠：明白空性后，观万相如幻，不再执著，才能真正放下。

◎问：看破俗相意味着什么？

●雪漠：意味着远离执著。明白骗子口里句句是谎言，他便再也骗不了你。放下很容易，也很难。

◎问：禅宗里有一些修行人，学了很多知识，理上也明白了，但上师让他放下所有的知识理论。这样对吗？

●雪漠：对的。那是他证到后的放下，而不是愚昧地放下。

◎问：修行时，自然有身体的感受，那感受是不是也要放下？

●雪漠：当然。总有一天，我们会没了身体。那时，你不放下，也得放下。若将感受当成智慧，那么，你没身体时，智慧到哪里去了？

16.

如何判断修行有没有起作用

◎问：有时忽然对生活或修行有所体悟，但不知是否正确。请问老师，有没有什么准则，可以检验自己的体悟对修行是否有益呢？

●雪漠：看你是不是比以前更明白、更宽容、更慈悲。

◎问：未见真心之前，便不是真正的修行。那么，怎么知道这种修行是不是在助长真心呢？

●雪漠：主要看你的信心是否增长，心是否日渐清凉，是否有利众的行为，能否放下对今生的所有执著。若回答是肯定的，你就是在助长真心。

17.

摆脱红尘诱惑，做心灵的主人

◎问：在日常生活中面临巨大诱惑时，如何去摆脱呢？

●雪漠：心如明镜，朗照万物，镜子却如如不动。

◎问：何为“如如不动”？

●雪漠：如鱼饮水，冷暖自知。只有如如不动者，才明白何为如如不动。因为，当你真正明白后，便见性了。见性后就是登地菩萨。

◎问：见性是成佛吗？

●雪漠：见性离成佛尚有距离。见性是一地菩萨，成佛是超越了十地菩萨。

◎问：虽然明白自己该做什么，但却难以抵挡外界的诸多诱惑。怎么办？

●雪漠：欣赏一切，却不要叫它卷进去。念头生起时，别跟着它去。先找个老师，学会控制念头的方法。

◎问：您在《初心》中提到“不怕念起，唯恐觉迟”，念头无穷无尽，如何不被卷进去呢？

●雪漠：先做心的主人。你可以先看看我的《让心属于你自己》一书。

◎问：禅是如何面对人类欲望的呢？

●雪漠：禅不离欲望，但需要观察和超越欲望。当你能找到真心并安住于真心时，其实已有了能超越欲望的智慧。

◎问：欲望生起时如何对治？消除欲望有好的方法吗？我经常掉进里面挣扎不出来，很是苦恼。

●雪漠：一般是念起不随。究竟的对治是安住真心。找个上师，求个好法。灯一亮，黑便没了。

◎问：能发现，但控制不住欲望怎么办？“化欲望为道用”该如何理解？

●雪漠：不见真心时，难以成道用。此时先守戒，亦能熄心火。进而有定慧，遂有大机用。多修定力，便能控心。

◎问：吸烟者也知道吸烟有害健康，为啥就是不能控制欲望呢？我们该如何面对欲望？

●雪漠：欲望是一种情绪，是不会长久的。当我们认识到这一点时，不随那念头而去，欲望的力量便终究会消失。

◎问：以禅为本的生活，自然充满清明、平和的爱。不为欲望牵引，因此不会做出任何“屠杀”的行为。反过来看，禅的境界，大多数人并未达到，但学习如何正确观察，如何正确对待欲望，也是一种禅修的方法。这样理解对吗？

●雪漠：未得真禅时，先要有禅行。清净其行履，久久自成习。以戒为师者，如是得大益。

◎问：如果得到一些修身的方法，就可以更好地消除欲望了吧？

●雪漠：是的。从本质上来说，烦恼虽属于心理，但也是生理的脉结纠结使然。打开脉结之后，许多烦恼便会随之消失。

◎问：“身体脉结的纠结若是打不开，也会影响心的明空的彻底”，脉结是否可以理解为自己生生世世造的业？

●雪漠：脉结是生理上烦恼之基础，也是习气的产物，你当然也可以理解为基因。从缘起上说，习气也是生生世世业力的产物。

◎问：从理论上来说，心物同源，我们不但要注重心的修炼，对身体的修炼也不能放弃。因为它们在终极意义上是一致的。这种观点对吧？

●雪漠：调心重要，炼身也重要。君不见许多狂慧者，口谈大智却管不了欲望之身。

18.

用智慧之光照亮世俗生活

◎问：大家在提问时，是否也要有警觉，不能让心随问转？

●雪漠：警觉是一种生命状态，不可丢失的。

◎问：平时生活中在起心动念时提起警觉，对于习性上的小风小浪还可以应付，但遇到大风大浪，有时就措手不及了。这样修对不对？

●雪漠：知道了吸烟的害处之后，就别抽烟了，一支也别抽。

◎问：人说世上庸人因惰致败，怎么克服这个“惰”？

●雪漠：只要他真的认为自己马上就要死去，就不会惰了。

◎问：请问如何把握好当下？

●雪漠：别管过去，别念未来，督摄六根，做好眼前的事。

◎问：一个完全与过去隔离的人，如何带着忧伤和自卑开始新的人生？

●雪漠：过去的早死了，扔了它，向前走。

◎问：我说的“与过去隔离”，包括父母和婚姻，包括一切的一切。这样也要扔了它，向前走吗？

●雪漠：在期待中扔了他们，行为上承担义务，向前走！

◎问：如何对治自己的坏习气？

●雪漠：找到真心，安住真心时，习气也是妙用呀。

◎问：如果一切都是心性的显现，那是否可以将拖地、吃饭等日常行为看作清净自心的修行呢？

●雪漠：是的。心清净时，无处不是道场。

◎问：生起嫉妒心时，应怎么降伏它？

●雪漠：别降伏了，用它当精进之力不是更好吗？心大则诸法为营养，心小则举世皆绊索。

◎问：让心大一些，再大一些，嫉妒心就自然消解了？

●雪漠：何不放大心量，将世界揽入怀中。

◎问：心不需放大，心本来就大。

●雪漠：心虽然本来就大，奈何塞满了业障。所以，修行以除障消业为主。

◎问：如何才能将自己的心变大？

●雪漠：像对待父母和孩子那样，对待你遇到的所有人。

◎问：怎样消除心气的浮躁？身体不愿做功课，但心里其实很想做功课。

●雪漠：要学会享受生命，当然包括修行。

◎问：烦恼或负面情绪经常反反复复，应该怎样克服？

●雪漠：烦恼或负面情绪本来就会经常反复，要是不反复，你就成八地菩萨了。反复是很正常的，那只是习气的发动。发动一次，习气就会减轻一次，像弹起的皮球一样，它总会停下来的。不要怕。要用你的智慧慢慢地对治习气。

◎问：现在这个花花世界，诱惑太多，定力不够，如何在红尘中修行？

●雪漠：先找善知识，明白何为修行，再依其教言，改变心灵，改变行为，进而积善成德，改变命运。

◎问：是还没有融会贯通，自己层次不够，对吗？

●雪漠：自性并无层次，本来圆融无缺，只是你不能认知罢了。

◎问：如何在日常生活中发现自己内心的阴暗面，比如脆弱、逃避、害怕承担责任、自欺欺人等等？

●雪漠：必须选一个参照，以他为坐标衡量自己的行为，时时观照，时时对照，时时自省，发现习气，及时清除。当你能发现自己的毛病时，说明你已得到升华；当你没有发现自己的毛病时，说明你在欺骗自己；当你发现自己的毛病，却不去改正时，你就是在逃避。

◎问：修行中逐步破除了各种束缚，但有时和朋友说话会让他们有种被冒犯的感觉。即使只是讲些平常事，他们也会觉得你不能那样讲。因为你犯规了，犯了他们的规。但我心中已没有那种规了。那么，我该如何应世呢？

●雪漠：心中没规时，便别理那规。

◎问：您在《调心》中说“世界是调心的道具”。那么，刚进入修行的人要用什么样的心历练人生呢？

●雪漠：先明本元心，进而修定力。定力既生，便可应世。定力未生，应多在事上用功。

◎问：在事上、生活上发现了自己的心灵缺陷后，用什么方法走出来？

●雪漠：当你有了无伪的信心后，哪有什么缺陷啊？何用走出？

◎问：生活中的每个念头都会在禅定中放大千万倍，变成一场考验。例如，自己很爱妻子，在禅定中就显现出妻子和别人相好的镜像，栩栩如生，这就是《华严经》所说的：如是思维，如是显现！

●雪漠：是的。妄想的乌云总是在静水中显得更加清晰。

◎问：我经常觉得精力不如以前，总起不了早床。请问，如何可以达到精气神足？您是怎么做的？

●雪漠：别管精力，忘我时便不累了。我哪有时间累呀？

◎问：有时太忙，不能坚持每天禅修，过后加倍补上可以吗？

●雪漠：可以的。但这种毛病，要不得。不能几天不吃，一顿撑死。

◎问：在实践的过程中，为什么有时觉得很快乐，遇到什么缘都能看透，有时又会很烦恼，啥事都觉着没意义？

●雪漠：天空总会有云的。不要紧。风一吹，云总会散去，太阳就会出来。

◎问：在现代社会，怎么做才算是好人？现在的人际关系真的很难处理，我只想对得起自己的良心，不让自己后悔。

●雪漠：做好自己的人，管好自己的心，做好自己的事，然后一切随缘。对得起良心，便是真正的修行呀。

◎问：但遭到的非议也多，心里有恐惧，怎样对治呢？

●雪漠：非议很快就会消失的，别理它，放下。

◎问：对一个修行人来说，自己的权益受到侵犯时，应该采取什么样的态度对待？是隐忍还是据理力争？或者有什么更好的方法？

●雪漠：忍辱是禅者的功课，不过，有时候，世间法还是要遵循世间法的规则。真正的好方法，是明白无论你争还是不争，一切都会马上过去。我们留不住什么，也没什么值得你执著。当你拥有这种智慧时，自然会明白该怎么做。

◎问：要忍到什么程度才算“忍辱波罗密”？

●雪漠：忍到没有忍的概念为止。

◎网友：面对逆缘该怎么做？忍无可忍时该怎么办？

●雪漠：换个角度时，便没有逆缘，何须忍呀？在智者眼中，逆缘即顺缘，烦恼即菩提。

◎问：“知一切法无我，得成于忍。”“忍”字如何理解呢？是否有忍无可忍，见诸相非相？

●雪漠：忍啥？别忍了。好好品味，好好享受，明白清凉，无执无著，便是忍了。

◎问：总觉得没有太多的信心面对尘世，有法可解吗？

●雪漠：有，爱。像爱自己那样爱别人，像爱情人那样爱世界。

◎问：在世间生活，如何合流不同污？如何把道理融入生命，在习性来时，也能保持明白不动摇？

●雪漠：安住觉性，随缘照物。不著于相，如如不动。修行修行，修的是行为。没有行为，就没有功德。那些没有行为的人，仅仅想靠所谓的发心是不可能成就的。真正的发心，要体现在行为上。真正的成就，必须包括五个方面：身、口、意、功德、事业，缺一不可。行为就包括后二者。

◎问：时时观照当下与聚精会神做当下的事，有差别吗？

●雪漠：有差别。真正的时时观照是真心的作用，聚精会神者不一定能认知真心。

◎问：何谓真心观照？如何在生活中时时刻刻保持观照呢？

●雪漠：这需要善知识为你开示心性。修炼不仅仅是观观佛像，持持咒子，而是不要丢失你的真心。

◎问：佛法似乎让生活复杂了很多。总想找一个清净的地方住一段时间。

●雪漠：佛法是不会让生活复杂的，是你的心复杂了。清净在心，不在处所。不过，难安心时，先须借境来定心。

◎问：我本以为自己放下了很多，但一遇事，才发现自己在乎的仍然很多。比如，这次考试，假如考得不好，我不会过于难受，但考试过关的瞬间，我却非常激动，而且很担心哪个环节会出现麻烦。所以我觉得自己修得不够，有时难免会担心：今生到底能否修成？

●雪漠：因为你没明白心性。心性的明白有两条路：一是自己如法苦修；二是由上师开示心性而明白。

◎问：如何让空性智慧生起妙用，达到事理融通呢？是否先从理上通透，再从事上修证，其间配合愿力？

●雪漠：理由思维现，事由生命证。真正的修炼不要离开日常生活。修炼就是修行。修行就是在修炼行为。行住坐卧中，保持觉性，是真正的修炼。

19.
不要干涉世界，先将自己点亮

◎问：我觉得参禅能解救自己，但它如何拯救人类的未来？当地球不再适合生存，人类移民火星时，禅这古老智慧，还会存在吗？

●雪漠：别管其他事，你还是先救你自己吧。每个人只要救了自己，也便救了世界。

◎问：在城市中生活的人们，常受许多外境的影响，如何令他们体会到禅，明白禅的真正含义？

●雪漠：先别管世界，从管好自己的心做起，慢慢就有禅了。禅即心的光明。

◎问：怎样才能将“奶格玛千诺”传遍世界，让它像“阿弥陀佛”那样具有普世性，能利益更多的众生呢？

●雪漠：我们先安好自己的心吧，先别管世界。每个人都安心后，世界也就安了。

◎问：如果朝鲜真扔核弹，您能否为拯救世人让它发射不成功?

●雪漠：不能。那不是我管的事。我只做好自己的事，然后快乐无忧，坦然入睡，就够了。

◎问：我是个凡人，喜欢看佛学书，但没有皈依，我是不是一个没有坚定信念、不僧不俗之人？会不会犯忌？

●雪漠：我也不僧不俗。我更是老犯忌。所以，我总像丧家之犬。在这一点上，我得了孔夫子的真传，总是不合时宜、无力回天，却偏要逆天行事。后来，天见我这样，就说：算了，还是顺着他吧。于是，我便成功了。此后，我也懒得跟天计较了。天是啥？天就是老百姓。刚开始，老百姓被混混文化裹挟了去，反感我的话，后来他们习惯了我的声音，我的读者就越来越多了。

20.

与世无争是心，激烈竞争是行

◎问：我接触各种灵修文化，包括大手印文化，已经有一段时间了。虽然时有好的觉受，也坚信高超的觉悟，但似乎很难与周围世界达成深层的沟通，不知怎样才能圆融地实现出世与入世之道？

●雪漠：因为你的心还没自主，还需要修定，才能专注，才有定力，才能于入世中做到出世。

◎问：本来在世，何有出入？

●雪漠：你的在世，便是入呀。在而不在，才是出呀。

◎问：一般修行人如何才能做到“以出世的心做入世的事”？如果不知什么是出世的心，如何做好入世的事？

●雪漠：认真做入世之事，努力精进，却不生执著，不计得失，不计结果，成也快乐，败也欣然，即为“以出世之心做入世之事”。

◎问：明白出世之心后，就无执了吗？

●雪漠：仅仅明白还是不够的，药方治不了病，还得吃药。

◎问：佛家的与世无争、清净无为，与现代社会的激烈竞争、尔虞我诈的关系该如何处理呢？

●雪漠：与世无争是心，激烈竞争是行，你可以在激烈竞争的同时清净无为呀！这就是“以出世之心，做入世之事”。行为上积极，心态上平和。事在人为之后，再顺其自然。

◎问：行为积极何以知心态平和？

●雪漠：如人饮水，冷暖自知。只有你自己，才知道你在激烈竞争时是否心态平和。这是自证分。

◎问：《三藏法数》中说：“自证者，自证所具之法也。谓此识能持见分相分。”何为见分？何为相分？

●雪漠：见为见地，相为表征。见重理，相重事。

◎问：明白了。就是说，要以积极向上的行为努力实现目标，并以清净无为的心态面对世间的各种诱惑。

●雪漠：是的。

◎问：生活中，我没有念佛、做佛事，只要求自己做到不烦躁，遇到任何事都心静如水、随顺他人。这样算修行吗？

●雪漠：算。但这只是世间法的修行，不是出世间的。

◎问：怎样修才是出世间的？

●雪漠：放下！破执！

◎问：如看不破，是否能放得下，怎样放下？

●雪漠：看不破就放不下。

◎问：现在还做不到无求，但不去做事，有求之心是否更不容易放下？

●雪漠：做事但无求，无求更做事。二者并行不悖，达到和谐统一。

◎问：现代人如何从世俗的淤泥中长出最美的莲花，唱出最美的歌来？

●雪漠：先学会放下，学会向往，再凭借自省、自律、自强的力量，实现终极超越。

◎问：佛法与社会的关系如何？怎么把佛法和修行运用在企业里面呢？它会和现实管理产生冲突吗？在管理上，我做不到大爱！

●雪漠：社会如池塘，佛法是池中长出的莲花。莲花不离池塘，却又能超越池塘。所以，佛法和管理没有冲突。佛法的真正意义就在于改变社会和人生。这社会，当然也包括企业。至于方法，一言难尽，可找个上师系统学习，先求安心之法。

◎问：长出的莲花除好看，以及传达为人民服务的精神外，还有什么永恒的意义吗？我总觉得出世间法在现代社会是行不通的，除非遁世清修。

●雪漠：为人民服务是世间的意义，佛法还追求出世间的超越。哪有离开世间法的佛法？圣者说：佛法在世间，不离世间觉。离世觅菩提，犹如寻兔角。

◎问：行者明白出世之心后，如何在做事的过程中实现五级证道？或者说，行者如何将做事与修行融于一味？

●雪漠：先修资粮道，内容为找善知识、俱足信心、发心发愿等。待得信心成熟、加行圆满、机缘俱足、开悟见性后，再悟后起修，终而证得无修，这便是五级证道。等你真正能契入大手印离戏瑜伽，渐渐达至一味瑜伽时，做事与修行自然会成为一体了。

◎问：在我的修法中已有三位出世间护法，为何还有数位世间护法？

●雪漠：那是你想让他们为你做世间之事。

◎问：世间护法与出世间护法有何区别？

●雪漠：了义者，出世间也；不了义者，世间也。前者证悟空性，后者尚有分别心。但智者眼中，都是平等的。因为，真正的智者不求世间的成败。

◎问：有人说最好的护法就是自己的智慧，最好的防护轮也是自己的智慧，您觉得对吗?

●雪漠：是的。我也觉得，最好的防护轮是慈悲。我从不观想防护轮，我眼中的魔也是母亲。

21.

在享受工作中修行

◎问：如何平衡生活、工作、修行呢？如何在工作时好好修行?

●雪漠：当你明白时，工作就是最好的修行。专注工作，心无旁骛。先从座上修成定慧，再以行为印证所得。

◎问：如果我的工作需要很多时间，回到家很累，没精力再修行，是要换一份工作，还是有其他办法能在工作中修行呢?

●雪漠：好好工作，便是修行。你何必把工作和修行分开呢？真正的修行如呼吸，并不曾离开过你呀。真心照万物，万物自清明。不将分别意，扰乱自家心。世上本无事，奈何自乱心？聊将旧时意，化为朗月明。

22.
在善待家人中修行

◎问：请问怎样才能走出愧对父母的阴影？他们都不在人间了，一想起自己曾经的过失，心里就会揪心地痛。

●雪漠：可以先完善自己，为你的父母贡献一个伟大而完美的儿女。这便是对他们最大的孝。也可以多诵《金刚经》，回向给他们。

◎问：如何维持夫妻之间的默契和快乐呢？

●雪漠：好的默契不用维持，它超越时空。需要维持的，马上便维持不了了。

◎问：参透佛法后，是不是夫妻、父子等关系就会变得淡漠了呢？

●雪漠：有大悲悯而无热恼，大爱咋会淡漠？

◎问：我一直在修行，也一直在影响我的爱人，但始终无法感化她。有什么办法？

●雪漠：说明你爱她爱得不够。

◎问：在孩子的成长过程中，您是如何进行教育的？和学校的教育一样吗？

●雪漠：我只教他做个好人和明白人，并且尊重他，就够了。

◎问：面临子女的高考，很多父母都觉得很煎熬，您怎么看呢?

●雪漠：不必煎熬，没用的。无论父母的态度咋样，儿女的命运都掌握在他们自己手中。我们还是安详吧。

◎问：如果有家室，又想专修，如何平衡出离心和家庭责任?

●雪漠：善待家人，再谈修行。

◎问：很多同修在春节回家时都担心家人催促结婚，陷入红尘。作为修行者，该如何面对这个问题呢?

●雪漠：结婚跟修行不矛盾的。没有红尘，哪来修行?

◎问：请问那些极力想从旧文化、旧思想、旧家庭中走出来的人，在心灵走出的过程中，是不是要承受更大的磨难?

●雪漠：也许。但这只是自己的分别心作怪，对真修行人来说，是没有新旧之分的。

◎问：此次回家，很想影响父母姐妹，却不知该怎么办。

●雪漠：那是你还没有真正影响自己。当你真正影响了自己时，就不用去影响别人了。因为，你眼中的世界无不圆满。

◎问：别人的烦恼也是圆满?

●雪漠：是呀。蛤蟆的叫声虽然难听，在智者听来却是天籁。

◎问：为什么平时行为上并非迷信，却仍会引起别人——甚至亲人的误解，觉得自己的信仰是为了谋求某种功利性的东西呢？

●雪漠：这说明你没用正确的行为让别人信服。

◎问：在现实生活中，人被那么多的责任和义务捆绑着，如何才能放下一切去清修？

●雪漠：放下一切，才能谈修行。放不下，你就只好背着了。压你捆你的，还是你自己的心呀。这世界，离了谁也很好的。无论你放下还是背着，世界都那样。

◎问：可是爸爸妈妈会不开心的，我就怕他们不开心。

●雪漠：我放下了，可我的父母更开心。

◎问：达到何种境界，才能离苦得乐？

●雪漠：不离而离，便能化烦恼为菩提。

◎问：如何将烦恼化为菩提？

●雪漠：烦恼本是人生滋养的一种，有此观念并用于日常生活，烦恼便成菩提了。

◎问：清凉是否来自于一种事理融通后的智慧抉择？

●雪漠：是的。更也许是，那时早没了抉择，而是直观智慧的显现。因为，抉择者，尚有分别也。

◎问：为何什么问题您都知道答案？这是您心灵的神通，还是与大手印的智慧修炼密切相关？

●雪漠：我非有大慧，俱足平常心。此心如朗月，遍照天下人。

◎问：现在有不少修行人觉得今生不可能成就，认为您之所以有今天的成就是过去世的因果。

●雪漠：非也非也。雪漠是头驴，低头走夜路。偶尔扬扬脖，看见天边月。问慧也无慧，求智也无智。只是心有光，从此不戚戚。

六、高贵人生

（一）戒

1.
“戒”是一种生活的分寸感

◎问：老师，戒律是不是对于某种精神的敬畏？

●雪漠：是的。敬畏，向往，向它看齐，有取有舍，就是戒。

◎问：日常生活中，戒的意义何在？

●雪漠：戒是生活的分寸感，是一种生活方式。

◎问：持戒和守法有什么不同吗？我控制不了自己的习惯行为，是否有外在监督效果会好一些？

●雪漠：戒是内心的守候，咋能靠别人？有所取，有所舍，便是戒。所有的舍取，都为了内心的明净。坚守真心，便是最好的坚守戒律。戒在于心，不在于形式。

◎问：请问不守戒的人会有什么危险？

●雪漠：无戒便无定，便无慧，便无佛教。有许多人，无戒，更无生命的健康和自由。

◎问：现在是经济时代，社会浮躁，对修定有影响吗？

●雪漠：有的。戒便是一种在浮躁社会里修定的准则。欲修定，先筑戒律之墙，可阻邪风入内吹熄智慧之烛。戒更是解除命难的妙法，当代的绝症病人，只要注意生活方式的戒，大多可得救。

◎问：生活方式上的戒具体有哪些？您能具体说一下吗？

●雪漠：比如，过午不食，就可能不得糖尿病。

◎问：不能严守戒律，是一种虚伪吗？总听到年轻人死去，请问老师，其原因何在？这是否就是命难？

●雪漠：是的。许多人只是不明白而已。心明之后，大家还是愿意离恶趋善的，这便是戒。戒更是一种生活方式，也叫自律。许多人的命难，便是不懂自律所致。他们或造杀业，或吃有毒的肉，或放纵生命，或利欲熏心，造成生命机能的丧失，终而夭折。所谓的戒，便是佛教中一套非常成熟的自律方式。不明白该做啥者，可看看佛教的戒。

◎问：您写过关于戒的文章，或作品吗？小说形式、哲学形式的都行。

●雪漠：没有。我向所有宗教学习自律之法，发现它们皆有过人之处。但我的戒只用于律己，从不曾律人，故不著书立说。自律者得自律之益，放纵者得放纵之害。明白世间的规律是“自作自受”，“种瓜得瓜，种豆得豆”，知道该做啥，不该做啥，便有了戒。想种善果者，便种善因；想避恶果者，便避恶因。那避恶，便是戒；那趋善，便是慧；那妙用，便是定。如果不知道该做啥、不该做啥时，可以多看佛经的戒条。他山之石，可以攻玉。

2.
在家修行者如何守戒，为何守戒

◎问：如何获戒？

●雪漠：居士戒有两种获得之法：一在如法的善知识前获戒，一在佛前发愿求戒。

◎问：未出家者该守怎样的戒？

●雪漠：千戒万戒，只有一戒：己所不欲，勿施于人。不过，还有一种方便戒，就是八关斋戒。在家人也可以守。

◎问：为何说八关斋戒适合现代人？

●雪漠：因为它可以一月守一天或几天，这也符合科学的养生原理。

◎问：除八关斋戒外，在家的修行人平时要特别注意什么戒？什么戒绝对不可犯？万一不小心犯了，该怎么办？

●雪漠：忏悔。不再犯即可。戒是自我拯救之法，不是为他人守的。无戒者是不会幸福的。无戒便是自我放纵，自我放纵者多害人害己。戒便是守住灵魂的标杆，知道啥该做，啥不该做。

◎问：请问修行人犯错有哪些忏悔的方式？

●雪漠：传承不同，方法也不同。先找明师，再讨妙法。

◎问：您在书中说“君若向佛道，戒律为大基”，我想请问，现在的大学生很容易破戒，例如谈恋爱就破了不邪淫，说善意的谎言就破了不妄语，还有饮食方面的各种破戒等等。不知道您有什么好的建议？

●雪漠：戒以不有意伤害他人为基本底线。佛教有许多戒，是可以随顺世间法的，有许多与时俱进的内容，大多以对治欲望为主。戒为戒心，进而修定，进而得慧。无戒便无一切，能守戒者，方可能有大成。

◎问：佛学对戒有专门的定义，不是说谈恋爱也破戒，关键是你的发心。若做一切都以利他无我的菩提心摄持，就不会有大问题。我是这么理解的，不知对否？

●雪漠：这一点，很复杂，也是一言难尽的。不过，优良名犬，与一般狗之间的最大区别，是优良名犬有良好的定力，知道啥可做，啥不可做。我跟一般作家最大的区别，便是我能学会放弃，那放弃，便是我的戒。没有放弃，便不会有成就。无论世间法，还是出世间法，都这样。人生太短，没有放弃，你的一生便会被垃圾装满，盛不下真正的好东西。盯住目标，放弃跟它无关的一切，一步步走向目标，便是成功的诀窍。要知道，那放弃，便是戒；那盯住，便是定；那一步步走，便是精进；那到达目的地，便是证果。

◎问：现代人好像很难守五戒？怎样才能随时随地地控制心性呢？

●雪漠：五戒是最基础的。现代人的戒，以少欲知足就成了。知足是最好的戒。没有戒，便没有一切。要随时随地控制心性，须持戒而修定。持戒者，远离诱惑，不要叫那外界的邪风吹熄自己的智慧之烛；修定者，安住真心。所以戒非常重要。

◎问：食色性也，克服色欲是否要借助密宗的气脉修法？对待欲望，是否需满足后放下？

●雪漠：克服色欲，仅仅是戒。气脉明点修法是传承者之间传递的，是教内心传，非教外别传。当然，要是明白修法，就可能会减少一些色欲之类的烦恼。但更彻底的方法，是明白心性。你只要明白心性，便可参破虚幻。没见性时，以戒为师，拒绝欲望；见性后，欲望便会如炎阳下的霜一样融化。

◎问：守戒和消除二元对立之间是否有矛盾？比如，虽然佛教说戒酒，但济公却喝酒，《八十四大成就者传》里也有喝酒的大成就者。这又该如何界定呢？

●雪漠：能控心且不乱性者，可以喝点酒。一饮酒便乱性者，少喝，或不喝酒。当代人可以喝一点红葡萄酒，但不可过量。酒多伤身。

◎问：居士为什么不能读比丘戒啊？

●雪漠：因为居士对照那戒时，易对比丘生轻慢心。

◎问：请问老师，每个人应持的戒律是否一样？

●雪漠：先要明白啥好啥坏，才能谈到守与不守。病不同，药便不同。但治病的原则，大多有相应标准。佛教的戒，便是那标准。那是人天一体之规律。所有欲成佛者，皆须守之。所有欲成阿罗汉者，皆须守别解脱戒，无一例外。许多人不明这一点，纵欲而欲成佛道，便是可笑了。例如，一些人修拙火，便以淫欲为道，放纵欲望，却不知真正的拙火本是将那精化为生命之火。所有漏者，皆不可能修成拙火。所有戒条，皆对治一种烦恼。

◎问：大礼拜是不是一种戒？

●雪漠：不一定。要是你发愿以此为戒，终身行之，也无不可。

3.
开悟后又该如何守戒，守什么戒

◎问：开悟是否证得了登地菩萨果位？是否再也不会犯戒了？

●雪漠：登地菩萨只是得慧，仍有必须持的戒。戒很像中国的长城，是为防外贼进入的。

◎问：戒律像长城，边关既要通畅交好，又要严守外敌，两者如何兼得呢？

●雪漠：私下问你的上师去。我这里不谈比丘戒之类。我谈的是人的自律，权名为“戒”。我用“戒”名，只是想引起人们对戒的关注，希望人们向佛教学习自律之法。

◎问：请您简单介绍一下三昧耶戒。另外，三昧耶戒的外相是什么？

●雪漠：真正的三昧耶戒，便是你跟根本上师的那份默契和坚守。它没有外相，只有内守。如鱼饮水，冷暖自知。有些表面守戒的人，可能是欺世盗名者；有些表面破戒的人，如济公，则可能是大成就者。那界限，是内心的明净、慈悲与坚守。

◎问：请您解释一下“三昧耶尊”，可以将其理解为三昧耶守护神吗？

●雪漠：由定慧之力生起的智慧载体，便是三昧耶尊。真正的三昧耶尊，是所有概念悉皆消失后的明空之心。

◎问：怎么理解“没有三昧耶誓约，所有的修炼都没有意义”这句话？

●雪漠：没有相应，便没有成就。佛家所说的上根之人，其重要标志就是有大信心。当你俱足对机和信心，善知识也为你开示了心性后，你们之间就构成了一个誓约，这便是三昧耶誓约，也是相应的基础。有了这誓约，便会“身无彩凤双飞翼，心有灵犀一点通”。这是对“相应”最有诗意的表述。

◎问：您说过：“没有无垢的清净心，便没有功德，更没有真正的三昧耶誓约。”那么，守护三昧耶誓约，是否就是守护好一颗清净、无染、单纯的心？好比《初心》中提到的巴惹阿，他的成就并非来自于智慧，而是他无染、纯净的信心。

●雪漠：是的。三昧耶誓约是婴儿面对母亲时才有的一颗真心。它拒绝所有计较、算计、机心，质朴、清净、干净、清凉，崇尚天然。

◎问：上师不仅仅是外相上的人，更代表着平等、正觉、无我、利众的精神。那么，与上师构成的三昧耶，是否也是与法界光明构成的誓约？因此，行者才可以得到加持，得到大力？

●雪漠：有了誓约，才能破执。那誓约，是无我的另一种体现。人生的不朽有两种：其一破执自失，其二放大自我。誓约便是实现它们的一种方式。

◎问：一般的戒和三昧耶誓约有何联系，有何区别？对金刚乘弟子来说，守好三昧耶戒，是否就等于守好了其他戒律？

●雪漠：三昧耶誓约是根本之戒。它仅仅是戒的一种，而且是最基本的戒。你不见，有许多修密者，人不老，身先死，其原因就是不守戒。要是他明白其他的戒，并守持之，便可能化解命难。

◎问：三昧耶誓约是否是一种类似于契约、合同或口头保证之类的东西？它必须明示，还是不需要说出来？

●雪漠：这是心灵的誓约，无关乎语言。

◎问：宗教在文化中传播，那三昧耶誓约的内涵如何体现？

●雪漠：靠心灵的纯净和行为的无私。

◎问：禅宗有“悟后迷”一说，是否也跟信心有关？

●雪漠：这便是坏了三昧耶誓约的原因。

◎问：有些人，包括我身边的一些朋友，觉悟后又迷了，虽然他们本不愿如此。这么说来，是否做奴隶更安全实惠些？

●雪漠：那又迷了的，并没有真实觉悟。

◎问：就是说，开悟后并非一悟百了，还要有个保任的时期，最终才能打成一片，对吗？

●雪漠：真正的保任，便是守护那三昧耶誓约，终而打成一片。

◎问：守护三昧耶誓约靠的是信心，这与持咒有什么关系呢？

●雪漠：持咒也是守护三昧耶誓约的一种方式。最有效的誓约方式，便是祈请上师。祈请之时，万法入心。持咒是祈请的一种。持咒时，也是加持入心。

◎问：断了的智慧光道能重新续起来吗？

●雪漠：可以的。信心重建之日，便是光明再现之时。

4.
没戒律，便没传承

◎问：戒律对佛教或教派传承的影响是什么？

●雪漠：没戒律，便没传承。

◎问：大手印文化有没有严格的道德体系？除了戒律，塑造灵魂还需要满足什么条件？

●雪漠：需要愿力。没有大愿，便没有大行。

◎问：您在《初心》中说到白龙护法的照片。机缘成熟时我有幸见过，想来以后自然都能面世的。

●雪漠：要知道，许多东西的出现，不是用来卖弄的。是故佛定了戒律：轻易不许显露神通。这条戒律，格鲁派大德守得最好。我尊敬他们。

◎问：网上有一说法：只要念时轮金刚某一咒语，就可修学任何密法而没有盗法之嫌。是否真有其事？

●雪漠：修密法必须得到上师真传，单纯自学意义不太大，而且有可能走错路。但盗法之说，佛经上也少见。你想，要能"盗"出法去，修出无数佛来，岂不更好？

（二）祈请

1.
没有祈请，便没有宗教

◎问：为什么需要祈请上师呢？

●雪漠：祈请态是一种功能态。各个大宗教都要祈请。没有祈请，便没有宗教。

◎问：我可能有些唐突，但我总感觉祈请容易引入神秘感，似乎南传佛教就不讲究这些。

●雪漠：也有的。他们祈请释迦牟尼佛。

◎问：我们应该如何持咒？

●雪漠：去问上师。因为，不当上师者，是不能随便教人持咒的。

◎问：什么是究竟意义上的咒？

●雪漠：究竟意义上的咒是：信心，净信，净行。

2.
不灌顶亦可持诵“奶格玛千诺”

◎问：读过老师《初心》后，非常仰慕香巴噶举的殊胜传承。请问，在俱足依止传承上师的因缘前，一心祈请奶格玛能得到传承的加持吗？

●雪漠：当然可以。因信照样得度！

◎问：如何祈请奶格玛？

●雪漠：每天持诵“奶格玛千诺”。祈请任何一个成就者都是一样的。祈请上师时，不要有分别心。

◎问：打坐或持咒时容易跑念，怎么办？那样的功课还有效力吗？

●雪漠：多念，多持。要是你对香巴噶举有信心，也可以多诵“奶格玛千诺”。

◎问：念诵“奶格玛千诺”需要灌顶吗？

●雪漠：“奶格玛千诺”的咒是人人可诵的。它是无上瑜伽中公开的圣号，无论灌顶与否，只要虔诚持诵，便会跟奶格玛相应，得到她的证量加持，契入光明大手印。

◎问：《西夏的苍狼》里写道：“我们已经知道奶格玛了，等于已经签收了快递。”这句话该怎么理解呢？

●雪漠：你可以打开那快递，感受智慧的光明。

◎问：奶格玛有实修法吗？如有，需要传承吗？得到传承需要什么条件？

●雪漠：奶格玛上师法有传承。等你有信心时，找到善知识，得其心传即可。

◎问：对上师的信心是至关重要的。那么，平时是否可以将上师视为奶格玛，观在自己头顶，同时默念“奶格玛千诺”？这样的禅修如法吗？

●雪漠：可以的。

◎问：持诵“奶格玛千诺”前，需不需要一定的前行、观想和结行等，以强化持诵的效果？

●雪漠：能观当然好，若不能观，只是诵也能得定生慧。

3.

持咒的力量源自信心与传承

◎问：在读经、持咒、念佛时，如果没有产生信心，只是口头的念，是不是就没有加持力呢？净土宗讲：发菩提心，一向专念。菩提心中，是不是也包括坚定的信心？

●雪漠：没有信心，便没有一切。没有信心，更没有菩提心。

◎问：开悟是否需要置心一处的专注力？如何才能做到置心一处？

●雪漠：除正常的禅修外，我以多诵“奶格玛千诺”为主，只要跟奶格玛相应，便容易得定得慧。只要对奶格玛有信心，谁都可以诵“奶格玛千诺”，不需要灌顶。有兴趣者，不妨试试，定然会有效果的。

◎问：怎么知道自己在诵“奶格玛千诺”时有没有开悟？

●雪漠：有大信心相应时，自能子母会光明。待到光明显发日，便知自己悟没悟。

◎问：如何保任开悟后的觉受？

●雪漠：安住自性，不离祈请。

◎问：什么是一执破万执？

●雪漠：用“奶格玛千诺”代替你对生命的所有执著。

◎问：为何诵“奶格玛千诺”有如此大的加持力？

●雪漠：因为源头有电。只要你这个“灯泡”进了供电系统，电一通，灯一亮，黑便没了。

◎问：有人说“奶格玛千诺”很简单，是不是咒子越长越好？

●雪漠：药重在对症与否。吃错药时，药越多越糟糕。

◎问：真言密咒一定是藏文或梵文吗？普通话或方言可以是密咒吗？

●雪漠：可以的。所有语言，都是承载精神的。只要是真精神，何必在乎那容器？

◎问：有朋友说，工作忙碌时，她也想不离“奶格玛千诺”，不离观想，却老做不到，老是忘记。请问她该如何是好呢？

●雪漠：要在念诵好的时候，顺便去工作，而不是工作时顺便念诵。

4.
同一个月亮在水中的不同影子

◎问：诵“奶格玛千诺”与诵“阿弥陀佛”有区别吗？

●雪漠：有同有异。诵“奶格玛千诺”可以往生，这跟诵“阿弥陀佛”一样。但诵“奶格玛千诺”获益时，还可契入大手印。这便是二者的异处。

◎问：有些朋友认为自己已经皈依了一位大德、明师，就有了依靠，可以不堕三恶道，不用修了。甚至有些人说，我只要在临死前念十声“阿弥陀佛”就可以往生。事实真是这样吗？

●雪漠：他们说得有道理。问题是，你保证能在临死前念出“阿弥陀佛”吗？

◎问：“奶格玛千诺”和“喇嘛千诺”，有区别吗？

●雪漠：一样的。只要电脑中有好的数据，别管它是啥牌子。

◎问：我们对奶格玛有信心，是否与奶格玛对金刚持有信心一样啊？

●雪漠：一样的。他们是一个月亮在水中的不同影子。

◎问：“南无绿度母”和“奶格玛千诺”是一如的、无二无别的吗？

●雪漠：有一有异。精神相通，传承不一。

（三）信心

1. 真信心是信上师、信自己、信教法

◎问：什么是真正的信心？老师，为何您那么自信？

●雪漠：信心者，一是坚信自己是佛，二是视师如佛，三是相信修炼佛法能够成佛。我自知，也知他，故自信。

◎问：真正的信心来自哪里？您在《初心》中谈及宗教体验，是不是必须要有宗教体验，才会产生不退转的信心？

●雪漠：是的。宗教体验是信仰最好的保证。一块顽铁，只有在进入磁山之后，才可能被磁化。单纯地学而不练，没多大意义。望梅是很难止渴的。

◎问：我不觉得自己对上师的信心有多大，但时有宗教体验。如何才能更进一步呢？

●雪漠：没有信心的体验，不是宗教体验，仅仅是一种感觉。感觉很快就会消失。试问，肉体消失后，你便没了感觉，这时，你的智慧到哪里去了？

◎问：与上师虔诚相应时，便能直接证得光明大手印。这个虔诚相应，必须同时俱足对上师和自己的信心，对吗？

●雪漠：是的。二力相合，方为相应。若是空瓶注水，你啥也得不到。

◎问：孔子的“狂者进取，狷者有所不为”该怎样理解？

●雪漠：孔夫子所言极是。有时候，“狂”是必要的。在生活中，我也被人们视为“狂”。有时，别人眼中的狂，其实是一种佛慢。

◎问：修行中，外上师与三宝俱足的内上师如何相辅相成？什么是视己如佛呢？

●雪漠：信心是光缆，可以传送内外上师之间的信息。修成佛慢后，自然视己如佛。此是证量，不是作意。

◎问：您修成佛慢了吗？它给您和周围人带来了哪些利益？

●雪漠：我有佛慢，但这只给我带来了利益。周围人的利益，得周围人修成佛慢才能得到。我吃饭，饱不了别人。

◎问：大信心和大资粮之间有什么关系？

●雪漠：大信心便是大资粮，大资粮才有大信心。

◎问：什么是究竟意义上的大信心？

●雪漠：无计无利地净信、智信，并信受奉行。

2.
怀疑是屠杀信心的最大凶手

◎问：真正的信心来自哪里？哪些情况容易使人失去信心？

●雪漠：真正的信心源自清净心，不是世俗的信心。需要如法地修。怀疑是屠杀信心的最大凶手！愿我们真诚相待！

◎问：佛陀一刻都没停止过对众生的加持，只要对佛法充满信心地生活，就能得到佛陀的加持力，对吗？如何在不断积累资粮时，消除自己的疑心呢？

●雪漠：是的。修得充满信心时，便得佛光大普照。专有破疑法，可是得实修。若不实修，便是有无上妙法，也不管用。正如你要是不肯照方吃药，有再多妙方，也还是除不了病。我是靠忏悔、做大礼拜来消除疑心的。

◎问：您在一篇文章中说："在宗教中，真正的资粮指的是对善知识的信心。没有信心，就没有资粮。对于资粮不足的人，是不能开示心性的。对此，一些大德用一句形象的话来形容：狮子乳是不能往尿壶里倒的。"资粮不足，就是信心不够吧？

●雪漠：是的。海沉香贵比黄金，但在愚夫眼中，跟烧柴一样。对愚夫来说，密勒日巴那样的圣者，也只是个精着身子的穷老汉。

◎问：经云："末法亿亿人修行，罕一得道，唯依念佛，得度生死。"我们应当如何理解？

●雪漠：因为念佛易生信，有信方有度。许多修道者并没有真正的信，是故罕见成道者。

◎问：在修炼中有时会对上师缺乏信心，而且科技越发达，对佛教书中的一些描述越容易产生怀疑。我知道，这是修炼的大忌，因为信是功德母。但我就是不能说服自己。老师，这是所知障吗？

●雪漠：这是所知障的一种，那所谓"世智邪辩才"，是不会有正信的。

◎问：学佛者大多有疑，解疑后才会生信。那么，这样的情况又该如何修行？

●雪漠：先解疑，再谈别的。疑不除，便不可能生起信心，不可能得到智慧。

◎问：智者理信佛，只有除疑才能真信、深信。我感觉，学佛中多疑是好事。

●雪漠：有时候，大疑方有大得。烦恼即菩提。

◎问：如何才能令信心坚定起来，不再被社会上的看法左右？

●雪漠：多跟善知识做善事。

◎问：有朋友因想解脱生起学佛的想法，也看过雪漠心学大系，但他觉得自己还没俱足信心。请问老师，他能用大礼拜、布施等方式，帮助自己生起信心吗？或者还有什么好方法？

●雪漠：信心是可以培养的，大礼拜或其他方法，如四加行等都可以。不过这是个悖论：你没信心，便不会拜师；你不拜师，就可能永远没有信心。许多人在一见师的瞬间，就俱足了无伪的信心。

◎问：《上师法五十颂》中的种种规范，是不是以约束弟子的行止，来护持弟子的信心？

●雪漠：是的。没有那行止上的表现，便不可能有信心。所以，有时候，宗教的形式，便是宗教的内容。

3.

修行难易，全在信心

◎问：许多人苦修一辈子也无法见性，这是方法问题，还是传承问题？

●雪漠：二者都有可能。大多是信心问题。

◎问：在念诵佛号或咒语的过程中，强烈的习气显现时，是应该停一下，还是坚持下去？

●雪漠：习气如霜，信心的太阳一照，霜就没了。

◎问：奶格玛悟证同时，这一事件是否有着深刻的密意？

●雪漠：是的。信心如铁棒，只一下，便能敲碎我执的瓶子。

◎问：为何有些一地到七地的菩萨仍有退转的可能？与信心和因缘有关吗，还是与利众的菩提心、菩提行有关？

●雪漠：退转的原因很多，最可怕的是信根坏了。

◎问：一个人在达到行住坐卧都是修行的程度前，每天至少该花多少时间专心精进？

●雪漠：相应前，远如西天；相应后，易如反掌。无关时间，全在信心。

◎问：如何与自己所修的护法相应？

●雪漠：视上师护法为一体，生起无上的信心。

◎问：一个连自己的梦都不能控制、不能自主的人，死后是否定然随受业风吹？

●雪漠：不一定。要是得到传承，得到教法，且有信心，能如法修持，虽有习气，也能带业往生。

（四）上师

1.
生命中真正的唯一

◎问：何为一体三宝？

●雪漠：我略说其中一种。密乘中“三宝”皆归于一体：佛法僧皆汇于上师一身。上师之体性为报身佛，上师所传之法为法宝，上师本身为僧宝。

◎问：“上师”这两字怎么解释？

●雪漠：“上师”就是引领自己健康向上的老师，跟邪师相对。教自己堕落的便是邪师。

◎问：根本上师只能有一位吗？根本上师必须具备的条件是什么？

●雪漠：是的。因为，你真正的大彻大悟只有一次。根本上师至少要明心见性，俱足大悲心。

◎问：能否将自己本具的心性，当成自己的上师？通过观察自己的内心，去修正自己的行为，是否正确？

●雪漠：是的。本具的真心，便是心性。当你认知到自己的心性时，便等于有了内上师。所以，能帮你认知心性的人，才是真正的上师——根本上师。

◎问：什么是善知识？好人，好书，好的文化，还是世间所有善的事物？如何理解“善知识是一个人梵行生活的全部”这句话？

●雪漠：佛教中的善知识，特指明白真理的人。万物虽也说法，奈何你不能听闻。那就将明白的人当成善知识吧。梵行者，明白且清净的行为也。一个人有了真正的善知识，才可能有真正的梵行。得不到善知识，明白都很难，何谈梵行？

◎问：一本好书，也能算是善知识吗？正见的书，如《金刚经》《初心》等，是否也是善知识呢？个人看书能自觉吗？如果不能，看书的意义在哪里？

●雪漠：有时，好书胜似上师，所以佛说“依法不依人”。佛教必须有两个翅膀：一是教，二是证，缺一不可。好书是“教”的善知识，“证”则是得到善知识的心传。“教”可看书，“证”须心授。有时，看书的意义，也是为了让你发现真正的善知识。

◎问：那么说，上师也可以是一句有智慧的话，不一定特指人？如何理解“依法不依人”？有人说，只要依法就可以了。那如果一个傻子偶然说出一句有智慧的话，我们也应该向他学习吗?

●雪漠：没有明师，哪有正法？傻子是不能当上师的。哪怕他看起来很像上师，也仅仅是傻子。从真正的上师那里得到的，是智慧，不仅仅是知识；是能点燃心灵的火把，不仅仅是画布上的火苗。

◎问：《真心》中“谈十事”的第五件事情，便是“结善缘，增益善根本”。除了善知识，还有什么属于善缘？布施、结交好的朋友，算是结善缘吗?

●雪漠：是的。令你上升的，皆是善缘。但真正的善知识多指出世间法意义上的善缘。

◎问：您的上师是哪一位？对您人生有重大影响的上师，一定很了不起。

●雪漠：我的上师很多。三人行，必有我师。我的上师，是能让我明白一点或是很多道理的人。他们不一定伟大，但我都爱他们。生命不息，学习不止。

◎问：佛陀讲法四十九年，其宗旨是什么？凡人应怎么办才好?

●雪漠：其宗旨便是教人找到自己的真心。凡人先找善知识，得其开示，识己真心，安住真心，应对万物，终而不取于相，如如不动。

◎问：香巴噶举祖师琼波浪觉在见到奶格玛之前，曾拜师一百五十多位，求得无数密法。但只有在遇到奶格玛之后，他才有了真正的根本上师。也就是说，根本上师出现时，以前无论有多少上师，都被“覆盖”了？

●雪漠：是的。太阳一出，群星归隐。

2.

不得真上师，难以见光明

◎问：看了一些书，当中的道理可以理解，但到行时却又无法应用，是知易行难呢，还是自己目前的境界原因，所知非自己该知呢？

●雪漠：画饼充不了饥，找个真饼子啃。

◎问：如果没有明师在旁指点，是否可以持咒和观想？

●雪漠：可以的。但没啥大意义。要是没有传承线路和加持的电流，灯泡是不可能亮的。必须有上师。没有上师，就是走错路也没人告诉你。

◎问：善知识可以是人也可以是书，那么，是不是有了正见，就知道了修行的方向？

●雪漠：我说的善知识指的不是书，是明师。找一个好的上师，比读经典更重要。时不我待！书不会告诉你正确觉受，画饼是充不了饥的。

◎问：有人说“诅咒黑暗不如点亮心灯”，那么心中的明灯怎样才能点亮？怎样才能更容易成就？

●雪漠：先看好书，再找明师。更求妙法，如法实修。成就之后，光明无量，自然会照天照地。一门深入是捷径，良师良法无需多，一师一法一本尊。

◎问：为啥经上汗牛充栋的佛经不能让人真正开悟，生活中，真正成就的上师却能让人很快明白、开悟，得到解脱呢？读经和上师的教授有哪些异同？

●雪漠：因为火把容易点亮干柴。虽然你只要知道钻木取火之法，并如法去做，就能点燃柴火，但那毕竟比直接点燃要慢得多。

◎问：为什么说找到自己的善知识是修行的捷径，甚至是根本？

●雪漠：因为，电脑与硬盘间的信息传递，要比单纯打或编程快上许多倍。

◎问：每次在人潮拥挤，或是人声嘈杂之处，都感觉无所适从，所以特别害怕人群。如何修炼至身处人群中，也不再惶恐不安？

●雪漠：心中有上师，无处不清明。行于虎狼处，亦当如净境。

◎问：每一位具格上师说的每一句话，都不是一成不变的，因此方法也不是一成不变的。上师总是因人而异因材施教。

●雪漠：是的。修道如行崖上小道，两侧都是悬崖。你偏左时，上师叫你向右；你偏右时，上师叫你向左，看似矛盾，实则为了对你的机。

◎问：参加您的在线访谈，真是欢喜无比。十年来，我起早贪黑诵经持咒拜忏，看书参学。偶见真理的光影，全因善知识爱护加被，坎坷磨难也全因善知识帮助。没有善知识，便在黑暗中挣扎；有善知识指导，就已走在光明的路上。对佛、善知识（指导我了悟终极真理的老师）学生不应该分开看。老师，您说呢？

●雪漠：是的。光明本一体，无我亦无你。

◎问：没有上师的修道，如隔山灭火！平常人怎么修？

●雪漠：先找上师，赵州老和尚八十岁仍在行脚，为的就是点亮心头的灯。

3.
要想看到光明，先得睁开眼睛

◎问：我们为什么要求师？求的是什么？

●雪漠：要驱散眼前的迷雾，需要借助智慧的火。求师求的是一种心灵的归宿。

◎问：心灵的归宿是什么？每颗心都需要一个归宿吗？

●雪漠：心灵的归宿是灵魂的依怙。

◎问：如何寻找善知识？我一直在找上师，总也找不到，很迷茫。这是否是一种我执？

●雪漠：月在天心正皎洁，但净凡心莫相疑。有时候，朗日当空，却照不亮盲人。世间到处有阳光，只因你躲在树荫下，才看不到太阳。

◎问：我是多么希望找到能指引我前行的光明！但我依然在迷茫……求师之途，应该也是灵魂的朝圣之路。是否见到生命中真正的上师时，便是生命真正觉醒时？如何求师，是我最想找到答案的问题！

●雪漠：你自己老闭着眼睛，才看不到眼前的光明。看到火炬之时，便是驱散黑暗之日。得见明师，如游子遇母。那朝圣之旅也便是寻师、找师、皈依师、依止师，学习学习再学习，实践实践再实践。

◎问：请问怎样寻找自己的上师？如何才能找到根本上师？

●雪漠：多处参访，择其善者而从之。能叫自己更明白、更慈悲、更清凉的人，便是上师。对哪位善知识有信心，就马上去找他。

◎问：这和“多处参访”相矛盾吗？在学佛的起步阶段，实修和参学哪个更重要？

●雪漠：不到处参访，你咋知道谁是真正的善知识？修道初期，参学远重于实修。你方向不明，修个啥呢？

◎问：很多人对“活着”有了一种深层次的思考，但他们只知道大方向，不知从何下手。对他们，您有什么建议吗？

●雪漠：去找能让自己明白的善知识，让他告诉自己该如何做。善财童子五十三参，就是在找能让自己明白的善知识。没有善知识，便不可能开悟。真正的大善知识，是能让你开悟的那个人。

◎问：“在明心之前，多以参访善知识为主。”请问老师，我现在还没条件参访善知识——比如您——可能在很长一段时间内，都无法做到。如果只看您的书和文章，或在网上通过邮件等方式向您请教，有没有可能做到梦寐以求的明心呢？

●雪漠：也许你可以在知识上明心，但智慧的明心必需上师加持，并开示心性。读书虽然是必要的，但那仅仅是教，不能代替证。必须得到上师传的心印，才可能“证”。不亲近上师，是很难得到真实的智慧受用的。你必须享受到生命中本有的智慧光明，才能得到真正的受用。

◎问：是因为有上师才有信，还是因为有信才有缘得到上师？在获得此缘前，怎样修信呢？我很困惑。

●雪漠：无信不会有上师，有信方有上师。故信为功德母。信是修道的资粮。

◎问：在遇见上师之前，您是怎么修炼的？

●雪漠：真正的上师是自己不迷惑的真心。只要你能自省，便等于有了上师。真正的修炼，就是在真心观照下的那种利众行为。

◎问：怎样才能迅速积累福慧资粮？因缘俱足，一切就会水到渠成吧？

●雪漠：找到真正的善知识，净信他。有时，积极的心态是一种大因缘。所谓因缘，并不是叫你等待，而是叫你去追求！

◎问：求师的因缘是由什么注定的？如何俱足修行路上的各种因缘呢，是不是关键在于发愿？

●雪漠：因缘由心定，心可造因缘。发愿重要，更重要的是依法训练。

◎问：求师只需真诚而已吗？很多当代人纷纷慕名求师或随便见师就拜，并没有留意对方是否能点亮自己心中的灯。这样的求师有何意义？

●雪漠：真诚还不够吗？真正能真诚者，问天下有几人？乱拜师者是佛油子，不是信仰者。

◎问：现在有很多人到处拜师，一会想修这种法，一会想求那种法，请问这是不是“疑”？如何对治？

●雪漠：六神无主者，更需要拜个真正的师。

◎问：善知识像千年明灯一样难寻吗？

●雪漠：非也。丽日天天有，你何必躲在树荫下？走出那片绿荫地，你的太阳才会闪光。

◎问：有人远隔千里去寻找自己的善知识，有人近在身边却不知那是真正的大善知识。请问老师，这是缘分使然吗？

●雪漠：天边有缘，对面无缘。非是无缘，因缘使然。虽有妙方无数，奈何人不吃药。

◎问：为什么有些人觉得应该寻找善知识，却迟迟没有付诸行动？该如何把握珍惜？

●雪漠：人身难得，善知识更难得。他们不知道生命在呼吸之间，不知道稍一迟延和懈怠，便可能成了隔世的糊涂之鬼。所以，趁着你三寸气在，赶紧去找他。

◎问：很多人见而不识善知识，而且越来越陷入世事，就像一个恶性循环。有些人却正好相反。是什么决定了这两种相反的选择？怎样才能让一个人做出正向的选择呢？

●雪漠：先管好自己再说。等你点亮自己后，光明自显，他们便会来找你。

◎问：看了您关于光明大手印的一些开示后觉得，在寻求真理的路上，最大的愚痴就是不去依止、皈敬成就了的善知识，或是找到了心灵依怙又不懂珍惜，弃善知识如同丢旧衣服。视师如佛的上师瑜伽是成就的捷径，但如何视师如佛？

●雪漠：要了知这口气一断，便会成为隔世之鬼。要是得到善知识开示，心灯一亮，千年黑暗顿消。明白此理，便会珍惜善缘。师如明镜，照出的，是你自己的心。

当你视师如佛时，你也会成佛。

◎问：错过善知识后，我们还会找到他吗？退转者如何才能再续慧命呢？

●雪漠：只要你有寻找的心，总会有机会的。只怕你的不珍惜已成习惯，再遇到善知识时，也还是会错过的。问此话者，便没有断慧命。

◎问：没这样发问的，便真断了慧命？

●雪漠：或不断无需问，或已断不再问。

◎问：温家宝总理在中欧经贸合作会议上说："知者善谋，不如当时。"这是不是意味着善知识要在当下寻找呢？

●雪漠：谋上千条计，不如行一步。

4.
如何分辨真、假善知识

◎问：明师很重要，甚至比自己的生命更重要。但时下有很多人更倾向于追崇一些能示现神通的人。另外，善知识的身份重要吗？有的朋友说他需要灵魂导师，但他希望对方是一个真正的出家人。请问他的观点对吗？

●雪漠：能让你清凉、明白者，能真正为你开启智慧者，才是明师。杯子可以有各种形状，但里面必须有智慧之水。有时，好杯子里盛的，也可能是毒药。

◎问：真正成就的善知识与其他善知识的最大不同是什么？

●雪漠：成就善知识的智慧流自自性，非成就善知识的知识源于书本。

◎问：怎么分辨明师？怎样观察善知识？

●雪漠：用你的心去感受，看看跟他在一起是否更清凉、更善良、更明白、更慈悲、更向上。同时，你要瞧跟他在一起的人，会不会老是堕落或破戒。

◎问：什么才是清凉？是身体的觉受，还是心灵的觉受？万一判断错误怎么办？特别是初学者。

●雪漠：你要看跟他在一起的人，是向上了，还是在下降；是在扬善，还是老是堕落、破戒。《佛子行三十七颂》中说道："伴彼若使三毒长，并坏闻思修作业，能转慈悲令丧失，远恶友是佛子行。依彼若令恶渐尽，功德犹如初月增，则较自身尤爱重，依善知识佛子行。"你可对照着瞧一瞧，你的上师是恶友还是善知识。

◎问：上师身边的人我都很少接触，不怎么认识。我是否应该主动接触？或者，我该不分别地把上师如佛般恭敬对待呢？

●雪漠：不好说。这是你自己的选择。人一生的价值都是自己选择的。一定要有一双慧眼，选择证得究竟成就的善知识。

◎问：现代人的生活很隔离，上师总是只在一个地方停留一下就走了。因为地理区域、时间关系，几乎很难和师父接触，也无从知晓他身边的人到底如何，这又怎么办呢？

●雪漠：要是不知道上师情况，不要轻易拜师，要皈依一个能观察到的好上师。

◎问：我现在观察不到上师了，那我应该对上师保持什么样的态度呢？

●雪漠：看他的行为，并看他身边的人是不是在向上，要是向下滑，就毫不犹豫地离开他。近朱者赤，近墨者黑。

◎问：我刚刚皈依了一位上师，背离上师会有什么果报？如果有时心里冒出怀疑上师等不好的想法，该怎么办？

●雪漠：要看你的上师是不是真上师。如果他是骗子，你就远离！你离开他是弃暗，并无罪过。如果上师真是善知识，你就忏悔！

◎问：如何看待网上种种非议一些法师的东西呢？

●雪漠：如果那法师真是善知识，就忏悔！但有时，你没有慧眼，分不清真假时，就不要造口业。《佛子行三十七颂》中说："因惑说他佛子过，徒然减损自功德，故契大乘诸行者，不道人过佛子行。"

◎问：女性修行者如何更好地处理与上师的关系啊？

●雪漠：遇到真上师，不用处理关系，净信上师即可；遇到假上师，更不用处理关系，赶紧逃跑即可。

◎问：为什么很多朝圣者朝圣了一生，到死都不知道他心中想要什么？

●雪漠：他们没遇到真正的善知识。

◎问：一些修行人为何会越修越愚痴？如何避免？

●雪漠：找了庸郎中，吃错药了。再找个好医生！

◎问：碰到一个修行的老师，抽烟很凶。对此您怎么看？

●雪漠：他想抽就抽吧。你跟他学的，又不是抽烟。只要他有智慧，你管他抽不抽烟？藏人说，圣者行了凡间事，他的心仍然是圣洁的。我不抽烟。不过，即使我在抽烟时，也知道啥是光明心，并且不会丢失它。

5.

如何亲近你生命中的太阳

◎问：什么是皈依？真正的皈依是否还有另一重深层意义？

●雪漠：皈依是一种对我执的破除和对大善的向往，是一种身体力行，是心向往之，行效法之，更是一滴水融入大海的前奏。真正的皈依，是行为上对上师利众精神的效法。没有行为，便没有皈依。

◎问：我是否可以这样理解：求师最重要的是寻求智慧，无关乎名相，也就是心皈行未？修行一定要皈依明师，才能成就吗？拜师的形式，真有那么重要吗？

●雪漠：是的。灯泡即使心皈入了线路，只要没有真的形式，也是得不到电流的。有时候，没有名相，便没有实质。宗教的形式便是内容之一，没有宗教形式，便没有宗教内容。有时，没有利众的形式，你哪有宗教的精神？

◎问：如何亲近上师？修行是以上师为主，完全听从上师的教导，还是多亲近修行好的师兄？

●雪漠：要像饿死鬼渴望食物、冻死鬼渴望太阳那样，亲近你的上师。先跟他一起做事。同事，利行，布施，爱语，这四摄法，也是亲近善知识的妙法。要是遇到具德上师，上师的教导当然最重要。

◎问：为何说跟着成就上师做事就是最好的修？是否需亲见上师得受正法之后，才开始真正的修行？

●雪漠：因为，只要你是汽油，一见火，便会燃烧的。不明路线的修，是瞎修。方向不对，南辕北辙，失之毫厘，差之千里。得受正法之后，是不会走错路的。

◎问：找到了善知识，但不能时时听其言教怎么办？

●雪漠：将他作为生命和灵魂的标杆，时时以他为参照，校正自己的行为，升华自己的人格。

◎问：是否要经常在上师身边才行？善知识不在身边，该怎么解决自己生活及修行上的难题？依止上师不是要专一吗？

●雪漠：非也。在真正的智者眼中，时间和空间只是一个幻觉。你在不在他身边，他都会明白你的根器。看待善知识，应以心灵的依怙为主，以他为生命和行为的范本。根本上师是真正的大善知识。依止他是你生命中最重要的事情，当然要专一。

◎问：如此说来，学修大手印，是否最好待在师父身边，得其耳传心授啊？

●雪漠：耳传是必要的。待在身边倒不必要。惹琼巴比冈波巴离密勒日巴更近，但后者的成就更大。上师如太阳，你躲到阴影下则得不到温暖，太近就有可能被晒伤。距离不远不近，却虔信有加，才是最好的。

◎问：以今世的眼光来看，传统的《上师法五十颂》似乎过于苛刻，或者说难以在现实中应用。但我想，既然它流传至今，总有其理由。那么，对现代修行人来说，它的意义及重要之处何在？如何才能保持对上师的信心不退转？

●雪漠：那里面所有的内容，都是教你如何打开智慧之门。真正敬师者，才是敬自己的灵魂。没有一份大信，是不可能得到大力的。多诵《上师法五十颂》，学之，思之，行之，久久便得大益。

◎问：弟子最令真正的善知识感到高兴的是什么？如何让自己也成为善知识？

●雪漠：真上师最高兴的，就是弟子超过自己，再用那真理的光明去照亮世界。要想成为善知识，就要先找到善知识，学习，长大，成就后，再当善知识。

◎问：上师对弟子还有喜好上的偏爱吗？如何让每个诚心的弟子都能得到他们认为公平的爱？

●雪漠：如法上师如太阳，万物皆可得光明。

◎问：大成就者对万事万物没有喜恶之分，没有执著，了无牵挂。那么，我们又该如何理解成就上师的“欢喜”？它是一种示现，还是一种妙用，抑或是相应的体现？

●雪漠：成就破执后的欢喜，是一种随喜。既是示现，更是随缘应物时的妙用。

◎问：一个上师有十个弟子，还能应付，如果有一百个、一千个、一万个咋办？弟子、上师无疑在生活、修行中都是需要互动的，光说短信吧，一个上师一天回五个弟子每天五条短信还能应付，五十个就够戗了。而且，弟子的情况各不相同，如何对机？如何教授？

●雪漠：千江有水千江月，万里无云万里天。

◎问：如何理解？请赐教。

●雪漠：那诸多的信心之日照着雪山时，雪山自会流下相应的加持之源。雪山静立而无心，朗日大照而有情。有情无心相融时，觉性空性并不分。诸多的加持与其说来自根本上师，不如说来自三昧耶誓约。单纯的一方，如果没有对机另一方的话，是不可能有殊胜加持的。故说佛不度无缘之人。

（五）成就

1.
想要证得成就，必须先领“门票”

◎问：佛诞日时，很多寺院都会举行一些皈依法会，我的一些朋友总会相约去参加这种集体皈依的仪式。但我一直都不明白，皈依的意义究竟是什么？

●雪漠：皈依便是向往、认可并走近那真理的一种方式。

◎问：学佛与是否皈依有关系吗？

●雪漠：皈依在于心对某种精神的向往，跟形式关系不大。

◎问：我信佛，但现在还有好多事情没有解决，以后再皈依可以吗？

●雪漠：真正的信佛便是皈依，无皈依不叫信佛。

◎问：请问什么是真正的灌顶？

●雪漠：真正的灌顶，是弟子跟上师的真正相应。

◎问：灌顶后能达到什么境界？

●雪漠：灌顶只领到了门票，路还得自己走。还谈不到境界。

◎问：有了门票就可以进门了吗？

●雪漠：有了门票，还要找到门。找不到门，还是进不去。门就是心性。所以，不开示心性的上师，是不负责任的。

◎问：灌顶是为了明心见性，那么，明心见性后就有资格学密法了吗?

●雪漠：明心见性后，就好好去修吧。修密法也是为了明心见性。

◎问：如果我们每一个言行，每一个意念都合乎真、善、美，是不是就成佛了？还有，活在当下就是佛，清净心也是佛，对吗?

●雪漠：能够合乎真善美，并且活在当下，是在向佛的方向走近。至于是否成佛，是另有证量标准的。

◎问：什么是加持力？加持力是不是改变了自作自受的因果律?

●雪漠：加持力相当于电流，它能让灯泡发亮，驱散愚昧黑暗。因果律相当于用电的规则。电压不对，也会烧坏灯泡的。所以，即使有了加持力，你也不能违反规则乱用电。

◎问：当我们得到加持，借其修行，直至融入法界大力，觉行就圆满了吗?

●雪漠：仅仅得到外力，还不是究竟成就。外因须跟内因共生大效力，最后无内无外，无来无去，不生不死，才算圆满。

◎问：您说过，对根本上师生起无上虔信时，那智慧光道就畅通了，就会得到无上的加持。加持力除了引起心灵的质变之外，还会在其他方面有所体现吗？

●雪漠：除了心灵的变化，还该有行为的改变。没有行为，便没有大善。口头上的善，只是在欺骗自己。行善而不言善可能是大善，言善而无行为则是欺世盗名。

◎问：您在书里写道："在香巴噶举中，这种光道之说并不是象征，而是一种保证。"该怎样理解？

●雪漠：香巴噶举认为，对于具缘弟子，那二十四个光道是真实显现的，不仅仅是象征。

◎问：初入佛门者盲目参加灌顶法会，能够得到真正的加持吗？

●雪漠：得不到。因为，真正的加持是慈悲心的生起。

◎问：但明白一点佛法的人说，盲目地参加法会、接受灌顶，就算得不到加持，也能种下一个善的种子。这种说法正确吗？

●雪漠：对有些人来说，灌顶是种下善根；对另一些人来说，灌顶则是入地狱的门票。所以，修密宗如入管子，非上即下。要是修不成佛，便也可能入地狱。

◎问：想要学习大手印，必须有上师灌顶吧？

●雪漠：是的。但灌顶的方式有许多种，不一定全部有宗教相。我们要感谢所有给过我们智慧的上师。

◎问：据我所知，密宗的灌顶好像都是上师亲授？

●雪漠：是的。但有多种方式。

◎问：在生活中，经常听到“开光”的说法。很多佛具店或寺院，总说某佛珠、香、书是开过光的，也有很多人专门请一些活佛、出家人来开光，还有将开光明码标价的。请问，什么是真正意义上的开光？

●雪漠：开光者，赋予实物以精神也。

2.

拿到门票，就要准备好上路的干粮

◎问：如何开启光明之门？

●雪漠：积极积累资粮，便有殊胜因缘。

◎问：什么是真正的资粮？是否有特殊诀窍？例如持咒上百万遍等？

●雪漠：真正的资粮便是对上师拥有无上信心，净信他，视他如佛，破除我执，达到用生命供养也无悔的程度，做到“荣辱由上师，死亦不退心”。当然，这要体现在行为上，而不仅仅是作意。

◎问：好多人认为开悟非常难，是高层次的修行。这种说法对吗？

●雪漠：有信心并因缘俱足者，易如反掌；无信心且懒散者，难如登天。

◎问：为啥有人弹指瞬间开悟，有人苦修一辈子仍然愚痴？

●雪漠：当电脑遇到联网的电脑时，弹指间便能传递数据；当电脑遇到石头时，是没法传输数据的。

◎问：明知上师通过观察赐予灌顶，却觉自己福报不够。这是为何？

●雪漠：你跟那灌顶者不对机。有信心者，才会对机。

◎问：大手印是否必须择机而授？

●雪漠：是的。上师如电脑，具缘弟子如另一台电脑，信心如数据线，三者具备，才能相应；相应之后，就能契入真正的大手印。

◎问：即使遇到具德上师，有的人是否仍然只能按照次第修行，清空自己的硬盘，才能接收更好的东西？

●雪漠：是的。

◎问：得遇明师后，要如何修才能迅速开悟？

●雪漠：无计无利，净信上师。放下一切，精进修持。

◎问：值遇明师，视师如佛，学修大手印就妥当了吧？

●雪漠：是的。但还要有自信。除了视师如佛，还要视己如佛。三者相应之后，才能得到真正的证量信息呀。

◎问：如果资粮不圆满，是否就算得到上师的开示，自己也可能不明白?

●雪漠：是的。资粮不够，开示也无用。

◎问：修大手印的基础是什么呢？如果上师为自己开示心性，是否就表示自己已经资粮俱足了呢？

●雪漠：信心。不一定。有时，因为某种随许的机缘，你也可能得遇胜缘，但并不能表明你就圆满了资粮道的修习。

◎问：善知识为弟子开示心性时，弟子本人知道吗？

●雪漠：当然知道呀，瞎了的人看到光明，自己咋会不知道？

◎问：修到什么程度，才能请善知识开示心性？

●雪漠：修到视师如佛时，便能请师开示心性。

◎问：怎样才能尽快修到视师如佛呢？

●雪漠：有专修之法，但须得入门。

◎问：开示心性一定要面对面吗？通过邮件、电话之类的途径可以吗？

●雪漠：不可以。

◎问：当生命中遇到了真正的大善知识，且对其俱足信心，该怎么去请他开示心性呢？

●雪漠：你资粮俱足时，他自会为你开示；你资粮不俱足，求也没有用。狮子乳不能往尿壶里倒呀。

◎问：尿壶里的“尿”怎么一下子倒干净？

●雪漠：扔了自己。打碎旧尿壶，换个新的。

◎问：怎么一下子扔了自己？

●雪漠：一下子扔不了，就多扔几百次，直到扔掉为止。

◎问：这个“扔了自己”，可以理解为断除以往的习气吗？

●雪漠：是的。不用己心，揣测师意。酒杯难有大海之量。

◎问：如何让自己迅速地长大？

●雪漠：先找具德上师，进而如法修持，可少走很多弯路，尽快成长起来。

3.

狮子与兔子，区别在于心

◎问：听说道家有炼精化气的方法，它对修行是否有帮助？

●雪漠：有是有，但必须得到真传承，现在流行的那一套，多是道听途说。

◎问：丹田紫光照五脏，近似葡萄远似金。能了脱生死，处在无为涅槃时，就能改天换地、摘星看月，成为一只跑在大道上的狮子了？

●雪漠：证得无为时，已无分别心。狮子与兔子，了然成一味。无大亦无小，无我亦无彼。无来亦无去，何须改天地?

◎问：在五浊恶世里，狮子本能的野性跟修为的淡定有矛盾吗?

●雪漠：此处讲狮子，非是兽中王。以此表法器，淡定且从容。独行天地间，奋然无怯意。我即法身王，吁气成太虚。

◎问：现实中少见狮子，但它在文化和神学领域却很重要。请问老师，我们成为狮子的主要目的，是保家卫国，还是奔腾草原?

●雪漠：我们要成为狮子，既不为保家卫国，也不为奔腾草原。许多时候，成为狮子本身就是最好的目的。目的就是目的，不应该成为手段。

◎问：如何才能真正成为狮子?

●雪漠：每一个想成为狮子者，只要有大心，发大愿，履大行，只管耕耘，不问收获，就会在某天照镜子时，发现里面竟然有一只巨大的狮子。众里寻他千百度，蓦然回首，那人却在，灯火阑珊处，变成大狮子了。

◎问：密勒日巴好像说过，狮子能跳过悬崖，但兔子要是这么做，就会葬身崖底。既然我们要做狮子，那到底学还是不学呢?万一自以为是狮子，结果发现自己只是兔子，又该怎么办?

●雪漠：狮子长了兔子的心，便是兔子；兔子有了狮子的心，就是另一种意义上的狮子。我曾在《大漠祭》序言中说：“鹰会鸡一样啄食。狗也狮子般捕猎。区别的，也是心灵。”

◎问：我不明白为啥一定要开悟。起初，我对开悟很好奇，后来觉得不开悟也一样过日子。我是不是无药可救了？

●雪漠：瞎子是看不到太阳的。明眼之后，就不想再忍受黑暗了。你还不明白光明的珍贵，所以生不起向往之心。

4.

没有真上师，便无真觉悟

◎问：如果没有明师，自己看书，或依经文而修，有可能证悟大手印吗？

●雪漠：不可能。看书至多解悟，不可能证悟。画上的蜡烛，是很难照亮人心的。

◎问：已经理悟，但没证量，怎么办？

●雪漠：找个真包子吃。画饼充不了饥。

◎问：没上师，光看经书或大师传记，能否开悟？如果自己依照CD去修，会不会出偏？

●雪漠：画饼很难充饥，画上的烛光，也照不破黑暗。真正的修，还是需要上师的。没有灌顶和皈依，就不可能入道。

◎问：一定程度上明心见性、达到某种标准后，还需保任，是因为还有执著心，所以还会有烦恼吗？如何更好地去掉这些执著？

●雪漠：真正的明心见性，是以执著的破除为基本标准的。要是不知道如何去除烦恼和执著，就不是真正的明心见性。这一点，一定要请善知识印证。

◎问：明心见性有什么标准吗？需要别人认定吗？明心见性的具体状态应该怎么理解？

●雪漠：有标准。需要明心见性的人来印证。茶味只有咂舌妙，语言文字难尽言。

◎问：通过阅读您的文章，我懂得了“明心”与“见性”是两个不同层次的问题，也逐渐对您的大手印学说产生了兴趣。我想请问老师，如何才能“明心”？

●雪漠：明心之“心”，只有经过“印”之后，才有意义。在明心之前，多以参访善知识为主。

5.

开悟是一种特殊的智慧状态

◎问：什么是开悟？开悟与悟道有何不同？自性与法性

有何异同？

●雪漠：见到真心叫开悟。开悟便是悟道，但它离证道还有很长一段距离。前者是一地菩萨，后者是成佛。悟后起修，才能进而证道。在悟者看来，自性即法性，万法不离自性。

◎问：请问开悟、解悟、证悟间的区别和关系分别如何？是否开悟是明心，见性是证悟？

●雪漠：开悟，见到空性；解悟，理上明白空性；证悟，事上融入空性。见性是开悟，还不是证悟。前者是悟道，后者是证道。

◎问：什么是明心见性？明心见性的过程是不是很漫长？对整个人生来说，明心见性意味着什么？

●雪漠：明心是明白真心，见性是见到自性。难易全在于信心，有信心者易如反掌，无信心者难如登天。明心见性之后，才有可能解脱。

◎问：“所有通晓宗教知识者都知道，一个行者可能有无数个上师，但根本上师只有一个。因为，一个人真正的‘明心见性’只有一次。那位能为你开示心性、让你明白心性的人，便是你的根本上师。”为什么真正的明心见性只有一次？

●雪漠：因为，真正明心见性后，只要不背誓约，是不可能再糊涂的。

◎问：明心见性者的直观，与一般人的直觉和理性思考有区别吗？

●雪漠：当然不一样。一般人的直觉是世间法，明心见性是出世间法。

◎问：很多人试图从心灵困境中解脱与超越时，一方面希望认识自我，另一方面也希望提升自我。我有几个朋友参加了一些心灵课程，感觉在那种体验式的课程中重新认识了自己。请问，这种认识与明心见性有什么不同？

●雪漠：明心见性是一种特殊的智慧状态，跟知识层面的重新认识自己不一样。

◎问：我知道藏传佛教是很系统很高深的，虽然具体的修证方法我不了解，密宗的明心见性和显宗的般若空性有区别吗？

●雪漠：有相同处，也有相异处。显宗尚有细微无明没能除去。

◎问：书中常讲心性。心和性，有区别吗？从明心和见性来看，性是不是更深一层？

●雪漠：明心重理，见性重事。没有明心，不能见性。明心为明，见性为明空双运。

◎问：见性的见，是谁在见？如果有见，那还有个能见的？

●雪漠：并无能见、所见之后，才是真正的见性。若有见者，是妄念；若无见者，是无记。见而无见，才是真见。

◎问：读书或者思考得出的一些结论，算是一种悟吗？

●雪漠：那只是理悟，不是事悟；只是解悟，不是证悟。

◎问：事悟和理悟有什么不同？如何才知道自己是不是真的开悟了？

●雪漠：事悟后心能属于你自己，理悟只是画饼充饥。需要善知识印证，才知你是否开悟。

◎问：我发现，阅读您的作品需要心灵成长。心灵净化了，才能慢慢体悟您说的真理。比如，《真心》里有许多关于大手印的诠释，我就是在一天天写随笔的过程中渐渐明白的。那么，我们能不能这样理解：如果没有一定的生命体验，单纯理解《初心》，还是有一定隔阂的？

●雪漠：是的。理上明白，就如明白吸烟的害处，却戒不了烟；证悟则是明白吸烟的害处，又戒了烟。单纯的理悟，解决不了生命的实际问题。

◎问：俗话说“学无止境”，请问开悟有没有止境呢？会不会一次比一次悟得更透彻、深刻？

●雪漠：悟有大有小，有快有慢，层层递进，终而证果。不过，真正意义上的开悟只有一次。

6.

心印

◎问：大手印的“印”是何意？印定了何事？由谁印定？

●雪漠：大手印的“印”是印心之意，用以“印”真心。

◎问：密宗的“密”主要在于哪些方面？“阅尽佛经万万卷，最后一句无人说”，最后一句是什么？

●雪漠：密在对心性的开示，密在对机，密在心印。那最后一句，就是心印。

◎问：大手印中的“印”是有形，还是无形？

●雪漠：明空是无为法，无形而有意，无意而有心。

◎问：得到一些明心的知识，一时又无机缘印心，该怎么增上、进步？

●雪漠：理上明白之后，寻找善知识，以期在事上明白。

◎问：明心必须经过根本上师的加持才行吗？

●雪漠：可以这样认为。至少必须经过根本上师的开示，才可能明白心性。

◎问：明心的“印”，是否法脉的传承？如世俗之血脉传承。否则，就不能保证清净？

●雪漠：是的。所谓传承，就是传递智慧之火，也就是那一代代的“印心”之旅。究竟的智慧之火，便是空性光明。

7.

守护智慧火苗，逐渐让它燎原

◎问：“见性容易行持难”，明心见性不太难，关键是在日常生活的行住坐卧中，如何保任和守持。这里需要一些三根本的佛法基础。是不是这样?

●雪漠：是的。开示心性容易，保任心性难。

◎问：悟有开、解、证之分，如开悟、见过光明后，极易丢失，是否与生存环境关系极大?

●雪漠：与环境有关，与信心有关，更与生理有关。许多时候，心理的烦恼，也是生理的疾病。按密宗的说法，所有烦恼，源于纠结的脉结。

◎问：开悟后是不是就不再退转了？是不是永远都是开悟时的觉受?

●雪漠：蜡烛亮了，还会被邪风吹熄的。

◎问：是否世间的污染很容易吹灭心灯的光？如何防护好点亮的心灯?

●雪漠：先学会拒绝，远离恶友。恶友如病毒，你一接近，便会被传染。

◎问：开示心性后的明白还会丢失吗？

●雪漠：开示心性后，只要信心俱足，便不会再丢了。就像火点燃之后，只要不被邪风吹熄，而且有足够的柴火，那火总是会燎原的。

◎问：开悟后，还会存在贪嗔痴吗？如何避免再入迷境？

●雪漠：开悟后，依然会有贪嗔痴，只是悟者能窥破真相，不为幻相所转而已。净信上师，安住自性，不离祈请，便可不入迷境。

◎问：亲人离世时，开悟者还会难过吗？

●雪漠：会难过。但他也能安住于不难过的那个东西。

◎问：见到光明后，直到证悟前，是否还需次第而行？

●雪漠：是的。我们所说的十地菩萨，便是次第。没有次第，便没有成就。

◎问：雪漠心学大系中写到“悟后起修”，那么，什么是修行？如何开始修行？开悟之前与之后的“修”有何区别？

●雪漠：开悟前的修在寻找上师和方向，开悟后的修是直奔目的地。明白方向的修，才是真正的修。

◎问：悟后起修是佛教独有的吗？悟是指偶然见到那最终的光明吗？

●雪漠：悟后起修是佛教独有的，其他宗教不一定追求开悟，多追求因信得度。当然，一些宗教也用“悟”

字，但其含义跟佛教的追求不一样。佛教的悟，是见到空性光明。二者的区别，是有为法与无为法的区别。

◎问：开悟后的人，需要暂时完全放下当前的生活，出离修行一段时间吗？

●雪漠：是的。一防邪风吹熄火苗，二积资粮之柴，进而燃起智慧大火。

◎问：所谓“保任”，是指在找到自己的自性之前还是之后呢？如果在悟之前，处虚妄中，保任啥？如果悟了本来真如，了无牵挂，保任啥？

●雪漠：悟前悟后皆需保任。悟前保任信心和大愿，悟后保任智慧与慈悲。虽了悟本来真如，无奈习气之云常蔽智慧之日，故常借保任之清风，以扫烦恼之乌云。

8.

当下解脱是终极解脱的开端

◎问：面对见性者时，我们是否要以圣僧看待？

●雪漠：真正见性后，便是圣者。三宝之僧宝中，便包括菩萨僧宝。三皈之中，僧宝指多种：一为圣僧，二为三个凡夫僧以上的僧团，三便是明心见性的菩萨僧宝。

◎问：“取得营谋谁可知，通行天地此人无。投身岩下同乌居，须是还他大丈夫”。请问老师，这句话是什么意思？

●雪漠：此人高明呀。他已得道，真大丈夫也，无人无我亦无法。此人盗得大机了。

◎问："得道"是否我们常说的"开悟"？

●雪漠：开悟是悟道，还不是得道。悟道是看到了道的光明。得道是与道合一。

◎问：什么是"道"？得"道"是得到了什么呢?

●雪漠：道即空性光明。得道之后，就无所得了。

◎问：也就是所谓的"无为"吗?

●雪漠：你也可以理解为无为，无为而无不为。但这无为，是明白后无执的无为，不是消极的无为。

◎问：那解脱与证道是一回事吗?

●雪漠：真正的解脱，是大手印所说的证道，而非某些人所说的证道。一些人说的证道，未必是真的证道。真正的证道者，虽有所证，实无所证。

◎问：当下的解脱与终极的解脱是一样的吗?

●雪漠：不一样。当下解脱是终极解脱的开端，没有前者，便没有后者。

◎问：有人认为，佛号与咒子念得越多，解脱得越快。您赞同这种看法吗?

●雪漠：解脱跟持咒的数量无关。但只要好好地持咒，能定心一处，便容易开悟，进而解脱。

◎问：成就虹光身，是不是意味着圆满佛道?

●雪漠：不一定。虹光身只是自觉的一种。圆满佛道，还需要觉他和觉行圆满。

◎问：您怎么看待肉身成就？

●雪漠：真正做到让身体听心的话，做到心气自在，才是实际意义上的肉身成就。

◎问：我不相信宗教的神通，因为它不是上帝在投掷游戏牌，不是真主的无理取闹，也不是佛菩萨对不信道和善之众生的一种方便。那么，神通应是人类对善的不断传承和讴歌产生的巨大效应，也是放下贪婪、拥抱和谐世界后产生的精神震撼。随意使用神通，对个人来说很难实现，但对于整个社会和国家来说，强国是否应该俱足神通，比如自由女神一样？

●雪漠：我没见哪个神通强国者。群魔乱舞赛神通，于是西天路不通。

（六）禅

1.

禅可体会，无法言表

◎问：什么是禅？禅的本质是什么？

●雪漠：禅的本质是明白、放下、自由和快乐。禅就是实现这四点的方法。同时，它也是一种生命状态。

◎问：禅意是什么？您对禅有何体验？修炼对您的影响是什么？

●雪漠：禅意是说不出，但能感觉到的那份清凉。禅可体会，无法言表。如人饮水，冷暖自知。我用行动来印证自己学到的东西，没有行动，便不会有真正的“得”。那行动，便是人们所说的修炼。

◎问：禅中有怎样的快乐觉受？总感觉，能说出来的，都不是“禅”。

●雪漠：请先告诉我铁观音是啥味道？是的，开口即错。那含蓄一笑，便有禅机无限。

◎问：禅乐是宽坦任运，放下不执著。那为什么还会贪禅乐？贪的禅乐，很快就会不乐了吗？

●雪漠：没见禅乐时，我说你不知。何时有真乐，不贪亦不取。

◎问：禅宗“不立文字，教外别传，直指人心，见性成佛”。前二者是以心印心，后二者重顿悟。那么，什么是以心印心？是否类似于得到灵感？

●雪漠：非也。那心，便是所谓真心、妙心，是善知识传你的智慧之心印。没有善知识，你便得不到那个心印。

◎问：佛家语：“不可说，不可说，一说便错。”既然如此，为什么还要传灯，还要弘法呢？

●雪漠：虽然不可说，但可以“印”呀。

2.

禅与万法

◎问：佛和禅有什么区别？

●雪漠：成佛者必懂禅，懂禅者未必成佛。

◎问：禅与道有不同吗？

●雪漠：上海和北京一样吗？

◎问：既然“真如出万法，万法归真如”，那么禅和道法，何异？

●雪漠：无异。真禅无异。了然一味时，无我亦无你。当下便是禅，何须分彼此。

◎问：慧能听到《金刚经》的“应无所住而生其心”时当下彻悟，请问，这与老子的“无为”是否有殊途同归的意趣？

●雪漠：不一样。前者是因，后者是果。有前者，方有后者。

◎问：禅宗所信仰的和道家所信仰的本质上一样吗？

●雪漠：不一样。禅为的是“放下”，道家却很难放下“道”。

◎问：“放下”是不是意味着无所追求，无所事事？

●雪漠：那不成石头了吗？石头不是禅。

◎问：快乐与禅有什么关系？

●雪漠：明白的快乐便是禅，禅就是明白的快乐。无快乐便无禅。

◎问：禅宗和科学是怎样的关系？

●雪漠：禅是大科学。科学越是发展，越能验证禅的伟大。

◎问：宗教体验跟禅悟有关系吗？

●雪漠：没关系。禅是智慧，宗教体验若是缺乏智慧，就变成感觉了。

3.
禅属本有，还是证得后才出现

◎问：禅是证得光明后才有，还是本来就有的方式？

●雪漠：禅既是光明，也是方式；既是世界观，也是方法论；既是你的心，也是我的意。就看你识得不识得。识得便是禅，不识得便是牛粪。

◎问：我看过一些禅宗大德的故事，真正的禅是不是在开悟之后？

●雪漠：开悟的禅是出世间禅。我们也允许有世间的禅。

◎问：可否将世间禅理解为出世间禅的基础？

●雪漠：世间出世间，皆在一念间。执著世间法，放下便超然。

4.
真禅明白利众，假禅愚痴利己

◎问：禅有真伪吗？如何判断？

●雪漠：看行为。真禅明白而利众，假禅愚痴而利己。

◎问：什么是口头禅？为何会出现这种情况？明白后的快乐就是自己的，为什么有人还是会由悟转迷？由悟转迷，会给自己增加更大的阻碍吗？

●雪漠：口头禅是语言上的巨人，行动上的矮子，控制不了自己的心。它很像墙上的画饼，充不了饥；也像纸上的火炬，点不亮别人。能迷的悟不是真悟。真悟必须以人格为基础，以信心为资粮，以上师为依怙，以智慧为明灯，以戒律为根本。那些自以为悟的人，其实并没有悟。许多时候，一些人自称的“悟”，仅仅是骗人时的一个理由而已。世上无没有道德底线的悟者。

◎问：为什么有的人满口禅理，行为上却自私自利呢？他们到底悟了没有？

●雪漠：真正的悟是明白和放下，表现为行为上的利众，世上没有不利众的佛。满口禅理的自私者，肯定没有悟。

◎问：个人认为，禅是生理和心理结合修行的一个过程。您认为这样的想法对吗?

●雪漠：是的。禅由心生，却由身成。身不听话，便没有禅。口头禅就是嘴里有禅，行为无禅。口若悬河，身却不听话。

◎问：有求便无禅，禅中即无求，何谓禅无禅，天生吾等身，常为坚白鸣，曾梦无求心，终醒梦归处。

●雪漠：梦真的醒了吗？那就不用谈禅了。有梦便有禅，无梦禅无用。

◎问：请问老师，《六祖坛经》里记载，法身是我们的自性，报身是我们的智慧，化身是我们的行为，这个观点究竟吗?

●雪漠：对明心见性者来说，是对的。对一般迷者来说，是莫名其妙的。狮子跃渊，一蹿而过，兔子仿效时，却可能要摔死。

◎问：是否可以说，禅是无上密法?

●雪漠：问题是，啥是真正的禅？此禅非狂禅呀。世上流行的多为狂禅，而罕见印心之真禅。

◎问：印心真禅是最高的吗?

●雪漠：是最低的。因为印心之后，才算开始修行呀。

◎问：禅是直指人心、直指心性的，但如今很多人的修行，多在心外用功，多在技术上求道。看看现在，到处在修塔建寺，看似一片繁华，可这些跟真正的开悟又有什么关联呢？如何拥有一双慧眼，来智辨真伪？

●雪漠：虽然修塔之类的善事跟开悟没有必然关系，但我们还是要多做做善事。因为，悟是出世间的追求，但同时，我们也需要世间的福报。修福不修慧，大象挂缨络。修慧不修福，罗汉托空钵。要福慧双修。

5.

若想明真禅，去寻点灯人

◎问：如何达到身心合一的真禅意境呢？

●雪漠：这是大问题，去问善知识。一当窥真面，当下笑嘻嘻。

◎问：请教老师，大雾之中，如何豁然开朗？我快被憋疯了。

●雪漠：你见过没进入供电系统，却能发光发亮的灯泡吗？

◎问：有人一谈到禅，就觉得玄奥难懂，高不可攀。真是这样吗？那它如何给当代人带来心灵滋养呢？

●雪漠：我说过，它难如登天，易如反掌。要看你的上师是不是真的火把。近火者，易燃；近冰者，易寒。

◎问：一个没有宗教名相的人，可以修行吗?

●雪漠：可以的。我不注重宗教之相，却不离利众精神。

6.
现代人缘何开悟甚难

◎问：禅者的悟与普通人的悟有哪些不同?最初的六祖只是砍柴者，但他一闻《金刚经》便悟。当代人的根性与六祖时不同了吗?当代人是否很难开悟?

●雪漠：非也。人都一样，只是心不一样。当代人多放不下，难出离，难遇善知识，所以开悟甚难。

◎问：慧能曾说“下下人有上上智”，总感觉他是在说自己。那么，这句话该怎样理解呢?

●雪漠：“下下人”不以为自己是“上上智”，遂能吃苦，脚踏实地，反能证道。认为自己是“上上智”的人，反而容易流于狂慧。因为，他们眼中是没有善知识的。

7.
何为“雪漠禅坛”

◎问：您的禅和禅宗的禅一样吗?

●雪漠：不一样。这里是雪漠禅坛。这里的智慧，是雪漠的智慧，不是六祖的智慧。每个人的智慧都是自己发现的。要是你肯努力的话，也可以有自己的智慧。真理精髓相通，但有着不同的容器。时代不同，那容器也不同。不同的禅，适合不同的时代。所以，我们提倡与时俱进。

◎问：一般人谈到慧能，会想起他著名的偈子和“人人皆可成佛”的理念；谈到星云大师，会想起他的“人间佛教”。请问“雪漠禅坛”的标志是什么？

●雪漠：“雪漠禅坛”的标志，就是雪漠的那把大胡子。星云无须发，雪漠乱毛飞。二人在一起，雪漠钻灰堆。

◎问：为啥钻灰堆？

●雪漠：和光同尘日，当下解脱时。灰堆即佛国，何须分彼此。今夜好开心，思虑乱纷纷。无禅却有道，杂念结祥云。他年波大息，方见本来身。

8.

《雪漠造命歌》

◎问：您常说人成则佛成，还写过一首叫《雪漠造命歌》的偈子，请问，一个人若是按《雪漠造命歌》来做人做事，是否就能成就佛果？或者说，按《雪漠造命歌》做人做事，就是成佛的最佳途径？

●雪漠：《雪漠造命歌》是雪漠用来造自己的命的，是我从传统文化中选取的能够用于自身修养的内容。它不是我的创造，是我学习的结果。它是我修行的基础，有了基础，才能盖起大厦。

◎问：《雪漠造命歌》蕴含着大善、大悲的菩提心愿。如信受奉行，必将对建设和谐社会发挥巨大作用。推广这种文化，在善巧方便上应注意些什么问题，才能更好呢？

●雪漠：随缘应世，一片真心，不带功利心，不生分别心，做好自己该做的。只管耕耘，不问收获。

◎问：可否将《雪漠造命歌》理解为《普贤菩萨行愿品》的当代实操指南？

●雪漠：《雪漠造命歌》是雪漠日常行为指南，跟普贤菩萨无关。他有他的事，我有我的心。

◎问：我觉得，“大善铸心”是《雪漠造命歌》的精神之魂。您为何积极倡导这一做人理念？

●雪漠：我只是自己那样做，并没想倡导啥。谁愿做，咱们一起做。你不想做时，我也不会唠叨的。

（七）大手印

1.
一种能让人举重若轻的力量

◎问：什么是心灵瑜伽？行为瑜伽和心灵瑜伽有何区别？

●雪漠：心灵瑜伽是让心灵自主、强大的一种训练方法。心灵瑜伽大善铸心，行为瑜伽实际行动。

◎问：身体瑜伽和心灵瑜伽存在哪些联系？怎样善用？

●雪漠：二者不可偏废，本是一体。身是心的载体，心是身的主导。修心并修身，方可心气自在。

◎问：瑜伽行者指的是什么样的人？

●雪漠：瑜伽行者指的是那些用瑜伽指导生活和行为的人。

◎问：对于充满热恼、被欲望裹挟的现代人来说，心灵瑜伽修炼有着怎样的积极意义呢？

●雪漠：放下！从现在做起，从我做起。

◎问：您是大手印瑜伽行者，用了二十多年时间进行修炼，既是个案，也是标本。请您结合自身的生命体验，谈谈心灵瑜伽对现代人的影响。

●雪漠：我们都很沉重，都需要一种化解沉重的方法。只要我们知道，无论轻松还是沉重，痛苦或是开心，都改变不了世界的本质，可能就会选择活得开心和轻松一些。这便是心灵瑜伽的一种方便。

◎问：不可承受生命之重，必须找一种方式发泄和倾诉。大手印是否正是其中一种？

●雪漠：大手印不在于宣泄，在于破执。

◎问：能认为您是在以一种大手印的方式讲心灵瑜伽吗？

●雪漠：也许是吧。我认为，能让心灵清凉的文化，皆属于心灵瑜伽的范围。

◎问：心灵瑜伽专家是您对自己的定位吗？

●雪漠：我并没有定位自己是心灵瑜伽专家。心灵专家是别人对我的一种期待吧。其实，我仅仅是个明白的作家。

◎问：光明大手印是出世之法，它对入世生活有没有帮助？或者说，大手印是否会脱离我们每天相处的世俗世界？

●雪漠：当然有帮助。你不见我在骂儿子时，依然光明四射？我并不因骂儿子，就变得愚痴万分，便是因为大手印智慧。要是没有大手印智慧，我的骂，就是嗔恨心。有了那智慧，我的骂，就是慈悲和智慧的光明示现，是为了调伏愚顽的心。

◎问：我现在读研，学的是心理学。请问老师，如何在学校环境中进行大手印的实修？如何把大手印与我所学的专业结合起来，用于心理治疗？

●雪漠：你先得契入大手印，才能谈到别的呀。

◎问：有时觉得什么地方出了错，但不知如何说起，想请教老师。听了您的其他回答后，好似明白了一些，问题也不是问题了。请问这是错误的吗？

●雪漠：大手印行者不是发现问题，再去解决问题，而是根本没有问题。诸法如梦幻，皆归于空性。究竟观实相，水中望月亮。哪有问题呀？不管你有多少疑惑的霜花，一到太阳下，也总是会融化的。

◎问：最后证得的大手印是不随因缘生灭的，但一些大德却还是要受因果。这是为何？只是一种示现吗？

●雪漠：有示现者，有全然接受者，更有为众生承担业障者。

◎问：《西夏的苍狼》中说："找到了光明大手印，就找到了永恒。"这句话该如何理解？

●雪漠：有为法是无常的，佛说：一切有为法，如梦幻泡影，如露亦如电，应作如是观。但光明大手印是无为法，有着"常乐我净"四德。关于这一点，大家可以去看我的《真心》，书中解释甚详。

2.

绝相超宗，直指人心

◎问：何谓大印？我们怎么能像您那样，尽快契入光明大手印，成为火把，照亮一切呢？修大手印，最重要的是什么？

●雪漠：大印者，佛之明空智慧也。跟上师相应后，便能契入。最重要的是，放下执著心，舍去功利心。消灭分别心，安住赤子心。

◎问：您经常提到大手印瑜伽，请问其含义是什么？大手印瑜伽与现在流行的许多瑜伽，如奥修瑜伽等，有哪些区别？

●雪漠：大手印，直指人心的智慧也。大手印瑜伽是心灵瑜伽的一种。它超越宗教名相，代表了人类文化中最优秀的部分，是救心之方、安心之法、铸心之术。它告诉我，无论是宗教的教派名相，还是诸多的二元对立，都是应该从心里扫除的东西。它与其他瑜伽最大的区别，就是超越与解脱。佛教是超越的真理，其真正优势是无为法。是故佛说："一切贤圣，皆以无为法而有差别。"

◎问：大手印的特征就是直指人心。我发现，目前有很多通俗的佛学书籍，多从不了义的东西入手，并称其为善巧方便。但眼下这个时代，人的欲望在不断膨胀，这种做法势必产生另一种不良影响，甚至会将一些人引入歧途。这是我的担忧。

●雪漠：许多人有直指人心之心，但无直指人心之智，便只能“方便”了。只是，越方便，越麻烦。许多方便，只能在技术层面玩玩花样，不能在心性层次深入进去。

◎问：大手印建立在什么见地之上?

●雪漠：大手印见建立在佛教般若理论的基础上。《金刚经》《心经》《大般若经》等般若部的经典，皆是大手印的理论来源。在雪漠心学大系中，有详细论述。

◎问：光明大手印是香巴噶举独有的吗?

●雪漠：光明大手印是香巴噶举“宝盒”中的重要内容。有些教派的大手印是实相大手印。噶举派在大手印方面有其独到之处。不过，各派各有所长，皆有不俗的风景。

◎问：大手印属于佛教吗? 其他宗教里有大手印吗? 它是否修行后方能得到?

●雪漠：大手印是超越宗教的。即使没有宗教，其俱生智也是本来存在的，是人本具的智慧，就像美洲新大陆一样。哥伦布是发现了新大陆，而不是发明了新大陆。大手印也一样。悟者是发现了它，不是发明了它。

◎问：大手印是否藏传佛教的一个分支? 其精华又在哪里?

●雪漠：大手印是人类本具的智慧，不是哪个派的私产。大手印的精髓在“印”，也即明空智慧。但如果没有大胸怀、大境界和利众行为，那印便没有意义。

◎问：我刚接触大手印，处于似懂非懂阶段。请问老师，是否任何根机者都可学大手印？修习大手印能否了生脱死，度一切众生？假如我想修的话，您能传我吗？

●雪漠：大手印不是别人传的，更不是哪个神或哪个人赐的。大手印是众生与生俱来的智慧，本自俱足，不假外求，只要具缘即可。你只要能认知心性，便能契入大手印。它当然能了生脱死。

◎问：修学大手印，求证的是否实相般若智慧？是否能认识、理解某种客观规律的智慧？

●雪漠：大手印的智慧，便是实相智慧，但又不是世俗所说的智慧。

◎问：大手印智慧是没有分别心的智慧，是超越概念和二元对立的本来面目吧？它和智商、情商有关吗？

●雪漠：大手印追求一种不二智慧，就是超越二元对立。这种智慧，是消除分别心后的一种空性光明，跟智商、情商关系不大。如果一定要说大手印是最高的智商和情商，那也是在出世间法的范畴，跟世间法的情商、智商关系不大。

◎问：大手印有几种？区别在哪？

●雪漠：有三种：和合大手印、实相大手印、光明大手印。和合者，多由生圆二次第入手；实相者，多由教理悟入；光明者，相应之产物也。实相大手印是显宗大手印，由悟实相光明而入道；和合大手印与光明大手印，是密乘大手印，非由上师灌顶，不能入道。其名相虽异，精神相通。其中，光明大手印重顿悟顿证，属于大手印顿入法。若是具德上师得遇上根弟子，上师观机缘成熟，便可加持弟子得见光明，故名。贡噶上师在《恒河大手印直讲》中说："最上之大手印，则并亦无须乎灌顶等修，但当恭敬礼拜，承事亲近于其上师，或仅观上师微妙身相，即能立得证悟。"他认为，这种悟证同时的大手印，才是真正的大手印。香巴噶举的祖师奶格玛便是悟证同时的。

◎问：修禅能否达到光明大手印的境界？

●雪漠：光明大手印是一种境界，只要信心缘分俱足，任何人都有可能达到。

3.

大手印与禅宗

◎问：请问大手印心灵瑜伽与达摩所传禅有何不同？

●雪漠：精神相通，名相和方便法门有异。

◎问：大手印瑜伽与禅宗的明心见性是怎样的关系？

●雪漠：禅宗的明心见性是实相大手印的一种，属于显宗大手印。不明心见性的禅更易流于狂慧。禅是大手印的妙用。大手印是禅的本源。二者互为体用，名相有异，精神实同。密宗的大手印跟上师相应关系极大。

◎问：是否可以这样理解：大手印瑜伽需要一一对应才能契机?

●雪漠：道有千百条，个个路不同。病有万种，药有万方。若问吃何药，须明自家病。

◎问：禅宗的开悟和大手印的开悟一样吗?

●雪漠：有异有同。两者皆要见到自性，但密乘的开悟，是指见到光明。它既有精神的要求，更有生理上的标准，至少要能气入中脉。

◎问：气入中脉便成就了吗?

●雪漠：气入中脉，才会开悟。路还很长，尚需努力。

◎问：禅宗里一般用参话头、棒喝等方式让人开悟，能明白者自会明白，不能明白者永远都不会明白。但大手印还有脉结一说。它认为，只要心解脉开，生命就会发生变化。换句话说，只要修行，任何人都能开悟，都能明白。两者间为何有此区别?

●雪漠：禅宗从心性入手，大手印也从心性入手，这是二者之同。大手印还注重气脉明点的修习，这是二者之异。两者相比，各有优势。密乘大手印多先修有相瑜伽，修生圆二次第，最后契入大手印。禅宗要求行者有很高的根器，同时得遇真正的善知识，否则，就很容易流于顽空。故祖师云："有禅无净土，十人九蹉路。"

◎问：汉地禅宗得道高僧一般要修行多年才猛然开悟，而且还得继续不断地修。那么，大手印是否有一些方法，能让人更快开悟？

●雪漠：是的。密乘强调加持力，成就上师可以将证量光明传给弟子，故多悟证俱时者。禅宗少提倡他力，多强调自力。

◎问：能否请您简单介绍一下大手印与《坛经》的相同或相异之处？

●雪漠：坛经是教，大手印是证，二者各有侧重，不可偏废。

◎问：直指心性不是禅宗吗？

●雪漠：佛教哪个不直指心性呀？不直指心性者，便是外道。佛教万法，皆为明白心性！

◎问：佛陀种种方便说就没直指心性吧？

●雪漠：佛教种种方便，都为明心觉悟而设。离心而修，便是外道！难道佛教的方便，不是为了叫人明白心性，而是叫人越来越糊涂？即使不提"心性"二字，真理仍然不离心性。

◎问：直指心性，让我感觉简直就是捷径。不管是读您的小说，还是读雪漠心学大系，立马就能看破红尘，顿悟修行的精髓，再回过头来，看一些所谓高僧大德的著作时，明明了了。感觉很多人的著作还是在转弯。

●雪漠：佛说三藏十二部，不就是为了叫众生明白心性而证得觉悟吗？

4.
大手印与净土

◎问：大手印的目的，是为融入某个净土，还是为达到一种无秽无净的境界？

●雪漠：若是有净土，便无大手印。大手印没有净土，可非大手印还是得找净土。无秽无净无境界，无修无整无散乱，无你无我无轮回，便是光明大手印。

◎问：修学光明大手印，最后是否还要学净土法门才算圆满？很多人认为，学任何法门最终都要皈依阿弥陀佛净土，否则便不能成就。

●雪漠：不一定。净土因信得度，大手印见即解脱。这是两条不同的路。

5.
大手印与密宗

◎问：香巴噶举与宁玛、萨迦、格鲁等派别有什么异同之处？

●雪漠：入道口不同，传承不同，哲学不同，教法不同。同的是证果后的境界。

◎问：请您谈谈大手印和大圆满的区别。

●雪漠：究竟果位无分别，方便法门有差异。

◎问：大手印的不死虹身和大圆满的托噶有何异同？

●雪漠：境界相若，示现有异。

◎问：大手印中有没有类似大圆满的自显现、自解脱的说法？

●雪漠：有。那便是光明大手印。

◎问：请问，香巴噶举契入大手印的方式和噶玛噶举一样吗？

●雪漠：不太一样。一是奶格六法，一是那诺六法。

◎问：请问，在大手印或藏传佛教中，空有的含义与汉传佛教是否一样？

●雪漠：不一样。汉地多为实相大手印，藏地有和合大手印与光明大手印。

◎问：藏传佛教是否更纯粹、更正宗，效果更显著？我们该如何选择？

●雪漠：汉藏佛教各有所长，但就其方便法门而言，便以藏密为多。

◎问：您谈到“不明心见性，不能成佛”，我有些困惑。因为，抛瓦法和莲花生大师的中有法，都是不用明心见性就可成就的。您可以跟我们解释一下吗?

●雪漠：成佛不是往生。不明心性可以往生，但成佛必须明心见性。你说的那些法，大多是追求往生的。往生只是一种方便，并不是究竟解脱。

◎问：往生不能成佛吗?

●雪漠：往生尚有二元对立，咋能算成佛？你可以去看我的雪漠心学大系，里面有详细论述。

◎问：往生和成佛有什么本质的不同?

●雪漠：往生是你到了“上海”，成佛是你成了“上海人”。

6.

大手印与《金刚经》

◎问：感觉《金刚经》讲的便是大手印的“印”，不知是否?

●雪漠：是，也不是。《金刚经》有印，但不仅仅是印。

◎问：《金刚经》与大手印有相同之处吗？最终达到的境界是否一致?

●雪漠：《金刚经》是大手印的理论基础之一。两者最终欲达到的境界是一致的：皆是为了成佛。

◎问：《金刚经》云：“应无所住而生其心。”请问，这是光明大手印的境界吗？

●雪漠：非也非也。

◎问：我一直有个根深蒂固的观念：在没精通道次第学说前，最好不要学习空性知识。因此，我始终没有看过关于空性的东西，担心自己没打好道次第的基础，走入误区，白白浪费时间。也可能是因为我悟性太低，对空性学说没太多领悟与感触，提不起兴趣来看。最近，我看了一些问答录，里面说道：“不要花更多时间看《金刚经》或《心经》，因为你还不到时候。虽然这些经很重要，但更要注重基础。一定要看道次第。当你明白了这些道理后，反思自己当前的内心世界，与佛经内容进行比较，发现哪里不对就改，便是‘思’。”但现在，老师您没有过多地给我们开示基础——道次第的知识，而直趋空性——大手印实修，这又是为何？是否针对不同因缘、不同根器的人而说？或者说，您的做法，正好体现了香巴噶举学说的特色？

●雪漠：有些人怕弟子狂慧，故多叫学道次第。但假如否定《金刚经》的作用，便肯定是愚者，无论他是否是上师。不读此经，不能破执；不能破执，便无解脱！佛说：依了义，不依不了义。《金刚经》是了义之经。也有一些贪图供养的所谓上师，不叫弟子读《金刚经》。因为经上说，读此经胜似供养。

◎问：“不读此经，不能破执；不能破执，便无解脱”，您说得太好了！但怎么读，却是每一位修学者必须深思的问题。

●雪漠：诵经专有诵法。我在雪漠心学大系中也有涉猎。可以去看。

7.

闻大手印大因缘，修大手印大功德

◎问：大手印号称“诸佛之心”，求学大手印的行者当是因缘殊胜之人，对否?

●雪漠：是的。闻大手印大因缘，得大手印大福报，修大手印大功德，证大手印大自在。

◎问：大手印是非常殊胜的法，需要一定佛法修行根基。那么，弟子达到什么证量，才可向具德上师求大手印法呢?

●雪漠：首先要资粮俱足。这资粮主要是指信心，做到视师如佛、真心无伪后，才算有了进一步求法的资粮。

◎问：大手印是一种殊胜的上师瑜伽法吧?修好上师相应法，是否就可直证光明大手印?

●雪漠：真正的大手印是靠上师相应法契入的。没有上师，便没有大手印。问题的关键是，你能否找到真正的上师，而不是骗子？因为，要是你找的上师不曾认知心性，他就不可能为你开示心性。世上有许多上师，连身边的人也教调不好，如何度众？所以，想知道他是否是好上师，只要看看他身边的人在升华还是堕落，便能了然于心。

◎问：我有一点疑惑：我向一些同修或学佛者介绍大手印时，他们往往不敢谈及，总认为大手印是至上法门，不是任何一个人都可以随便谈论的，包括那些所谓的上师与活佛。大手印不是每个人本身俱足的吗？为什么不能谈论大手印的修行境界呢？为什么说一旦谈及，就坏了大事？

●雪漠：因为有些人资粮不俱足，是下根之人，故不敢谈大手印。这便是尿壶里不可盛狮子乳呀。

◎问：未见上师前，跏趺坐预修光明大手印时应注意什么？

●雪漠：光明大手印全凭师授，未见师是没法修的。

◎问：《真心》告诉我们，得到加持需要信心。那么，是否只有相应，才能得到加持，实现磁化，进而实现光明的传递与接收？

●雪漠：相应后，磁化会很快的；不相应时，读我的书也可以磁化。因为那文字承载的，也是光明大手印的精神。

◎问：我第一次听说您与您的著作，请问哪里有电子版下载？另外，在生活中对当下的明了时断时续，该怎么办？

●雪漠：我的书没有供人下载的电子版，但在雪漠文化网有选载。你不“稳定”的原因，就是只想读电子版，不想买书。要是一个人不想为信仰花钱，就说明他还没有信仰。我们的人生中，没有付出，便不会有收获。

◎问：萨迦班智达曾说：“愚者修大印，多成畜生因，或堕声闻灭，或生无色界。”请问，这句话对吗？与真正的大手印区别何在？

●雪漠：对的。因为，愚者修的所谓大手印，仅仅是无记和顽空，多偏空而无明，不是真正的大手印。堕入无记，便成畜生；堕入顽空，便生无色界。真正的大手印，是明空双运、三身五智俱足的。这一切，我在《初心》中谈了许多。所以，修大手印，必须要得到真正的善知识。

8.

根器不同，其大手印修法便不同

◎问：请问大手印修行的次第如何？还需要修三脉七轮吗？需要性命双修吗？

●雪漠：先资粮道，后加行道，再由见道契入。大手印不一定要修脉轮，修脉轮是为了证得大手印。气脉明点是方便道，大手印是解脱道。性命双修是道教的说法。

◎问：大手印是否要配合六成就法？这样是否成了俱生和合大手印？

●雪漠：大手印不一定非要修六成就法，六成就法是方便道，大手印是解脱道。借助方便道，也可契入解脱道。

◎问：在印度八十四大成就者故事里，有一些证得大手印成就的大师并不是持咒或修气脉等法门成就的。请问，是否每个人都有适合自己的大手印修法？哪种修行方法成就最快？

●雪漠：根机不同，法门便有差异。成就最快的方法，就是直接从心性入手。这要问你的上师。

◎问：怎么理解您说的“赐你大印历红尘，无修无证无勤勇”？

●雪漠：遇到真火把时，就不再需要钻木取火了。你只要是干柴，一近火把，就燃了。

◎问：在很多公案中，行者是在日常行为——如修鞋、扫地、弹琴等——中成就大手印的。我确实有点困惑了。或许可以这样表达我的疑问：种大白菜与佛教的关系是什么？

●雪漠：种白菜种到一定境界，也能契合佛心。当你达到一定境界时，自然就跟心灵融为一体了。在大手印瑜伽中，那叫一味瑜伽。

◎问：喝酒吃肉也能契入大手印吗？

●雪漠：只要得遇善知识，世上无不是妙法呀。

◎问：修炼无上瑜伽时，最应该注意什么？

●雪漠：放下一切该“注意”的东西。

◎问：修习大手印是共修好，还是独修好？

●雪漠：最初独修好，修成则啥时候都好。

◎问：修行中的观修，总是在用念力。那“念”，是否我们要修的“心”？

●雪漠：不是。念力是有为法，我们修行的终极目的是无为法，即大手印。

（八）慈悲

1.
真慈悲是一种恒常的利他

◎问：什么才是了义的慈悲与智慧？

●雪漠：了义者，无缘大慈，同体大悲。无缘大慈和同体大悲者，是没有任何条件的慈悲。诸法一味，无有他我，消除二元分别，澄然一片明空。

◎问：“无缘大慈，同体大悲”是一种证量还是什么？对修行来说，它是一个怎样的境界？与明心见性之间有必然的联系吗？

●雪漠：它是一种境界，也是一种证量，更是一种生命的超越状态。明心见性之后，才会真正入道，才会证得“无缘大慈，同体大悲”的境界。

◎问：慈悲心，是一个修行人应该具备的。学生曾经听过一句话：给人带来快乐叫慈，救人痛苦叫悲。但还有一种说法是，方便出下流，慈悲出祸害。请问老师，“慈悲”二字到底该怎么解释？在生活中，怎样才可以做到慈悲？

●雪漠：慈悲是无缘大慈和同体大悲。“出祸害”的慈悲不是真慈悲，是溺爱。真慈悲是一种恒常的利他。

◎问：您常说“慈悲是无上的铠甲”，佛法里的诛法有时也有慈悲的一面。那么，对待一些罪大恶极的坏人时，为什么还要慈悲呢？

●雪漠：坏人是生病的孩子，母亲更应该疼他的。

◎问：请问老师，佛法里的诛法是在什么情况下使用的？

●雪漠：我只在诛自己的我执时用过。

◎问：当我们宣扬一种不杀的文化时，会不会造成一种人格上的懦弱，让一些杀戮成性的人有机可乘？既要有慈悲的心肠，也要有止杀的手段，这两者间有矛盾吗？

●雪漠：禅有活人剑，亦有杀人刀。此刀非凡刀，斩断诸烦恼。若人得此刀，诸相自了了。对境生万法，境去不见了。

◎问：请问老师，如何解决现代社会的浮躁之风？怎样才能安心？

●雪漠：熄却心头火，触目皆清凉。卿心无执时，何处生波浪？

◎问：面对现代社会的冷漠、官员腐败、商人唯利是图，我们能做什么？

●雪漠：端坐莲台微微笑，撒向人间都是情。

2.
修行须慈悲与智慧双运

◎问：刚面世的雪漠心学大系，内容多侧重当下关怀，旨在让当代人能离苦得乐，获得自由。而您的小说《西夏咒》《西夏的苍狼》《无死的金刚心》等，则跨越了时空和肉体、思维等局限，直接进入灵魂的世界，破除对虚幻世界的执著。如果我们想进入真正的灵魂世界，前提是什么呢？

●雪漠：前提是由爱生信，没有爱就没有信仰，没有信仰就不能进入灵魂世界。信仰的产生是因为“爱”，而不是因为“用”。

◎问：慈悲心是与生俱来的吗？如果是，为什么阿罗汉都明心见性了，还没发现自己的慈悲心？

●雪漠：有时，乌云也会遮住太阳的。

◎问：就是说，明心见性和慈悲不是一体两面的、必然同时存在的东西？另外，既然证悟了空性，为什么说阿罗汉这种自了汉是焦芽败种呢？这是不是说明菩萨的境界更高、更伟大？菩萨伟大的依据是什么呢？

●雪漠：明心见性是慧，还需要修慈悲，叫悲智双运。罗汉和菩萨的区别在于发心的大小。菩萨更伟大，因为他的心更大。他心灵的光明照亮了自己之后，还想照亮别人。

◎问：地藏王菩萨说，我不入地狱谁入地狱。这种强烈的舍身精神和空性矛盾吗？

●雪漠：不矛盾。地藏王菩萨入地狱，还是为了传空性真理。不然，他入地狱干啥？

◎问：大成就者的胸怀应该如何？不是说证悟空性的心是无差别的吗？

●雪漠：无大无小，无你无我，无佛无众生，无烦恼无习气。心无差别，却有大智。

◎问：当我知道快乐之法时，总想把它分享给自己的亲人，特别是父母，希望他们也能快乐。但每次分享时，总会遭到拒绝或讥笑，我该怎么做呢？

●雪漠：做好自己该做的就行了。我们控制不了世界时，先控制自己的态度。真心是无我的，还怕讥笑吗？善待身边的每一个人。

3.

热爱人类是慈悲，出离人群是选择

◎问：佛陀若无最终成就，是否会背负对父不孝、对妻不爱、对子不仁的罪恶感？

●雪漠：这是一种人生选择。每个人都有自己的生命轨迹，释迦牟尼对亲人和世界最大的贡献，也源于他的选择。

◎问：记得您在《无死的金刚心》中写过，主人公和朋友赶着羊群前进，却遇上了一群饿狼。友人为活命将羊送入狼口，主人公也没阻止。当时我觉得这很残忍。请问，假如我们遇到类似的情况，该如何抉择？

●雪漠：因为，那主人公到这世上来，不是为了喂狼的。所以，一些大德为了实践他们的使命，总是会忍辱负重地活着。

◎问：如何在世出世间作出取舍？毫无疑问，无论世间法，还是出世间法，都需要大量的时间和精力，您的青少年时期便大都献给了出世间。那么，获得初步觉悟的人又该如何取舍？

●雪漠：这要看每个人的选择。选择不同，取舍就不同。

◎问：亲人或许是最容易让每个人生起执著的对象，执著也无疑是修行中最难缠的障碍。但我们又要将一切众生视为父母，发愿度化一切众生，永不舍弃。这一矛盾，应如何解决?

●雪漠：菩提心是热爱人类，出离心是远离人群。没定力智慧时，先出离修心；成就之后，再谈度人。

（九）空

1.

缘起遂假有，性空故真无

◎问：有些人听说“世界是虚妄的”，就会堕入顽空，认为一切都不存在。其实，是不是该理解为：世界是存在的，但它是一种流动的、稍纵即逝的、抓不住的、虚妄的存在?

●雪漠：世界是存在的，但它不是永恒的存在，时时变化，没有永恒不变的本体，所以虚妄。

◎问：以前读《心经》，发现里面有些话非常难懂，例如“无眼界，乃至无意识界，无无明，亦无无明尽，乃至无老死，亦无老死尽。无苦集灭道，无智亦无得”等。烦请您点拨一下。

●雪漠：没有永恒，虚幻无常，没有自性，故称“无”。缘起遂假“有”，性空故真“无”。

◎问：大手印文化是否研究过“有无”？有和无，到底走向了何处?

●雪漠：以殊胜之眼看来，有就是无，无就是有，二者并无不同。有是缘起，无是性空。

2.

“空”为本有，非人为造作

◎问：当人拿着一件蛮沉重的物品时，它实实在在就是重的感觉。那么，如果我们把这件物品观空，是否就是在骗自己呢?

●雪漠：“空”是一种智慧，它是本有的，不是观出来的。

◎问：虽然空是本有的，不还得通过观修来证得吗?

●雪漠：观修的“空”不是本有的“空”。观修是手段，证空是目的。

◎问：禅宗总说观它为空，融入空性，这也是有为的，自然达到不是更好吗?

●雪漠：是的。观出的空，不是真正的空。它是本有的，非人力造作而成。

3.

明空非言语，非觉受，证得自知

◎问：大手印的空明妙境可否在游走山水间或跑步、练肢体瑜伽时证得？真心自性的名相，是否类似月亮和太阳？

●雪漠：明空智慧非关言语，证得自知。

◎问：明空智慧一定是很殊胜的觉受吗？比如亲见本尊、看到光明等？

●雪漠：明空智慧是本体智慧的显现，见到本尊不一定是究竟智慧。

◎问：以大心、大愿、大胸怀去做当下利益人与社会的事情，就一定会得到明空智慧吗？怎么证得出世间的明空智慧呢？出世间智慧与世间智慧的本质区别是什么？

●雪漠：不一定。明空智慧是出世间智慧，是破执的智慧。面对世界时，世间智慧就够了。寻找明白的善知识，请他为你开示心性，便可证得明空智慧。明空智慧如利剑，可以斩断烦恼的乱麻。

4.

谈空色变者，怕的是顽空与狂慧

◎问：您经常谈到空性，但很多人为什么谈空色变呢？

●雪漠：怕只怕那是顽空。

◎问：如果一切皆空，所修为何？

●雪漠：这空不是虚无，而是有无穷的可能性。

◎问：如何理解“宁可有如须弥大，不要空如芥子小”？

●雪漠：“执有”尚惧因果，“执空”易成狂慧。惧因果可救，狂慧者不可救也。执空者易流于虚无主义。

◎问：离能取、所取之一切二元对立，安住空明，悲视万法即生即灭之虚幻。如此保任，是否对路？

●雪漠：问题是，你的明空是否真正的明空？若是真正的明空，保任它当然是最好的修。要是那明空没经过上师的印证，便可能会走上弯路。因为，有许多所谓的保任明空者，其实并没契入明空，何谈保任？

5.

打个喷嚏便是性，放下喷嚏便是空

◎问：空性、体性、明心见性都有一个“性”，什么是性？

●雪漠：性是众生本有的智慧。

◎问：性与信有何关联？

●雪漠：性为本体，信为用。没有信，便看不到真正的性。此信是彼性的体现。

◎问：可否视信为性的基点?

●雪漠：此信是彼性的体现，彼性是此信的本体。这内容，在我的雪漠心学大系中有。

◎问：《从我的“墨家”经历谈真心之用》是上乘的随笔，但它和佛教有什么关系呢?

●雪漠：没关系。它只和我的自性有关系。

◎问：怎样才算无漏?

●雪漠：漏是烦恼，究竟的无漏是证悟空性。

◎问：证悟空性还需证悟明性，是吗?

●雪漠：空性的体性便是明空。

◎问：您说“烦恼与菩提，二者亦无别”，我觉得很对。有时，痛苦过后自己会更清醒。那么，是否要给自己更多的挑战，才更利于自己“明白”呢?

●雪漠：有时，换个角度便无痛苦。痛苦是分别心在作怪，无分别心便无痛苦。所以，证得无分别智才是解脱。那无分别智，也叫空性。

◎问：轮涅本无别，关键在一念。是否可以这样理解?

●雪漠：证得空性时，便无分别心。若得无分别智，便是大解脱。

◎问：真心生起的这个世界，是有序的、有规律的、有理性的，不是杂乱无序的。那么，是谁创造了这些秩序和规律呢？秩序、规律、理性、道德判断、审美判断等，都建立在分别的基础上，而我们强调的是无分别，那该如何随顺世间的秩序呢？

●雪漠：序是心头一点线，缠你缠我缠千年。待得无我亦无你，大千世界皆净光。真心有序却非序，此序本由自家知。若是无我亦无你，一片光明照寰宇。

◎问：也就是说，性相是一？对于相而言，性是空，其实不空。因为相是性所显，二者不可分。相即是性，性也是相。对吗？

●雪漠：性相本一体，性空相有影。云影随风去，湛然成晴空。

◎问：八十四大成就者中的卢伊巴大师专食别人丢弃的鱼内脏，初觉恶心非常，便以空性观照，十二年后证悟。请问老师，对卢伊巴大师的证悟原理，我们是否可以如是理解：空性是万法的本质，宇宙间一切都是因缘组成，变化无常，没有永恒、固定不变的自体。当我们用空性观照身边事物，久而久之，就能破除分别心。这是不是就是契入空性？

●雪漠：空性是啥？打个喷嚏便是性，放下喷嚏便是空。若是喷嚏也不打，望着明月笑春风。

◎问：入空法有二所取、能取性空。能取之“取”怎样理解？如何取？为什么能取的“心”也无自性？

●雪漠：入空法是不公开的方法，在此处不便公开宣讲。但万法皆无自性，能取之心自然也不例外。

◎问：证得空性难吗？

●雪漠：难如登天！易如反掌！难难难，难难难，欲上青天把月揽；易易易，易易易，犹如凭空打喷嚏。

◎问：曾听法师说分别到极点，就没有分别心了，这个说法对吗？

●雪漠：这要看他是不是证悟了空性。凡夫说此话，狂禅也；圣者说此话，大慧也！

七、艺术人生

（一）《大漠祭》

1.
人性不同，信仰就不同

◎问：《大漠祭》序中有这样一句话："生活之多样，必然决定文学之多样。"那么，我可不可以理解成"人之多样，信仰就多样"呢？

●雪漠：是的。人性不同，信仰就不同。

◎问：《大漠祭》最后说："重要的，应该是如何活着。”您写作《大漠祭》十二年间，这句话在您心里是怎样的分量？像这样质朴真实的作品现在越来越少了。

●雪漠：这只是一种见地，我没觉得这有什么分量，一有分量就会被那分量束缚；一有束缚，我便不会流出今天的《大漠祭》。写作，先有心的朴实，才可能有文的朴实。所以，朴实不易。

2.
书中的坏人是我打死了的“雪漠”

◎问：《大漠祭》中，灵官、憨头和莹儿之间，显然也存在一笔宿债。对灵官最后出走的结局，我一直没读懂，不知它是悲剧还是喜剧。是否一个“祭”字说明了一切？中国人向来不喜欢悲剧，所以，即使是悲剧，大多也能够在最后得到消释。然而，这个结局似乎既在情理之中，又在意料之外。我们该怎么理解？

●雪漠：一言难尽。雪漠在用他的生命经历，诠释着你的问题。

◎问：灵官是一个读书人，最后以出走的方式跳出了生活的圈子，是不是说读书才是解脱？雪漠是不是一定程度的灵官？

●雪漠：雪漠不仅仅是灵官，更是他书中的所有人物，包括那些坏人。坏人都是我打死了的雪漠。

（二）《猎原》

1.
管好自己看好心

◎问：《大漠祭》和《猎原》里的灵官和黑羔子，都是那种渴望在外面闯出一番天地的人，因为他们都受过教育。可是，外面的世界，像很多城市，不也一样贪嗔痴俱足吗？城里人不是比乡里人少了很多单纯吗？您怎样看待这个问题？

●雪漠：是的。到了外面，不一定真的快乐。快乐取决于心的明白，跟身的所处关系不大。

◎问：最近在读您的《猎原》，觉得书中那些涸泽而渔的、贪婪的、愚昧的人们，在现实中是占大多数的，孟八爷那样的人只有极少数。现在，社会比以前更富足，但生活中的人类对财富的饥渴却甚过往日。什么样的药才能解除他们的苦痛？

●雪漠：先管好自己，再说别人。管好自己看好心，放下贪欲不杀生。若是大家都如此，便是人间好风景。命运的改变，只能靠自己心灵的明白和智慧。人只能自救。

2.
那些人物，都是雪漠自己

◎问：我在读您的“大漠三部曲”时，总感觉您不仅是在为西部人立传，更是在展现一种国民性。比如在《猎原》中，“填井事件”就生动深刻地刻画了一群趋利避害的小人物。从这些人物身上，我们可以看到自身。

●雪漠：是的。但同时，那些人物，也都是雪漠自己。我的生命里，包含了我作品中所有人物的全息。所以，希望大家不要神化雪漠。

◎问：我在看《老人与海》时，看到老人在跟大鱼搏斗了很长时间已经疲惫不堪时，仍然赞美大鱼健美的身姿，这种享受斗争的心态对我很有启发，这也是作家本人的一种哲学态度。您的《大漠祭》更多的是展现，里面看不到作家的喜好和思想，而《猎原》就多了一些议论和独白。这样一种风格又该怎样看待呢？

●雪漠：我更喜欢展现。有时，当你面对大自然，无论什么样的语言都表达不出心中的感受。这时，最好的办法就是让你自己看到那种美。当你亲自看到那很美的画面时，不同的人可以看到不同的内涵。当然，到了《猎原》

后半部时，我也有了一些议论。不过，这议论是人物心灵的独白，不是作者硬生生的议论。

（三）《白虎关》

1.
每个人生命中的那一“关”

◎问：请问《白虎关》中“关”字有何含义？小说中灵官说：“穷是世上最可怕的东西。”怎么理解呢？

●雪漠：“关”是命运的考验。穷最大的可怕，是使一些被别人认为穷的人享受不到尊严。

◎问：《白虎关》里兰兰和莹儿面对的“关”，是生活抉择上的关口，还是灵魂修炼的关卡？

●雪漠：二者都有。生活就是修炼，修炼是为了更好地生活。

◎问：您写了那么多作品，代表不同的超越，请问《白虎关》代表了什么样的超越？

●雪漠：《白虎关》象征我们每个人必须过的那一关。

◎问：老师，那一关是怎样的一关？

●雪漠：每个人有不同的关，欲望和心灵不同，那关就不同。

◎问：自从看您的书后，常常发现有黑白两个我在不停打架，不停纠缠，这个过程很痛苦。请问老师，如何才能战胜小我的贪执？您又是如何战胜自己，如何过关，实现超越的？能否说一下具体方法？

●雪漠：每个人都有不同的方法。我的方法是尽量忘了自己，多想想别人。

2.
如何面对旋风般的命运

◎问：您觉得《白虎关》里最悲惨和幸福的人物是谁呢？他们在现实生活中有原型，有其代表意义吗？

●雪漠：最悲惨和最幸福的皆是莹儿、兰兰和月儿。她们代表了真善美。

◎问：为什么说她们是最幸福和最悲惨的呢？

●雪漠：幸福是因为她们有希望和追求，悲惨是因为她们的希望总是被现实撞碎。

◎问：在《白虎关》里，有这样一句话："旋风一样，碰上啥，啥就卷进去了，树叶呀，纸片呀。人也一样。"请问旋风代表了什么呢？

●雪漠：命运。

◎问：人怎样面对犹如旋风一般的命运呢？

●雪漠：欲改变命运，先改变心。心变了命才变。所以，我才叫你读《了凡四训》。用心指导行为，用行为重塑灵魂。改变命运者，首先是改变了心呀！

◎问：怎么变心？

●雪漠：从眼前的利他小事做起。

◎问：被命运扼杀的我，怎么调整自己的心态呢？

●雪漠：放下一切时，心无须调的。

◎问：《白虎关》中渗透了宗教精神。小说中兰兰被流沙淹没时，莹儿用双手去救她，莹儿觉得她不是在救兰兰，而是在救自己。她自己不是也陷入了跟沙坑差不多的绝境吗？不也正在进行自救吗？

●雪漠：所有救别人者，皆是在救自己。许多时候，救别人也是救自己。自己的行为构成了自己的人生价值。

◎问：莹儿用血肉模糊的双手一点一点挖出兰兰，是不是也意味着在生活中要摒弃一些压住自己的观念或沉重的东西，才能救自己和别人？

●雪漠：能救自己的，永远只是自己。要学会取舍。贵人，就是能教会你取舍的人。

◎问：《白虎关》里写到："据说，一个人的命很难改变，除非他有了信仰。信仰的力量能改变命运。"一个人的命运、一个民族的命运、一个国家的命运、整个人类的命运又是怎样的呢？整个人类命运的改变是不是先从个人命运改变开始的？

●雪漠：民族和人类，皆是一个又一个人的聚集。我们每个人都改变自己，离恶向善，便是拯救民族，拯救人类。

◎问：您在《白虎关》里塑造了成功企业家双福的发迹史与败落史，这说明了什么呢？

●雪漠：心如瓶子，财富如水。瓶子不大，装不了多少东西，硬装的话，瓶子就破了。只有心宽如天，才能富大似海。

◎问：苦苦想发财的猛子，穷其心力地去致富，却屡遭命运的捶打，一根钱毛都没得到。其中有一场景就是捞到了“大牛”，最后还是“骑石驴”了。这又说明了什么道理呢？

●雪漠：心不变，是发不了财的。发点小财，也保不住。秦二世拥有百万大军，连江山都保不住，何况一个死心眼的人。你不见，哪有三世大富的小心人？

◎问：兰兰和莹儿也想赚钱，以为有了钱就不会再被人“卖”来“卖”去，但她们历尽沙漠的艰难之后，即使到了心中的天堂盐池，出卖苦力，也还是没有挣到钱，却走向了另一条修炼自心的路。这又说明了什么呢？

●雪漠：这问题本身，便是答案。

◎问：命运的悖论如何理解？莹儿在现实与理想的悖论前选择了自杀，兰兰似乎通过信仰超越了命运的悖论，但事实上她的生存仍是个潜在问题——书中对此似乎没有太多的交代——在信仰与现实中仍然有命运的悖论要超越。

●雪漠：单纯的生存其实用不了很多物质，让我们痛苦的，其实是我们的贪欲。陈亦新的母亲有句名言："只要依靠双手，拣垃圾也会吃饱肚子的。"在基本的生存满足之后，幸福与否取决于心灵明白与否。知足者常乐！

◎问：《白虎关》是一部寓言，如今整个时代都沉浸在淘金的狂热中，现代文明对古老乡村的文化不断侵蚀。在如此的挤压之下，很多人在价值观和人生观方面，都出现了诸多困惑。请问老师，《白虎关》告诉我们该怎么自我救赎呢？

●雪漠：真正的救赎无关乎物质。在基本的生存条件满足之后，救赎是信仰层面的事。没有信仰，没有自省，没有向往，就不可能实现救赎。

◎问：兰兰和莹儿刚入沙漠就遇到豺狗子的袭击，她们之所以最终能走出来，靠的是一种什么样的信念呢？豺狗子在小说中又象征了什么？

●雪漠：她们靠生命的盼头走出了困境。豺狗子是人生中必然遇到的别一种动力。

◎问：什么动力？

●雪漠：没有厄运，便没有大成功。生于忧患，死于安乐。耐得天磨，才是好汉！当我们不能改变命运时，就先改变自己的人生姿态，这也同时改变了命运。所以，老顺总说：老天能给，老子就能受！

◎问：那“命很好”的人，岂不是没得成功？

●雪漠：“命很好”的人，常常是指庸人。

◎问：就是说，有抱负，有“想做的事”，有“该做的事”，就必然会遇到无数困难，只有战胜这些困难，才能赢得成功？

●雪漠：有时，困难其实是另一种动力，你要享受它。享受厄运，享受命运的所有留难。当你静静地观察、品味并享受它们时，它们就成了你灵魂的营养。

◎问：对生命而言，苦难和福缘有什么不同吗？

●雪漠：对于智者来说，苦难就是福缘。

3.

死亡必然来临，你为何而活

◎问：在《白虎关》里，您关注了人类生命终极意义的东西，其中渗透了您独有的思考。这些思考对当今时代的意义在哪里？

●雪漠：我写作很少管意义。

◎问：您出版的系列小说中“死亡”是一大主题，而且您的小说基本都是以悲剧结尾的。请谈谈您理解的悲剧。

●雪漠：真正的悲剧就是不知道自己为什么活着。

◎问：书中的三位女性最后都找到答案了吗?

●雪漠：那三个女性只是各有解答而已。

◎问：活着要有盼头，如何活得有意义，这种追问一直贯穿全书，您想向现代人传递什么呢？对人生意义的追问吗？

●雪漠：每个人都要有自己活着的理由。你为什么活着？

◎问：但是，现实生活将人逼至绝境时，还未至生与死的抉择，多数人就妥协了。能最后站到生死抉择前的人非常少，能坦然面对生死的人更是极少数。比如司马迁，他好一些，把事业看得重于自己。《白虎关》这部书在生与死的层面拷问活着的理由，这活着的理由可否理解为生命的张力？

●雪漠：司马迁有他活着的理由。他活着的理由，就是生命的原动力，更是生命的意义和张力。

◎问：兰兰的信仰和生活没多大冲突，她为啥还要选择离婚？一个选择可能是对自己的救赎，但往往又是对别人的伤害。她可以不做选择地信仰吗？

●雪漠：这要看你的一生选择啥了。当你选择了动物性的生存之后，就可以放弃信仰。

◎问：人应该像莹儿那样，有一个盼头吗？

●雪漠：活在当下，心怀盼头。没有盼头，便是混混。

◎问：请问老师，您的盼头又是什么？

●雪漠：我的盼头是写出能照亮世界的作品。

◎问：有大德开示："不要追忆过去，不要希求未来。"这与"活在当下，心怀盼头"有无什么区别？

●雪漠：一样的。那大德，肯定有普度众生的盼头呀，否则算啥大德？

◎问：莹儿心中的所有盼头都是灵官，可灵官却选择了出走。莹儿就在这样一个盼头中死去，是不是很不应该？莹儿的出路在哪里？

●雪漠：莹儿的出路在于自己的真正强大。真正强大者的盼头在自己心中，不是心外的"灵官"。

◎问：假若莹儿还活着，她的未来将会怎样？

●雪漠：她找不到灵官时，就会来找雪漠。

◎问：看到网上有种说法：阿弥陀佛是一切佛的王。个人认为这个说法不是很妥当，是不是应该说出自己的看法，还是应该保持沉默？就如《白虎关》中的兰儿、莹儿同为女儿，而命运各异，叹莹儿为何不爱灵官的信仰。

●雪漠：保持沉默并祝福别人。我们要允许不同的人有不同的"王"。对某些女孩来说，她的爱人就是她的王，我们也同样随喜她。有个王总比没个王好。就怕她连自己也不信了。这世上，有点敬畏，就可能会有种向往。等到连上帝都死了时，世界也就没救了。

◎问：《白虎关》里的莹儿在沙漠那种严酷的环境下生存了下来，为啥却在父母所谓的爱里死了？可见，这“爱”也是绞杀人灵魂的利器。那么，莹儿怎么选择才有可能自救呢？真正的爱又是什么？

●雪漠：亲人愚蠢的爱，有时很可怕。他们会打着爱的旗号屠杀自己人。爱跟亲情无关。许多时候，一些貌似亲人的人，可能正是凶手——虽然那凶手有着爱的面孔。真正的爱应当是智慧的爱，不是愚痴的爱。它是多替别人想想的另一种说法。自救者首先应该在心灵上强大，不要试图依靠别人的力量。只有自己真正强大了，才可能实现自救。

4.
双眼观照世界，心灵感受灵魂

◎问：《白虎关》中的莹儿，《大漠祭》里的引弟——特别是引弟，父亲为了要儿子而剥夺了她的生命——死前的思想活动，都让我想起了佛舍身饲虎的故事。请问，您塑造这两个人物时，有什么深层次的思考吗？

●雪漠：写作时，我更多的是爱，是感性，很少有理性的深层思考。思考有时会损伤作品。我更多的是爱。

◎问：为什么《白虎关》那么的真挚呢？我总觉得，自己想的东西，正好就让书中的人物给说出来了。

●雪漠：因为我投入了生命。

◎问：感觉兰兰也是我，莹儿也是我，月儿也是我，就是那猛子、老顺、双福女人都是自己的影子。

●雪漠：是的。因为他们是人类中的典型。

◎问：《白虎关》里黑皮子老道说：神受供的，不是形，不是质，不是色，不是味，是那供物的“性”。应该怎样理解呢？

●雪漠：性者，精神也，它是形而上的东西。

◎问：《白虎关》里写到掘坟，说：“再说，不信你能掘了人家的坟。谁的坟，是谁自己掘的。别人掘不了。别人掘了的，只是别人的坟。不是吗？那掘坟的，最终，把自己心里的一种东西给掘了。不信干出这掘坟事儿的，能成个啥气候？”请问老师，“把自己心里的一种东西给掘了”，那种东西是什么？

●雪漠：仇恨会淹没良心和智慧。

◎问：您在《白虎关》里，写到部分人的心灵世界，同时重点刻画了兰兰、莹儿、月儿的灵魂世界。请问雪漠老师，从心灵到灵魂是怎么一个过程呢？古往今来的大作家，真正能进入人类灵魂世界的作品很少，很多作品刚到了心灵层面便戛然而止了。

●雪漠：心灵到灵魂是程度上的递进，更多了一种纵深感，需要一种生命的历练。

◎问：《白虎关》是悲剧还是喜剧呢？是绝望还是希望呢？是苦难还是超越呢？

●雪漠：一言难尽，亦喜亦悲，悲欣交集。

◎问：我在看时，时时笑出声，心却越来越难受、沉重。

●雪漠：人生就是这样呀。

◎问：一次，我和《白虎关》编辑吴金海老师聊天时，吴老师说，《白虎关》就如《红楼梦》一般，智者见智，仁者见仁，让读者自己评说吧。我久久在思考这句话，您怎么看呢？

●雪漠：我也是一样。那小说，一团混沌也。

◎问：有时候，好作品不一定要明明白白地告诉你答案，读罢之后那种无尽的思考，对心灵的不断叩问，也便是它的价值了。

●雪漠：是的，当我们面对大自然时，是很难说出啥的，我们只是被它感动了。我希望我的小说也这样。有时候，文学跟信仰一样，本身就是目的，不是手段。

◎问：《白虎关》里每一章节的题目都是两句“花儿”，请问您这样写作的含义在哪里呢？为什么前两部《大漠祭》和《猎原》不是这样?

●雪漠:因为我找不出其他的话了。“花儿”能说出我想说而说不出的话。苦难意识在民歌“花儿”中体现得最为淋漓尽致。无论其曲调,还是内容,都有种撕心裂肺般的痛楚。

◎问:看自己写的作品,您有什么感受呢?

●雪漠:我看自己的作品时,总是被书中的人物打动。因为我完成他们时,他们其实已活在另一个时空里了。

◎问:《白虎关》在比喻什么呢?

●雪漠:世界和人生。

◎问:世界和人生是怎样的关系?

●雪漠:一滴露珠可折射出世界。

◎问:《白虎关》承载了那种厚重如大地、壮美如雪山的西部精神吧?

●雪漠:是的。西部精神其实是一种朴素、淳朴、接近自然的精神。时下,“转基因食品”把我们都异化了。我觉得,只有在西部,或许还能找到一种让我们清凉的元素。

◎问:《白虎关》中,您写到了农民的生活。当工业时代冲击农耕时代,人们该如何面对?

●雪漠:我们尽量抢救一些即将消失的文化。因为,只有那文化,才能滋养我们的心灵。要是那些优秀文化也消失了,我们就只能吃转基因文化食品了。

◎问：您能大致谈谈整个创作过程吗？当初写作的冲动来于何处？《白虎关》您怎么总结呢？

●雪漠：写，改，再写，再改，直到满意。当初发现那世界正在消失，高贵和尊严也会随之消失，就想把它定格下来，想趁活着，做些自己该做的事。它是我最喜欢的小说。它一出版，我就松了口气，觉得自己该干些别的了。

（四）《西夏咒》

1.
一滴露珠能折射出世界

◎问：《西夏咒》里写到的金刚家看似一个小世界，却反映了整个人类的大世界，就如您以前总写的老顺一家一样，都是壶中现世界。请您谈谈金刚家意味着什么？金刚家与老顺一家的区别在哪？

●雪漠：老顺一家是西部农民，金刚家是整个人类。

◎问：为什么不用其他的家，而用金刚家呢？

●雪漠：每个人都可用不同的名相替换它，比如德国、苏联，比如协约国、同盟国等。

◎问：如果这么说，那么或许有些人也会在读您的作品时想歪了。那该怎么办呢?

●雪漠：心正不怕歪。心邪也没啥。

◎问：我觉得，《西夏咒》贯穿着大手印超越的见地，对吗?

●雪漠：是的。大手印是其灵魂。

◎问：只有领悟大手印的见地，才能领悟《西夏咒》吗?

●雪漠：《西夏咒》包含了大手印，但不仅仅是大手印。

◎问：《西夏咒》里的大手印文化跟其他善文化有什么本质上的区别呢?

●雪漠：有。《西夏咒》里的文化是雪漠说的，别处的善文化是别人说的。这就是区别。雪漠设定的意义只能照亮雪漠。别人的能否照亮他们，你得问问他们。

◎问：文学界都说宗教是禁区，一些有局限的编辑或者不懂的人，一见到有点宗教意味的东西，就立刻退避，但从《西夏咒》的热门看，这种文化形式大有被接纳的趋向。是吗?

●雪漠：《西夏咒》不是宗教，《西夏咒》是写人类灵魂的。

◎问：您在《西夏咒》后记中说："好的文学，不应该成为欲望的助缘；好的文学，应该为人类带来清凉，带来宽容祥和，带来宁静和平。任何阅读时能激发欲望、贪婪和仇恨的作品，充其量只是罪恶的帮凶。好的文学必须做到：这世上，有它比没它好，读它比不读好。”这一辨别标准，是否与您的大手印思想有关？

●雪漠：是的。只是我没啥名相。我的参照系很大，横的是世界，纵的是历史。

◎问：您在书中谈到了《西夏咒》的缘起。您说，在金刚亥母洞中发现了八本书稿，还写出了部分书稿的名字。这些名字等内容是文学的创作，还是真实的存在呢？

●雪漠：亦真亦假。世上本无真，何必问真假？万法皆水泡，无须太执著。世事本是一混沌，亦如大自然，本来就无头绪的，理也好，不理也好。

◎问：《西夏咒》看完了一遍，觉得自己比较明白，虽然头有点晕，特别是看到后面几章的时候。写法看似混乱，但道理是连贯的，它打破人的惯性思维，拓展我们的心量。其中的预言、寓言，真真假假自己悟！看了它，就知道如何在生活中修行了。但再看时，却不知道如何做更好了，难过。因为老师刻画了不同的人物。他们是各有不同的做法，还是您把这个问题交给了读者？

●雪漠：《西夏咒》是个世界，不同的人看到了不同的自己。每个人都有不同的问题，也会找到不同的答案。

◎问：我在大学时看过加西亚·马尔克斯的《百年孤独》。风格方面，它和《西夏咒》颇有些类似。请问，您是否觉得他在写作时，也多少处在和您类似的精神状态？

●雪漠：一千个作家，便会有一千种状态。

◎问：《西夏咒》是一本直指人性的书，对生死、爱情、善恶直言不讳。它是哲学还是文学？

●雪漠：《西夏咒》是镜子，不同的人看到不同的自己。圣人看到圣心，凡人看到凡意，菩萨看到功德，罪人看到犯罪。

2.
感受天籁，融入天籁，无需思辨

◎问：请问《西夏咒》有几条线？您想用《西夏咒》来表达怎样的一种精神？

●雪漠：《西夏咒》无线，只有灵魂在流淌。我只是想告诉读者：如何在污浊的世界里长出莲花来。

◎问：我发现，自己对《西夏咒》的很多理解来自媒体对您的采访。您觉得应该单纯地去看、去感受，还是先去了解小说的文化好呢？我们该怎么读懂这本书？

●雪漠：用心去体会、感悟，感受那种灵魂的热度，后了解文化。不要用分别心去思考什么意思。

◎问：灵魂的热度？这是一个很新的提法。灵魂有温度吗？

●雪漠：没有温度的灵魂还算灵魂吗？

◎问：怎么才能做到不用一颗分别的心去看待这本书呢？

●雪漠：一有分别心，便远离真理了。忘了自己，像一滴水汇入大海那样融入书中。

◎问：如果看了您对《西夏咒》的解读再去读小说，是否反而影响了最直观的感受和共鸣？

●雪漠：对的，一万个读者就有一万个《西夏咒》。看了解读之后，反而会削足适履。

◎问：我觉得作品读来甚是亲切、俏皮，有时还感觉有戏说的成分，可某些时候，弄不清是阿甲还是雪漠在说话。这样的写作方法叫什么呢？

●雪漠：这种写作方法叫“灵魂的流淌”。

◎问：如果用一种颜色来形容《西夏咒》，您觉得是什么颜色呢？

●雪漠：百味百色，一团混沌。

◎问：百味百色，一团混沌？是鸿蒙初开的那种状态吗？

●雪漠：非也非也，非始非终，无来无去，亦真亦幻。

◎问：您的书，有时像是在和读者玩耍，读者有时会搞不懂您在写什么。您怎么看待？

●雪漠：世上的一切本为幻化，何必认真？这一点，我在《世界是心的倒影》一书中谈了很多，你可以去看看。

◎问：为什么许多人看过《西夏咒》之后，会有一种生命体验，并且会发生变化？而且，许多人都没有尽头地读着，仿佛读就是目的。

●雪漠：因为写作时，我融入了自己的生命体验。当读者和我的心达到共振时，他就有可能被磁化。

◎问：《西夏咒》我看了大半，有个问题一直没有解决：琼的强盗爸爸总叫他学自己，说自己活得很潇洒，劫富济贫也算是做善事，还说琼的和尚舅舅整天修禅，生命都变成灰色的了，那种枯燥无聊的生活，哪比得上大口吃肉、大碗喝酒。我还没读到相应的解释，便想在这里问问您。请问，修禅的快乐，真的高于大块吃肉、大碗喝酒的乐趣吗？

●雪漠：修到乐时不知苦，吃肉喝酒咋能比？等你得到禅乐时，佛我一体乐死你。

◎问：我在读了您的《西夏咒》之后，感觉到您在书中有一种不吐不快的激荡之气，我的感觉对吗？如果对，那必须要说出来的是什么呢？

●雪漠：别说了。说出来的，都不是你想要说的。

3.

翻开一本书，打开一盏灯

◎问：老师您写这个的意图是什么啊？

●雪漠：我写这个的意图，就是想叫人问我为什么写这个。人只要一问，就开始远离愚痴。

◎问：看您的书，不懂的能看懵吗?

●雪漠：懂的也看懵了，何况不懂的。越懂的越懵。

◎问：作品中有的场景比较血腥，让人联想到现实中生存竞争的残酷，生成一种对和平安宁的向往。在生活中，您主张以德报怨、以直报怨还是隐忍?

●雪漠：我什么也没有选择，交给读者选择吧。

◎问：有个声音却说："没个放咒的，都睡成死猪，有啥好?"

●雪漠：我就是那个放咒的。

◎问：小说里有一句话是：有了鹦鹉，阿甲虽死了，话可死不了。话死不了，阿甲就没有死。这鹦鹉象征了什么呢?

●雪漠：我们都是智者的鹦鹉。

◎问：《西夏咒》给我的感觉好像是漫长的黑夜，等到太阳出来的时候瞬间变为光明，其实太阳一直在，只是内心的黑夜让光明没有了!

●雪漠：对的。不过，不是光明没有了，而是内心的黑夜掩蔽了光明。

4.

人性本复杂，忏悔为良药

◎问：在《西夏咒》中提到的那个特殊年代里，人类会集体丧失人性，丧失信仰，特别是雪羽儿妈“骑木驴”的那一章，就展示了人类的集体堕落、集体残杀，很形象地写出了杀人者、被杀者，还有成批成批的拉拉队。这在历史上是偶然事件，还是极为普通的现象呢？

●雪漠：随处可见。

◎问：随处可见，是不是只是形式不同罢了？有的显性，有的隐性一些，人类的心随时都在变？

●雪漠：不是在变，而是本来这样。

◎问：比如小说中的瘸拐大？《西夏咒》里，瘸拐大这个人物很耐人寻味，特别是金刚家和明王家为水源争斗时，为了栽赃明王家，金刚家让他背着母亲去河坝，把他母亲活活淹死。在这一过程中，瘸拐大的心理非常复杂。

●雪漠：人性很复杂，遇善则易善，遇恶则易恶，是为熏染。

◎问：熏染，感觉需要很长的一段时间。《西夏咒》里的张屠汉，一直都不忏悔，但最后还是遇到金刚亥母，刹那间就因为那点善念飞到净土了。

●雪漠：没有忏悔，便没有成长。忏悔是心灵的良药。

◎问：忏悔心和罪恶感有什么区别啊？

●雪漠：罪恶感是发现罪恶，忏悔心是远离罪恶。

◎问：阿甲惨死的原因是什么？村人为什么要那么残忍地让他死去？

●雪漠：因为他太有智慧，太明白了。所以，耶稣和苏格拉底们也必须死去。

◎问：那个时代，为什么人不能自主？延伸到现代也是一样吗？

●雪漠：心不自主，人便不能自主。永远如此。

◎问：是否正如《西夏咒》中描写的那样，人类集体堕落、丧失人性这种现象是一种集体无意识？为什么会出现这样一种现象？

●雪漠：集体无意识是源于无明或无知。当一个人“泡”到邪恶中时，就会像被腌的菜一样，被腌出一种邪恶的味道。集体无意识是集体对个体的“腌”，而每一个个体又构成了另一种能“大腌”的环境。

◎问：今天看到一则新闻，新闻中说道，一个大学生，因为舍友错吃了一口他的盒饭而跟其吵起架来，而且还一刀捅死了来劝架的另一位舍友。请问，这是不是恶的集体无意识所造成的呢？

●雪漠：这已经不是集体无意识了。这是明显的罪恶。集体无意识是大众不一定能认知或自省的一种罪恶。

◎问：《西夏咒》中写到阿甲和琼的对话：怙主由佛陀定，佛陀由心定，最终说来说去都是心。为啥一说到心，那些村人就要杀了阿甲呢？反观现在，一说到空性，很多人都惶惶的。这折射了什么心态呢？

●雪漠：说明这世上，大多时候，总是愚者占据了话语权。

◎问：《西夏咒》中写到："咋不算？"善人道："这世上，啥都是说出来的。本来没信心，说呀说呀，就有了……本来不该死的，说呀说呀，就该死了。"人心不正，所以有时候还是应该制止。对吗？

●雪漠：是的。人心是能被熏染的。久闻正语，其心必正。

◎问：《西夏咒》里"鸡毛传帖"一节中，为什么吴和尚与琼不抢村里的粮食，群众就会那么恨他们？是否他们也该随众，减少众人的怨恨，也减轻自己的磨难？

●雪漠：君子不随恶行时，小人便会认为君子可恶。但君子还是要有君子之行，不能因为世上多小人，君子便顺世也当小人。

5.

不求解脱者，不可能解脱

◎问：请问屠汉的飞升是解脱吗？这是不是一种"放下

屠刀立地成佛”的象征?

●雪漠：屠汉的飞升只是飞升而已，不求解脱的人是不可能解脱的。

◎问：屠汉只做了一件好事就解脱了，雷锋做了那么多好事也不知道解脱了没有。这样会不会很不公平?

●雪漠：公平是你的想法，屠汉和雷锋是不管这些的。他们的做就是目的。

◎问：如果做的时候还老惦记着解脱，就会成为障碍的吧?

●雪漠：先得惦记着解脱，这叫发愿，没有发愿不可能成功。

◎问：那屠汉的发愿体现在哪里?

●雪漠：屠汉没有发愿，是他的一点善念改变了他的生存状态而已。

6.

正视欲望，战胜欲望，才能升华

◎问：对书中的那些恶人，您如何体验他们的世界?

●雪漠：书中的每个恶人，也是我们每个人的欲望。他们其实是另一个我已经战胜了的“雪漠”。

◎问：这个战胜是怎样实现的?

●雪漠：我是先找到善知识，依其教言而修正行为。我的善知识包括好人和好书。

◎问：无论是发心帮助别人还是自修，人只是在其中磨炼自己、提升自己，对吗？就如张屠汉的飞升，也如书中密法的故事。

●雪漠：所谓磨炼和飞升，其实是战胜自己欲望的另外一种说法。

◎问：请问利他的范围与含义是什么？为家人也是利他，为大众也是利他。《西夏咒》的谝子做强盗，也说是为了别人。

●雪漠：是的。许多强盗也往往以利他的名义害人，但真正利他的参照系是整个人类，不仅仅是某一个个体或是群体。

◎问：为什么《西夏咒》一定要如此详尽地展示那些苦难？

●雪漠：展示苦难是为了消除苦难，正如治病首先要认准病情一样。

◎问：但是，很多八〇后、九〇后，还有一些不同地区的读者永远都不会经历那些苦难。那么，书里的苦难对他们有什么意义？

●雪漠：书中的苦难仅仅是一种象征。

◎问：对那象征，我们是否可以理解为，它是每个在红尘中历练灵魂的人，在战胜自身的贪嗔痴时，都必须经历的诸多过程？

●雪漠：是的。

◎问：在“梦魇”章节里，琼和女人纠缠之后，喊着犯戒了，这里应该怎么样理解呢？

●雪漠：犯戒就是犯戒了。

◎问：老师，我们能否借着前人的教诲，绕过这些自身的贪嗔痴，直接进入另一个境界？

●雪漠：贪嗔痴只能正视，进而战胜它，不可能绕过。

◎问：有没有上师的加持，或者什么咒子，可以让我们减少，或者避开这些自身的贪嗔痴？

●雪漠：不是避开，而是降伏。方法有很多，包括诵经、持咒、读好书、做善事等等，都可以。

◎问：请问怎样才算正视？如何正视？

●雪漠：正视就是首先发现自己心里的污垢和垃圾，然后才能清除它。

◎问：怎么理解“勇敢的屠汉找不到黑狼”？

●雪漠：因为他杀心太重。

◎问：读《西夏咒》中看到很多自己，如何才能变得像琼那样呢？贪的范畴很大，我们如何认识这个贪呢？

●雪漠：先从认识和发现自己的心开始。

◎问：在《西夏咒》里我看到一个关键词——饥饿，这似乎也是历史上一直的主题。饥饿是否是人类欲望的象征？

●雪漠：是的。饥饿就是欲望和贪婪产生的一种热恼。

◎问：我觉得，《西夏咒》是对人类贪嗔痴的全面剖析，这样理解对吗？那么，琼、雪羽儿、久爷爷是否象征打破？

●雪漠：不仅仅是这样。它是一个世界，包罗万象，久爷爷们仅仅是实现了超越的代表而已。

◎问：《西夏咒》的“咒”该怎么理解？

●雪漠：咒为魔咒，困住众生。

◎问：“最黑的咒语也叫慈悲”又该如何理解？

●雪漠：因为仁者无敌。

◎问：《西夏咒》里琼和雪羽儿的苦苦追求，是为了打破这个魔咒吗？这个“魔咒”是什么？生命的真相又是什么？

●雪漠：“魔咒”便是困扰我们的欲望之咒。生命的真相，各有其解。心不同，其真相也不同。

◎问：刚看《西夏咒》，认为它是中国的《百年孤独》；读完后发现，它写的是千年的罪恶，千年的孤独！

●雪漠：千年也是当下。每个人当下的罪恶，才会造就千年的罪恶。

◎问：您在《西夏咒》里说：真正的国是老百姓，真正爱国的文人却很少，甚至连李白、杜甫等大诗人，也没跳出自身的生存环境。几千年来，人类一直在传颂一种错误的观念。为什么至今无人真正明白呢?

●雪漠：因为人们认假为真，执幻为实。

◎问：如何扫除心中的魔咒?许多人不知、不识心中的魔咒，如何去扫?

●雪漠：先亮眼睛，再扫垃圾。

7.
超越是自省、自律、向往、放下

◎问：琼的走其实是每个人心里寻找灵魂的过程吧?琼走了千年，其实是他的心在走。

●雪漠：是的。

◎问：在《西夏咒》里，琼是依靠什么力量，才能持续克服环境的污染呢?

●雪漠：自省，自律，向往。

◎问：请问老师，是什么原因让琼和雪羽儿能成就呢?

●雪漠：还是自省、自律、向往、自强不息。

◎问：书中《汤锅中的雪羽儿妈》这一节有什么意义?我们在生活中遇到麻烦时如何对待?

●雪漠：遇到麻烦时，就想想汤锅里的雪羽儿妈。其实，只要你不学会放下，便会一直在汤锅里。难道不是吗?

◎问：《西夏咒》里的王善人是虔诚的修行人，但他却赞成处死动摇其信心的阿甲，这是为什么呢？我们如何衡量自己是否进步了呢？

●雪漠：因为，阿甲是他的逆行菩萨。当你宽容和感激跟你作对的逆行菩萨时，你就进步了。

◎问：为什么雪羽儿在折断腿后突然升华了精神，从普通飞贼的境界进入澄明境中？这是一个怎样的过程？

●雪漠：大痛之后，必有大安。明白了吗？

◎问：是否每个人都需经历大痛才能得到大安？

●雪漠：你没有大痛，便没有大安。

◎问：明白之后还要经历磨难，这种磨难和明白之前有什么区别？

●雪漠：明白之前的磨难，是冲破黎明前的黑暗；明白之后的磨难，是命运在检验你是不是真的明白了。

8.

心变则命变，万法由心生

◎问：请解释一下雪羽儿突然流出的泪好吗？

●雪漠：那是她悲心大发。悲心大发，是因为她真正成了女人。

◎问：雪羽儿孝顺妈是牵挂也是心，有何区别？

●雪漠：天空虽有云彩，云彩不仅仅是天空。

◎问："你用一个牵挂代替了所有的牵挂，就像释迦牟尼用'普度众生'的牵挂代替了所有的牵挂一样。"佛的普度众生也是牵挂吗？

●雪漠：牵挂自己是牵挂，牵挂众生是大慈大悲。

◎问：琼和雪羽儿占了蝙蝠的家，打死、打伤它们。"琼想，二十年后，他和雪羽儿定然会有一群冤家……这一想，他仿佛明白了世人争斗的缘由。"因果通三世，这一生我们遇到的善缘和恶缘可能是在还债，但也可能是在结怨，如何才能做得更好？

●雪漠：是的，不该打死它们。但那时琼们还是凡夫，并不是圣者。他们还不知道珍惜生命。

◎问：琼见到久爷爷时，久爷爷为何现女身？

●雪漠：男也罢，女也罢，本质是一样的。

◎问：在《西夏咒》的第十八章《雪羽儿的叮嘱》中写道："你放心踩了粪便，那粪便虽臭，却是世上最干净的东西。你屏了息，要是你不屏息的话，你的好多业障就会在这时消除。你啥都别怕，你放心前行。"怎么理解这几句话？

●雪漠：这世上，真正臭的，其实是我们的分别心。

◎问：鬼神是另一个空间的生命，是吗？

●雪漠：鬼神即心，心即鬼神。

◎问：您在《西夏咒》中说，将猪的心换成菩萨的心，就成菩萨了，能不能理解为修行的过程就是换心的过程，将我们的心换成菩萨的心，我们就成菩萨了？

●雪漠：是的。你有什么样的心，便成什么样的人。

◎问：在小说里，我看到两种极端的人群：一群向上，如琼、雪羽儿等；一群向下，如谝子、瘸拐大等。由始至终，向下的人都没有转向上，向上的人也没因向下的人而改变方向，请问老师，这是命定还是什么原因呢？

●雪漠：命便是心，心便是命，心不变命不变，心一变命就变了。

◎问：您在雪漠心学大系和《西夏咒》里都写到六道轮回，千年来佛教也常说六道轮回，很多人就执著在这个里面，总也跳不出来。佛说，一切唯心造，但《西夏咒》里阿甲又说不要点破。那该怎么理解呢？

●雪漠："一切唯心造"是真理，但对于一些喜欢执幻为实者来说，他要是听到"一切唯心造"，信根就有可能被毁掉。比如，一位修净土的老太太本以为极乐世界实有，信心极大，决定往生，却突然听说极乐世界也是心造的，她就可能丧失信心，很难往生了。

◎问：小说中的阿甲总是在找怙主，即使真到了怙主那里，却也没有真正看上一眼怙主，又是为什么呢？那怙主真正的寓意又在哪里呢？

●雪漠：怙主是多解的。每个人都可以根据不同的心去理解。

◎问：在《西夏咒》中，老师多次详细描写吃人的眼珠、脑花、骨髓。这是在破除人们吃肉的执著，还是展示人的兽性，或者有别的意义？

●雪漠：小说内容多为象征，但又不仅仅是象征。意义很多，随心而解。

◎问：如何看待世间人的不同？比如此人善解人意，那人四六不懂？

●雪漠：别管那“不同”的世间人，只管好自己的心便是了。你眼中的雪漠善解人意，有人还认为他四六不懂呢！你觉得谁正确？

（五）《西夏的苍狼》

1.
它从哪里来，又往何处去

◎问：有些书是源自作者对自己灵魂的拷问而创作的，《西夏的苍狼》是这样一部作品吗？

●雪漠：是的。《西夏的苍狼》是我对爱的一种发言，也是对自己的一种追问。

◎问：在《西夏的苍狼》中可以看出您对这个世界的另

一种解读和感悟，它实现了您的哪一种文学追求呢？

●雪漠：我眼中的文学，仅仅是在说出我心中的话而已。

◎问：什么话呢？

●雪漠：一言难尽，但不离“寻觅”二字。

◎问：不同的书传递不同的思想给读者和喜爱他的人，那您的书主要传递的是什么？

●雪漠：我想传递我心中的明白。

◎问：您心中的明白又是什么呢？

●雪漠：明白世上的一切马上都会过去，不值得我们太在乎。

◎问：那我们应该怎样不太在乎，却又能积极地生活？标准是什么？

●雪漠：要积极地生活，热爱生活，积极工作，别太在乎结果。

◎问：时下许多书一看便知下文，没多少文化内涵和可读性，可是为什么您的书内容简单却耐人寻味？这耐人寻味的是什么？

●雪漠：我的作品中最耐人寻味的，是我独有的生命感悟。那是放下、打碎、实现超越后的一种智慧显现。

◎问：我觉得这部作品的调子很沉重、孤独，您以后会尝试轻松一些的风格吗？

●雪漠：《西夏的苍狼》是我最轻松的一部作品。我以后也许会尽量试着轻松一下。不过，骆驼即使发出笑声，在别人听来，仍会是沉重的叹息。没办法。这是物种的原因。

◎问：这本书有什么经典之处吗？

●雪漠：《西夏的苍狼》的经典之处，便是描绘了一颗颗寻觅的心。

◎问：您认为《西夏咒》和《西夏的苍狼》最大的区别在什么地方？

●雪漠：《西夏咒》以打碎为主，《西夏的苍狼》则侧重于寻觅。

◎问：您说《西夏咒》是打碎，《西夏的苍狼》是寻觅，那么是打碎之后寻觅，还是寻觅之后打碎？

●雪漠：寻觅和打碎本是一体。没有打碎便不会寻觅，没有寻觅，也实现不了打碎。

◎问：《西夏的苍狼》是不是也偏向于感性化和理想化？为何用“西夏的苍狼”命名这本书？

●雪漠：是的。《西夏的苍狼》也是一首心灵的诗。西夏有历史的厚度，苍狼则象征一种精神。

◎问：在《西夏咒》的后记中您写到打碎与超越，在《西夏的苍狼》的后记中，您谈到的是超越和永恒。请您谈谈，我们该怎么理解打碎、超越、永恒之间的联系和区别？

●雪漠：打碎是实现永恒的前提，永恒是打碎的终极追求。

◎问：我看了《西夏的苍狼》，觉得您在透过书寻找好种子，对吗？您对正在发芽的种子，或者隐藏中的种子有什么期望？种子怎样才能成长起来呢？

●雪漠：是的，我在寻找好种子。我期望每一粒好种子都能得到好的空气、好的阳光、好的土壤、好的水分，都能长成参天大树，给世界带来一片清凉。好种子只要远离恶缘，亲近善知识，发大心，发大愿，就能成长，就能用好的行为创造自己的命运。命运是行为的轨迹。

◎问：《西夏咒》和《西夏的苍狼》中一再提到无比殊胜的光明大手印。书中亦写到大行这个人物，他走了很多的弯路，甚至走上了错路，因为没有一个为其指路的人。我深深觉得自己以及周边太多的人或许也是这样，看不到亮光，不知道方向，没有一点快乐的色彩。书中写到："一天，大行将自己的痛苦告诉了油把佬。油把佬说，你不用怕，等挖出了光明大手印伏藏，你就可以照着修习，你只要证得一点净光，就能消除宿世的所有罪孽。"可见，光明大手印是如此的殊胜！老师能否用一句话诠释光明大手印的殊胜和伟大，以便读者理解和领会？

●雪漠：光明大手印能让你发现自己的宝藏，你会从贫穷的乞丐，一跃而成为富有的国王。

2.

用信仰的心灵理解“爱”

◎问：在《西夏的苍狼》里，我看到常昊，就看到了自己对爱的错误定位。我理解中的爱，曾经是控制和占有。在现实生活中，如何超越自己狭隘的心灵？

●雪漠：要明白，你是留不住一切的，无论你如何控制和占有，你都锁不住时光，砍不断无常。当你不能改变结果时，就改变自己的态度。要有尊严地面对一切，像个真正的人那样活着。

◎问：我很羡慕《西夏的苍狼》里紫晓和黑歌手那种暴风骤雨般的爱情，这种激情的碰撞定然是美妙快乐无比的。但目前为止，我还没体会过，没有遇见我的黑歌手，也很向往。老师，我如何才能找到属于我的黑歌手呢？

●雪漠：你等他便是了。找是找不到的。

◎问：人是凡夫，离不开“情”字，一旦陷入情里，如何走出来？书中说放下、随缘，怎样才能放下、随缘？

●雪漠：把小爱转化为大爱。

◎问：如何让爱升华为信仰？又如何让信仰转化为大爱？

●雪漠：先找善知识，依其所教，安住己心，并体现在日常行为上。

◎问：黑歌手和白轻衣相遇时，靠什么力量放下爱情，

投身信仰？

●雪漠：黑歌手怕自己会陷入女难。

◎问：女难有什么特殊所指吗？在追求信仰的人眼中，美好的爱情也会是一场灾难吗？为信仰牺牲爱情与为其他——比如说成功——牺牲爱情，有什么本质上的区别呢？

●雪漠：爱情要是不能升华为信仰，便会成为女难。信仰不是独占，而是奉献。要是那爱情带给自己的不是明白和快乐，而是磨难和痛苦，它不是“难”又是什么？

◎问：假如紫晓对黑歌手的爱变成一种世俗女子对理想男性的向往，还会有超越的可能性吗？

●雪漠：任何时候，爱都可能会实现超越。只要破除执著，实现放下，超越就有了可能。

◎问：紫晓和黑歌手的爱情是戒律允许的吗？严格持戒的状态下，世间的很多事似乎都不能做了，那怎么在世间生存呢？

●雪漠：所有的戒律，戒的都不是真正的爱，是欲望，是热恼，是堕落的可能。真正的爱是大慈悲，它能像火炬一样照亮世界。

◎问：您怎么理解牛郎织女故事中织女的追求呢？天女为了爱情甘愿到人间做个凡人，黑歌手为了出世间的信仰甘愿放下爱情，这是两性的差异，还是人们所说的“生活总是在别处”？

●雪漠：是的。许多时候，我们追求的，总是彼岸的事。

◎问：白轻衣的故事写了爱情与欲望的超越。紫晓与白轻衣是一幅织锦的两面，只不过一个是载体，一个是超越过程的灵魂——抑或白空行母的“接引”，只有纯净的灵魂才能见到她。试想，有哪位母亲能那样赤裸无我？只有自己是纯净的婴儿，没有男女的概念，才配读懂她。对吗？

●雪漠：不同的人有不同的理解，不同的心有不同的白轻衣。

◎问：《西夏的苍狼》中写到了紫晓父亲对她的严酷家教和常昊对紫晓爱的追杀，两者都是以爱的名义进行的，最终都以失望告终，其寓意在哪？

●雪漠：爱是精神，不是追杀。追杀者，其对象大多是敌人。世上哪有会爱你一生的敌人？

3.

正确的选择，意味着超越的可能

◎问：《西夏的苍狼》里紫晓从一个尘世的女子上升到信仰之间，好像有一个很大的空白，这里面是否隐藏着您下一部书的内容呢？

●雪漠：那一出戏的空白部分，由读者自己来补吧。

◎问：《西夏的苍狼》中的紫晓与黑歌手相遇，从而激活了“女儿心”。被激活了的紫晓，觉醒了的紫晓，从过去的生活中走出来的紫晓，是否才真正地步入了实现终极超越的光明大道？

●雪漠：选对了方向，并不意味着到达了目的地。紫晓还有很长的路要走。至少她已经告别了过去，告别了过去可能会出现的堕落、可能会发生的罪恶。她已经远离了过去的自己，有了一个美好的开端，有了一个能够实现升华和超越的契机。

◎问：这里的“激活”可否理解为“相应”？与黑歌手相遇后，因相应而产生共振，从而激活了她的女儿心？再就是，这里的“女儿心”似乎有更深的寓意，该如何正确理解？

●雪漠：激活可以理解为相应。女儿心仅仅是一种象征，不同的人有不同的理解。

◎问：紫晓的超越在于她的正确选择，而究竟的成就则在于实现身心自在，成就三身五智。那接下来，紫晓欲得究竟成就，是身心出离明白后再红尘历练，还是世间法上成就，而不能成为真正的火炬？这中间好像有一次超越？

●雪漠：有了选择，有了方向，有了行为，一直走下去，紫晓肯定会走到她的目的地的。

◎问：《西夏的苍狼》里写了很多关于女人的故事，想请教一下，您对当代女人有怎样的看法？对迷途的女人有什么建议？

●雪漠：女人如花，各色各样，一言难尽。知道自己迷途的女人，其实已经开始觉醒了。既然知道迷了，就想方设法醒来，去做不迷的事，就对了。

◎问：大杂院是个象征。不同的人在这里有了不同的选择，不同的选择又构成不同的命运轨迹。现实中同样上演着这样的故事。紫晓的这一选择，不仅对她个人来说很重要，对女性、对人类，更蕴含了深层的东西。对于整个社会的发展而言，这又有怎样的意义呢？

●雪漠：社会是一个大杂院，有着无穷的可能性，每个人的选择导致了不同的命运。我们不能左右社会，却可以决定自己的选择。所以，每个人的命运，从本质上看，都源于他自己的选择。我们不要埋怨社会，要明白，无论祸福，无论得失，无论成败，都跟自己的选择密切相关。因此，我们要把握上帝赋予我们的选择权，真正地用好它。

◎问：从您的作品里，我感受到了新新人类的意识层面，您相信这个即将到来的人类意识转化吗？

●雪漠：当我们告别过去时，都可能成为新新人类。

4.
如何对待生活中的恶缘

◎问：紫晓遇见黑歌手获得新生之后，为何不以她被激活的慈悲、宽容与大爱去救度常昊，拥抱现实生活，而是选择离婚所代表的彻底拒绝？

●雪漠：真正的恶是很难被转化的，尤其当这种恶缘拒绝了忏悔和自省的时候。许多时候，想转化恶的人，最终得到的可能是被诋毁、被欺骗、被伤害。所以，当我们不能转变恶时，就远离恶缘。佛教称之为“远离恶友，亲近善知识”。释迦牟尼便用“默摈置之”来对付恶性比丘，即不要理睬，远离他们。紫晓也是这样做的。

◎问：但是，如何区分真正的恶和被迷众生？从描写看，书中的常昊更像是迷失本性，不懂得爱和珍惜的男人，一如现实生活中的很多普通男人，似乎很难看出他代表了真正的恶。

●雪漠：真正的恶是不知忏悔和自省。常昊确实是生活中常见的男人，有些人可以选择和他厮混一生，苟且一世，虚度和空耗一辈子，但紫晓不愿意。我们尊重紫晓的选择，也祝福所有貌似幸福的苟活者。人生目的不同，选择就不同，价值也不同。价值评判体系不一样，人生价值的追求就不一样。我尊重常昊，也尊重紫晓。

◎问：佛教说要“远离恶友，亲近善知识”，那会不会导致好者更好，恶者更恶？这些恶者，就不用救度了吗？

●雪漠：清者自清，浊者自浊。有缘则救，无缘则舍。一不攀缘，二要惜缘，三要随缘。

5.
黑歌手是符号，也是信仰的载体

◎问：在《西夏的苍狼》中，黑歌手在寻觅什么？黑歌手象征什么？

●雪漠：黑歌手寻觅他活着的理由，他象征着每个人超越后的自己。

◎问：《我与你》这本书中说：上帝莅临人间，其目的非是要人向往他，渴慕他，而是为了让人确信世界具有意义。您在《西夏的苍狼》中写的紫晓对黑歌手的爱，超越普通男女之爱，是灵魂的对话、心灵的交融。是否可以如是理解：黑歌手莅临人间，其目的非是要人向往他，渴慕他，而是为了让人确信世界具有意义？

●雪漠：这样理解也可以。但黑歌手只是告诉人们他的活法，每个人都可以有自己的活法。

◎问：您说许多事情都是因缘使然，怎样才能具有或者得到像黑歌手那样超越命运的因缘？

●雪漠：先要有一种愿心，进而有一种行为。时时对治自己的习气，久久成习，便能实现超越。

◎问：我很喜欢黑歌手那样无畏的男人，请问您创作这个角色时，对他有什么期望呢？

●雪漠：黑歌手只是一种符号，也是一种向往，更是一种信仰的载体。

◎问：《西夏的苍狼》的主角为什么是黑歌手，不是黑将军呢？

●雪漠：因为这个时代不再需要将军了，人类需要的是歌手。我们要铸剑为犁，用歌声代替大炮和原子弹。人类的终极目标，是消灭所有的军队、武器和将军。那时，人类就不会再有战争了。

◎问：黑歌手、黑将军、黑喇嘛、黑寡子等人为何以“黑”命名，不用别的颜色？

●雪漠：在密乘里，黑色是诛法的颜色。那诛法，诛的是人的贪欲和执著。

◎问：在《西夏的苍狼》里，您写到历史上有名的黑水国的故事，您从西夏时的黑将军、黑喇嘛，一直写到今天的黑歌手。从书中可以得知，人类历史在发展过程中，自始至终存在着战争和暴力，存在着善与恶的争斗。那么，在今天这个相对和平的年代里，黑歌手又具有怎样的现实意义呢？

●雪漠：意义是由人类设计的。不同的心灵，会发现不同的黑歌手。

6.

灵魂的叩问很重要，但行动更重要

◎问：柏拉图的《斐多》中，苏格拉底将修养自己的灵魂作为人一生最重要的事。读书，读好书，是否堪称灵魂修养的必修课？您的所有作品，几乎都有"灵魂"的维度。《西夏的苍狼》中《白轻衣》一章刻画了一个女子寻觅爱的灵魂。您是否如西方哲圣苏格拉底一样，相信灵魂存在、灵魂不朽？

●雪漠：是的。我相信灵魂不朽。只是对这灵魂，我有自己的解读。

◎问：白轻衣的故事也是在讲述宿命、灵魂和超越。生活中遇到让你无由牵挂的人也是缘。是否只有战胜自己，才能摆脱命运？要认识并超越现在"无灵魂"的集体无意识，只有找到自己，对吗？

●雪漠：对的。

◎问：近来领导、朋友都好心地告诉我：要为自己着想，不要为别人。换句话说，不需要人清醒！真有些像《西夏的苍狼》里的白轻衣——大家都说没有灵魂，就快麻木了。那么，自己该如何修？

●雪漠：过去的狗喜欢吃屎，所以，它总会劝另一只狗去抢占一个粪坑，这是可以理解的。但有抽水马桶的人，就不必效法那些狗了。人该有更高的追求。

◎问：在您所著小说中，是否可以找到您亲人的原型？比如他们让您世界观发生了怎样的改变？能否诠释幻灭和活着的意义所在？

●雪漠：是的。亲人给了我更直观的生命体验，让我的世界观发生了很大的变化。但现在，我已不考虑幻灭，也不考虑活着的意义了，因为我有很多事要做。重要的是做事，而不是考虑。我的考虑在年轻时已经完成了，要是我再考虑，后半辈子就虚度了。考虑是三十岁前的事情，三十岁前如果没有考虑，他可能就是个混混。要是他四五十岁仍在考虑的话，就是个大混混。

7.

天国未必降临，但心中必须有天国

◎问：《西夏的苍狼》里有“人间佛教”之说，请您谈谈人间佛教和书中说到的娑萨朗净土，与现实生活的联系。

●雪漠：心清净，则无处不是娑萨朗。要学会接受一切，学会面对一切，学会放下一切。

◎问：是否可以理解为“自净其意”？

●雪漠：接受就是接受一切，包括你高兴的，也包括你不高兴的；面对就是不要欺骗自己，学会清醒地取舍；放下就是不要让它们困住自己的心。能做到这一点，就是在自净其意了。

◎问：《西夏的苍狼》里写到：“只要方便和智慧两种瑜伽和合为一时，那娑萨朗便不再是远离人间的幻境。那时，人间无处不是娑萨朗。”方便和智慧又该怎么理解呢？

●雪漠：看我的《初心》。

◎问：《西夏的苍狼》开始时说：“有个瑜伽行者向往了千年的净土，史书上叫娑萨朗。”书中，人物黑歌手说：“我发现的娑萨朗是另一个凉州。那儿也有瞎贤，也有小曲，也有文舟，也有一个叫梦萦的女子。那儿的一切，都跟镜子折射图像一样，也有一个唱《娑萨朗》的人，人称黑歌手。”

●雪漠：是的。心灵世界，往往是现实的投影。

◎问：黑歌手又说：“我又告诉他们，每个人有不同的娑萨朗。那里的一切，都没有高过他自己的心。”老师，瑜伽行者向往的净土是否人类至善至纯的心灵境界？

●雪漠：是也不是。那净土，既是心灵的向往，也可能是真实的存在。

◎问：是不是向外寻找娑萨朗的人，最终会失望？

●雪漠：是的。真正的净土存在于明白后的心里，心外找到的东西，终将归于无常。

◎问：娑萨朗净土是要寻找，还是要创造？抑或本来就存在于我们身边，但我们没发现？

●雪漠：净土需要创造，创造的方法便是寻觅。没有寻觅，便不会有净土。

◎问：书中写到了娑萨朗和凉州这两个世界。娑萨朗世界的人在寻找凉州，凉州人也在寻找老祖宗传说中的娑萨朗。请问娑萨朗与凉州各象征了什么？怎么理解织锦的两面呢？

●雪漠：这幅织锦指的是世界和真理的真相。心灵和现实，本质其实是一样的。什么样的现实，铸就什么样的心灵。象征永远只是象征。一切离不开心，一切皆是心的显现。

◎问：黑歌手已经找到娑萨朗，为什么还要寻找紫晓再造一个娑萨朗？这个再造的娑萨朗与他找到的娑萨朗，有什么区别？

●雪漠：黑歌手找到的娑萨朗只是黑歌手的娑萨朗，再造的娑萨朗是我们大家的娑萨朗，是社会的娑萨朗，也可能是人类的娑萨朗。

◎问：黑歌手当初唱歌时，那娑萨朗不也是一些人心中的梦想？这和再造的娑萨朗又有什么区别？

●雪漠：前者是心中的向往，后者是客观的存在；前者是建筑师描绘的蓝图，后者是真正的大厦。

◎问：娑萨朗是一个人的，还是全部人的？如果是一个人的，就不算是一个世界；如果是全部人的，那又岂能完美？

●雪漠：每个人有每个人的娑萨朗，每个人有每个人的世界。完美的标准同样不同。只要自己的娑萨朗完美就行了，不要管是不是全部人的。当每个人的娑萨朗都完美时，世界也就完美了。

◎问：老师，您的娑萨朗是怎样的呢？

●雪漠：我早已没娑萨朗了，却发现无处不是娑萨朗。

8.

寻觅永恒，走近向往

◎问：怎么去理解奶格玛寻找的永恒？

●雪漠：那永恒，其实是一个真理：这世上，没有永恒！

◎问：这个故事是不是体现了一种对永恒的探究和追逐？

●雪漠：是的。也体现了一种向往。

◎问：奶格玛在对永恒的追问中，遇到过一个老夫子，老夫子认为立言是一种永恒，但一只老鼠当下就把他的永恒给打破了。那么，如果立言也并非永恒，立言的人到底在追求什么呢？是不是一种依托在“言”上的精神传递，一种智慧之火的传递呢？

●雪漠：言的传递，同样是相对的。智慧之火的传递，有多种方式。言是最为有效、相对久远的方式，但世间法中没有永恒。言也终究会消失的。

◎问：奶格玛一直寻找着光明大手印和永恒。但在此过程中，她发现爱情啊、事业啊、成功啊等一切都不是她要寻找的东西。于是发现世上没有永恒。最后她见到金刚持时，金刚持却说：“当你知道没有永恒时，已经接近永恒。”您怎样理解永恒呢？

●雪漠：破执之后，才能看到永恒之法相。能够永恒的，只是一颗能安住当下的平常心。此外无他。

9.

现实的真实与心灵的真实

◎问：《西夏的苍狼》里面写到奶格玛来自奶格星球的故事，是有历史考据还是一种象征？

●雪漠：它不仅仅是一种象征，更远远超越了历史考据，它实现了精神层面上的真实。

◎问：我在网上查找了黑喇嘛及城堡山，学者的考证和您写的大不一样，您能否尽早公开黑喇嘛的历史?

●雪漠：我公开的，是我心灵中的历史。它也许比真实的历史更真实。

◎问：书中许多地方现在已被人遗忘，可是广州有位读者朋友却在史料中找到了相关记载，如东莞的观音山、西部的黑水国等等，请问这是以前的收藏还是后期的巧合?

●雪漠：观音山和黑水国既是现实的真实，也是心灵的真实。

◎问：书中写到，李元昊求得大手印瑜伽，却没闭关修行，结果没能改变宿命中的死亡。请问那段故事是真正的历史吗?

●雪漠：李元昊是真正的历史人物，但书中的李元昊其实也是我们懒散的自己。

10.

智慧大海里的朵朵浪花

◎问：您心中的苍狼图腾是怎样的?

●雪漠：我心中的苍狼图腾是：博大、包容、苍劲、自由。

◎问：听着有点太神化了，有这样的存在吗?

●雪漠：是的。我也觉得神化呢。但这神化，却正是向往的一种。

◎问：书中黑歌手跟女子的互相寻找是一个追寻自由的意象，还是一种梦幻的终结?

●雪漠：它既是自由的意象，又是梦幻的开始，不是终结。

◎问：原来有些读不懂“携着冯梦龙，演尽一个个青楼——一口口血，吐自焦裂的心”，直到读了“遗憾的是，它竟然成了你们的玩物”“我宁愿杀死它，也不想叫你们驱使”，我才有一点读懂了您。试想，喷嚏打了千年，应是主人的灵魂从来就没有自主过。那高贵的佛性怎能沦为命运的玩物，被役使，受尽玷污和嘲弄?我欲哭无泪！其实，那苍狼代表着佛性，我们的责任便是唤醒与救度！这样理解可以吗?

●雪漠：你可以这样理解。真正的佛性是大爱。

◎问：《西夏的苍狼》里紫晓是在寻觅苍狼的过程中实现升华和超越的，黑歌手则是在寻觅紫晓的过程中实现升华和超越的，我们是否可以将这种寻觅的过程，理解为大手印的“手”呢?就是说，寻觅的过程，也是心灵修炼的过程，是一种动中修。

●雪漠：可以这样理解。真正的修炼是好的、对人有益的行为。

◎问：“在一场不期而遇的意外里，我定格成现在的模样。”如何理解那一场不期而遇的意外?

●雪漠：在我们的生命中，随时都有不期而遇的意外，明白了这一点就明白了无常。

◎问：书里写道：“越往下翻译，灵非和紫晓越是觉得吃惊，他们发现，这本书里的故事有着浓浓的寓言色彩，而寓言总是有种穿越时空的东西。紫晓甚至从奶格玛身上找到了自己。”书中的紫晓是否现实生活中的我或她?

●雪漠：有人说，灵非是世间法的雪漠，黑歌手是出世间法的雪漠。其实紫晓也是我。书中的所有人，都没离开雪漠的自性，他们同样是我们大家。

◎问：书中有个人物叫文舟，他向黑歌手的信仰——人间净土发出了疑问。这个人物其实很有代表性，您如何看待现实中他这样的发问?

●雪漠：文舟是追求实用的当代人，他的发问，是对诗人的一种拷问。

◎问：感觉作品好像是把精神从肉体中剥离了出来，可以这样理解吗?

●雪漠：你也许可以这样理解。但许多时候，精神的痛苦源于肉体的痛苦。身体病了，心必然病。心病了，也会让身体生病。二者有时是相通的。

◎问：雪羽儿、黑将军的灾难，好像都发生在一个带有月晕的夜晚，请问这样的夜晚有什么暗示吗?

●雪漠：月晕象征欲望掩蔽了真心，热恼遮挡了智慧。

◎问：《西夏的苍狼》里写到了苍狼的基因，也谈到城市人常昊的基因。请您谈谈食品基因与人类心灵基因，或者说更深层方面基因的关系。

●雪漠：食品的转基因会改变人类的肉体健康，进而影响到心灵的基因。你想，连虫子和老鼠吃了转基因食品都会死亡，甚至绝种，它难道不会影响我们的身心吗？

◎问："铁鸟腾空时，苍狼绝种日。方便智慧合，星光遍大宇。"请问您如何理解这首诗？

●雪漠：对那首诗，每个人有不同的理解。我的理解，只能藏在我的心里。

11.

文化意义上的西夏

◎问：您的书中多记载西夏，那片区域到底有多大？

●雪漠：真正的西夏区域不大。但我心中的西夏却无比广阔，内容也更加丰富多彩。你会在我日后的作品中看到它的丰富和博大。

◎问：《西夏咒》与《西夏的苍狼》，皆与西夏有关联。为什么您这么关注西夏这一王朝？据您的研究，消失的西夏文明给华夏文明带来了哪些营养？这些营养至今仍流淌在西部大地上吗?

●雪漠：西夏是被岁月湮埋的一个秘境，有着无穷的可能性。文化基因会为一块土地，甚至人类，打上永久的烙印。所谓芥子能纳须弥山，西夏文化亦然。西夏文化带给我们的营养有很多，一言难尽。直到今天，凉州等地的厚重文化，都跟西夏文化有关。

◎问：听说您的家乡曾是西夏的重镇，这是不是您写作的缘由之一呢？为什么您的作品总是与西部有关呢?

●雪漠：是的。我对那段历史很感兴趣。鱼写的作品，总是会带着大海的气息。

◎问：这个故事是不是体现了您的一种西夏文化情结?

●雪漠：是的。我爱西夏的那种神秘。西夏是一种被屠刀斩断的神秘。

◎问：正因为有了蒙古人的屠杀，西夏文化才如此神秘。从某种意义上看，是不是蒙古人的屠杀成就了西夏的文化?

●雪漠：西夏文化既死于蒙古人的屠杀，也死于自己的某种致命缺陷。自己不倒，别人是打不倒你的。

◎问：西夏的致命缺陷是不是对暴力的崇尚?

●雪漠：是的。崇尚暴力者，必为暴力所灭。崇尚暴力是世上最大的缺陷。

◎问：成吉思汗的优秀与他的暴力怎么区别?

●雪漠：成吉思汗是世上最优秀的暴力英雄。

12.

现代女性如何自主命运

◎问：请您结合《西夏的苍狼》里的紫晓，谈谈一个人——尤其是如今时代的女人——该怎么面对自己的命运，又该怎么改变命运？面对善恶之争，处于弱势的女性又该怎么做？

●雪漠：先做好自己该做的事，当好母亲，当好妻子，当好人，再尽量做一些利众的事。

◎问：《白虎关》里说过，“一个人的命很难改变，除非他有了信仰。信仰的力量能改变命运。”在《白虎关》里，我看到了命运如磨盘，想要跳出那“磨盘”，想打破既定的命运轨道，是要付出一定代价的。请问，这种信仰的力量可以理解为宗教精神吗？

●雪漠：要打破一些惯性，必然得有大力。实现那大力的过程，也许就是人们所说的代价吧。但对智者来说，命运给予的一切，都是财富。

◎问：“但她带给我的，更多的是一种反思：人应该如何面对自己的命运，在生命中出现了一种不可弥补的遗憾时，又应该以怎样的姿态来对待这遗憾？如何让命运中的坎坷变成觉醒的契机？如何在平凡中活出生命真正的价值？”请老师给予解读。

●雪漠：随缘应世，无执无舍。不取于相，如如不动。

◎问：如何实现自己的人生价值？我自问连自己的人生价值都不知道，更不知如何去实现。这太恐怖了！

●雪漠：是有点恐怖。活着不知道如何活着，不知道为啥活着，不知道如何活得有价值。真是太恐怖了！

◎问：“朝闻道，夕死可矣。”既然明白生命的虚幻，活下去的意义是什么？怎样才能让生命如夏花一样灿烂？

●雪漠：人生的意义是，在死神追上你之前，尽快让自己像个真正的人那样立起来。生命如水泡，很快就会破灭的。重要的，是在破灭之前，实现自己的人生价值。千万别生下是猪狗，死时反倒猪狗不如了。

◎问：可否说说您在创作紫晓时，对她的原型们寄托了哪些祝福和期待？

●雪漠：紫晓的原型有很多人，也包括我自己。我希望每一个紫晓都能明白、快乐。

（六）雪漠心学大系

1. 真智慧无有局限，追求真理便可读

◎问：请问，雪漠心学大系是不是在教我们进行佛家的修行？

●雪漠：不一定。它更是一种营养，只不过有着跟小说不同的形式。

◎问：雪漠心学大系的特色是什么？与《西夏咒》《西夏的苍狼》的最大区别是什么？

●雪漠：雪漠心学大系重“理”，《西夏咒》和《西夏的苍狼》重“事”和重“情”。

◎问：《真心》分明心性品、悟心性品、观心性品等，这明、悟、观三者有什么内在联系吗？怎样理解？

●雪漠：明为理上明白，悟为事上悟入，观为事上体悟。

◎问：《真心》中好像引用了大量的显宗论据。

●雪漠：我的书只写给读我的书的那些读者。心性学说，还有显密之分吗？那密和显，只是相对的。我的大手印书中，少谈密法，多谈慧理。慧理为体，教法为用。没有体，是不可能有用的。

◎问：这正是您所说的“直指心性”的东西吗？

●雪漠：是的。从心性入手，由慧摄定。

◎问：《真心》适不适合我这种低层次的修行者阅读？它对我有帮助吗？

●雪漠：修行没有高低之分。不从心性入手，没有心性的明白，你修啥也没用的。

◎问：您在《初心》中谈到香巴噶举的宗教礼仪，这是为了体现其传承和教法的殊胜吗？

●雪漠：是的。不同的教派有不同的法脉，就像不同的灯泡需要不同的供电系统。传承内的智慧加持犹如电流，没有它，灯泡是发不出光明的。

◎问：刚开始信佛的人可以读您的《初心》吗？对佛法有偏见的人呢？

●雪漠：当然可以呀。我不会叫他往坏里学的。只要他有一丁点受益，便没有白学。对佛法有偏见的人更应该看，看了也许就没偏见了。这世上本无偏见，仅仅是角度不同。角度一变，便无正偏之分别心了。

◎问：这就是您在书里写到的“挂毯”的含义吧？

●雪漠：是的。盲人摸象便是角度和局限使然。

◎问：所谓偏，要有参照的点。不执著于一点就不偏，对吧？

●雪漠：是的。无执时，是大解脱。破我执，得阿罗汉果；破法执，便是菩萨了。

◎问：我想介绍我爸看，但他是个比较自傲的人，担心他的自我思维太多，接受不了，反而更有邪见，所以还没敢介绍他看。

●雪漠：不要紧。真理是不怕被怀疑的。许多时候，金子是越擦越亮的。

2.
从“识”处接近真理

◎问：《初心》里写到一则公案：马祖道一成就后回到老家，别人都对他没有信心，只有他的嫂子相信他，向他求开悟之法。您在书中也写道：“重要的是心，是精神的东西。”精神的东西该怎么理解呢?

●雪漠：信仰是一种精神的力量，超越物质，不假外求。

◎问：请问《真心》里写到的“佛慢”，和我们平常生活中说到的傲慢心，有什么区别吗?

●雪漠：世俗慢是烦恼，佛慢是智慧。

◎问：《真心》里讲到众生为什么会迷，还附上《真心直说》的相关注解，但我还是不明白为啥会迷。请您再讲讲好吗?

●雪漠：真金本在沙中，淘去沙才得到真金。那迷，同样也在本性之中呀。

◎问：老师在书中说道："写此书时，本来健康到极点的我却遍体疼痛，背痛欲折。我明白，心中的污垢正以病痛的方式向我作最后的逞凶。"这该怎么理解？

●雪漠：心灵的污垢如成熟的脓，挤它时，肯定会痛的。但要是不挤，那污垢就会永远存在于我们的生命中，成为障碍。

◎问："观心性品"中"破诸结"的第三结是破迷信结，其中一句话说道："崇拜诸神祇，一颗奴才心。"这是不是说，不要迷信诸神祇，佛菩萨和善知识仅仅是指路者，不要把解脱的希望寄托在他们的身上呢？但您又说，上师是一切密法的成就加持之源。这句话又该如何理解？对上师有信心，任何时候都不会对上师生起邪见，这与崇拜诸神祇有何区别呢？

●雪漠：上师是照路的光明，迷信神祇是心外求法。

3.

读不懂文字，亦可通过熏染受益

◎问：我正在拜读您的书，虽然以前我也看过这方面的资料，但我现在还是很难看懂您的《初心》。

●雪漠：我的朋友是靠每天的记忆和诵读来帮助理

解的。

◎问：我现在也在学习他们那样，每天背诵《雪漠大手印实修偈颂》。在背的过程中，有些东西自然而然就明白了，不可思议。

●雪漠：现在，许多朋友都以背诵为主，也有每天早晨诵读的。我便是从诵它得益的。当初，我将其写成偈语形式，就是为了便于念诵和背诵。日日诵读，不舍于心，久久熏染，智慧自长。

◎问：《初心》我几乎完全看不懂。是不是多读几遍，其义自见呢？我往往因为读不懂而没有信心继续读下去，怎么办呢？

●雪漠：先不读引文，只读偈语和我的解释即可。多读几遍，最好每天诵一遍。我写成偈子，最初就是为了方便自己的诵读。久久诵读，其意自明。

4.

光读好书，不足以变心变命

◎问：在《真心》中您写道："当下觉醒，这就是心的妙用。觉醒于当下，明白于当下，觉悟于当下，这就是真心的妙用。"《瑜伽》第十六卷中将"用"分为三种：一、宰主用；二、作者用；三、受者用。请问怎么理解宰主用、作者用、受者用?

●雪漠：这三种用法，涉及许多名相和唯识学的知识，一言难尽，我怕词不达意，反倒更加糊涂。以后我专门在书中回答，好吗?《瑜伽》书中，有诸多唯识学知识，学者有用，行者未必一定要学。求解脱者，只要净信上师，一门深入即可。

◎问：对普通大众来说，理解《初心》，依然是比较困难的。修习大手印是否有超越复杂文字，简单易行的方法?

●雪漠：当然有方法。直指人心，见性成佛。

◎问："直指人心，见性成佛"的方法是否可以向老师学习?

●雪漠：可以。那便是代代相传的智慧心印，大手印之印，也即明空智慧。代代相传，也叫心心相印。

◎问："心心相印"是否要具备一定的机缘?

●雪漠：心有所欲，便是机缘。

◎问：读了您的《初心》后，大约有一周的时间，我感到一种清凉、自然、平静、明白，觉得一切无非眼横鼻直，之后就失去了这种状态。请问老师，接下来如何做才对?

●雪漠：油燃尽时，灯便灭了。你得及时加油呀。

◎问：过几天再读时，就会回来一点，但没第一次那样强烈的感觉。虽然着急，但也无奈，加油法还请老师赐教。

●雪漠：附耳过来！遥传若不闻，便得拜灵山。灵山有真佛，迢迢万里遥。不经跋涉苦，难得到西天。

◎问：老师的《初心》是否专为指导大众修行，不谈密法？

●雪漠：说了呀。我声大如雷，可惜听者耳聋。有心听，便附耳过来，我告诉你。可我知道，那“耳”可是个奢侈的东西，并不是谁都有呀。

◎问：读书时，感觉您的心灵自由翱翔，展现出一种磅礴大气。请问，您静坐时，确实能感觉到那种心灵与神佛交流的境界吗?

●雪漠：那种人与佛的交流阶段，只是中级阶段。到后来，人佛的界限便打破了。

◎问：那老师一定已经过了这个阶段吧？我想知道，人神如何交流？比如，跟谁说话？说些什么？

●雪漠：好好修。修到能交流时就知道了。

5.
让真理之光照亮我心

◎问：看了您的《初心》，感悟很多。我能否这样说：万法唯心造，心外无乾坤。

●雪漠：这仅仅是说法的一种。了义的说法是，心与乾坤皆不离空性。

◎问：现在是春天，正是万物生长的时候，我们人的六根是否也会像春天里的万物一样，容易生根发芽啊？

●雪漠：是的。春天万物复苏，善恶种子皆会得到顺缘。就看你种的是啥种子。

◎问：请问，您的出现是偶然还是必然？若是偶然，因果如何？若是必然，我们的必然又何在？

●雪漠：偶然。生命如水泡，不定何时灭。世上一切，皆因缘聚合，缘变则境变。

◎问：书里写道："欲望渐衰退，放弃执染心。"但欲望消退后，做事是不是就会失去目的性呢？那动力来自哪里？无论工作，还是学习，都需要确定目标吧？心理学认为，人的行为总是有动机的。

●雪漠：欲望是利己的，是小功利。欲望消退，慈悲增长时，人或许就会有利众的大功利。当这种大功利体现在行为上时，人就有了真正的价值。每个人的价值，都是自己的行为。因此，欲望消退后的动力，便是成就自我，重塑自我，完善自我。去机心，事本觉，任自然，明大道。依托大善之力，远离小我，重铸灵魂，重塑人格，使自己高贵、朴素、简单、干净。大善远小我，行为乐明空。铸就光明心，以照菩提愿。

◎问：读了《初心》后，感觉收获很多，但在生活中还会产生一些烦恼。请问老师，应该怎么对治这些烦恼呢？

●雪漠：一切烦恼，都源于分别心。见地高超时，便是大解脱。所以，大手印强调“见即解脱”。

◎问：我一直在研读您的《初心》，读了很多遍。以前心里觉得很明了，有些东西自然就能作出判断，重新阅读时，问题和疑惑反而越来越多，但不多久，心里好像又明白了。不知是啥缘故？

●雪漠：当一个人走到高处时，看到的东西当然会更多，疑惑也可能随之变得更多。禅宗所谓大疑大悟，不疑不悟。有时的疑，是追求真理前的寻觅阶段。不过，在真正的智者眼里，是没有问题的。所以，不要用世俗的机心寻找问题，要用赤子之心去亲近真理。

◎问：“不要以世俗的机心寻找问题”，该怎么理解呢？

●雪漠：因为你总是用分别心面对世界。分别心便是机心。大智无分别。

八、映象人生

（一）金华狗肉节

1.
屠杀源于自私与无知

◎问：作为高智能生物，人类的屠杀仿佛从未停止过，不仅是对动物，人类自身也是。您认为暴力的根源是无知吗?

●雪漠：屠杀的根源是自私和无知。无知也叫无明，是所有罪恶的根源。以是故，智慧的解脱才是究竟的解脱。即使没有很高的定力，只要有大慧，也可以解脱。小乘中就有慧解脱阿罗汉。

◎问：您是否赞同中国人的“吃的文化”？相对来说，讲究吃的人比较淡泊名利。欲望膨胀于吃的方面对自己和社会的害处大，还是膨胀于名利的害处大？还有，好吃是不是也是造成中国不强大的一个原因啊？

●雪漠：吃是最大的欲望之一。孔子说，食色性也。贪吃肯定无益于国家的强大。没有节制，便没有文明。绝大部分的罪恶源于人类的贪吃。没有贪吃，便没有那样多的杀生。

◎问：告子说：“食、色，性也。”如果欲望完全消除了，人类怎么繁衍呢？但是不消除所有的欲望，也难以达到最高的成就。老师，不知道我理解的对不对？

●雪漠：得到智慧之后，欲望可转化为佛的五种智慧，这也叫转识成智。在真正成就之前，我们还是需要节制欲望。

◎问：从我们读小学时到现在，教科书中一直明确指出蚊虫、蟑螂、苍蝇、老鼠等昆虫、动物会危害人类，属于害虫、害类，一定要铲除。您怎么看待人类的这种认识？

●雪漠：那些标准的制定者是从人类的角度考虑问题的，这跟日本人侵略中国时的想法一样。我们换一个角度，就会发现，那些所谓的害虫其实不是敌人，而是朋友。世上没有绝对的好坏，要看你如何妙用它。

2.
恶因不除，恶果不消

◎问：历时六百年之久的浙江金华狗肉节虽然被取消了，但人类只要有欲望，就总能找到种种屠杀的理由与借口。您如何看待屠杀的本质？

●雪漠：屠杀是人类欲望和自私的产物，是一种罪恶。我们不能无视这种罪恶，今天杀他的人，明天就可能杀我。所以，我们人类可以接受罪恶，但我们不能赞同讴歌屠杀的文化。

◎问：在人类历史上，战国和三国这样的时期是不可避免的吗？一个文明走向灭亡又诞生新的文明是宇宙规律吗？那么，人类永远不可能消灭战争吗？

●雪漠：人类的心不变，杀业就不变，共业也不变，便会有战争。战争其实是欲望导致的，欲望灭时，战争才会灭。所以，我们先从自己做起，消除欲望，让心尽可能大一些。否则，人类便永远不可能摆脱战争的阴影。

◎问：日本最近发生大地震的那个岛，曾是宰杀鲸鱼的地方，这是否就是因果？这次狗肉节如果不取消，是否也会有类似的事情发生？

●雪漠：肯定是。世上的恶果，必有恶因。

◎问：现在月子中的女人，家人一般都会用杀鸡来帮其补身体，请问老师，您对此怎么看呢？

●雪漠：补己伤众生，饮鸩而止渴。业障若现前，万债都偿还。

◎问：虽然狗肉节被取缔了，清明烧猪，过节宰杀鸡鸭鱼是否也是罪恶？按佛教的三世因果来看，为什么一些杀生的人没有相应的报应？

●雪漠：他们肯定有报应的。天网恢恢，疏而不漏。他们躲得了今朝，躲不过明晚。

◎问：现在，网上流传着很多年轻人虐待猫狗等小动物的图片和视频，斥责者无数，但类似的行为反而越来越多。为什么会这样呢？

●雪漠：人的罪恶，是会传染的。恶气熏成的，定是恶人。

◎问：老师，很多人为了满足自己三寸之舌的口欲，都说“人不为己，天诛地灭”，这个说法是怎么来的呢？

●雪漠：这是最恶心的人发出的最恶心的诅咒。

3.

禅是无敌功，“杀”人不伤身

◎问：世俗政权的立法能制止暴力，佛教的明慧和慈悲心能根除暴力。那么，政治和禅是一个怎样的关系？它们之间是平行的吗?

●雪漠：禅是最好的政治。好的政治需要禅的滋养。

◎问：禅是否世上最高的武功?因为，它可以让人类真正放下心中的屠刀。

●雪漠：禅是无敌功，“杀”人不伤身。“活”人有大力，妙慧入其心。

◎问：我们如何制止类似狗肉节的事情再次发生?

●雪漠：多发点声音。声音多了，气候就变了。

◎问：我们也许无法不让这种现象发生，那我们能做些什么?个人的醒悟，还是从自身做起，从素食开始?

●雪漠：能素食最好。若不能素食，也至少尽量素食。我们家中的常态是素食，但朋友请我时，我也会吃点肉。当我能自主时，总是不会大鱼大肉的。

◎问：我们放下屠刀时却引来了更多的屠刀，在这种情况下如何处理?

●雪漠：在某种特定的条件下，我们可以用刀治刀、以暴制暴，比如中国的抗日战争。但我们的文化不能讴歌暴力。当一个强盗闯进我家时，我们可以把他赶出去，我们的文化却仍然要倡导一种和平，不能讴歌暴力！因为，暴力文化会诞生新的暴力。

◎问：希望您出版更多的书，让更多的人读到真正有益于心灵、有益于自身的好书。面对日益飙升的暴力文化，每个朋友除了做好自己，是否还可以力所能及地做点更有意义的事情？

●雪漠：行为高于一切。能做事当然好，不能做事时，说句好话也很好。这便是法布施的一种。

◎问：相对于狗肉节，每天都是猪肉节、牛肉节、羊肉节……怎么做才能让更多的人食素？从心灵着手，还是从身体着手？

●雪漠：先有心，后有身，身心同时便成功。待得身心合一时，便是人间大智翁。

◎问：浙江金华狗肉节的取消，和雪漠文化网在“生命之秋”大放生活动中放生了五十二万余条生命，都是人类保护动物的积极行为。那么，您是如何看待动物的？人类应该怎样善待生命？

●雪漠：动物是朋友，其实也是我们自己。我们善待它们时，其实也是在善待我们自己。

◎问：但放生后，一些生命再次被打捞起来，还是丧生在人的口腹之欲中，我们该如何理解这一现象？许多人都认为这没意思，徒劳无功。您认为呢？

●雪漠：意义是行为本身，跟结果无关。

◎问：许多人愿意放生、爱护那些大动物，但对于昆虫，尤其像蚂蚁、蟑螂、蚊子等，却不愿以善意对之，而是选择拍死。有些学佛人拍死后念几句“阿弥陀佛”，就说超度了它们。请问这样对吗?

●雪漠：未得大智慧，难有超度力。杀生念佛号，骗人骗自己。

◎问：既然未得大智慧，难有超度力，那么现在很多寺院里举行的超度法会是否也是枉然?

●雪漠：有功力者可超度，无功力者，有好的传承方法，也可以达到超度的效果。

（二）乔布斯的成功

1.
世间法的成功容易成为过去

◎问：乔布斯说：“当面临死亡时，我更愿意认为一个人在死后有些什么依然存在……”也许人的意识会不朽。老师，您认为乔布斯留给世界的究竟是什么呢?

●雪漠：乔布斯的一生，留给了世界几款好手机和电脑，但不久之后，人们又会用更好的手机和电脑。这时，人们记下的，只是关于他的故事。再过几十年，那故事也会被许多人忘记。世界就是这样。

◎问：您认为乔布斯成功在哪里？他对世人的启示是

什么?

●雪漠：他最大的成功是在他死去之前，干完了自己该干的事。

◎问：乔布斯创造了iPhone、iPad、iTouch这些产品，一方面为社会科技的发展和进步做出了很大的贡献，另一方面也激起了无数人的贪著，让他们买了自己并不需要的电子产品，甚至引发了卖肾换iPhone这类现象。对此，请问老师您怎么看?

●雪漠：乔布斯没错，错的是贪那手机的人。

◎问：乔布斯最大的成功是什么？琼波浪觉最大的成功又是什么呢?

●雪漠：乔布斯无疑是成功的，只是这种成功很容易成为过去。不久，他的成功和努力就会被别人替代，他的财富也会换了主人。甚至，也许会有另一种产品取代苹果。但琼波浪觉是文化大师，文化大师是无法被替代的。琼波浪觉的成功会光照千秋。这便是世间法成功和出世间法成功不一样的地方。

◎问：从乔布斯的生平中，我们得知他是一个有梦想的人，有什么样的心就有什么样的命。那么，乔布斯的梦想属于出世间法还是世间法呢？我们应该怎么看待梦想?

●雪漠：乔布斯的梦想是世间法的梦想。我们需要世间法的梦想，更需要出世间法的超越。

2.

禅与成功

◎问：据说乔布斯通过禅改变了他自己。请问老师，您从他身上看到的是一种怎样的禅理呢?

●雪漠：他从来不去研究世界。他只做好他自己。

◎问：佛教改变了乔布斯，乔布斯也借助佛教使世界变得更美。他的成功与佛教对他的影响有很大的关系，是吗?

●雪漠：有关系。佛教让乔布斯减轻了一点痛苦，可惜他还没有觉悟。

◎问：假设乔布斯也证得琼波浪觉的大手印，他的人生和事业可能会有哪些不同呢?这是一个不着边际的猜想，但还请勉强假设一下。

●雪漠：乔布斯是不可能证得琼波浪觉的大手印的，就像鱼儿永远无法飞上天空一样。琼波浪觉也不会去研究很快就会被替代的手机，他追求永恒。这是一种选择。鱼和熊掌不能兼得。

◎问：禅与成功有什么关系吗?

●雪漠：禅不求成功，但真正懂禅且精进者，能得到大成功。

◎问：禅是对内调心的方法，还是对外处世的手段?

●雪漠：内调己心，外应诸事。虽应诸事，心不染尘。

◎问：真正的禅，对成功有什么帮助？

●雪漠：禅可以让一个人在精进的同时放下，在放下的当下精进。放下该舍的，守住该守的。心无旁骛，专注一心，却能超然于世间概念的束缚之外。

◎问：有些人为了成功，专门去修禅，这种做法可取吗？

●雪漠：也可取。这世上，很少有无功利的修禅者。人们修禅，或是追求世间利益，或是追求出世间利益，都可以。

3.

出世间法的成功是放下、自主

◎问：琼波浪觉创建的大手印文化的成功观是什么？

●雪漠：大手印文化的成功观是战胜自己的贪欲，成为自心的主人。

◎问：老师，您觉得您是一个成功的人吗？

●雪漠：我觉得自己成功了。因为我明白而且快乐。

◎问：怎么在世间得到出世间的成功，达到学佛的最高境界？

●雪漠：先找明师，更求妙法，然后放下，恒常精进。

◎问：身、语、意、功德与事业是同时成就的，还是分次第成就的?

●雪漠:有顿有渐。上根悟证俱时,中下根次第成就。

◎问:一个人在通往成功的道路上,往往会有很多失误,或者错过很多人。请问老师,怎么去弥补?

●雪漠:过去的不用补,也无法补。你能把握的,永远只是当下。

◎问:密勒日巴的故事感动了很多人,而我们的当下关怀、积极入世又具有积极的现实意义,这两者是不是在出世间法和世间法上各有侧重?

●雪漠:欲修道者,必先出离。若无出离,是不可能成就的。成就之后,再谈入世。但现代人真正能出离者不多,也可以边入世边修行,先骗骗自己。

◎问:非常羡慕您速得成就。

●雪漠:所有的执著都是魔障,包括成就。放下一切,便是成就!

4.

如何分辨出世间法的成功者

◎问:关于乔布斯有很多传闻,一些人说他是禅学大师,也有人说他脾气暴躁、很难共事,等等。当然,从他对公司的贡献和社会影响看,他显然是成功的。老师,我的问题是，从一个人的世间成就，能否判断出他的修证和成就水平？一个大禅者是否必定有能力成就世间的成功？

●雪漠：不一定。内证功德不一定需要世间法的成功来证明。许多世间法成功的人，不一定有内证功德。

◎问：任何人都承认，现代社会的本质是冲突的、你死我活的、竞争的，而成就是一种非常稀缺的资源，它使得成就师可以占用更多的社会资源。

●雪漠：成就与否，不仅仅要看他是否披了僧衣，一定要看他的行为，看他是否因为自己的存在，让身边的人升华了人格。所以，我们最先帮助的，是我们身边的人。

◎问：为什么有些成就者不希望其他人成就，难道成就者还有在精神上奴役别人的私心吗？

●雪漠：那是他没究竟成就。真正的成就，是大、手、印三者的完美结合。也即实现身、口、意、功德、事业五种成就才是大成就，自觉、觉他、觉行圆满才是佛。那些以佛教的名义制造是非，分离、践踏文化的人，肯定没有成就。

◎问：是不是要直接体验到“天地与我同根，万物与我一体”或“山河大地是如来”的境界，才算成功了？

●雪漠：不一定。理上的明白，不一定等于事上的证得。所以，有“天地与我同根，万物与我一体”或“山河大地是如来”的觉受者，也不一定真正成就。

（三）百度文库侵权事件

1.
如果思想得不到传播，就等于没有思想

◎问：3·15前夕，一大批作家联名声讨百度文库侵权，您知不知道这个事情？

●雪漠：以前听说过。

◎问：您知不知道自己的作品在没有授权的情况下，被有些网络公司直接放在网上？

●雪漠：我愿意这样。每个人追求的东西都不一样。我觉得，如果我的思想得不到传播，就等于我没有思想。一个火把虽然自己燃烧着，但不能点亮别的火把，或照亮周围时，它就是没有意义的。

2.
盗版应该谴责，但我更重视思想的传播

◎问：但这种做法可能会伤害您的劳动。

●雪漠：只要不把雪漠的名字换成别人的名字，就可以了。

◎问：但买书的人可能就会变少。

●雪漠：不要紧。虽然对整个行业来说，这种盗版行为是我们应该谴责的，但对我个人来说，我更重视自己的思想能不能得到更广泛的传播。因为，当大家把我的思想传播出去，让更多人知道时，就可能会有一些痛苦的人得到一点点安慰，一些热恼的人得到一点点清凉，一些充满了不安和焦躁的人找到一点心灵的宁静、安详。这就很好了。少一点稿费、版税之类的东西，我也无所谓，够吃就行了。

（四）灾难

1. 灾难让我们反思应该怎样活着

◎问：如果有一天，灾难降临到我们头上，我们该怎么面对呢？

●雪漠：我们改变不了命运时，就先改变自己的人生姿态，改变自己的心，坦然面对不可改变的命运。放下外物，好好活着，专注于内心的明白和清凉。不要盲目狂热地崇拜心外的所谓神佛。这世上，拯救你的，永远是你自己的明白和觉醒。

◎问：灾难带给我们的，除了痛苦和无奈外，还有其他东西吗？

●雪漠：灾难带给我们的，除了痛苦，还有思考和反思——思考我们应该怎样活着，反思我们的生命中缺少哪些必须有的东西。当我们面对那数以万计的死人时，都应该想一想，我们以后的活，是否应该更有价值一些？当我们有一天死亡时，我们会不会有遗憾？无常的人生告诉我们，要珍惜生命，生命说不定啥时就会消失。所以，要在有限的生命里，尽可能地多做些有益的事。人的价值便是自己做过的事。人的肉体可以在一场地震后消失，但善行承载的利众精神，却可以长存，并传递下去，照亮一个个未来的灵魂。

◎问：有人在网上批判一些人在汶川大地震时捐钱捐得少了，这样对吗？地震后，我们最该做的是什么？是捐款，还是讨论捐款以及地震？

●雪漠：捐款是随心的，不必要求人家一定要捐多少。能帮助灾区当然很好，最好是财施，但如果你的生活中没有足够的财富时，也可以为他们祈福。

2.

别理它，好好修行

◎问：最近，网上流传着2012年世界末日等灾难预言，很多人都说地球会发生剧烈变化，这是真的吗？您如何看待这些传闻？我们修行人应持何种心态对待？

●雪漠：世事无常，变化时时发生，没啥好奇怪的。2012年也不例外，但不会像传言那样剧烈。别理它！好好修行！就像我在《真心》中说的那样："任凭风浪起，稳居光明境。笑看幻戏也，无时不春风。"

◎问：佛教怎么解释地震？灾民的苦，令我们远在千里之外，仍是心痛。它也算是外物吗？如果因此不开心，算不算执著呢？

●雪漠：地震属于自然，佛教则面对心灵。人类是一体的，他们的灾难，也是我们的灾难呀。

◎问：别处地震时，我们能否诵《金刚经》来帮助受难者往生？

●雪漠：按佛教的说法，诵经有大益，生者死者皆可获益。既可以消业，也可以除障，还可以助其往生解脱。至少，我们可以用诵经来表达一份良好的祝愿。

附录一

对话陈亦新：我与父亲

◎武威电视台主持人（以下简称主持人）：在你心目中，你的父亲是一个怎样的人？

●陈亦新：从小到大，别的地方不敢说，至少他在很多事情上给我做了榜样。这是千真万确的。曾经，我在日记里面写过这样一段话：我的父亲是一个不仅给了我生命，而且给了我梦想的人。他用他的言行举止告诉我，应该怎样做一个有用的人，应该怎样追逐自己的梦想，应该怎样在追逐的道路上努力下去。

◎主持人：你觉得你父亲的思考给你带来了哪些启迪？

●陈亦新：这些思考都很“大”。比如他对生命和永恒的思考，无形中已经影响了我。从我懂事起，他没浪费过每一分每一秒，他所有的行为，都是在珍惜自己的生命。他对生命、对人生价值的思考同样影响着我，并且让我也开始思考自己人生路上的另一种东西。他给我的这些东西，对我来说，都是非常宝贵的。

◎主持人：在你的印象里，你父亲的创作是怎样的一种状态？

●陈亦新：我父亲的创作，从以前到现在给我的印象特别深。从他写《大漠祭》开始，我就很少见到他的身影，因为他大部分时间都躲到外面去修行和写小说了，家里只有我和妈妈。

我曾经写过一篇文章，开头是这样的："我坦白，如果没有母亲，大家就不会看到那本叫《大漠祭》的书。"那时候，他常年在外写作和修行，就连吃饭有时也是我妈送过去的，有时他甚至干脆就不吃饭，这样的生活状态持续时间很长，一直到2000年《大漠祭》出版之后，我们的生活才相对平稳了一些。但是后来，他又开始四处采访，体验生活，进行着类似于闭关式的修行和写作。他闭关的时候，不喜欢别人去打扰他，基本上是一种与世隔绝的状态。后来我也喜欢上了写作和修行，也是受到了他的影响。

◎主持人：你从父亲那儿得到了哪些收获？

●陈亦新：父亲对我的教育有两点：第一点就是平

等。他认为，我和他是平等的，所以他从不强迫我去做任何事情。第二点是尊重。我在四五岁的时候，他就和我平等对话，把我当成大人一样聊天。他尊重我的人生选择。所以，我从童年时代，就知道了很多世界文豪的名字，比如托尔斯泰、陀思妥耶夫斯基、雨果、巴尔扎克、屠格涅夫，等等。我觉得，从很小的时候开始，父亲就给我种下了一颗很好的种子。所以，从童年到现在，我一直认为父亲非常伟大，他一定是个非常伟大的作家。童年时代，我们一家三口住在一间单身宿舍里，生活非常贫困的时候，我这样想；现在他有所成就，我还是这样想。我对他的看法，从来都没有改变过。在我的心目中，他的所有作品都非常伟大。

◎主持人：你父亲经常谈到大手印，你了解的大手印又是一个怎样的概念？

●陈亦新：我只能谈一谈我自己的理解。我认为那是一种非常久远的文化。我父亲曾经这样解释过“大手印”：“大”，就是大境界、大胸怀，拥有一种大的眼光，站在世界的最高处。“手”是一种积极入世的行为，以行为来回馈社会。有些人只谈境界有多高，而行为上没有丝毫的改变，这就好比一个实心葫芦，一般而言，葫芦是用来装酒或者装水的，可是实心葫芦却中看不中用。“手”不是这样，它讲究积极入世，做一些具体的有益于世界的事情。最后，“印”是一种终极超越，也就是达到一种境界之后的打碎和超越。因为，所有人无论做什么事情，到一定程度的时候，都会出现“缺氧期”，也就是好多人所说的“瓶颈”，然后被某种东西所禁锢，这时候你要想超越自己，就必须打碎之后才能超越。

我就是这样理解大手印的，这种文化每时每刻都影响着我的生活。所以，大手印不仅仅是一种文化，它更是一种人生观、价值观，更重要的，它是一种生活方式。它可以从点点滴滴入手，在每一个细节影响你我，就好像灯光可以照射到我们每个人一样。

附录二

走进雪漠家

陈彦瑾

因为参加第三届香巴文化论坛的缘故，我从寒冷阴霾的京城，飞到温暖明媚的岭南，并有幸到樟木头的一处原始森林旁，拜访了雪漠老师，走进了雪漠老师家，了解到许许多多不为人知的事实……

1.

雪漠老师的代步车

论坛期间的某一天，我和其他学生一起，到雪漠老师家拜访。这是一所普通的复式楼，带一个小院，院中停放着一辆旧摩托、一副杠铃、一副哑铃。陈亦新说，杠铃和哑铃是他在用，而旧摩托，是父亲曾经的代步车。

樟木头是傍山小镇，很多地方的街道坡度很大，镇里很少能见到出租车。我到樟木头后，有一次去书店，等了半天不见一辆公交也不见一辆出租车，无奈只好步行来回，当时想，这里出行实在太不方便了。小镇也很少能看见骑自行车的，估计爬坡太吃力，相对来说，摩托也许是最便利的了。但我无法想象雪漠老师骑着旧摩托呼啸于车丛的情景。他到北京，不是开作协大会就是开作品研讨会，或是去大学、图书馆演讲，他是读者粉丝簇拥的著名作家，也是很多修行人渴望亲近的证悟者，在樟木头，他还是作家村的副村长呢，谁能想到他的“坐骑”会是这样一辆旧摩托！陈亦新说，作家村的朋友不止一次提醒他们买辆小轿车代步，因为樟木头的交通状况不好，骑摩托非常危险，再说，也要给“作家”一份起码的体面和尊严吧。而雪漠老师却依然故我，直到樟木头实行“禁摩令”，终于“HOLD不住”了。据说，“禁摩令”相当严厉，曾一夜之间砸烂很多“抗令”摩托，震慑四方。雪漠老师再不能骑摩托了，买轿车势在必行。其实，雪漠老师著书勤奋，近年来出版了很多书，也该用版税买辆车了。

但选什么车，一家人颇费了番心思。对于这个节约成习的家庭来说，买车是大消费，太贵的车他们显然是不会考虑的，太便宜的又不能“给作家起码的体面和尊严”，朋友们左右衡量，反复考察，最后帮忙选了辆十多万的斯柯达。不过，车虽然买了，雪漠老师不会开，陈亦新就成了专职司机，除外出会客和举办雪漠禅坛这样的活动时接送父亲外，平时负责每天中午把在关房禅修写作的父亲接回家吃饭，而一般的外出办事，雪漠老师都是步行。陈亦新的作息和父亲一样，每天上午写作，中午出来接父亲回家，下午看看书，处理一些杂务。

2.

屋顶漏水的家

陈亦新介绍说，这房子其实是二手房，老房主装修过，可以“拎包入住”，未想住进去不多久赶上绵绵不绝的下雨天，破绽露出来了——屋顶严重漏水，滴答滴答跟掀盖似的。雪漠老师就让陈建新负责做防水。关于建新做防水的事，中央编译出版社的董巍也跟我讲过。话说那天上午董巍正拜访雪漠老师，拉防水物料的车来了，被物业挡在了小区门外。工人打来电话，让陈建新跟物业交涉。建新从上午周旋到下午未果，还想继续费口舌，忽听雪漠老师说：陈建新，把电话挂了！遂起身快步走到院里，骑上摩托，旋风般绝尘而去。不一会，拉防水物料的车就开进来了。据董巍描绘，当时，物业长时间的刁难已让大家忍无可忍了，雪漠老师只好“金刚怒目”，亲自上阵，在短短一分钟内把物业教训了一通，物业立马开门放行。

陈亦新写过一篇好文章叫《樟木头，三千公里外的家》，讲了雪漠老师从武威到樟木头入住作家村的全过程。他自己，则是在去年带着未婚妻王静来到樟木头，帮父亲做一些传播大善文化的有意义的事。为了这个决定，他放弃了在武威的事业——一所打理了数年的私人文学院，以及每年几十万的丰厚收入。他在武威办班很成功，是名满全城的作文老师，许多家长都愿意把孩子送到他那儿学写作，接受他的教调，几年下来，已是桃李满天下。他教过的学生，有些都大学毕业了，还常常回来看他。当听说他要关闭文学院、把教室卖掉南下时，好多家长找上门来，责问为何不把孩子给教完，今后让他们怎么办。陈亦新说，作为雪漠的儿子，他不是得到很多，而是放弃了很多。他的母亲也一样。师母鲁新云在武威经营一家教辅批发书店多年，很挣钱，是赫赫有名的“鲁老板”。后来，为了更好地照顾雪漠老师，她也关闭了书店。

刚开始的时候，一家人住在一片原始森林旁，青山碧水滋养文思，一派怡然，如同陈亦新那篇文章描绘的。后来，随着雪漠老师出版一系列著作，“雪粉”剧增，越来越多的人想见雪漠老师，渐渐打破了宁静。每次来人，雪漠老师都不忍拒绝，还得陪着，让亦新或建新照顾起居出行，让师母做饭。有时候，一批人来的时候，也会有人招呼请吃饭，但常常都是雪漠老师悄悄把单买了。随着来的人越来越多，雪漠老师一家不堪其扰，于是想出一个办法——开办雪漠禅坛，集中一个时间段见人，以保证其他时间不被打扰。这就是雪漠禅坛的由来。为了给大家多提供一些见面机会，禅坛每周一次，陈建新负责联络和安排食宿起居，陈亦新负责主持，王静负责摄像，师母负责做饭，一家人每周要默默付出至少三天时间。然而，纷扰并未彻底解决，一些“雪粉”在禅坛结束后还不愿离开，日夜游荡于小区，伺机接近雪漠老师。后来，这种纷扰愈演愈烈，已经严重影响一家人的正常生活了。无奈之下，雪漠老师只好另觅安家之所，以求保全一份清净，于是就有了这个屋顶漏水的新家。

关于这二手房还有一个装修的趣谈。话说有人问雪漠老师新家装修花费几何，曰不过五六万。那人听了，劝道：雪漠，你可不是小作家了，好好装修一下，别太穷兮兮的，不要叫外人觉得我们作家穷。话虽如此，雪漠老师还是没进行大的装修，只是刷刷墙，铺了人造合成地板，此外打了一个藏书的小阁楼，所谓的五六万，主要就花在这小阁楼上了。

3.

客厅里的书堆

不过看起来，这个家并没有穷兮兮的，而是朴素、干净，尤其那满屋的书洋溢的独特的富足，是多么豪华的装修也给不了的。我们进门第一眼就看见迎面厨房里师母忙碌的身影，她在为我们准备午饭。厨房门口码了一堆书，那是雪漠老师的著作，有《光明大手印：参透生死》《世界是心的倒影》和《让心属于你自己》，码得高高的，让小小的客厅显得很局促。沙发对面的电视柜边，同样也高高码了一堆书，全是雪漠老师的作品。陈亦新说，这是他们一家人从当当网上购买的，准备邮寄捐赠给全国各地的图书馆。这好几百本的书，全部由他们一家人亲手包好，亲自去邮局寄出，从不叫任何学生帮忙。

雪漠老师一家人捐书的故事，我老早就听说了。去年香巴文化志愿者开展“传递光明火炬”活动的时候，优秀志愿者陈思的一篇文章里专门写过这方面的故事。陈思说，雪漠老师一家人，多年来一直默默做着捐善书刊的善事，他们每年用于买书的书款、用于印《大手印文化报》的经费和用于捐书报的邮资占了整个家庭开资的绝大部分，而这些全是雪漠老师勤奋著作所得的版税。实际上，广州市香巴文化研究院和雪漠文化网的运营费，以及给志愿者的生活补助，用的都是雪漠老师个人的版税和墨宝收入。雪漠老师一家人，就这样默默奉献着，用自己的行为诠释了什么是利众，什么是大善，什么是回报社会。香巴文化优秀志愿者陶子就是在国家图书馆里无意中看到《光明大手印·实修心髓》后，千里寻师前往凉州，而后日益成长为弘扬大善文化的一员的。她是雪漠老师捐善书点燃无数大善火种的突出的例子。

现在，差不多国内所有能知道的大学图书馆都得到了雪漠老师捐赠的图书，后来，他们又向各大（中）专和各省（市、县）的图书馆和一些相关的专家学者捐书。有时候，很简单的一次捐助，甚至需要他们托朋友和学生才能完成，因为他们不知道一些学者的具体地址。有时，雪漠老师也会安排人，给一些交际较广的朋友发一些书过去，以方便他们随缘介绍给需要的人。对于这类捐助，雪漠老师是不求任何回报的。陈亦新说，他们捐书的回报之一，是各地图书馆寄来的收藏证、回执和感谢信。这些颜色各异的证书和信件常让他们感到欣慰，雪漠老师总是很珍惜地把它们收好，放在书房里的一个专门的地方。但遗憾的是，仍有很多图书馆连起码的回执也没有，据说有一所著名大学的图书馆，他们已经捐过很多次书了，却没收到哪怕一次的回复音讯。雪漠老师说，这样的大学，要是连基本的礼节都不懂，能培养出啥人才？不过，也有一些图书馆在收到几种书后，还想多要几种或几套，雪漠老师也大多会满愿。说着，陈建新给我们看了刚收到的杭州外国语学校发来的感谢信，他们收到十三本书后，希望能再多要一些，雪漠老师便立即安排建新和王静发书。雪漠老师还曾想向海外的一些图书馆捐书，但后来我参加出版培训时了解到，海外很多图书馆早就不收藏纸质书了，他们只收藏电子书，所以，海外捐书的计划只好搁浅。

关于雪漠老师的捐书，有许多细节令人感慨。除了家里，雪漠禅坛办公室也成了书库。这些书，有时从网上书店购买，有时也从出版社大批购买。每次出版社的大批书运到的时候，雪漠老师一家就齐上阵，一人管一两层楼，像火炬传递似的接力搬运，将上千本书全部运到七楼的禅坛办公室。据说，雪漠老师一般负责六层到七层，他将搬书当成了锻炼身体。这次建新带我们参观雪漠禅坛时，爬到七楼我已是气喘吁吁了，建新却身轻如燕，许是接力搬运锻炼的脚力吧！

陈亦新说，捐书的邮资数额惊人，每月不下三四千。我说，书从北京的出版社运到樟木头，再由樟木头寄回北京各高校和图书馆，不是很浪费邮资人力吗？不如直接号召一些人帮忙，就在北京寄吧。未想话一出口即遭到雪漠老师的否定。他说，不要号召别人去做事，这是我们一家愿意做的，我们自己做便是了。这番话，让我油然而生敬意的同时，也让我感到深深的自责。我很后悔自己在论坛发言时，讲到动情处而冒了一些带有“号召”“倡议”色彩的“怪声”。记得当时坐在最后一排的雪漠老师听了，尴尬地抹了一把脸。我才明白，类似这样的一些“怪声”，恰恰是雪漠老师最为反对的。“不要麻烦别人”，这是雪漠老师常跟我们说的一句话，可惜以前我没听进去。过去出远门，我总为自己方便而找朋友接送，这次差点又犯“老毛病”。我跟亦新谈了这些自责，亦新说，父亲每次去广州或从广州回，都是自己拖着行李坐和谐号，从不叫人开车接送；去北京或上海等地参加活动，也尽量不提前透露行程，为的是怕麻烦别人接站。

的确，雪漠老师和他的家人从不将自己的选择强加在别人身上，从不因为自己要做一件事情而麻烦别人、要求别人、号召别人，他们只是默默做自己的，别人看到了愿意跟他们一样去做也随喜，别人看不到或不愿效仿或不理解他们也尊重。他们只是默默做好自己，从不要求世界。这份朴素、内敛、高贵的尊严，在今天这个喧嚣的时代，并不多见。

4.

陈亦新的书房

沙发上的雪漠老师显得有些疲惫。在刚刚结束的文化论坛里，事无巨细的他耗费了大量心力，师母说，他已经连续好几天没好好睡觉了。这让我想起去年在北京举办的为期一周的第二届香巴文化论坛。当时，跟雪漠老师一起来了许多志愿者，他们的往返车费和七天的住宿费都由雪漠老师主动承担了。为了节约经费，雪漠老师把自己和师母的房间当办公室，每天晚上都要召集我们几个志愿者开会，安顿第二天要注意的事项。我们开会占用了屋里全部可坐的地方，师母就缩在床头，背对大家，默默禅修，陪着我们直到深夜。后来师母告诉我们，深夜我们散去后，雪漠老师还要看一会书，第二天仍是五点起来写作或禅修，几乎不睡觉。这次参加论坛，听说发给大家的日程表等所有资料都是雪漠老师亲自拟写打印时，我很震惊。想不到这样一些琐碎小事也要雪漠老师亲力亲为，可以想见，几天下来他有多累。

我知道雪漠老师酷爱书，一大早就出去找书店，在陌生的小镇里一路打听，最后在一家商场的二楼选了一些书。2011年在北京举办论坛时师母曾告诉我，书是雪漠老师最好的解乏药，看来没错。见我带了书，雪漠老师很高兴，立即翻看起来，吩咐亦新带我们参观楼上。

二楼是两个卧室。陈亦新的卧室也是书房，里面一床，一桌，一椅，一小书柜，书柜正中贴着一张便笺纸，上书“战胜自己”四字。看到这句励志语，我们都会心地笑了，仿佛穿越到二十多年前，我们看到了还在乡下小学教书的雪漠老师贴在宿舍里的那张小纸条。

我看了看陈亦新小书柜里的书，不多，基本都是经典和旧版书。他说好多书都还在武威的家里，这些只是供自己写小说时参考借鉴。他的小说已经写了好多年了，为了它，他放弃了上大学，几年来写写停停，终于接近尾声了。年内写完这部小说是他最大的心愿。无奈常常被禅坛等事务打断，总不能酣畅地写完，就像生孩子，已经难产好多年了，生生不下来，不生又不行，就这么别扭地僵着。我注意到这次论坛，雪漠老师没有让陈亦新参与志愿者的工作，还有些纳闷。后来听雪漠老师不经意地说，陈亦新，还是让他先去实现梦想吧，杂事能做的我来做，再别干扰他了。原来论坛那几天，亦新的小说正写到关键处，雪漠老师怕打断他的文思，就一手包揽了一切。这份包揽和承当，透出多么深厚的父爱！

陈亦新说他写小说需要极安静的环境，屋子里有一点响动都不行。所以，新婚的妻子王静就被“赶”到了楼下。王静没有自己的独立空间，亦新在厨房门口的窗户旁给她放了一张小圆桌，一把小椅子，权充工作台。很多日常事务，王静就是在这儿处理的。

5.

阁楼上的佛堂

三楼是雪漠老师的书房。和一些文章中描绘的武威的家一样，依然是以书为墙，书柜上摆放了各种文学奖项的获奖证书。雪漠老师的书桌很大，笔墨纸砚占了一多半，据说，许多墨宝就诞生在这里。自去年起，为了给广州市香巴文化研究院筹集办公和研究经费，也为了给很多志愿者提供生活补助，雪漠老师开始义卖墨宝，今年又开始义卖“涂鸦小品”。在《让心属于你自己》的后记《由我的“涂鸦”谈真心之用》中，雪漠老师讲了义卖墨宝和“涂鸦”的来由。他说：“为了做事，为了让很多志愿者不打工，我只好自己‘打工’，这才有了所谓的墨宝义卖。”正是在雪漠老师自己“打工”的支持下，我们这些志愿者才有了许多为人称道的善行。

我站在书桌旁，深深吸了一口气，想把墨香和书香全都吸入体内，让大善的气息洗涤自己。这个家虽说有三层楼，每一层的面积其实非常小，设施简单到不能再简单，非常朴素、干净。我以为参观到此该止步了，陈亦新却神秘地说，要带我们去看一个地方，就是前面说的那个耗去五六万装修款一多半的小阁楼。这是从三楼的书房上方分割出来的一个小小的空间，很逼仄，我们站在上面已几乎头顶天花板了，估计高个子会直不起腰。我注意到通向阁楼的楼梯两边摆放了很多书，阁楼里面也是成堆的书，而在最里面靠墙的地方，辟出了一个清净的所在，设了一个小小的佛堂。

原来，这个耗费“巨资”打造的阁楼，其实就是佛堂兼书库，那些即将捐往各高校图书馆和相关专家学者的书，大多储藏在这儿。几乎每天下午，师母和王静都要在家里包书，整个屋子响彻扯胶带的声音。黄昏时分，会有一辆车呼啸而来，将那些包得十分结实的书拉走。

陈亦新说，三楼是父亲在家里的关房，平时连他们都不让上来。但雪漠老师其实很少待在家里，除了吃饭，其他时间基本都在另一处闭关，他似乎是在有意逃避家庭的温馨和安逸。我想起雪漠老师常说的一句话，要给自己的灵魂找一个可以安放的空间，这小阁楼里的佛堂，这成堆的待捐的图书，就是安放一个高贵灵魂的净土吧。

6.

师母的香水

参观完，午饭已经备好了，我们在沙发上围坐一圈，以茶几当餐桌。师母做了六个菜，既美味又养眼，其中基本都是素，只有两个肉菜：肉末雪里蕻和芹菜炒肉片。师母说，平时家里都吃素，今天因为我们来了，特意买了些肉，做了两个肉菜。主食是凉州面食“转百刀”，吃到胃里暖暖的。师母坐在雪漠老师身边，偶尔给他夹个菜，不停地招呼我们多吃。席间，我想尝尝武威辣酱，叫亦新帮忙递我，接过后扤了一勺，放一旁。雪漠老师马上拿过去，取了一点点，并问对面的雷贻婷要不要。我忽然意识到自己犯了个小错，脸腾地烧了——雪漠老师是在教调我呢：取东西时，应先问问别人要不要，这是餐桌上的礼貌!

因为自责，胃一阵痉挛。雪漠老师不动声色，让师母去厨房热了些绍兴黄酒，自己喝一些，让我也喝一些，暖胃。雪漠老师吃得非常少，饭后嗑几粒瓜子。师母说，嗑瓜子是好习惯，可以补一点维生素E。

我们几个人把六个菜一扫而光，师母和王静把杯盘碗筷端到厨房洗，我们把桌子擦干净，开始聊文学。不一会，师母和王静也过来了，王静坐在陈亦新旁，师母坐在雪漠老师旁，脸上洋溢着小鸟依人般的幸福满足。已是午后，阳光西移照进了客厅，照在一个小小的香水瓶上。我眼睛一亮，问，这就是传说中的那瓶昂贵的法国香水吧?大家都笑了。雪漠老师在一篇文章中提到，某年出国访问时，用中国作协发的出国生活补贴，给师母买了一瓶近千元的香水。没想到八年过后，这瓶香水还几乎满瓶，静静待在茶几最显眼的地方。师母拿过香水，一边摩挲，一边说，这香水又不是拿来用的，是拿来珍藏的。陈亦新说，八年，香水仅仅喷过几次，还都用在了父亲身上——雪漠老师外出参加会议，师母收拾行李时，会给雪漠老师的衣服喷上一点，据说，香味可持续一周不散。雪漠老师说，这是纯天然的玫瑰花香水。我们要求闻一闻，亦新就打开盖子，向空中滋了一点，不一会，沁人的玫瑰香味从天而降，而且越来越香浓。浸在浓浓的香氛中，我们仿佛看到了吉祥的满天花雨。

这香水，是师母最珍贵的私人藏品之一，而她的另一件藏品，是雪漠老师某年去法国时给她买的一件衣服，也花尽了中国作协发的出国生活补贴。雪漠老师说，这两件藏品让他理直气壮了不少。因为经常在外闭关，很少在家，有时，雪漠老师也会开玩笑地问师母幸福不幸福，据说师母的回答要看她的心情，有时答幸福，有时也会开玩笑地说不幸福。要是师母说不幸福，雪漠老师就会指着茶几上的那瓶香水说：你望着那香水，还说不幸福，你有没有良心？这一说，师母就会开心地笑了。见过师母的人都会说，她的笑是世上最美的笑，这是一个干净的灵魂献给这个世界的一份灿烂、纯净和自足，而且，这绝对是世上最幸福的人才拥有的笑。2011年北京第二届香巴文化论坛时，雪漠老师在国家图书馆讲西部文学，坐在台下第一排的师母像个小女生一样仰着纯纯的笑脸，目光一刻也没离开过台上的丈夫。每当雪漠老师讲到精彩处，师母都会报以欣赏赞许的笑颜，表情很投入很生动。而且，坐在旁边的我惊讶地发现，她还总不由自主地鼓掌——俩手放在膝上轻轻相碰，有时也忘情地举到胸前无声相碰——那节奏应和着雪漠老师的讲话，荡漾出一种旁若无人的、全身心的崇拜、赞叹和爱慕，仿佛这座无虚席的二百余人的大讲堂——不，仿佛整个世界——就只有她和雪漠老师两个人，一个在说，一个在听。这一幕，深深地印进了我心里。

雪漠老师在书中或演讲时常说，师母选择了他，就等于选择了一种生活方式，“在接纳雪漠的优秀同时，也得接纳一种等待”。不过近几年，雪漠老师每次外出都会带上师母，“让她也到处看看”，雪漠老师这句不经意的话里，一样饱含了浓浓的爱。我们从未见雪漠老师单独吃饭，每次都有师母伺候在旁，给他夹菜，给他倒茶。师母衣兜里总揣一把小塑料梳子，雪漠老师须发略显凌乱时，师母就会掏出梳子，给他梳梳头发，梳梳美髯……这幸福一景里，有恩爱，有鼓励，有相扶相持的依恋，常让我想起一句古老的诗句：执子之手，与子偕老。

这次拜访，我专门选了一本旅游书——《世界上最美丽的地方》，送给师母，说很希望雪漠老师一家能去那些美丽的地方看看。师母很高兴，拿到书便欣喜地看起来，雪漠老师望了她一眼，说：“我以后会带你去那儿。”师母笑了，说，那可得抓紧些，要是我以后当了奶奶，怕没机会再外出了。

7.

师母吃麻辣烫

地球人都知道，雪漠老师经年累月的着装，不外乎是夏秋红衬衫冬春红夹克，下着牛仔裤，一蓝兼一黑，脚蹬棕皮鞋，从春穿到冬，简朴到了极点。不过，这两年雪漠老师倒是添了两双新鞋，都是师母送的生日礼物，每双鞋子的价格都接近那瓶法国香水了。雪漠老师说，新鞋穿着很舒适，透气，不捂脚。师母买鞋时选择了11月11日打折那天，让陈亦新深夜候在电脑旁，等零点一过打折开始才下单。师母说，这一等就能省下好多钱，值得。去年生日，师母也让亦新守在电脑前，就为了能给雪漠老师买一双打折的好鞋。陈亦新说，父亲身上，只有这鞋是名牌了。雪漠老师喜欢走路，鞋总是容易烂，所以师母就用她平日积攒的零花钱，给他买耐穿的好鞋。师母没工作，没有固定收入，她很节俭，总是将雪漠老师给她个人的钱存起来备用。陈亦新说，妈妈最豪迈的两次花销，就是给父亲买鞋了。

我们看到的，是一双红色的休闲鞋，好几百元的价

格，代表的是妻子对丈夫的心意，就像那瓶昂贵的法国香水，代表的是丈夫对妻子的爱和感恩。师母的节俭是人所共知的，坊间流传了许多趣闻，最著名的有三则：吃麻辣烫，买吹风机和买核桃。

十几年前吧，话说有一天，雪漠老师擅自花了点钱买东西，师母知道了，大声说：你花钱就花吧，我也要花！然后她理直气壮地冲出家门，在一个小吃摊吃了一份麻辣烫，总共花了三元钱！

又一日，雪漠老师想买吹风机，因为晚上洗头后头发很难干，有时会耽误睡觉。师母说：用吹风不好，还是自然风好。雪漠老师说：我晚上洗头，不吹干的话，睡觉会生病的。师母道：谁又叫你晚上洗头呢，以后早上洗！雪漠老师仍不甘心，第二天去超市买菜时提议顺带买个吹风机，师母道：我们今天是来买菜的，又不是来买吹风机的！雪漠老师无语了。这个段子常让我们捧腹赞叹：师母太有才了！其实，师母并非舍不得买，而是担心吹风对头发不好。后来，终于有人给雪漠老师买了个吹风机，却大多给身边的志愿者用了。自打有了吹风机后，若有学生受风，雪漠老师便在其痛处抹点红花油，手持吹风机，对着痛处用热风吹一阵，即刻痊愈——这就是传说中的“雪漠吹风治疗法”。

买核桃的故事也处处透着夫妇之间的疼爱与情趣。

话说某日去超市，雪漠老师看到核桃说想吃，央师母买一些。师母娇嗔道：你又不是小孩子，看到啥就要啥。雪漠老师无辜道：我早就想吃核桃了，总是忘，这次看到了，就买一些吧。师母说：超市的核桃三十五一斤，武威才十五一斤。雪漠老师说：武威是便宜，但这儿不是武威。师母施缓兵之计：那我明天去早市买吧，那儿便宜。第二天，师母从早市回来，没买核桃，问原因，曰：早市也很贵，不如以后在武威买，过来时多带些。雪漠老师说：不行，我就现在要！师母说：那东西，尽是脂肪，对身体不好！雪漠老师不依不饶：虽是脂肪，但它是不饱和脂肪，对身体无害。师母继续说：啥好东西吃多了都有害！雪漠老师继续不依不饶：我不是吃多，而是没吃。师母无奈，只好说：我要是买了，你不就会多吃吗？——不急，我找个便宜些的买。数日后，师母终于发现了便宜核桃，买回磕开一看，里面的内容干瘪苦涩，难以下咽。此事传出，成为笑谈。此后，常有学生送核桃来。师母于是又训斥：这种事，你说给孩子们干啥？他们挣钱也不容易，以后，不准说你喜欢啥东西，你一说，他们又会买。其实，师母不给买核桃，是怕雪漠老师多吃核桃会高血脂，她说核桃油大，多吃不健康。所以后来她虽也常买核桃，但严格控制雪漠老师每日吃核桃的数量，只有师母不在家的时候，雪漠老师有时会偷偷拿出核桃，和学生们一起，一边偷笑，一边酣畅地吃一阵。

关于师母节俭的笑谈还有很多。陈亦新说，为了省几元钱，她宁愿步行四十五分钟，放弃超市而到市场去买东西。不过，在我看来，师母的节俭不是出于吝啬，而是出于对物欲和消费欲的天然拒绝，更是出于对丈夫的疼爱。她可以花近千元买鞋送给丈夫，可以买上好的宣纸和笔墨给丈夫练习书法，但她从不会为了放纵欲望多花钱，哪怕这欲望在旁人看来已经是生活的必需了，她也是能减就减，能省就省。我注意到雪漠老师家每个水龙头下都放个小水盆或水勺接水，估计是要将洗菜水淘米水洗手水统统节省下来冲厕所。据说家里谁上厕所后都会问一声：再谁上？等都方便了才冲水，雪漠老师也不例外——师母更是“节水标兵”，常大声提醒雪漠老师：先不要冲，我也要上！师母常说：地球上的最后一滴水，是人类的眼泪。这是她从电视里看到的一句话，常挂在嘴边。

很多人都知道，雪漠老师用牙签总是一折为二，一根牙签用两次。陈亦新说，一次朋友来访，想用牙签，发现牙签桶里都是半截的牙签。问明原因后，那位朋友感叹道：要是每个人都像雪漠，地球上的森林就会少伐一半！陈亦新说，家里的餐巾纸也是要反复用好几遍。父亲有个习惯，衣兜里总是放很多用过的餐巾纸，多次用，直到用毛了，就放在家里的洗手间再当手纸。有一次出国访问，某杂志主编洗完脸，雪漠老师递过纸，主编接过用完，胡碴上沾满了白色的碎纸屑，拍打了许久才收拾干净。当时在场的人很多，场面颇有些尴尬。主编就严肃地告诫雪漠老师：以后用纸，要用名牌的好纸！说到这，亦新幽默一评：他不知道，多名牌的纸用久了都会毛的。听到这，我忽然很后悔自己刚才吃饭时，大咧咧地从纸巾盒里抽纸，噌噌一次抽两张，发给每个人。

雪漠老师说，师母和陈亦新是家里的“持不同政见者”，他们总是团结起来，就像两个铁面无私的黑包公，时时严格地把着家庭消费的总阀门，两双雪亮的眼睛时时警惕着，将一切可能助长物欲的消费替雪漠老师挡在了百米之外。雪漠老师说，自己其实是很有经商天赋的，总能发现商机，但每次这念头刚提出，立刻就被师母喝止了。师母说，我们是来做事的，又不是来挣钱的，要挣钱在武威就能挣了，来这里干啥？不过，唯一的一次，两位铁包公的阀门没把住，就是在樟木头买房。作家村刚成立的时候，樟木头的房价非常便宜，每平米才一千多，雪漠老师想买两套，师母训斥道：买那么多房干啥，你又不是房虫！但雪漠老师坚决买了两套，一套作为自己的关房，一套用于待客。后来，两位铁包公也一致赞同了这一坚持，因为，这是在这里安家的起码的条件。后来，用于待客的那一套，就成了现在的雪漠禅坛办公室。

8.
雪漠老师算账

下午参观雪漠禅坛时，正赶上雪漠老师办公，跟志愿者雷贻婷结算票据，给志愿者们发补助。但见雪漠老师高坐讲台，一手持计算器，一手抓一把零碎的票据，十几、二十几、三十几地做加法，加完又让旁边的雷贻婷加一遍，对了一下数，三千多。雷贻婷说，这些大多是给各地图书馆捐书的邮资，差不多每个月就要花掉三四千。捐书时还有一些花费是没有票据的，比如来回的车费等，常常就由陈建新垫付了。这几个月他垫付得比较多，花销有些紧张，“都快揭不开锅了”。我惊讶地望向一旁等着报销票据的建新，他像平常一样，无所谓似的一笑。雪漠老师就对建新说，以后所有的票据，要及时报销，不要影响你的生活。贻婷说，建新平时要处理的杂务很多，雪漠老师还常鼓励他多写文章，写好一篇，奖励二十元。

陈建新的每月补助，和陈亦新、王静，及其他几名专职志愿者一样，由雪漠老师每月按工作量发放。我发现，雪漠老师的“定量计酬法”极富创意，比如陈亦新：他平时处理日常事务，可获基础补助五百元；早上五点按时起床禅修，每天补助十元；开车每月补助一百元；电话费每月一百元；写一篇文章奖励二十元；每月不发脾气奖励一百元（发脾气则罚一百元）……这样，只要罚得不多，每月能有一千多元的生活补助。陈亦新也是广州市香巴文化研究院的副院长，不过他不拿研究院的一分钱，他的补助全由雪漠老师用自己的工资支付。

难以想象，陈亦新曾经年薪几十万，如今却过上了靠父亲每月发放一千多元补助的生活！有时，亦新也会皱个眉，跟我们慨叹说再不用信用卡了。我以为是怕还款麻烦，自作聪明地说：可以跟存折捆绑，每月自动还款。话一出口，大家都笑了，说，那更可怕了！原来，亦新平日花销用信用卡，刷时“威风凛凛”，临到月底还款时则大皱其眉。一次刷卡刷爆了没法还钱，只好设法变卖了自己一件心爱物品，才算渡过难关。这件事，朋友们听说后都觉得不可思议，对雪漠老师说：要是我就替儿子还账了，咋还叫他卖东西？雪漠老师说，那不行，谁叫他乱花呢，他可以选择不花呀。建新说，其实亦新的所谓“乱花”，大多也是用于招待。远方朋友来看雪漠老师，亦新一定要请吃饭，临别还要买些车上吃的食物。于是，我们都替亦新“喊冤”，雪漠老师就对他说：这种花销好，以后你不够了，我可以报销一些。

建新说，亦新和王静每天早上由师母带着修五大金刚法和大手印，五点到八点是修行时间。要是有一天没修，他们当天的补助就没了。中午还得看《百家讲坛》，要是有一天没看，也要从补助里扣十元……这时，雪漠老师淡淡地补充了一句：要让他们养成每天学习的习惯。

说到“学习”，我不能不“插播”一段——在我见过的人里面，雪漠老师的学习能力最是惊人。传说他一周就学会了做网站，QQ、微博、新浪秀等网络工具上手就会，比年轻人用得还溜；不管哪方面的知识，文学的、科学的、网络的、出版的、校对的……只要到他面前，立刻就像海绵吸水一样被吸了进去，化为他自己的营养。所以，雪漠老师常自比为“海绵”，但我也常觉得他像“天线宝宝”。任何知识被雪漠老师吸收后都不再仅仅是知识，而是化成了一种智慧，他随时随地都可以妙用这智慧，对身边人进行教调。有时我会产生一种幻觉，仿佛雪漠老师头上支了一根无形的天线，直达宇宙的智慧宝库，他需要什么，天线就输送什么，没有任何障碍。这次论坛的两次雪漠禅坛，让所有人都见识到了他的这种智慧妙用。对于现场的任何提问，雪漠老师都无需片刻思考，提问刚落，回答就脱口而出，而且句句流畅，句句精彩，更重要的是，句句针对在场听众，所以下来后很多人都觉得，雪漠老师是说给自己听的。这样的如海、如注、无碍、无边的智慧境界，我想也只有一个词可以形容，就是雪漠老师书中常说的：明广如天。

接着说陈亦新的日常工作。他一般负责家里的日常活动，除了接送父亲，还要处理雪漠禅坛的一些事务，有时也送母亲去买菜。家里老是有书寄来，也老是有书需要寄出去，往七楼的禅坛书库扛书，或是从七楼往楼下的车里扛书，都是他跟建新的事。有时候，陈亦新还要主持雪漠禅坛，负责对外联络的一些事情，这也是他能拿到五百元基础补助的理由。

不过，陈亦新可以申请创作假。若有好的创作构思，他可以在早上和上午写作，也能享受五百元的基础补助。至于别的补助，则必须采用“计件制”，雷打不动。这次拜访时，雪漠老师说最近给了陈亦新三个月的创作假。亦新听了，马上要求延期，他说这次办论坛差不多就占了一个月，所以申请再延期一个月。雪漠老师说，创作假一过，陈亦新的五百元基础补助里，就要加上别的写作任务，最近他正在改写用于雪漠禅坛的八十四个大成就者的故事，少写一篇扣二十元。

我们都知道，雪漠老师严格要求建新和亦新的作息，他们每天必须五点起床并发短信报到，超时扣十元；要是短信报到了却没起床，罚一百。一次，陈亦新陪雪漠老师到东莞文联开会，两人住一间屋子。五点整，亦新在雪漠老师眼皮子底下准时起床，开始忙碌。过了一会，雪漠老师慢悠悠地说：今天没报到，扣十块。亦新大呼冤枉：您明明看见我五点准时起来了呀！雪漠老师说，我看见是看见了，但按规定必须发短信报到，你没有发短信！从那以后，亦新建新外出时，哪怕跟雪漠老师同住一间屋子，也要发短信报到。

关于五点起床的笑话很多。话说某一回，有人请雪漠老师一家去海边，亦新建新想放松一下，早上发完报到短信后又睡过去了。忽听雪漠老师前来擂门，大吼开门。兄弟俩惊出一身冷汗，慌乱之下急中生智，把电视打开，端坐床头，佯装未睡。哪知雪漠老师火眼金睛，进门后扫视一圈，说，每人罚一百！兄弟俩损失“惨重”，哭笑不得。

以前，常有人好奇地问我：雪漠老师做事为何用的都是家里人？我想，这次论坛上雪漠老师的一番话或许是最好的回答。雪漠老师说，做这些没有多少世间利益的事，我只能用家人，我能叫读者辞了工作来做这些事吗？雪漠老师曾悄悄对我说，经济基础决定上层建筑，陈亦新他得听我的话——别人当几天几月的志愿者可以，能一辈子当专职志愿者吗？——陈亦新要是不听话，我只要吼一声：再不听话，就不发补助！嘿，他就乖乖听话了。

不过，陈亦新来到父亲身边，当然不是为了区区千余元的补助。要知道，在武威他一年的收入有好几十万，他的文学院招生时，报名的家长都快挤破门了。至今仍有人为亦新放弃自己的事业抱不平，有人说他傻，也有人不解地问：难道陈亦新教学生写作，就不是大善铸心了吗？我想，亦新的放弃，仅仅是因为他有着和父亲共同的理想和使命。大善文化的传承和弘扬需要很多人做一些实实在在的事，需要很多人付出大量的时间和精力，他们是专职的文化志愿者。雪漠老师不可能号召别人牺牲世间利益来做专职志愿者，他的家人便首先做了这样的志愿者。后来，雷贻婷、陈思等人也加入了这个队伍。她们都是有才华的年轻人，但为了大善文化的传播，她们也放弃了本来可能拥有的世间利益和世俗成功。好在，父母都很支持她们的选择。雷贻婷说，她做专职志愿者后，有一种脱胎换骨的变化，她的父母看在眼里，喜在心头。

雪漠老师教调孩子的故事很多，这些故事总让我们开心一乐之余，又慨叹不已，既叹雪漠老师可爱，更叹雪漠老师的用心良苦。对于这些孩子来说，雪漠老师绝不是“虎爸”，他只是在用自己的智慧培养他们。他常说，自己是在“把混混培养成大师”，又跟专职志愿者开玩笑说：“你是来我这里读‘大师后’了。”只是，雪漠老师的大师标准，跟时下流行的标准不同，首先一条是，必须能降伏自己的心，让心属于自己。到北京、上海等地举办活动的时候，很多人看到亦新建新都忍不住赞叹，他们身上，有都市孩子少见的干净、朴素、健康、礼貌，以及与年龄不相符的智慧。所以，很多志愿者的父母说，看到雪漠老师把两个孩子教调得这么好，都很放心将自己孩子送到雪漠身边。关于雪漠老师教调学生的故事有很多，此处按下不表。

话说雪漠老师算完账，建新抱出两摞书：《世界是心的倒影》《让心属于你自己》和《无死的金刚心》《光明大手印：参透生死》。这些书，需要雪漠老师亲笔签名。我们几个有的撕塑封，有的笔墨伺候，有的把纸巾撕成小碎片，雪漠老师挥毫签完要压上一小片纸巾，防止墨迹沾到书封。正忙碌，电话响了，有人想要两套《光明大手印：实修心髓》和《光明大手印：实修顿入》，雪漠老师便吩咐建新送去。我有些纳闷，莫非现在还有人向雪漠老师免费要书？建新说，打电话来要书的人还真不少，有些是专家学者，有些是大学生，有些是一般读者。我知道，但凡有人向雪漠老师伸手，他总是会让对方满愿的。比如手上戴的念珠，不论多么昂贵，若有人想要，雪漠老师总是想都不想就从手上摘下送给他。据说雪漠老师有一串上好的象牙念珠，价值好几万，却随手送给了一个很多人眼中的“混混”。这事传出后，老有人说可惜，雪漠老师却说：念珠嘛，只是计数的，用啥都一样。后来，有人供念珠时会加一句：希望老师不要送人，要自己用。雪漠老师若是答应了，供念珠的人会非常开心。有了类似的承诺，雪漠老师才有了相对固定的念珠。

陈建新还给我们讲了“毛衣的故事”，那是在武威时，某年隆冬，雪漠老师家来了一位文学青年，穿件单衣，冻得发抖。临别，雪漠老师脱下自己的毛衣送给他。此后约有一周时间，雪漠老师无法出门，因为他只有这一件毛衣，他只能窝在家里，等师母给他织好新毛衣。新毛衣织好没几天，那青年又来了，仍穿件单衣，冻得发抖。问原因，说是把毛衣送给他弟弟了。于是，雪漠老师又脱下新毛衣送给他，自己仍窝在家里，叫师母打毛衣给他。

这类故事有很多——可想而知，对于送出的书呀物呀之类的开支，雪漠老师是从不计算的。不过，我是做出版的，知道书价越来越贵了，雪漠老师免费送掉的书，码洋想来不会小，比师母节约省下的那点钱不知要高出多少倍。但雪漠老师对别人的所有满愿，师母都随喜了，并无半分责怪。

9.

雪漠老师买褥子

晚上，我请雪漠老师一家和志愿者们吃饭。师母说，以前雪漠老师不吃晚饭，遵循过午不食的习惯。有一年到鲁迅文学院学习，一些人看他不吃晚饭，以为是因为穷，纷纷表示要救助他，雪漠老师哭笑不得，只好随缘了。席间，师母嘱咐大家说：要吃尽啊，不要浪费了阳春的心意，这简简单单的一句话，让我心头暖暖的。饭后，雪漠老师说要带我们去超市买褥子，让陈亦新带师母先回家。雪漠老师偷偷跟我们说，要是师母跟上，褥子肯定买不成了。未想师母早已识破，拉上陈亦新紧随其后。我们刚到超市，师母也到了。

雪漠老师说，这回不听她的，关房已经不像样子了，跟民工房间差不多了。前几天，因为把太多的书放在床上，床忽然塌了。陈建新悄悄说，其实床的一侧早就折了，雪漠老师支了一块木板，将就着还能睡人，就一直凑合着用。这回，另一侧也折了，雪漠老师索性扔了床架，把床垫安在地上，就成榻榻米了。陈亦新认为榻榻米也很好，很有安全感。但为了能多放书，雪漠老师还是给自己买了一个学生用的高低床，准备上面放书，下面睡人。买了床，自然需要褥子，前几天忙论坛一直没时间，现在正好饭后散步去超市，一举两得。

这个故事我们听了都很震惊，原来雪漠老师一直凑合着睡塌了半边的床！不过，这不能怪师母，因为上师的关房是连师母也不让进的。关房的钥匙雪漠老师不给任何人，除了有时去送饭的建新，一般人也不知道雪漠老师睡着破床。

陈亦新说，这号事他早习惯了。早些年他们全家去朝圣，带着褥子被子枕头一路上露营，舍不得住旅店。有一次下雨必须住旅店，他们找到一个十元一晚的店，忽然发现父亲不见踪影了，后来才知，他跑出去找五元一晚的旅店了。但找遍了整个小镇也没有，只好回来。这个十元一晚的破旧旅店从此倒了师母旅行的胃口。旅店的厕所建在山坡上，黄黄的粪池在十多米以下，踏脚处是几片晃悠晃悠的木板，如厕时提着气悬着心，总担心木板塌了掉进粪池里。师母爱干净，从那以后再不喜欢旅行。后来，偶尔的几次旅行，师母说也不过是从这个城市的书店，移到那个城市的书店。雪漠老师爱书，到哪里总爱往书店钻，于是，旅行常常就成逛书店了。师母其实也爱看书，而且聪慧超人。有些书，雪漠老师若是一见倾心两眼放光，不论多贵，师母都会鼓励他买下来；而有些书，雪漠老师表现出犹豫的话，师母总是投否决票。平时家里可买可不买的物品，师母都会行使她的最后否决权。

这次亦然。我们在超市转了一圈，凡是雪漠老师看上的，都被师母否决了。后来，我们只好到超市外面的自由市场选了两条褥子。回到小区，雪漠老师特许师母带着褥子到他的关房去收拾，我们则到禅坛继续工作。

次日我们才知道，师母那晚还给雪漠老师选了“四件套”。铺上后，床单宽出不少，就找裁缝把它裁成一大一小两条，分别放在高低床上。美中不足的是，上层的那条太窄了，包不住褥子。雪漠老师说，这样人躺在上面睡，床单肯定会东来西去的，太不成样子了。师母早有先见之明，淡淡地说：上层不是要放书吗，你睡下层不就行了。

写到这，我不得不再次声明：雪漠老师一家人的节约并非吝啬。雪漠老师是国家一级作家，正高职称，工资不低，加上勤奋著述，所著皆大受欢迎，版税收入很高；而陈亦新教写作、师母经营教辅批发积攒的收入也不少——所以说，雪漠老师家里并不缺钱，他们一家人的节俭，既是一种习惯，更是一种态度。他们宁愿将钱花在传播大善文化的事业上，不愿花在自己身上。要说吝啬，他们仅仅是对自己“吝啬”。而这“吝啬”的背后，其实正是一个真正的修行人对于物欲的拒绝态度。而在帮助志愿者、捐书、办网站、办研究院、传播大善文化等方面，他们总是很大方。这次论坛上，研究院副院长王菲在作研究院工作报告时说，这两年，雪漠老师捐给研究院作为研究经费花掉的钱，已近三十万，还不包括用于别处的经费。一些以研究院名义搞的活动，比如配合出版社和中国作协做的几场活动，雪漠老师都自己承担了很多费用。

10.

纠结了一年的“一问”

回到禅坛，雪漠老师让我们讨论一个问题：雪漠禅坛申请表上有一条款，即询问听课费的自愿捐助数额那条，让一些人心中不舒服。他问我们：要不要把那一问删去？

我们一时无语。因为我们知道，真正对雪漠老师有信心的人，是绝不会在意这一问的，能被问出不舒服和猜疑的人，恰恰是缺乏清净心的人。正如雪漠老师说的，这一问，其实是一块试金石，是他故意设置的一个门槛，是一种测试，也是他拒绝一部分人的理由。

这两年，越来越多的人涌到樟木头，像看西洋景一样来看雪漠。有的是出差或旅游顺带来看看，来了雪漠老师就到外面餐厅请吃饭，这花销也日益成为一笔大开支了。来的人形形色色，有的来了不问道，却自以为是地质疑、辩论；有的是自己想堕落，来索取堕落的理由安慰自己；还有的纯粹就是结伴旅游来了，拿雪漠当一个旅游景点，临走再要些书。当然，也有真心求道者，可惜不多。

雪漠老师向来不拒绝人，但近来太多的“观光者”已耗去他太多的生命。尤其是一些人每次上门都要口若悬河地神侃一气，教一些如何弄钱的妙招。雪漠老师说，我要是那样做，还不如死了的好。他常跟我们说：我不需要大笔钱，我也不需要太多的学生，我只需要一颗真心，我更愿躲到一个任何人都找不到的地方，静静地看书、写作。

有时候，雪漠老师的家人也深受那些“观光者”的骚扰。每次来人，师母都要做饭给他们吃，这对于本来好静、也爱读书的师母来说，无疑也是一种生命的耗费。陈亦新则常接到一些莫名其妙的电话和短信，有恐吓的，有借钱的，有神经兮兮的。雪漠老师的手机二十四小时开机，夜里就常被这类短信和电话吵醒，不能睡个安稳觉。亦新和师母提了很多次，让他睡觉时关机或静音，或是设个黑名单拒绝一些骚扰电话，雪漠老师每次听了都只是笑笑。我知道雪漠老师从不关机的原因除了慈悲之外，再无其他。因为有一次，我就在凌晨三点多打过一个电话。那是我参加出版培训时，住单间，晚上睡觉时感到有恐惧之物绵绵不绝地向我袭来，让我恐惧到发抖。我想给雪漠老师打电话，又怕打扰他睡觉，就用被子蒙住头扛到凌晨三点多，实在扛不住了，拨了电话。很庆幸，电话通了，更庆幸的是，雪漠老师接了，还给了我指点。放下电话，我按指点去做，终于渐渐睡着了。我想，要是那时雪漠老师关机了，面对巨大的恐惧，我会怎样呢？真不敢想象。病中的心印法师也总说，自己虽在病难之中，但一想到有个能随时打通求救电话的人，心里就有一种莫大的安慰。雪漠老师要求心印每天给他发一条短信报平安，要是很晚短信还没来，就会主动打电话过去询问。心印是大善文化的一个生命奇迹，这三年来，雪漠老师一家一直在默默照顾她，最近还让志愿者雷贻婷、慧印轮流去照顾她。事实上，对于心印，对于很多需要帮助的人来说，雪漠老师二十四小时畅通的电话，就像是无边暗夜里的一盏灯，给大家带来安慰、温暖和希望。

但是，并非谁都能懂雪漠老师的慈悲，尤其是很多想见他的人，其实并不了解他。雪漠禅坛的初衷是为了给那些想见雪漠老师的人一个集中见面的机会，为此，雪漠老师一家不但要投入生命时间，还要投入经费开支。而想见雪漠老师的人是越来越多了，于是一位朋友提议在禅坛申请表中加上那一问，他的理由很简单：要是没有这一问，阿猫阿狗都涌来了，老师的生命将会耗尽在这些人身上。当然，也有一开始就反对加这一问的，陈亦新就是其中一个，他的反对仅仅是出于对父亲的爱护。所以看起来，关于这一问的纠结，已经快一年了。

雪漠老师给我们讲了王重阳的故事。明末王重阳传道时，数以千计的人蜂拥而来，但多逞口舌之徒，胡吃海喝却不修道，王重阳不堪其扰，就想了个办法。一天，他忽然得了一种奇怪的皮肤病，浑身散发臭气。那些没信心的弟子看见后一哄而散，剩下几个没生退转心的弟子跟定师父苦修，终于成道。雪漠老师说，申请书上的那一问，就是我的“病”。那些看后会不舒服的人，正是我想拒绝的人。我的生命不是陪人聊天的，要是见到这一问都会失去信心，日后能让他产生退转心的理由就更多了，还不如早点拒绝他，为我节省一点时间吧！

雪漠老师的这番话，让我想到他在《让心属于你自己》的后记《由我的“涂鸦”谈真心之用》中的一句话：“雪漠的一切，是为有信心的人准备的，对于没信心者，我只好祝福随缘。”

于是，我们说，那就留下吧，至少可以给老师减减负。我又多嘴问了一句：能不能叫建新或亦新先过滤一遍，挡去一些显然没信心的人呢？雪漠老师断然说：那怎么行，不能给他们这种权力。有时候，一有特权，就可能腐败。我赧然。

但陈亦新仍坚持要去掉那一问。他当着我们的面，拧眉挥手，嗓门很大，一再说：再不要叫人误解了。众口铄金，积毁销骨，那种误解，也许会断了有缘者的慧命。我们听了，都觉得亦新说得很有道理，就一致同意去掉。

雪漠老师于是随缘接受了，打电话让人修改了挂在雪漠文化网上的申请表。

11.
给我一份清静

很多人都知道，雪漠老师惜时如金，曾经在很多年里，他每天都给自己打考勤，不浪费一分一秒。然而近些年来，总有人前来打扰，他又不忍拒绝，宝贵的生命时光有时就白白耗费了。这次拜访时，我们常听他感叹：再这样下去，我就要逃到一个谁也找不到的地方去了。

2012年雪漠老师写过一篇文章，叫《怎样才是真正的“弟子”？》，作为《世界是心的倒影》一书的后记。但或许没有多少学生真正读懂了这篇文章，因为现实生活中，一些学生常给他带来干扰。比如，有些学生会将自己的一些烦恼，像撒气一样，统统撒在了他的身上。发飙的学生时时出现，发飙的事也老是发生。所有这些，雪漠老师都要毫无分别地包容、承担。此外，他每天早上要阅读一些重病学生和读者的日记，好让他们的负面情绪宣泄出来，有益于他们的健康。

雪漠老师的学生中，优秀的很多，但也有些人不太懂事，出于自身的烦恼和欲望，经常给雪漠老师发一些问询、质疑、教训甚至训斥的短信和QQ留言。看到那些训斥短信时，我们都无语了。

雪漠老师说，我不是不懂世间法，很多时候，我不过是像接受袁妍的地铁票一样，接受一些人的善心。关于袁妍买地铁票的故事，很多人都知道。话说有一次，雪漠老师拖着大包小包的书，坐火车从北京回到广州。还没出站，就见来接站的袁妍兴奋地挥舞着地铁票说：雪漠老师，我买好地铁票了！我们先到广州东，那儿有去樟木头的动车。同行的人说，广州站有和谐号的，不必去广州东。雪漠老师不想叫袁妍失望，连说不要紧，就拖着大包小包，跟着袁妍坐地铁到了广州东，再乘和谐号回到樟木头，多费了很多气力和时间。这个故事也有人不理解，但雪漠老师说，他不忍心拒绝一份善心。他说：“有时候，叫人误解也没啥，但要随喜别人的善行。”又说，“任何一个向你求助的人，和向你奉献真心的人，都是你的世界里最重要的人。”

雪漠老师爱惜他人心意的故事实在太多了。谁送礼物，他都会爱惜，而且一定要大张旗鼓地用上一阵。送念珠，他会马上戴在手上；送衣服，他会马上穿几天，哪怕不那么合适；送茶叶，他连亦新建新也不让喝，说他们不能享受别人的供养；送书，他一定会马上浏览一遍，然后放在书架最显眼的地方。有一次来北京做活动，气候干燥，我发现雪漠老师竟用一小袋美加净宝宝霜擦脸，不禁失笑。同行的学生说，这是别人送的，所以老师要用。雪漠老师脖子上的那块玉也是别人送的，他就日夜戴着。还有一次，六月天，一个学生出于爱心，愣脱下自己厚厚的外套，披在雪漠老师身上，老师二话不说就穿上了，走在骄阳下。走了一阵，我们怕他热坏了，提醒他脱去外套。雪漠老师说：这是别人送我的，得穿着。这次来樟木头之前，雪漠老师专门打电话提醒我把所有书稿的校对样都带上，说要珍藏。其实，校对稿有什么价值，值得珍藏呢？我做编辑十多年，无数的校对稿大多漫不经心地处理了。

但我没想到，雪漠老师真的珍藏了——这一次，他带领我们，把校对稿全制作成了手工书。手工书的工作坊就在老师家的客厅，我们几个学生负责理清页码，建新负责打眼穿绳，师母负责用白乳胶细细粘封面，雪漠老师给每本书题写书名。这一幕让我久久地感动，我知道，这是雪漠老师在用一种特别的方式，表达对我劳动的一种爱惜。

今年6月在北京举办《无死的金刚心》读者活动周时，也有两件事让我深受震动。一是某日，一位狂热读者想请老师吃饭，因为找不到合适的地方，就找了一家昂贵的饭店。席间，这位读者又当众行礼，引起了在场一些学者的误解。雪漠老师自己一再反对狂热，一再告诫学生们不要把自己架在火上烤，他也明明知道这位读者的狂热已伤害到自己，但他并没有责怪她，而是欣然接纳了一切，包括对他的伤害。遗憾的是，那天在场的学者，至今仍对雪漠老师抱持着误解。

另一次，某晚，雪漠老师下榻的宾馆来了两个读者，哭诉他们女婿患病的全过程。忙碌了一天的雪漠老师已经很疲惫了，仍耐心地听完长长的诉说，没有显露出半点不耐烦。诉说完已近午夜，读者请求雪漠老师亲自去医院看看他们的女婿。雪漠老师也没拒绝，起身和他们一起下楼打车，前往医院探望病人。医院离宾馆很远，打的去打的回，仅花在路上的时间就约两小时，所以回到宾馆时已是凌晨，而雪漠老师这天上午还有重要的讲座。

这些天跟着雪漠老师，我每每想起他说的“读‘大师后’”那句玩笑话。其实，我们难道不是在跟着他“读‘大师后’”吗？他的慈悲深宽如海，他的智慧明广如天，他的人格趋于完美，他的理想臻于至善。他的很多言行总让我想到舍身饲虎的故事。他慈悲地接纳了每一个人的索取和哀求，哪怕有些索取打着爱的、善的、信仰的名义，本质上却是烦恼、自私、贪欲和控制欲。只要有一丝善的向往，他都不会拒绝。而事实上，许多时候，有些人以信仰的名义做的一些事，不过是在侵占他的时空，消耗他的生命。他也慈悲接纳了一些人对他的误解、傲慢和偏见，他把这些人视为他的“逆行菩萨”，并说，对于我们生命中的那些“逆行菩萨”，要大声说：谢谢你！这次文化论坛上，沈军老师有一个很形象的比喻，他说现在的雪漠老师就像是一头奶牛，一大群人正围着他吸奶。这个比喻颇叫人心痛。

这次论坛上，也有一些人自以为是地对雪漠老师指手画脚，其中不乏指责、质问者，更不乏想管理、控制者，却少见关爱、心疼者，也少见真想“读‘大师后’”者。提起这些人的行状，雪漠老师忽然问我们：要不要写篇文章，声明一下再不当老师了？师母听了立即喝止：好好写你的书，干正事！

在《无死的金刚心》中，雪漠老师曾写过琼波浪觉的一个境遇：弟子众多，口舌纷争不断，让他不堪其累。对照看来，雪漠老师现在的境遇，是否和琼波浪觉相差不远了呢？否则，他为何要连连慨叹：真想躲到一个谁也找不到的地方？

11月24日，雪漠老师在广州图书馆《羊城讲坛》讲托尔斯泰，讲到托翁老年时不愿被控制而离家出走、死在一个小站时，借题发挥说："我也想像托尔斯泰那样逃走呢。最近老是有种被绑架的感觉，老有人想把我变成他们期待的人。我多么希望也有人将我当成一个众生，心疼或关爱我一下，甚至允许我有一点毛病和习气。"

在那天的讲座，雪漠老师一再说：

我们要学会给别人带去方便，而不是带去烦恼。

千万不要以善的名义、爱的名义折腾他人。

要学会心疼、关心、爱护他人，不要以爱和信仰的名义"追杀"和"绑架"他人。

真正的信仰，首先要学会尊重他人。

并说：

"希望那些为我好的人，先给我一份理解和清静，让我去做生命中更重要的事。"

现在，我原封不动地把这些话记录下来。我也原封不动地把我走进雪漠老师家时的所见、所闻、所想记录下来——尽管这篇文章已冗长成万言书了。

我仅仅想以朴素的文字，把这一切定格给这个世界，作为自己这么迟才理解了老师的一种补偿！

写于2012年11月25日

代跋

雪漠告网友书

雪漠

1.

前不久，我在凤凰网华人佛教上发了三篇文章：《“念佛往生”的误区》《信仰的“魔桶”与破执》《雪漠为什么一再强调破执？》，因旗帜鲜明地反对迷信，反对狂热，反对末日邪说，刺痛了某些人的神经，招来了不少非议、造谣，甚至诽谤。其中，个别狂热迷信者，也将我视为眼中之钉，或威胁，或咒骂，或恶语中伤，必欲除之而后快。那阵势，有种黑云压城、天地变色的意蕴。

这种事，在佛教史上老有，连佛陀都时时中箭，或是被妓女诬陷，说佛弄大了她的肚子；或是被外道栽赃，说佛杀了其徒众——倒也见怪不怪。

许多时候，宗教斗争比政治更为血腥。政治斗争，多弱肉强食，虽也成王败寇，但刘邦绝不会把脏水泼向项羽。项羽虽败，仍是英雄。但宗教斗争，却可能黑白颠倒，在狂热和迷信的驱使下，常常会没了道德底线，或祭“魔王”石，或摔“骗子”帽，更会炮制恶心故事，在道德上大做文章，以便从根本上搞臭对手。有人就屡屡扬言，不搞臭雪漠誓不罢休。

也许有些人，还真的把雪漠当成了他们的竞争对手。

在这儿，我明确表示：没必要！

因果律法则称，善恶有报。我做的，必要我受。若是我真做了不如法之事，法律自会找我，我也会自作自受，坦然受报，用不着浪费某些网友的时间，以造谣和诽谤的外相闪亮登场。——当然，要是我好心做了坏事，无意间伤害了哪位，我在此致歉了。

在这儿，我明确表示，我绝不当任何教徒。

我曾在小说《西夏咒》后记中说：“我仅仅是个信仰者，我永远不会当教徒，永远不会把心灵局限于一个‘小小的’教派，或是‘大大的’佛教，或是‘多多的’宗教。”

我永远不当“法王”，不当“活佛”，不当“高僧”，不当“仁波切”，不当“救世主”，不当“传教士”，不搞政治，不加入任何组织，更无意在佛教圈里混饭吃。

我只想当一个有良知的作家，只想做一个文化志愿者，只想为世界多留下一点善美。

所以，我正告那些诽谤造谣者：永远别怕我会抢你们的“饭碗”。请别用非宗教性的诬陷来代替学理性的辩论，请别用政治性的陷害来取代学术化的探讨，请别让君子所不齿的小人行径来染黑自己的信仰招牌。

明眼人可以看出，无论诽谤者如何标榜自己的信仰，其行为本身，已否定了他自己。试想，要是老是造谣，老是朝别人泼污水，老是发匿名帖子，便是他真有传承，真在修行，真有上师——哪怕是所谓的成就者，我们也能断定，他不过是一个欺世盗名之徒，并不是真正的信仰者。

我研修佛教文化，是为了战胜自己，我不为名，不为利。我既没有经营佛教文化产业，也没有广收门徒开宗立派，更无此念想和心力。我背井离乡，独居岭南，离群索居，就是想躲开人事的繁杂，好好做一些想做的事。我常年离开家人，独居一室，除修行写作之外，做得最多的一件事，就是花我的稿费，或资助一些有梦想的孩子，或向全国各图书馆、高校、专家们捐书，希望能将一种即将被全球化浪潮淹没的文化保留下来。此外，我大多闭门谢客，独享清静之乐。

不过，树欲静而风不止，我常常会躺着中枪。没办法，我总得说话呀。一说话，总会授人以口实。因为人心不同，各人眼中的世界就不同。总有人用自己的鞋子，来套雪漠的脚，老想削足适履，那刀子就时不时飞向了我。

盲人摸象的故事里说，那争呀斗呀的原因，是因为自己瞎了，没看到象的全貌而已。

不过，有的人其实并不瞎，也知道雪漠的深浅，他甚至会偷偷读雪漠的书“取经”，或是拿雪漠的书招徕信众，更有“法王”，老拿雪漠作品开路，自称是雪漠师兄，进而招收徒众。

若有私欲膨胀者，或心胸狭小者，就会自赞毁他，就会蔽慧塞聪，就会断章取义，就会断人慧命，这时，雪漠更会成为别人的靶子。

于是，就会有人说，雪漠嘛，写的书好，有思想，人嘛，呵呵。……这就怪了，雪漠离了雪漠的思想和灵魂，剩下的，不过是一堆骨肉。雪漠的肉体，是用来盛雪漠的灵魂和思想的。哪能将雪漠的肉体和思想割裂开来说？离了雪漠的思想，雪漠还是雪漠吗？

不过，也有人肯定了雪漠的智慧和慈悲，又想否定雪漠的修证。问题随之而生：修证的目的，难道不是为了证得智慧和慈悲？

我不知道，除了智悲，你的修证有啥意义？

智慧用于解脱，慈悲方能利众，离开了解脱和利众，宗教还有啥意义？

2.

好在我的写作，不是为了占啥地盘，也没有丝毫跟别人抢人气的意思。称我伟大高尚者，说我欺世盗名者，都没有道出我的底细。我智慧够用，慈悲也不缺，但还有习气，离我对自己的要求还有距离。我会努力，争取在这辈子达到自己的要求，多建立一些岁月毁不掉的价值。

所以，借此机会，我公告如下：

对称我“佛”者，我不随喜。我只是一个明白的平常人，有颗平常心而已。我不曾贴佛之标签，却相信我有佛心。我说过：“佛是心头一点光，传你传我传千年。”却不知，我说的“光”，是不是人们所说的“佛”？

对称我“魔”者，我不敢当——我一介书生，哪有魔力？早年修行写作，吃饭都成了问题，世上哪有这样的魔王？至今，我做事时，仍是有多大力，做多少事。近两年，我给广州市香巴文化研究院捐了稿费三十多万，还会一如既往地捐下去，连会计周居士都急了，她说：“您咋不给师母留些养老费？”若我是魔，一点石，便成金，哪还会如此费力地用血汗换稿费？

对称我为啥“父”者，我不敢受。你可以理解为出版的一种营销策略。我一向怕别人叫“父”，我倒希望有个视我为“子”者。我曾玩笑说：儿子是合法地从你口中抢食、从你衣袋里抢钱，而又不犯法的那类人。是故，老祖宗称其为“讨债的”。我其实最想做的，是当“子”，可是，谁能做我的“父”呢？

对称我为“师”者，我受之有愧，因为我总是恨铁不成钢。虽也有些好学生让我感动——有时，这甚至成了我写作的理由，但时不时也会遭遇当面称“师”，背后却捅刀子者。自家的真心，总能换来那类人的假意。这时代，能按《弟子规》要求自己者，寥寥无几。那名不副实的“师”字，不要也罢。

对称我“骗子”者，我倒希望他们也当我这样的“骗子”：多写些倡导善的文章，多做些弘扬善文化的事，多帮帮需要帮助的人，多让痛苦者离苦得乐，多抢救那些濒临灭绝的文化，多给迷茫者一份关爱，多一点宽容，多一份慈悲，多一点智慧分享，多为需要清凉的人提供一些值得去读的书。若你成了这样的“骗子”，我也会随喜呢。

其实，我最想做的，是一个有信仰的作家。我信仰真理，信仰智慧，信仰慈悲。

我永远不当教徒，我只追求真理。

我常说，所谓教徒，就是被某个群体所困者。所谓信徒，就是被某种思想所困者。而我信仰的大手印文化，则是一把利剑，它能斩断所有对真心的束缚。

3.

我曾一再强调，雪漠的所有作品，仅仅是在分享自己的经验，不敢有度众之意，也没有救世之能。对于我的分享，网友们觉得有意思读了，就读一读；觉得没意思读了，就扔了。十多年来，赞我者、毁我者、诽谤者、造谣者，来了，走了，一拨又一拨，很是热闹。

近年来，更不乏屡屡打电话威胁者，其内容，不乏黑色幽默，下举几例：

你必须公开承认某某为上师，不然，我就发帖说他开除了你；

你必须和她恋爱，不然，我就发帖说你和她恋爱了；

你必须教我双修，不然，我就发帖说你跟我双修了；

你必须教我五大金刚法，不然，我就发帖说你没有传承；

……

如是云云，真是有趣，充满反讽色彩。

你可别小看这种威胁，许多时候，它是能起点作用的。

某次，一个学生看到一帖子，给我留言："这两天，我有种无处可躲的恐惧。躲到被窝里后，《西夏咒》中的种种都浮现了：琼遇到阿番婆后的考验，还有阿甲怀疑怙主后的大哭。您要想找个清净的地方，就到我老家去吧，那儿连手机信号也没有。”

这朋友真单纯。他不知道，流言是躲不了的。

只要你活着，只要你说话，只要你优秀，只要你扎眼，你就得学会正视流言。

三十年前，我写过一首诗：

恼人的汽艇自后而来
像人言
涌起千层浪
舟太小
经不起大的颠簸
有心入水
又恐龙宫
亦无你我的伊甸

听说彗星又长了尾巴
那扫帚
定是你风中翻飞的长发
你能扫尽搅天的唾星吗

这世界

为何总无一片净土

这首诗当然很嫩。没想到，三十年后，它却依然新鲜，真叫人眼界大开了。人说网络时代无好人，只要人愿意，就可以炮制出无数的帖子来。老祖宗说不怕贼偷，就怕贼惦记，只要你说真话，就会得罪人，就会有人盯上你，就会有人算计你，就会有人诽谤你，就会有人泼脏水。你便是闭门谢客，躲在被窝里诵经，也免不了飞来冷枪，老祖宗故言："宁得罪君子，不得罪小人"，"敬小人如敬父母"。

我的朋友裴树唐，就是叫小人害了半辈子。当我在卷宗中看到害他的那些举报信时，曾冷气倒抽，汗毛直竖。那害人者很聪明，写信前，经过了认真研究，对裴先生的日常生活描述，大多真实，但那关键的地方，却是假的。人一读那信，发现有细节，有生活，有情景，就以为是真的，却不知，那许多的"真"，只是为了染"真"那一点点炮制的"假"。所以，一读那信，人都会义愤填膺。虽然后来，因缺乏证据，那些信只是旁证，但就是这类东西，影响了法官的情绪，把我的朋友弄成了强奸犯。不过，不久之后，那几个害人者就得癌症死了（甚至包括了那法官）。二十多年后，饱受磨难的裴树唐终于平反。我说他“耐得天磨真好汉，不遭人忌是庸才”。只是，他已成了七旬老人。他才华横溢，真是可惜！

近年来，我也遭遇了许多有趣的故事，有敲诈者，有“绑架”者，有威胁者，有想设套者，有恶语中伤者，有设坛诅咒者——《无死的金刚心》中就写了这一点。某次，一网友请我去品名茶，不料其用心却在其他，故事便随之出笼了，造谣恐吓更是此起彼伏。因为我多年闭关，人难见我面，就有将其故事编到我小学一年级者，说我从那时起，就如如何何了。呜呼！不亦乐乎！对于一个作家来说，这真是一笔财富。这也是我经历平凡、却总有无穷素材的原因之一。

在我的故事制造者中，有文人，有教徒，多视我为对手，自我的《大漠祭》出版，后涉猎宗教文化题材至今，已有十多年了，所遇人物各具风貌，故事内容形形色色，十分精彩。

我发现，那些貌似有信仰的狂热之徒，害起人来，更没有底线，更不择手段。因为他们将跟自己意见不一致者，都当成了魔，必欲除之而后快。他们知道如何才能搞臭你，他们有许多同道或是同谋。他们认为，他们在降魔，他们在护法，他们在普度众生。更可悲的是，他们的迷信狂热会愚弄很多不知情的人，进而搅乱人心，搬弄是非，制造风波。他们除了做一些宗教上的诛法之类，也会将世间法中的下作手段用到极致。

在海外著名的真假某法王之争中，就有许多相似的伎俩。为了搞臭对手，某仁波切甚至将对方的大名植入别人的性丑闻中，发表在报纸上。更有人甚至不惜贿赂政客，使用暴力，来达到自己的目的。

我常说，文学界有底线，他们有作品质量作为基本标准。政治虽可能丑恶，却也有其必须遵循的规则。只有宗教上的迫害，是不一定需要理由的。他们可以不需要任何证据，不择手段地大行诽谤迫害之能。

在《无死的金刚心》中，琼波浪觉遭遇的许多事，我同样也遭遇了。我之所以能走出宗教的“魔桶”，凭的就是慈悲和智慧。即使在面对那些想置我于死地的狂热之徒时，我的心中仍是悲悯，并无半点怨恨。我始终把他们当成了病人，都说生病的孩子招娘疼。我虽然不是娘，但也惋惜那些因愚痴而犯罪者。

当然，那种愚痴现象，在其他宗教同样存在。像中世纪的天主教对那些所谓女巫的屠杀，再如宗教裁判所对布鲁诺们的迫害，是人类历史上最黑暗的一页。十字军东征时，那些所谓正教徒对异教徒的迫害，并不比侵入南京的日本鬼子逊色。我在《西夏咒》中这样写道：“而千里外的罗马，教皇囊中渐瘪，开始做东征之梦。几十年后，基督的十字军将进入耶路撒冷，他们摔碎婴儿的头颅，剖取腹内的钱币，把七万个穆斯林送上了天堂。”瞧，历史总是惊人地相似。

在一篇文章中，我写到过旧教徒对我的僧人朋友益西的诬陷。益西虽然清净，但因为有可能成为法脉传承人，对方就视如眼中之钉，炮制很多“罪状”，进行诬陷，更抢占其财物，想断其生路，其手段卑劣，令人发指。

同样，我也遭遇过这类事情。有好几年的时间，我的生活中，也填满了这类内容，像梦魇一样，严重地影响了家人的生活。那段时间，我甚至想跟妻子离婚，仅仅是不想叫那些是非和唾星，影响到我的家人。后来，每到新一波谣言和诽谤出现时，这个念头就会出现。我于是理解了在那个年代里跟妻子离婚的裴树唐。

这一切，我会在下一部小说中展示出来。

4.

同样，因为老是有人写我的生活和行踪，我于是成了“公众”人物，几乎无私密空间了。连家中摆设、生活细节、穿衣戴帽、习惯嗜好、我的行踪，也多流传在网上。许多网友比雪漠更了解雪漠。

在关注我的朋友中，有很多是善意的研究者。他们的热心，很叫我感动。常常是一年结束了，我需要总结时，只要问网友要，总有热心人会列出清晰名目来，哪月做甚，哪天干啥，发表了啥文章，出版了啥书，获了啥奖，参加了啥活动，跟谁在一起，时间地点，点滴明细，分毫不错。现在，发在雪漠文化网（www.xuemo.cn）上的所有“雪漠某年大事记”之类的，都不是我自己整理的。我智慧不大，忘心不小，自己做了啥，早从心里抹去了。可那些热心的研究者们，都点滴记着呢。这当然很叫我感动，在此致谢。

但同时，也因为关于雪漠的素材多，别人炮制的那些关于我的故事，就显得有鼻子有眼，不由你不信。人家只需在无数大家熟知的“真”的细节里，掺入一点他想说的“假”的内容，你就由不得不信了。呵呵，那万绿丛中一点红，万真丛里一点假，那无数的真，就把假映得十分扎眼。真光映照之下，如万盏霓虹灯一齐闪烁，就把那假灯泡，也映得像真的了。

他们还可以罗列很多乌七八糟的灵修丑闻，其情其状，十分不雅，然后将你也列入其中。这种将信仰混同于灵修丑闻的做法，就像把孔雀埋进乌鸦堆，那众多的黑，也可能有效地淹黑你。这种手法，以前凉州人老用，他们可以将某优秀企业家列入“四大名人”，只是跟他同列的，是流氓、无赖、骗子或变态者。

有时，我也觉得奇怪：雪漠者，平常人也。很多人最应该关注的，不应是他个人，而应是他的思想。真正深入其作品者，并不多。当然，我说的这种深入，需要真诚，需要行为，需要灵魂投入，需要智慧顿悟。正因为缺少了这些，很多人议论的雪漠，往往是每个人认为的雪漠。所以，众说纷纭，好不热闹。

于是，也有人会出错，在凉州，就曾流传“雪漠死了”的传言。有些人因为多年见不到我，还真的信了。后来见了我，朋友大惊，以为活见了鬼，问：“你不是死了吗？”

以前，老有人问我要毛发和指甲，据说是它们有我的DNA，有纪念意义，我想一点废物，留下也没用，梳子剪刀一动，总能满别人的愿。到我住处的朋友，也会有人拣拾地上的毛发。后来，才有人告诉我说，宗教界里，常有人要了修行人的毛发装藏——这是个多么有意思的词！人还活着，头发先替他死了。一宗教人士也告诉我，设诛坛诅咒我时，就会用到我的毛发和指甲。再后来，一朋友也警告我说，以后，别将毛发给别人，要是人家杀人或是盗窃，把你的毛发放在现场，你可是有嘴也说不清呀。这一说，真叫人出冷汗了。这时代，谁都没有安全感，像我这样总被人惦记的人，也许更不安全。于是，有人劝我，你赶紧学英语吧，该移民了。不知那许多苦学英语的，是不是有这原因？那么多移民的，是不是也受到了威胁？贪官若是腐败，自己伕官家人移民可以理解。若是一介书生，也被人逼出移民之念，就真的要叫人深思了。

我问一位朋友：难道当下的宗教，比政治更叫人可怕？他说：当然，政治是掌权者的游戏，人家只要有权，就有话语权，就能左右局势。你一个文人，无权无势，要是叫人设套陷害，你连个说话的机会都没有。朋友说，你白哩黑哩，还不是由了人家说。再说，谁管你真的白哩黑哩。说你白，你就白，不白也白；说不白，就不白，白也不白。别看你现在粉丝多，要是有人一整你，树倒猢狲散，骂你最凶的，可能还是粉丝呢。我想，这话也许有道理。

不过，我还是想：天网恢恢，疏而不漏，人心易哄，天心难欺。

因此，我奉劝一些网友，或是佛友，或是“活佛”，或是“成就者”，或是“仁波切”，在行事时，多想想因果。我坚信，人心易哄，天心难欺。便是染黑了别人的身子，你也挡不住全球化浪潮对传统文化的冲击。你可以闭了眼抱残守缺，你可以中伤想与时俱进的任何人，但你挡不住那时代和无常的洪流。在西方倾全国之力推广其强势文化的今天，我们不要再自赞毁他，不要再内斗，不要再搞教派之争，要多些反思，多些宽容，多些慈悲，多些团结。要像一位高僧说的那样：“守好你的心，管好你的嘴，修好你的法。”不要老像凉州人说的那样，“被窝里的猫儿咬被窝里的屌”，更不要“吵吵闹闹出不了土城巷”。

有时，也很怀念以前的闭关岁月，那时节，黑夜是前世的袈裟，小屋是今生的岩窟。那时节，避人得自在，入世一无能，关门天地静，闭户无噪音，既没人打搅，也不想找人。那时节，活着就好，能修行就好，能写作就好，能读书就好。上回儿子结婚，请的东客中，便是同在凉州，多有不见我达三十年者。为了保证不被人打搅，我最初的佛教著作面世时，我给出版商的条件是，不要在甘肃发书。我不想叫人打搅，只想安静度世，静静修行，但后来，书出得多了，我也没办法叫别人不知道我了，故事也就多了。我虽没誉满天下，毁倒实在不少。众口铄金，积毁销骨，噪声满天，唾星如雨，好在都成了让我成长的营养。

5.

我很喜欢一位网友对雪漠的解读，它选自博客：

雪漠，一个无奈地站在高台上的西北汉子。

雪漠，一个比××还要优秀的作家，同时也是一个无奈地站在被看作灵魂大师高台上的朴素的西北汉子。……有人说雪漠开悟了，他的作品中有些内容是只有开悟的人才能够说出来的。不错，雪漠在写作他的一些作品时可以说是处在一个开悟的状态，这是他的作品能够有魂魄的原因所在。……在觉者眼里，开悟的状态非常普通，但是在大众眼里，却已经是了不得的神秘事情。当他写的东西中有与大众渴望摆脱痛苦的欲望产生共鸣时，大众就会被深深吸引而出现疯狂追捧的景象。

雪漠悟到的东西通过形象化的小说表现出来，而大众恰是极易被形象化的东西打动的，但这并不意味着他们能够读懂雪漠文字背后的东西。很多人以为通过追捧就可以从“大师”身上沾到光，得到觉悟，这是非常遗憾的。被感性化的东西打动的大众，往往被执著所左右，往往陷入情绪的狂热和妄想。他们不自觉地被“大师”情节所牵引而忘记了开启光芒的那扇门并不在大师那里，而是在他们自己身上。

我之所以喜欢这帖子，是因为我希望人们把我当成一个明白的“作家”，当成一个有平常心的“人”，我反对所有对我的神化。

从某种意义上来说，雪漠是一位真正的“弑神者”。不过，他最先弑的，是被别人神化了的“雪漠”。

为了弑神，我写了打油诗，诗曰：“雪漠是个驴，低头走夜路。偶尔抬起头，看到天边月。求慧也无慧，求智也无智。只是心有光，从此不戚戚。”

为了弑神，我写了《“疯话”雪漠：是佛是魔》，自曝己丑：“雪漠者，明白的平常人也。一脸平常相，一颗平常心；一副臭皮囊，酷似大猩猩；一支老秃笔，聊以绘苍生。生在平常人家，长于平常环境，少时家贫如洗，长大也曾困窘……此人也，少智慧，多毛病，曾有不良嗜好，吸食旱烟如命。后因离不开烟，只好戒了……至今，一无大力，二无大能，无法征服世界，只将心调成了拉磨的乖驴，叫走就走，叫停就停……但习气却老是冒泡，便难成高僧，只好当作家了。更时时露出鬼脸，冒些怪声，演些丑态，招些视线，因怕那搅天信息，埋了咱的‘孩子’（作品）……以前也想当官，但因需要巴结，需要坐班。我怕应酬，只好拜拜了。再以前，见了美女，也知是好物件，更垂涎八丈，但无奈，人家是银幕上的人。生活中却乏红颜知己，不是我眼高，而是我离群索居，逾二十年，难见出色靓女，白驹过隙一眨眼，少年遂成白发人。至今无钱无权，皱纹掩青春，毛发遮玉容，人说像达摩，其实是夜叉，实在没个叫人喜欢的理由。”

为了弑神，我也想摇身一变，去搞实业。我有经商天分，触目可见商机。但每欲行动，老婆便大作狮子吼，说："你这辈子，能花多少钱？你连工资稿费都花不完。你挣那么多钱干啥？你这辈子，是挣钱来的吗？"我一说物价上涨，她更吼了："三年前的有些菜，今天还更便宜了。你这辈子，能吃多少？"她每次吼，儿子便也应和一气。我空有七十二变，却跳不出老婆手心。

瞧，我能有今天的一点成绩，全在于身边的善知识。我自己，其实是有缺点的。

当然，我最想做的，也是一个有毛病有缺点的雪漠。

我很敬佩宗萨，他在接受《南方人物周刊》采访时，谈到自己有几个女朋友，其内容毫无神迹，很是有趣。

我不敢想象，自己若是有这类文字时，不知会招来多少人的诋毁。

别说真有几个女朋友，只要有心人炮制出相似的故事，那"骗子"帽子，定然会纷飞而来。

哎呀，一川碎石大如斗，随风满地石乱走。

6.

对于一些朋友的好心或是恶心，我一向采取不予理睬的方法，因为佛说："是非以不辩为解脱。"老祖宗也说："谣言止于智者。"我虽非智者，却也不迷。我了解人心的复杂，更明白是非起于乱心。我知道，人身难得，要是一一计较，这辈子就空过了。所以，对关于我的所有话题，我都将采取不辩论、不争论、不讨论、不解释的态度，全然接纳，汲取营养，心存感激，时时反省，有则改之，无则加勉。不过，大家以我为话题时，也会花去大家的许多时间，白白浪费生命。若是有人不小心生了坏心，或说了坏话，还会损了福报——《佛子行三十七颂》说："因惑说他佛子过，徒然减损自功德，故契大乘诸行者，不道人过佛子行。"对此，我虽然心中惋惜，但也无可奈何，只有祈祷那些说我坏话的人，也能不遭报应，得到大福报。所以，对于那些我不小心招惹了的朋友，只有心存内疚，却没有机会畅所欲言。

我希望，大家把说闲话的时间，用于读经，用于做事，用于利众，或是去关心和亲近那些真正的大师，或是做其他更有意义的事。不要让议论雪漠成为你浪费生命的助缘，去做些更有价值的事。不然，真的来不及了。生命在呼吸之间，佛说"一失人身，万劫不复"呢。

要知道，无论此时此刻有多少喧嚣的黄叶，岁月的秋风一掠，仍会将落叶卷没了影子。趁着生命还能自主时，多做些利众的事，多建立一些不朽的功德，多实现你人生的升华。没必要议论雪漠，空耗太多的生命。

由于一些朋友善意和恶意的提醒，我在后半生中，仍打算远离人群，以闭关为主。

我发现，当我一人独处时，会十分充实。一旦进入人群，却反而十分孤独。因为这世上，老有人以己之心，度人之腹。我不屑装假，不屑应酬，不屑八面玲珑，又不能说“我是流氓我怕谁”，就只好孤独了。

在享受清静之余，我可能还是会写一些文章啥的。因需要我说的话，我还是会说的。若是惹人不快，在这儿提前致歉。若是因了我的说话，招来更多的流言和诋毁，我也会赴汤蹈火，在所不辞。因为说真话是我活着的理由。我也知道，语出真心，打人便疼。但若是不说真话，我的活就没了意义。

同时，希望喜欢我文章的网友，把那些关于我的负面信息都当成世界对我的严格要求。谤我者、毁我者、造谣者、中伤者、好心怨我者、恶心害我者，都是我的逆行菩萨。这是一个多元的世界，在允许人家喜欢我的时候，也要允许人家诽谤我。在允许有人造神、造魔的时候，也要允许有人造谣。对赞我者，我心存感激；对骂我者，我也心存感激。只是我觉得生命太珍贵，需要做的事太多，剩下的几十年里，我不知道能不能做完我想做的事。我实在没有时间去理睬别人的好恶和流言，我甚至没时间去读那些骂我的文章，真有些对不住他们了。

最后，顺答那些问我师承的网友。孔子说：“三人行，必有我师。”雪漠之师，却是万事万物。从西方到东方，从古代到当代，入我耳目者，皆是我师。我在《西夏咒》后记中说："我希望能汲取全人类的智慧营养，让自己成长为一个火把，能驱散黑暗、传递光明。当然，这火把照亮的，首先是我自己。"

在此，特别感激那些用一种激烈或是不理智的方式对待我的朋友。希望你们早日离苦得乐，证得智慧，去做该做的事。

谨以此文，回应所有关心我的朋友，恕不再理。

生命有限，智慧无涯。食少事繁，前路茫茫。

瞧，我正忙着呢！

7.

也幸好，还有许多理解我的朋友和读者，我的那种"忙"，才有了意义。

我反对神化，却也期待更多的理解。感谢喜欢我作品的所有读者。

时下，对我的作品，说法颇多：

有人说，它"阐发古老智慧，贯通古今文化，打破宗教界限，揭示了千年来佛教实修从未明示的奥秘"。

有人说，它"扭转了传统大手印的避世清修和谈玄说空倾向，强调大手印文化的与时俱进和经世致用"。

有人说，它“不仅对汉藏文化进行融合、实践和印证，而且引述了西方当代著名的、先进的宗教学术探讨资料，打破了宗教传统传播方式，站在世界宗教研究的最前列”。

陈全林先生总结为四点：“一是佛教的智慧正见；二是殊胜的法脉传承；三是实修实证明心见性；四是将理与事、文字般若与比喻说法、禅与密完美地结合在一起，顿入地讲理，亲和地讲事，把非常高深的佛教见解用现代生活化的比喻表述出来，将禅与密圆融无二地结合，极高明而中庸。”

著名国学大师叶曼先生说，大手印很难得，希望雪漠老师多多地教授大手印文化，希望人们好好学习这种文化。

在诸多说法中，最让我欣慰的，是那些用生命践行大手印文化者。他们汲取了作品营养，去贡献社会，从而改变了生活。这种读者也有很多，有的失去爱人，有的患了绝症，有的对生活失去了希望，有的陷入痛苦不能自拔……但因为读了我的书，才变了心，才有了利众之行，命运就有了新的转机。

我在《痛说张万雄之死》中写道：“我最遗憾的一件事，就是在张万雄自杀前离开了武威。要是还在那儿，会常跟张万雄见面，常跟他聊天，要是他真的想学修行坐禅，我定然会好好教他。也许，他就能走出那个死胡同。”

下面的文字，是老报人写的，题目叫《说点感受给您听》。此老年逾六旬，真诚坦荡，曾任某报社社长兼总编，其文字干净朴素，现录于下，作为本文结尾：

读罢雪漠老师的《痛说张万雄之死》，我的感觉是：老师的“痛”，是善在动；老师的“说”，是善在行。我因此悟知：真心如如不动，绝非麻木不仁；佛因痛，才度人；所谓菩萨心肠，就是随时以善度人，随处以善度人，随缘以善度人。

我是老师文中提到的老学童，想在此说点自己的亲身感受和心里话。

作为抑郁病症曾经严重的患者，我想告诉大家，张万雄先生之死，说到底是它杀，“它”就是抑郁病魔！抑郁病魔既痛苦你的身，更痛苦你的心，身的痛苦加重心的痛苦。那种痛苦非常难熬，与通常的肉体疼痛有很大的不同，是未被此魔缠身的人难以想象的。因此很多抑郁患者，病情严重时，只图一死了之。

当时的我，最希望被洪水冲走，或被大火烧掉，或被雷电等外力击毁，那样就用不着自杀了。患者此时自杀，是不能借助外力的被迫行为。这时的自杀不是不怕死，而是心光完全被病魔所遮蔽，看不到任何亮点和乐趣了，所思所想完全被病魔所控制，心中纠结的全是如何尽快死去的绝念。

此时此刻，唯一能同抑郁病魔抗衡的是患者亲朋好友的关爱，尤其是心理上的关爱至关重要。那些最终放弃自杀的抑郁症病人，其生命多是亲朋用无微不至的关爱，从此病的魔爪下夺回的。

我从未想到自己会得抑郁症，因为退休后什么精神负担都没有了。谁知有一天突然发作了两种老年常见病，这在一般人看来没有什么大不了的，但由于我追求完美，十分向往无疾而终，所以在我却成了天大的事，整日焦虑恐慌，彻夜难眠。抑郁病魔乘虚而入，将我的心锁进了黑洞。

从此，我被折磨得死去活来。我想过很多种自杀之法，但都未实施到最后一步，因为每到关键时刻，有个念头总要闪出："如果没死成，又送到医院抢救，怎么办？那样，亲人会更难堪，更难过，自己也更难受。"就这样一次次地行动，又一次次地放弃，想不出自认为万无一失的法子。

经过两年多的折腾，我终于想出了一个悄然离去、连丧事都不用办的自我活埋之法。于是，给在外地开会的儿子发去短信——

吾儿：你已经尽了孝道，我感到很欣慰，你是我坚持活下来的最大理由！但自我了断的念头挥之不去，这一天真的到来时，就这样想吧：你是我生命的延续，你长寿，就等于我还活着……

儿子连夜赶了回来，老伴又形影不离，晚上席地而卧，守在门口，我无法出走。知道我生病的好友也一直关心着我，每听一次好友问候，每见一张好友处方，自杀的念头就会动摇一下。是亲朋的关爱，使我硬挺着继续往下熬。

此后不久，四处求医问药时，儿子想到了参禅学佛，在北京，听到《益生文化》主编陈全林对雪漠赞不绝口，立即为我买回雪漠的《初心》上下两卷书。

这是我第一次接触佛学，第一次接触大手印。不知别人是怎样喜欢上大手印的，我是从“彩笔描空”“大善铸心”“参照死亡”三个雪漠成语一见倾心的。那种肃然起敬、那种如获至宝、那种相见恨晚的情感，无法用文字精准地表达出来。

“彩笔描空”教我如何做事，“大善铸心”教我如何做人，“参照死亡”教我如何活着。这部书对我来说有着不可思议的效应，我一遍又一遍地读，每读一遍都有新的惊喜，新的体悟，不知不觉，整天一言不发的我，想同人交流了，“心”逐渐平静了。

这时的我，已从雪漠大手印著作中得知，这个“心”，不是肉团心脏，它叫“本元心”。雪漠老师所说的千言万语，都是为了让你认知自己的本元心。

见我对大手印文化产生了无伪的净信，儿子非常高兴，立即带我和老伴一起去了雪漠禅坛。从此，我便按老师的教授开始了实践，踏上了寻找本元心的路。随后，儿子又把能买到的十五本雪漠著作，全部摆放到我的床头。

就这样，我与雪漠作品相依为命了！

从原来整天愁眉苦脸，对什么都不感兴趣，到乐读雪漠的书，想交流，出现了笑容，进而有了笑声，表明心情好转了。心情一好转，身病也跟着慢慢向好，随着心和身的痛苦日渐减少，自杀的念头就自然而然不再出现了。

如果一个严重的抑郁症患者不再有自杀的念头了，那就表明病情有了根本性好转！我说这些，就是想告诉正在受煎熬的抑郁症病友及其亲朋：在药物治疗的同时，不妨参考一下我的经历。

最后，我要特别说明的是，大手印文化不是什么药物，而是净化人类灵魂的智慧！我依止它，清污净障，升华心灵，自觉脆弱的心理日渐坚强，心光越来越明，心量越来越大，心地更加和善……

——这是我的切身体会，这是我的赤忱心声！

——2013年1月27日初稿于甘肃凉州

——2013年2月1日修订于广东雪漠禅坛